구미-선산 지역 문화의 복합성

구미문화재 탐방

구미·선산지역의 지세는 대체로 북서쪽에서 남동쪽으로 기울어져 있으며, 동·서·북쪽에는 산지가 발달하였고 이들에 의해 중앙부에는 분지가 형성되었다. 북서부에는 연악산맥의  지맥인 수선산·복우산·원통산·옥녀봉·비봉 산 등이 솟아 있으며, 동 쪽에는 팔공연산의 지맥인 청화산·냉산·베틀산 등이 솟아 있다. 지역 중앙부에는 감천·해평 천 등의 지류를 합치면서 낙동강이 남류하고 기름진 충적평야가 발달되어 선사분지를 이루고 있다.

선산 지역의 초기 역사는 분명하지 않지만 선산과 해평 지역을 중심으로 청동기 시대의 유적인 고인돌과 청동기 유물이 발견되고 있는 점으로 보아 이 시기부터 인간의 거주가 활발히 진행되어 사회분화가 착실히 이루어졌던 것 으로 추정된다. 구미시 선산읍 해평면 낙산동 고분군에는 3~7세기의 고분 205기가 집중적으로 소재하 고 있고, 그 외의 선산·구미 전 지역에 삼국시대의 석곽분 등 총 1,000여기의 고분이 산재해 있다. 『삼국지』위지 변 진전에 의하면, 기원전후 경상도 지방에는 진한 12소국이 분포하였다. 그 중에서 현재 지명과의 유사성 및 낙산동, 황상동 고분군의 분포 등으로 미루어 진한 12개국에 속하는 군미국(軍彌國)이 이곳에 비정되고 있다.

구미-선산 지역 문화의 복합성

구미문화재 탐방

전 정 중 지음

한국학술정보(주)

들어가며··········

　답사라는 이름으로 처음 구미에 발을 디딘 것은 1989년 대학 신입생 시절이었다. 도리사를 가기 위해 선산버스터미널에서 버스를 기다리다가 결국은 도보로 도리사까지 갔었다. 답사가 무엇인지, 무엇을 보고 느껴야 하는지도 잘 모르던 시절이었다. 지금 기억나는 것은 참으로 무더웠던 걸음이었고, 참으로 가팔랐던 답사길이라는 것뿐이다.

　그렇게 대학시절 첫 답사지였던 이곳에서 교편을 잡은 후, 그 무더웠던 힘든 걸음길을 편안하게 자동차라는 문명의 이기로 다시 다가갈 수 있게 되었다. 혼자가 아니라 가족과 함께 편안하고 여유 있는 걸음길이다.

　요즘 향토사 혹은 지역사 연구와 교육에서 지역사회 구분의 기준으로 '문화'의 개념을 보편적으로 사용한다. '신라문화권', '백제문화권', '가야문화권' 등이 그것이며, 근래에는 '마한문화권', '한강문화권', '영산강문화권', '중원문화권' 등의 개념도 자주 일컬어진다. 여기에서 '~문화권'이라는 말은 문화를 기준으로 일정한 지역을 구분하는 개념이라고 할 수 있다. 그렇지만 대개가 과거의 왕조나 국가를 단위로 하고 있는 이상 향토사의 일반적인 특성과 범위가 축소될 우려가 있다. 그것은 그 지역의 특정 시대에 초점을 맞추고 있기 때문이다. '~문화권'이라는 개념이 이와 같은 한계점을 가지고 있다고 하더라도, 과연 우리 구미-선산 지역은 '~문화권'이라고 규정지을 수 있는 특징이 있는가? 필자의 우매함 때문인지 아직까지 그러한 개념 규정을 접해보지는 못하였다.

　1997년 겨울부터이니 10년째이다. 자식들만을 위해 살아오신 두 분의 가르침으로 다행히 이곳 구미와 인연을 맺어 교편을 잡고 있는 것이 10년째이다. 나고 자란 곳은 아니지만, 역사교사로서 항상 주어지는 당연한 의무감 혹은 책무감에 이곳저곳을 답사하며 고향으로 다짐하기 10년째이다. 그리고 너무나 낯간지럽게도 고향이니 당연히 애향심을 고취해야 한다는 의무감에 학생들에게 향토의 문화재를 안내하기 10년째이다.

본 답사책은 현재 행정구역상 구미시와 구미시로 통합되어 있는 인근 선산읍, 고아읍, 옥성면, 무을면, 도개면, 해평면, 산동면, 장천면을 대상으로 하였다. 지리적으로 낙동강이 우리 지역을 강서와 강동으로 구분하고 있어 필자 역시 그 자연스러움을 따라 유적·유물을 조사하였다. 각 유적·유물에 대한 글들은 여타 기행문, 답사기 형식의 재미있고 유익한 책들과 달리 능력의 한계로 그저 유적·유물에 대한 문화재안내판과 같아 걱정이 앞선다. 답사객들의 길찾기 수고로움을 덜 요량으로 '찾아가는 길'을 제시하였다.

요즘은 우리 것에 대한 관심이 매우 지대하다. 인터넷 강국답게 온라인 답사 동호회, 카페 등도 이루 헤아릴 수 없이 많아 전문가와 교양인의 구분마저 의미 없어진 지 오래이다. 향토사에 대해서는 그 지역민들이 가장 전문가이어야 한다. 그들의 삶이 곧 그 지역의 역사이며, 삶이기 때문이다. 외부인이 바라보는 시각은 아무리 전문가라 할지라도 그곳의 풍수의 혜택을 받지 못한 그저 타자의 시각일 뿐이다.

마지막으로 사회에 나와서 문화재와 답사의 과정에 대한 많은 도움을 주시는 경주의 김환대 님, 구미시청 권삼문 님, 대구대학교 백영흠 교수님께 감사드리며, 출판을 수락해주신 한국학술정보(주) 강태우 님과 채종준 사장님께 감사의 마음을 전합니다.

2007년 12월
시야의 절반엔 금오산의 기상과,
그 나머지 절반엔 도시의 번잡함이 공존하는
다붓골에서 전정중 드림.

일러두기

1. 본 책자는 구미·선산 지역의 유적·유물을 대상으로 하였다.
   1) 답사활동을 위해서 현재 행정구역을 「구미시내 및 인동방면」, 「선산방면(선산·고아·무을·옥성면)」, 「해평방면(도개·해평·산동·장천면)」 등 세 지역으로 구분하여 서술하였다.
   2) 각 읍·면의 동·리는 가나다순으로 배치하였다.
   3) 각 유적·유물별로 '찾아가는 길'을 제시하였다.

2. 자료집 말미에 『부록』편을 두어 구미 지역 관련 '읽을거리'와 '문화재 용어해설집 및 명칭도'를 첨부하여 답사에 도움이 되었으면 한다.

3. 여러 참고문헌을 인용하였으나 지면이 허락지 않아 말미에 일괄적으로 밝혀둔다. 특히 이제는 대면할 수 없는 유적·유물의 과거 모습과 부족한 본인의 촬영 기술로 인해 다음의 연구물들에서 사진 몇 점을 인용하였다.
   • 단국대학교박물관 고적조사보고 제2책, 『선산지구고적조사보고서』, 1968.
   • 한국교원대학교박물관 학술조사보고 제11집, 『신라불교초전지역학술조사보고서』, 1997.
   • 구미문화원, 『구미마을사』, 1999.
   • 문화유적분포지도(구미시), 구미시, 2002.
   • 백영흠 글, 최인환 사진, 『구미의전통건축물』, 구미문화원, 2004.
   • 구미시, 『구미의 문화유산』, 2006.

Contents

구미·선산 지역 주요 사건 연표 및 지리적 위치 · 11
구미·선산 지역의 역사적 특수성 재고 · 14
구미시 문화재 현황 · 31

I
구미 시내 및 인동 방면

37

구미시 마을 지명 유래 · 39

II
선산 방면

107

선산읍 마을 지명 유래 · 109
고아읍 마을 지명 유래 · 159
무을면 마을 지명 유래 · 184
옥성면 마을 지명 유래 · 205

Ⅲ

223

해평 방면

도개면 마을 지명 유래 · 225
해평면 마을 지명 유래 · 247
산동면 마을 지명 유래 · 302
장천면 마을 지명 유래 · 318

Ⅳ

금오산지역 유물·유적

333

Ⅴ

361

구미 인근지역 유물·유적

Ⅵ

부 록

397

구미시가도

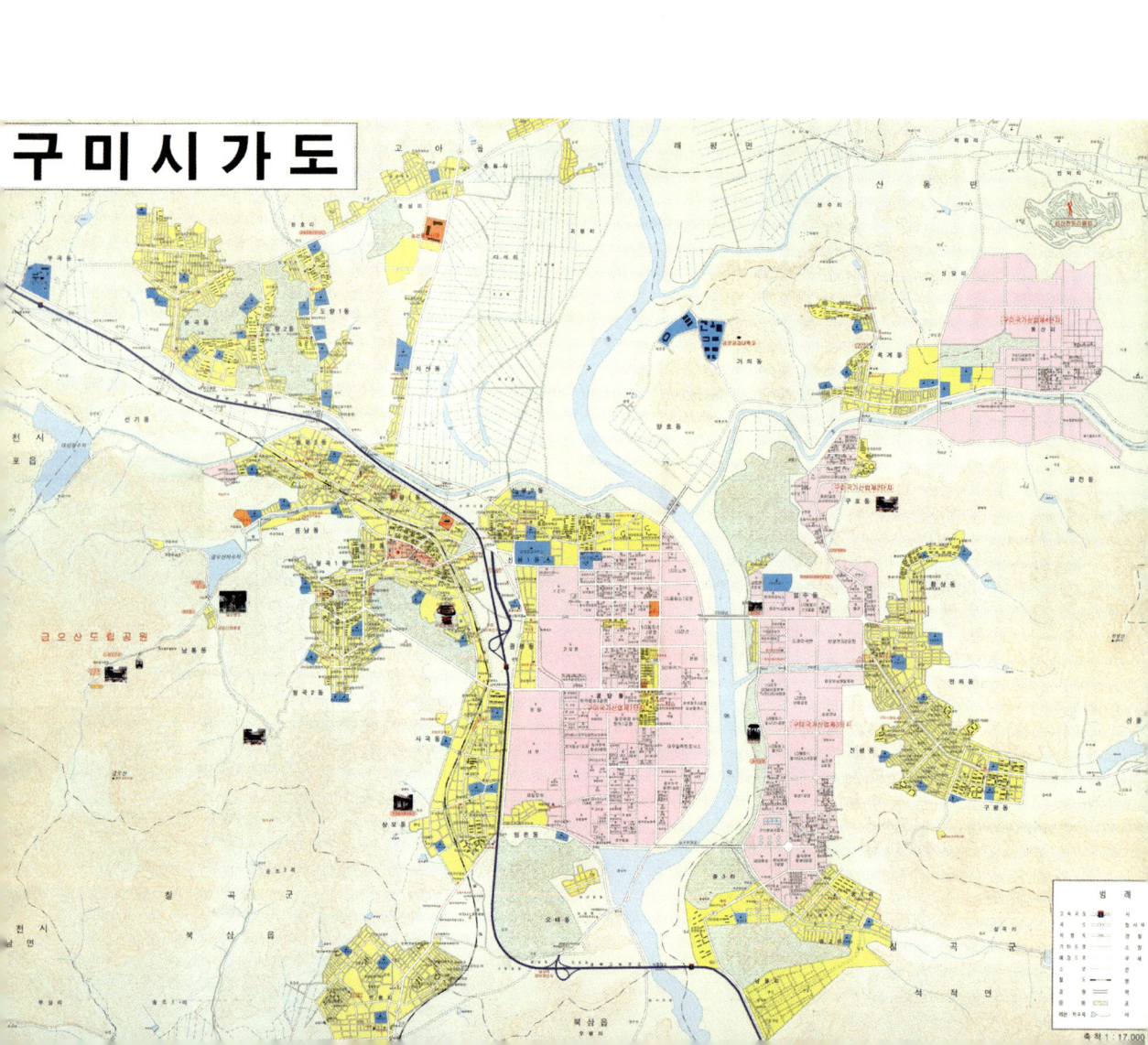

축척 1 : 17,000

구미·선산 지역 주요 사건 연표 및 지리적 위치

시대	연대	주　요　사　항
고 대		해평면 낙산리에서 청동단검 출토
		신라시대, 일선군(선산읍) 병정현(해평면) 설치
	483	신라 소지왕 5년, 수재발생으로 국왕 행차, 곡식 하사
	614	신라 진평왕 36년, 상주 이동으로 일선주 설치
	687	신라 신문왕 7년, 일선주 폐지
	757	신라 경덕왕 16년, 숭선군으로 개칭, 군위현·효령현·이동혜현이 예속
	907	신라 효공왕 11년, 후백제군 일선군 점령
고 려	936	태조 19년, 일리천 전투 기사
	995	성종 14년, 선주로 개편, 자사 임명
	1018	현종 9년, 상주에 예속
	1143	인종 21년, 일선현으로 개편, 현령 임명, 해평군·군위현·효령현·부계현 예속
	1235	고종 22년, 야별초 도령 이유정이 몽고군에 패배
	1380	우왕 6년, 왜구 침입
	1383	우왕 9년, 왜구 침입, 읍성 축조
조 선	1413	태종 13년, 선산군으로 개명
	1415	태종 15년, 선산도호부로 승격
	1545	명종 22년, 금오서원 건립
	1628	인조 6년, 월암서원 건립
	1639	인조 17년, 도리사 아도화상사적비 건립
	1646	인조 23년, 낙봉서원 건립
	1780	정조 4년, 길재 지주비 건립
근 대	1895	고종 32년, 대구부에 속함
	1896	경상북도 선산군이 됨(18면)
	1907	의병장 허위 순국
	1919	4월 3일 해평면, 4월 12일 선산면 만세 운동

시대	연대	주 요 사 항
현 대	1963	구미면이 구미읍으로 승격(1읍 8면)
	1969	구미 공단 조성 시작
	1978	구미읍이 구미시로 승격, 분리 독립. 칠곡군 인동면 합병
	1979	선산면이 선산읍으로 승격(1읍 7면)
	1983	금릉군 감문면 봉남리·소재리를 선산읍으로 편입
	1987	의성군 단밀면 용산리를 도개면으로 편입
	1988	해평면 일선리 신설
	1989	칠곡군 가산면 신장리를 장천면으로 편입
	1995	구미시와 선산군을 통합하여 도농통합형(都農統合形) 구미시 설치
	1997	고아면에서 고아읍으로 승격

조선시대 선산부 지도

구미·선산 지역의 역사적 특수성 재고

　요즘 향토사 연구와 교육에서 지역사회 구분의 기준으로 '문화'의 개념을 보편적으로 사용한다. '신라문화권', '백제문화권', '가야문화권' 등이 그것이며, 근래에는 '마한문화권', '한강문화권', '영산강문화권', '중원문화권' 등의 개념도 자주 일컬어진다. 여기에서 '~문화권'이라는 말은 문화를 기준으로 일정한 지역을 구분하는 개념이라고 할 수 있다. 그렇지만 대개가 과거의 왕조나 국가를 단위로 하고 있는 이상 향토사의 일반적인 특성과 범위가 축소될 우려가 있다. 그것은 그 지역의 특정 시대에 초점을 맞추고 있기 때문이다.

　'~문화권'이라는 개념이 이와 같은 한계점을 가지고 있다고 하더라도, 과연 우리 구미·선산 지역은 '~문화권'이라고 규정지을 수 있는 특징이 있는가? 필자의 우매함 때문인지 아직까지 그러한 개념 규정을 접해보지는 못하였다. 사실 우리 지역의 경우 이러한 개념 정의 자체가 무리가 있어 보인다. 그것은 아마도 앞으로 언급하게 될 구미·선산 지역 문화의 복합성에서 기인하리라 본다.

1. 지역의 역사 개관

　구미·선산 지역의 지세는 대체로 북서쪽에서 남동쪽으로 기울어져 있으며, 동·서·북쪽에는 산지가 발달하였고 이들에 의해 중앙부에는 분지가 형성되었다. 북서부에는 연악산맥의 지맥인 수선산·복우산·원통산·옥녀봉·비봉산 등이 솟아 있으며, 동쪽에는 팔공연산의 지맥인 청화산·냉산·베틀산 등이 솟아 있다. 지역 중앙부에는 감천·해평천 등의 지류를 합치면서 낙동강이 남류하고, 기름진 충적평야가 발달되어 선사분지를 이루고 있다.

선산 지역의 초기 역사는 분명하지 않지만 선산과 해평 지역을 중심으로 청동기 시대의 유적인 고인돌[1]과 청동기 유물이 발견되고 있는 점으로 보아 이 시기부터 인간의 거주가 활발히 진행되어 사회분화가 착실히 이루어졌던 것으로 추정된다. 구미시 선산읍 해평면 낙산동 고분군에는 3~7세기의 고분 205기가 집중적으로 소재하고 있고,[2] 그 외의 선산·구미 전 지역에 삼국시대의 석곽분 등 총 1,000여 기의 고분이 산재해 있다.[3] 『삼국지』 위지 변진전에 의하면, 기원전후 경상도 지방에는 진한 12소국이 분포하였다. 그중에서 현재 지명과의 유사성 및 낙산동, 황상동 고분군의 분포 등으로 미루어 진한 12개국에 속하는 군미국(軍彌國)이 이곳에 비정되고 있다.

삼국시대에는 백제와 신라 영토 확장을 위해 벌이는 싸움의 각축장이 되었다가 신라의 영역에 편입되었다. 483년(소지왕 5) 큰 물난리로 인해 왕이 행차하여 백성을 위문하고 곡식을 하사하였다는 기록도 보이고, 614년(진평왕 36년)에는 사벌(지금의 상주) 감문(지금의 개령면)에 있던 상주가 이곳으로 이동해오면서 군사적 색채를 띤 군관구 조직인 '일선주(一善州)'로 승격되었다. 일길찬 일부(一吉湌 日夫)를 군주(軍主)로 두면서 신라가 중원으로

1) 지석묘 현황: 도개면 신림리 일선교 동편에 있는 '용선마을'에 2기가 있고, '산재마을' 동북편에 8기, 도개면 궁기리 '농바위마을'에 2기, '재궁마을' 앞 국도변에 1기(10여 기 존재했었다 함). 해평면 낙산리 '하도동마을' 뒤편 골짜기 낙산사지 경내와 일선초등학교에서 500m 남쪽의 평지에 각 1기. 고아읍 다식리 구운초등학교 인근 '모산마을' 앞 송림 1기. 선산읍 교리 '용골동마을'에서 북쪽으로 약 200m 가면 차로변에 접한 논 가운데 2기. 선산읍 생곡리 '솝실마을' 서쪽 구릉지역과 남쪽 골짜기에 걸쳐 지석묘의 개석(蓋石)으로 보이는 큰 돌들이 다수. 원리 '강창마을' 1기. 구평동 '불바위마을' 주변 2기.
2) 낙산동 고분군(사적 제336호)은 해평면의 월파정산, 불로산, 정묘산을 중심으로 분포하고 있다. 이곳은 1917년 일본학자 이마니시(今西龍)의 조사와 아울러 28호분에 대한 표본적인 발굴조사를 실시하여 알려지게 되었다. 최근에는 1987년 대구 효성여자대학교(현 효성가톨릭대학교)에서 재차 발굴조사를 실시하였다. 당시에 발굴된 금제·금동제의 각종 유물과 토기·등잔 등 400여 점의 부장품들은 대학교 박물관에 보관되어 있다. 이러한 조사에 의해 밝혀진 것은 도로 좌우 6만 7천여 평의 구릉지대에 모두 205기의 고분이 분포하고 있으며, 토광묘·옹관묘·돌덧널무덤·굴식돌방무덤 등 원삼국시대부터 통일신라시대까지 다양한 고분 양식이 분포하고 있다.
3) 지역의 고분군으로는 선산읍 원동, 독동리, 생곡리, 무을면 송삼리, 옥성면 옥관리, 구봉리, 도개면 다곡리, 신곡리, 해평면 월호리, 금호리, 창림리, 월곡리, 산동면 인덕리, 봉산리, 장천 상림리, 금산리, 황상동 동·서 고분군, 도량동, 원평동 고분군 등이 있다. 이 외에도 인의동, 진평동 등지에서도 고려·조선시대 토광묘와 더불어 상당한 고분 유적이 발굴조사되고 있다.

진출하는 요충지가 되었던 것이다. 삼국 항쟁기에는 이곳의 백성과 군사들이 많이 동원되어 신라의 삼국통일에 크게 기여하였다. 통일신라시대인 687년(신문왕 7년) 일선군이 되고, 757년(경덕왕 16년) 지방제도 개편 때 일선군은 숭선군(崇善郡)으로, 사동화현(斯同火縣)은 인동현(仁同縣)으로 개명되었다.

그 후 907년 견훤이 일선군과 그 남쪽 10여 성을 점령한 이래 935년 고려의 영역으로 다시 편입되기까지 이곳은 후백제와 고려의 대표적인 각축장 가운데 하나였다. 936년(고려 태조 19년) 양국의 군대가 선산읍 동쪽 일리천에서 최후의 결전을 벌인 결과 왕건의 군대가 승리하여 후삼국의 통일을 마무리하게 되었다. 이때 선산의 호족인 김선궁이 왕건에게 귀부하여 고려의 승리에 결정적 도움을 주었고, 이후 김선궁의 일족이 이 지역의 대표적인 가문으로 대두하여 토성(土姓)이 되었으며 재지 사족화하게 된다. 김선궁은 현재 선산 김씨(일선 김씨)의 시조가 되었다.[4] 지금도 고아읍 일원으로 숭신산성, 태조방천, 여진나루, 어갱이, 발갱이, 점갱이 같은 이름을 지닌 당시의 싸움터가 전한다.

고려시대에 들어와 995년(성종 14년) '선주'로 개편되어 자사(刺史)가 임명되었고, 1143년(인종 21년) 주현인 일선현으로 승격하고 현령을 두어 효령현, 군위현, 해평현, 부계현을 속현으로 거느리다 다시 지선주사(知善州事)로 승격되었다. 그리고 몽고침입기인 1235년 야별초 도령 이유정이 160여 명의 병졸을 이끌고 몽고군과 싸우다가 전패하였고 1380년(우왕 6)과 1383년에는 왜구의 침입으로 크게 피해를 입기도 하였다. 이때 이곳의 백성들이 '금오산

---

4) 고려 개국 공신 김선궁을 시조로 하는 선산 김씨의 경우, 작은아들 봉술(奉術)은 시중(侍中)에 이르고, 큰아들 문봉(文奉)은 삼사우윤(三司右尹)이 되었다가 향리(鄕吏)로 돌아와 본주, 즉 선산의 호장직 등 향직을 세습한 것으로 알려져 있다.(『신증동국여지승람』제29권 선산도호부조) 참고로 현재 구미-선산 지역에는 선산 김씨와 일선 김씨 간의 본관을 둘러싼 작은 갈등이 있다. 경순왕의 8자 김추(錘)는 고려 태조의 외손자로 일선군에 봉해졌기에 '선산' 김씨(당시에도 일선이라고 불렀겠지만)의 시조가 된다. 왕건대의 김선궁을 시조로 하는 김씨는 원래 '일선' 김씨로서 이들이 선산 지방 완전동에 거주하며 지방향리로 세력권을 형성한 후 조선 태종 때 일선이 선산으로 개명되면서 '선산' 김씨로 개칭하였다. 조선시대 선산을 무대로 하는 유학자들은 대부분 김선궁의 후예, 즉 선산 김씨로 개칭된 일선 김씨로 추정된다. 김추의 선산 김씨는 이후 세거지를 확대, 현재 고아읍 들성리에 자리하니 선산 김씨 문중에서는 김추계 선산 김씨로 지칭하는 듯하다. 현재 들성 김씨가 이들이다.

성'과 '읍성'을 축조하고 스스로 군사가 되어 왜구 소탕에 나섰다.

조선시대 1413년(태종 13년) 지방제도 개편 시 '선주'는 이름을 '선산군'으로 바꾸었으며, 2년 뒤 주민이 1000호 이상이 되어 '도호부(都護府)'로 승격되었다. 호구(戶口)는 『세종실록』 '경상도지리지'에 의하면 1005戶 5067人이었다고 한다. 1597년(선조 30년) 정유재란 때는 영남의 거진이었던 지역 내 금오산성이 도체찰사(都體察使)의 전략본영으로 왜적의 침입을 방비하였으며, 1735년(영조 11년)에 금오산성의 독진(獨鎭) 승격으로 선산도호부사는 병마검절제사겸오진별장(兵馬僉節制使兼金烏鎭別將)이 되어 군사적으로 선산, 개령, 금산, 지례 등 4개 군을 관장하게 되었다.

갑오개혁 직후인 1895년(고종 32년) 소지역주의가 채택되어 대구부에 속하였다가 다음 해에 '선산군'이 되어 군수를 파견하였다. 1914년 면동리 폐합 이전의 행정구역 명칭은 '방(坊)'이라고 칭하였는데, 동내방·독동동방·주아방·신곡방·도개방·산내방·산외방·해평방·몽대방·북웅곡방·하구미방·상구미방·평성방·강장방·무래방·무을동방·신당포방·서내방으로 18개가 존재하였다. 1914년 면동리 폐합으로 9개 면, 즉 동내방·독동동방·서내방은 선산면, 산외방은 산동면, 산내방·해평방은 해평면, 주아방·신당포방은 옥성면, 신곡방·도개방은 도개면, 북웅곡방이 장천면, 무래방·무을동방은 무을면, 하구미방·상구미방·몽대방은 구미면, 평성방·강장방은 고아면으로 개편되었다. 이 시기 신교육의 보급이 이루어져 창선·선진 등의 학교가 건립되었다.

1919년 3·1운동 때는 4월 3일 해평면에서, 4월 8일에는 인동면, 4월 12일에는 선산면에서 각각 만세시위운동이 이어졌다.

지명 유래

이렇듯 구미·선산 지역은 우리나라 역사의 중요한 전환기마다 중심이 되어 왔다. 그러던 이 지역의 역사는 현대사와 더불어 성장해버린 구미로 인해 어느 날 갑자기 졸부처럼 성장한 도시쯤으로만 인식되어 왔다. 사실 구미는 일제 강점기 경부선 철도의 가설로 인해 선산의 관문 정도로만 역할을 했던 곳이다. 물론 우리 역사에서 '구미(龜尾)'에 관한 기록이 전혀 없는 것은 아니다. '구미'라는 지명이 문헌상에 처음으로 등재된 것은 고려 성종 (981~997) 때이다.

『고려사』 병지 역참조에 의하면, 성종 14년(995) 선주자사를 파견할 때 상주도당의 25개 역참(驛站) 중에 '구미(仇弥)'를 지금의 구미시 선기동에 설치하였다고 한다. 그 후 『세종실록지리지』 역참조에도 '구미역(仇弥驛)'이 기록되어 있고, 성종 8년(1477) 9월 선산도호부사 김종직이 편찬한 『일선지』에 의하면 선산도호부 관할의 남면 방리조에 '구미리(仇彌里)', 전야조에 '구미평(仇彌坪)', 고적조에 고아 및 사창, 관청, 향교 등의 옛터가 남면 '구미(仇彌)'에 있다는 등의 기록을 보아 조선 초기부터 '구미(仇彌_弥)'라는 지명이 역명과 함께 명칭되어 왔다. 또한 중종 25년(1530) 왕명에 의하여 간행된 『신증동국여지승람』 선산도호부 사묘조와 영조 36년(1760)에 간행된 『여지도서』 금오진 선산도호부 단묘조에 "길재사(吉再祠)는 금오산 밑의 '구미리(仇弥里)'에 있는데 관찰사 남재의 소건(所建)"이라 하였다. 한편 『여지도서』 선산부 방리조에 의하면, 선산도호부 관할이던 남면(南面)이 '상구미방(上龜尾坊)'과 '하구미방(下龜彌坊)'으로 분할 개칭되고, 뒤에 '상구미'는 23개 리, '하구미'는 14개 리로 개편 증설되어, 이때부터 '구미리(仇弥里)'라는 동리 명칭이 바뀌게 되었다.

2. 지역의 역사적 특수성

구미·선산 지역의 역사적 특수성은 크게 4가지 측면에서 다루어질 수 있다. 먼저 신라불교초전지로서 삼국기 신라와 통일신라시대에 걸쳐 그 어느 지역보다도 발전된 불교 유적지가 산재해 있다는 점이다. 도리사와 도개면 일원 및 선산 지역 7탑 기록이 될 것이다. 둘째로는 후삼국시대 후백제와 고려의 대표적인 각축장으로서, 고려 태조 왕건이 우위를 점할 수 있었던 곳이기도 하다. 이와 관련지어서는 지금도 고아읍 일원에 숭신산성, 태조방천, 여진나루, 어갱이, 발갱이, 점갱이 같은 지명을 지닌 당시의 유적지가 전하고 있다. 셋째로는 조선 사림문화의 여명을 알린 본향임을 강조할 필요성이 제기된다. 대표적인 유적·유물로서는 금오서원을 비롯한 다수의 서원건축과 조선 후기 이 지역의 지도에 빠짐없이 등장하는 '지주중류비'를 들 수 있다. 마지막으로 구미의 상징이라 할 수 있는 금오산의 존재이다.

신라불교초전지

신라 법흥왕 14년(527), 불교는 신라의 국교로 공인되었다. 이보다 100여 년쯤 전에 신라땅에 불교를 전파하려는 뜻을 품고 고구려로부터 들어온 아도(阿道) 또는 묵호자(墨湖子)로 알려진 이가 있다. 『삼국사기』 권제4 법흥왕조, 『삼국유사』 권제3 흥법 제3 아도기라조 등의 기록을 보면 "아도 화상은 일선군 모례집에 왔으며, 이로부터 신라의 불교가 비롯되었다."고 한다. 또한 『신증동국여지승람』 권29 선산도호부 불우조, 『일선지』 권1 선산지 지리도십절 등의 기록에도 "아도 화상이 도개부곡의 모례집에 왔는데 이후 신라의 불교가 시작되었다."는 것이 확인된다.

아도가 뿌린 신라불교의 씨앗은 선산에 뿌리내려 지금도 적지 않은 유산으로 남아 있다. 선산읍 죽장동의 당당하고 중후한 오층석탑은 천 년 비바람을 이기고 서 있으며, 여기서 낙동강을 건너 남으로 향하면 길 좌우 구릉에 낙산동 고분군이 있고, 그 곁에는 홀로 옛 절터를 지키고 있는 낙산동 삼층석탑이 있다. 낙산동에서 나와 냉산으로 접어들면, '신라불교초전법륜지(新羅佛教初傳法輪址)'인 도리사(桃李寺)에 닿는다. 고개 하나 너머에 있는 모례장자샘은 지금도 마을의 우물로 사용하고 있다.

조선 시대에는 강물을 거슬러 올라온 장삿배가 모여들어 집집마다 앉아서 소금을 구할 수 있었다던 낙동강의 나루터 보천탄가에서 통일신라시대의 석불상이 금오산을 바라보고 있다. 또한 선산 불교문화의 높은 수준과 오랜 역사를 대표하는 봉한동 출토 삼존불상(국보 제182, 183, 184호)을 결코 간과할 수 없다. 비록 지금은 국립대구박물관에서야 친견할 수 있지만 이들의 고향은 엄연히 선산이다. 구미시는 '내고장 뿌리찾기' 사업의 일환으로 신라불교초전지역의 불교 유적·유물에 대한 학술 조사를 1997년부터 시작하였고, 현재 모례정 일원은 신라불교초전지로서의 가치를 인정받아 뜻있는 이들을 중심으로 송도초등학교 자리에 사적지로 지정하는 불사가 진행 중이다.

지역에는 선산읍을 중심으로 사방 30리에 많은 사찰이 있었다고 한다. 특히나 선산 지방에는 거대한 일곱 개의 '석탑'이 있었다고 전하지만, 구체적인 위치와 명칭은 남아 있지 않다. 현재적 입장에서 '선산 7탑'을 새롭게 조명하여 신라불교초전지로서 신라시대의 경주 못지않은 우리 지역의 불교적 특수성을 인식할 필요성이 있다.5) '선산 7탑'은 그 규모나 양식 면에서 통일신라시대로 비정할 수 있다. 흔히 신라의 문화라 함은 경주 지역의 문화를 꼽고 있으나, 구미·선산 지역은 동시대 그 어느 지역보다도 불교관련 유적·유물이 상당히 많이 잔존하고 있다. 거대하고도 웅장한 7기의 석탑을 건립할 수 있는 것은 반드시 당시 신라에서 선산 지역이 차지하는 정치적, 경제적, 사회적 지위와 관계되는 일이다. 이로 미루어 볼 때 신라불교초전지로서, 북방교통요지로서의 지역적 특수성이 도출될 수 있을 것이다.

끝으로, 빠른 시일 내에 생곡리 금당암 석탑과 미봉사지 석탑, 주륵사지 석탑의 조사·복원이 필요할 것이며, 직지사에 이건된 원리 강창 삼층석탑은 원위치로 옮겨져야 할 것이다. 또한 기존에 조사된 석탑의 불교사상적 배경도 연구하여 이 지역의 불교사상적 위치도 체계화되어야 할 것이다.6)

---

5) 현재적 의미에서의 '선산 7탑'으로는 ① 원리 강창 삼층석탑(원소재지: 구미시 선산읍 원리 '강창', 현 소재지: 경북 김천 직지사 경내 청풍료 앞. 보물 제1186호.), ② 생곡리 금당암 석탑, ③ 생곡리 미봉사지 석탑, ④ 낙산동 삼층석탑(소재지: 구미시 해평면 낙산리. 보물 제469호.), ⑤ 죽장사지 오층석탑(소재지: 구미시 선산읍 죽장리, 현 법륜사. 국보 제130호.), ⑥ 주륵사지 석탑(소재지: 구미시 도개면 다곡리 청화산. 문화재자료 제295호.), ⑦ 교리 죽림사지 삼층석탑(원 소재지: 구미시 선산읍 교리 죽림곡. 현 소재지: 선산읍 동부동 비석거리 화단 내.)이 있다.

6) 지역의 불상 관련 문화재로서는 해평동 보천사지 석조여래좌상(보물 제492호), 인덕동 석조여래좌상(현 소재지: 산동면 적림리 산동초등학교 교정), 궁기리 석조보살좌상 2구(현 소재지: 도개면 도개고등학교 교정), 봉한동사지 발견 금동불 3구(국보 제182·183·184호, 국립대구박물관), 장천 오로리 미륵당 석불입상 및 고로봉 마애여래좌상, 황상동 마애여래입상(보물 제1122호), 수다사 목조아미타여래좌상 및 목조지장보살좌상, 진평동 마애삼존불상(일명 시미동 삼존석불), 금강사 대웅전 석조석가여래 좌상(지방 유형문화재 제338호), 금오산 마애보살입상(보물 제490호), 금오산 약사암 석조여래좌상 등이 있다.

후삼국시대의 역사적 현장

이른바 '동수(桐藪)전쟁'이라 불리는 팔공산 오동나무 숲 전쟁에서 견훤에게 크게 패했던 왕건은 그로부터 8년 뒤 935년에 일선군 냉산에 '숭신산성(崇信山城)'을 쌓고, 그 아래 낙산동 일대에 군창(軍倉)을 일곱 개나 지어 군량을 비축, 장기전을 준비하였다. 지금도 낙산동 일대를 '칠창리(七倉里)'라 하는데 이러한 이유일 것이다. 왕건은 선산읍 생곡리 앞[지금의 일선교 근처, 속칭 어성정(禦城亭)] '태조방천'으로 불리는 낙동강 연안에서 견훤과 후삼국 통일을 위한 싸움을 벌여 크게 이겼다. 고려 태조 왕건이 이곳의 나루를 지나며 전승을 기려 '나의 나루'라는 뜻으로 '여진(余津)'이라고 이름을 붙였다. 그 이듬해인 936년에는 견훤의 셋째 아들 신검이 고아읍 관심리 앞뜰에서 왕건과 마지막 결전을 벌인다. 이때 왕건이 신검을 막기 위해 주둔한 관심(官心)평야를 '어검(禦劒)평야', 곧 지금의 '어갱이들'이라 하고, 그가 진을 쳤던 곳은 '장대[세도방]'라고 부른다. 한편 괴평동 앞뜰에 진을 쳤던 신검의 진지를 왕건이 점령한 후부터 '점검(占劒)평야', 곧 '점갱이들'이라 한다. 이후 신검은 다시 지산동 앞뜰과 사기점(신평2동) 뒤뜰에 진을 쳤으며, 이곳에서 신검을 사로잡아 항복시켰으니 이곳을 '발검(拔劒)평야' 곧 '발갱이들'이라 부른다.

조선 사림의 본향

선산 지역은 경상도의 중간 내륙에 위치하여 산과 재로 둘러싸인 분지이고, 낙동강과 낙동강 지류인 변·해평천이 흐르는 관계로 농경에 적합한 자연조건과 넓은 경지로 인하여 경제력이 다른 지역에 비하여 상당히 높았다. 고려 후기부터는 여러 차례의 조림사업을 통해 변의 잦은 범람에 대처함으로써 개간이 가능한 평지가 늘어났다.

『세종실록지리지』경상도지리지 선산도호부조와『경상도속찬지리지지』를 근거로 경상도 지역 각 고을의 수전 농업의 실태를 파악한 자료에 의하면,[7] 15세기

---

7) 이태진, '조선전기 선산 지방의 사회변동과 수전농업 발달(─『일선지』분석을 중심으로

경 선산도호부의 농지면적이 총 9천1백70결인데, 그 가운데 수전(水田)이 6천1
백13결로 약 2/3를 차지했다. 이는 두 번째로 수전 비율이 높았던 상주의 2/5
에 비해 훨씬 높은 것이며, 한 가구가 차지하는 평균 결 수도 9.1결로 두 번
째인 안동의 6.9결을 훨씬 앞질렀다. 17세기 초 지역 출신 창석 이준에 의해
편찬된 『일선지』에 보이는 선산 지방의 중요 벼농사 지역은 변을 관개수로 활
용하는 지역으로서 본부 앞의 누교평, 서면 쪽의 사갑평, 무래평, 수항, 평지
고지 아래의 연화지, 여차니진 근처의 월파병, 강 건너 신곡지 아래의 신곡평
등이다.

　이렇듯 넓은 농지와 많은 백성의 분포 그리고 낙동강 주변의 수려한 풍광
은 고려 이래 많은 사족들이 정착하는 배경이 되었다. 『세종실록지리지』에
나타난 사족의 유형은 선산 본부에 선산(일선) 김씨를 비롯한 7개 토성, 최
씨·조씨 등 2개 내성(來姓) 및 사성가(賜姓家)가 있고, 속현에는 해평 김씨
를 비롯한 5개 토성과 내성으로 엽씨가 있었다. 고려 초기에는 선산 김씨와
해평 김씨가 유력 성씨였고, 고려 후기에 들어오면서 두 김씨 외에 윤, 임,
길씨 등이 더해졌다고 한다. 이들은 선산의 경제적 바탕을 기초로 중소지주
로 성장하였던 것이다.

　이후 성리학적 소양을 바탕으로 하여 조선시대에는 인적구성비율이 조선
전체에서도 선구적 위치를 차지하였다. 『일선지』인물조에 실린 인물들은 무
려 327명에 달한다. 이 숫자는 같은 시기 영남 지방의 다른 대읍들에 비교하
여 압도적인 우세를 보이는 것이다.[8]

　─)', 『민족문화논총』21, 영남대민족문화연구소, 2000, p.147.
　이태진은 논문에서 조선 세종 7~12년(1425~1430) 현재 각 도 각 고을의 총 경간지의
결수를 표시하고 그 가운데 수전(水田)이 차지하는 비율을 보인 『세종실록지리지』와 이
보다 39년 뒤인 예종 1년(1469)에 편찬된 『경상도속찬지리지』를 근거로 경상도 지방의
'조선 초기 수전 총 결수 및 관개결수 대비 조사표'를 작성하였다. 이 표에 따르면, 선
산도호부는 경주, 진주, 상주, 성주, 안동 등 6개 고을 중 총 간전결수(墾田結數)에서는
최하위이나 수선결수(水田結數)는 최상위이다. 그리고 관개 비율도 가장 높아 수리관개
의 조건이 가장 유리한 듯하다. 이런 수전농업의 우수성은 인물 배출이 전국 최상위라
는 것과 걸맞은 것으로 주목할 만하다.
8) 이태진에 의하면, 『함주지』(1587)의 함안의 경우 166인, 『진양지』(1632)의 진주는 610인,
『영가지』(1602)의 안동은 163인, 『상산지』(1617?)의 상주는 132인이라고 한다. 진주와
같은 대읍이 선산도호부보다 상회하는 것은 충분히 있을 수 있으나, 상주·안동 등지가
선산보다 적다는 것은 선산의 우위성을 말해 주기에 충분하다고 볼 수 있다.(이태진, 전
게서, p.125.)

이중환은 『택리지』에서 "조선 인재의 반은 영남에 있고, 영남 인재의 반은 선산에 있다"고 했다.[9] 정몽주로부터 학통을 물려받아 조선 사림시대를 연 길재, 길재로부터 학통을 이어받은 강호 김숙자와 그의 아들 점필재 김종직, 단종 복위를 도모하다 새남터에서 형장의 이슬로 사라진 사육신 단계 하위지, 생육신 이맹전, 청송 고을의 원으로 있을 때 좌의정 성희안이 청송의 이름난 잣과 꿀을 부탁하자 "잣은 높은 산에 있고, 꿀은 민가의 벌통 속에 있으니 고을 원인 내가 어떻게 구하리오"라고 답장을 썼다는 정붕, 김구·양사언과 함께 초서로는 조선 제일인자라는 평을 듣던 황기로, 을사조약이 체결되자 의병을 모아 동대문 밖에서 격전을 벌이다 체포되어 처형된 의병장 허위 이외에도 12명의 장원방 인물과 아녀자의 절개를 지켰다고 회자되는 향랑에 이르기까지 이들이 모두 선산 사람이다.[10] 그 가운데 길재와 김숙자, 김종직은 포은 정몽주에서 비롯된 사림의 학통과 정신을 기반으로 영남 사림문화의 기틀을 닦았으니 선산이 영남사림의 본향(本鄕)이라 해서 지나칠 것이 없다. 선산읍 원동, 변이 낙동강으로 흘러드는 언저리 낮은 산에 기대어 선 금오서원에서 우리는 길재·김종직·정붕의 정신과 만날 수 있으며, 해평들 한편에 잔영처럼 선 쌍암고가와 북애종택에서는 향촌에 굳게 뿌리내린 사림의 살림살이를 엿볼 수 있다.

이처럼 선산 지역은 영남 유교문화의 중심지였기 때문에, 이름난 선현을 배향하고 자녀를 교육하기 위한 서원 등 양반유생의 교육기관 설립도 활발하였다. 관학교육기관으로 선산향교, 인동향교 등이 있었으나, 사학교육기관인 서원이 사실상 제도화된 조선 중기 이후에는 이미 교육기능을 상실한 대신, 많은 서원과 사우가 건립되어 선산 지역을 유교문화가 융성한 선비의 고장으로 만드는 데 주도적 역할을 수행하였다. 선산 지역에는 총 24개의 서원과 사우가 있었다.[11] 이것은 경상도 내 다른 지역과 비교해서 볼 때 많은 수치

---

9) 『擇里志』券7 慶尙道: "朝鮮人才 半在嶺南 嶺南人才 半在一善"

10) 길재, 김종직, 정붕, 박영, 장현광 선생을 '선산오현(善山五賢)'으로 칭하고 있으며, 금오서원에서 매년 음력 3월과 9월 초 정일(丁日) 두 차례 제향하고 있다. 금오서원은 고종 5년(1868) 흥선대원군이 전국 47개 서원만을 남기던 서원철폐령 때도 이 지방에서 유일하게 훼철되지 않은 서원이었다.

11) 이수환, 『조선후기서원연구』, 일조각, 2001, pp.358~359.
    흥선대원군의 서원 정리 이전까지 구미에 존재했던 서원과 사우는 다음과 같다.

이며, 이 지역에서 많은 인물 혹은 유학자들이 배출되었거나 활동하였음을 말해 주는 것이다.[12]

금오산성(金烏山城)

금오산(金烏山)은 구미의 상징이다. 금오산은 본래 '대본산(大本山)'이었으며, 중국 오악(五嶽) 가운데 하나인 숭산(崇山)에 비교하여 '남숭산(南崇山)'으로 불리기도 한다. '금오(金烏)'란 이름은 이곳을 지나던 아도 스님이 저녁노을 속으로 황금빛 까마귀, 곧 태양 속에 산다는 금오가 나는 모습을 보고 태양의 정기를 받은 산이라 하여 이렇게 부르게 되었다. 현재 금오산에는 케이블카가 설치되어 산의 경관을 조망하기에 더욱 좋을 것이다.

순번	서원·사우명	소재지	건립연대	순번	서원·사우명	소재지	건립연대
1	冶隱祠	도량동	1403	13	南崗書院	고아읍 문성리	1792
2	旅軒廟宇(慕遠堂)	인의동	중종?	14	勝巖書院	산동면 임천리	1796
3	吳山書院(淸風齋)	오태동	1569	15	華江書院	고아읍 봉한리	1798
4	金烏書院	선산읍 원리	1570	16	京洛書院	고아읍 대망리	1807
5	月巖書院(月巖亭)	도개면 월림리	1630	17	海江書院	고아읍 예강리	1843
6	洛峰書院	해평면 낙성리	1646	18	南溪書院	고아읍 봉한리	미상
7	松山書院	해평면 창림리	1647	19	蓮蜂祠(蓮峰書堂)	고아읍 외예리	미상
8	茂等書院	무을면 무이리	1650	20	龜岩祠	임은동	미상
9	東洛書院	임수동	1655	21	三烈祠	옥성면 농소리	미상
10	賢巖書院	황상동	1692	22	槐谷祠	해평면 괴곡리	미상
11	玉溪書院	인의동	영조?	23	文山書院	선산읍 독동리	미상
12	西山祠(西山齋)	고아읍 원호리	1791	24	玉山祠	인의동	미상

12) 이러한 교육 전통 때문인지 개항 이후 근대교육기관의 설립도 비교적 활발하였다. 공립교육기관으로 1908년 선산공립보통학교가 개교하였으며, 1922년 해평공립보통학교, 1924년 옥성공립보통학교, 1929년 무을공립보통학교, 같은 해 고아공립보통학교, 1930년 도개공립보통학교, 1935년 산동공립보통학교가 개교하였다. 사설교육기관으로는 선산공립보통학교의 전신 창선학교(彰善學校)가 세워진 이후, 각종 사립학교 및 사립강습소가 설치되었다. 선산면 습례동의 삼일학원은 그 대표적인 것으로 1921년 이우직이 설립하였으며, 강시갑 등이 강사를 맡았다. 학생 수는 230명으로 5년간 지속되었으나 일제의 탄압으로 운영자금이 고갈되어 일부 학생들은 선산공립보통학교에 흡수되었다. 1921년 최영주가 무을면 무이동에 세운 무릉학원 또한 학생 수가 320명에 이르렀으나, 이후 일제의 탄압으로 문을 닫게 된다. 이 밖에 고아면 봉한동 봉한학원, 해평면 월호동의 계춘학당, 해평동의 해서학당, 낙산동의 동신의숙과 백종학당이 있었으며, 산동, 장천, 옥성면 등지에도 사설학교가 있었다.

3. 구미의 현대화, 도시화 문제

도시화의 과정

　조선시대까지도 구미면은 선산군의 외곽지에 속한 지역이었으나 일제 강점기에 들어서면서 경부선 철도의 개설과 교통망의 확충에 따라 자연스럽게 면 지역 중에서 가장 빠르게 발전되었다. 1962년 면에서 읍으로 승격이 되고, 1978년 구미면이 선산군에서 분리되어 구미시로 승격하고, 1979년 선산면은 읍으로 승격되어 1읍 7면 96개 동이 되었다. 1995년 선산군과 합하여 오늘의 구미시가 되었다. 행정구역의 변천과 함께 1969년부터 시작된 구미 공업단지의 조성사업은 구미의 도시화를 가속화시켰으며, 이 기간 중 구미는 전국 어느 도시보다 빠른 성장과 변화 그리고 지속적인 인구증가 현상을 나타나게 되었다.

　30년이라는 짧은 기간 동안 이렇게 변화해온 구미의 일반적인 현황은 다음과 같다.

<구미상공회의소, 2006>

면적 (km2)	행정구역			인구(명)			공업단지(㎢)			기업체 (개사)	근로자 (명)	생산액 (백억 원)	수출액 (백만 불)	재정 규모 (억 원)
	읍	면	동	계	남	여	계	국가 공단	농공 단지					
616.25	2	6	19	386,465	196,764	189,701	25,603	25,566	0.337	1,772	94,279	4,755	30,578	6,320

사회, 문화환경

• 산업 구조의 변화: 1970년대부터 조성되기 시작한 공업단지의 영향으로 전형적인 농촌지역이었던 지역환경이 공업지역으로 바뀌었으며 이와 함께 공업을 중심으로 상업과 서비스업 등이 섞여 있는 산업 구조로 변화하게 되었다.

• 인구증가 및 도시구성원의 다양화: 1970년부터 1990년까지 급속도로 발전해온 구미는, 1995년 선산군과의 통합 이후에도 지속적인 증가현상을

나타내고 있어 산업화에 따른 도시팽창 및 인구증가의 예를 단적으로 보여주고 있다고 하겠다. 이와 함께 구미의 도시구성원은 공단취업에 의한 많은 외지 유입인구의 증가로 현재는 토착인구보다 유입인구가 더 많은 분포(80% 정도 추정)를 보이고 있으며, 특히 증가하고 있는 유입인구는 출신지역별로 많은 이질성을 보이고 있어 지역구성원이 공통적으로 가질 수 있는 지역에 대한 관심 및 향토애 등으로 나타나는 정신적 구심력이 약한 편이다. 이러한 현상은 토착인구의 보수성과 지역성, 유입인구의 개발성과 탈지역성이 혼재되어 있어 정신적, 문화적 이질감이 시민 생활에 있어서도 그대로 나타나고 있다고 하겠다.

• 시민들의 가치관 변화: 지역 산업구조의 변화와 함께 경제환경도 농업 중심의 단순소득에서 근로 및 서비스 분야에 의한 소득이 증가하게 되었다. 또한 지역개발이 가져온 부동산의 가치 상승으로 부의 이동이 급속하게 이루어졌으며, 특히 젊은 인구의 증가와 핵가족 중심의 개인 중시 성향 등은 전통적인 지역 정체성과 가치관에 큰 변화를 가져오기도 하였다. 그러나 예부터 삶의 뿌리를 이곳에 두고 있는 토착 인구층에서는 공업도시라는 이미지에 대한 상당한 거부감을 가지고 있는 듯하다. 그들은 그들의 선조들이 만들어온 전통적이며 역사적인 그리고 문화적인 면을 지금까지도 자랑스럽게 생각하며, 그 틀에서 벗어나려고 하지 않는 것이 사실이다.

• 전통문화와 도시문화의 혼재 및 괴리: 구미는 공단을 중심으로 급속한 도시화가 이루어짐에 따라 현대의 도시문화가 새롭게 자리잡게 되고 기존의 농촌 지역에서도 전통을 이어가는 한편으로는 생활양식이 변화하는 등 새로운 사고와 풍조가 스며들기 시작하였다.[13] 외지 유입인구의 증가로 인해 복잡하고 다양한 인적 구성을 보이고 있고 이로 인해 지역 내의 문화적 동질성 확보가 어렵게 되었다. 이러한 도시화와 젊은 외지인구의 유입은 필연적으로 이성적이기보다는 감성적인 대중문화의 확산

---

13) 구미라는 도시의 상징성(구미시 시민의식 및 행정수요조사에 관한 연구, 2003)에 대해 시민들은 구미공단(60.4%), 금오산(20.7%), 박정희 대통령(11.1%), 낙동강(4.8%), 인재의 고장(2.7%)을 답변하였고, 도시 연상이미지(구미시문화예술진흥시책연구, 2003)로는 산업도시(91%), 문화예술도시(4%), 교육도시(3%), 환경도시(1%)로 답변하였다.

을 초래하기 마련이고, 이러한 감성적인 부분은 전통적인 보수성과 대립각을 형성하기보다는 상당히 공통적인 형질의 발현 현상으로 나타나고 있다.

현대화, 도시화 문제점

• 지역경제의 공단 편중화: 전자 및 통신 사업 중심, 지역 내 입주기업이 대부분 소수의 대기업과 협력(납품)관계를 가진 중소기업으로 대기업의 영향을 받을 수밖에 없는 구조이다. 또한 이는 현실적으로 대기업의 생산기지로서의 역할만 한다는 것으로 구미시민의 대부분을 차지하고 있는 노동자들은 대기업의 생산공장에 취업을 하고 있거나 대기업과 협력관계에 있는 중소기업의 사원 신분으로서 이들이 취득하는 소득은 단순한 근로소득뿐으로 소득구조의 단순화 및 편중화 현상이 심하다고 할 수 있다.

• 지역의 통합성, 동질성 결여: 출신지역, 세대 간, 지역 간, 사회계층 간의 이질감은 도시의 정체성 확립이나 주민통합을 저해하는 요인으로 작용하고 있다. 이는 토착인구와 유입인구, 또 농촌지역과 도시지역 간의 이질감이 가장 대표적으로 나타나는 현상을 보이고 있는 곳으로 도시구성원 전체가 자기가 살고 있는 지역에 대한 관심과 애정을 가질 수 있게 하는 사회적, 문화적 구심력이 약하다고밖에 할 수 없다.

• 시민 정주의식과 교육환경: 구미는 경북 내에서 가장 경제력이 높고 주거환경도 양호하여 시민들의 정주 의식이 높을 것으로 기대되나 실제 시민들은 그렇게 생각하지 않는 듯하다. 물론 시민 대부분은 구미의 양호한 경제적인 여건과 주거환경 등에 만족감을 표시하고 있다. 그러나 자녀교육 문제가 거론되면 다른 의견들이 제시되고 있다. 대부분의 부모가 중학교 과정까지는 구미 지역에서 자녀를 취학시키지만 고등학교부터는 다른 지역의 명문 고등학교로의 진학을 희망하고 있고(이 부분은 최근 2−3년간 표면적으로 조금 상쇄된 듯도 하다) 대학교 진학은 거의 대부분 타지를 희망하고 있다. 결국 교육환경이 다른 지역환경에

비해 열악하다는 인식을 가지고 있으며 이는 시민들의 정주 의식결여에
가장 크게 작용하고 있는 듯하다.

• 사회적 자원의 불균형: 시민들의 정주 의식과도 밀접한 관련이 있겠으
나, 구미가 가지고 있는 사회적 자원 중에서 다른 자원보다 상대적으로
취약하다고 볼 수 있는 것은 교육자원과 문화자원일 것이다. 특히 구미
보다 도시규모가 적은 안동과 비교하여 종합대학, 특히 인문사회계열의
학과가 있는 대학이 부재하다는 것이다. 한편 구미 지역에도 이제는 많
은 문화시설과 프로그램들이 존재하고 구미만이 가지고 있는 문화적 색
깔이 생성되고 있다고 하겠다. 그러나 지금까지 다양한 계층의 지역구
성원들이 요구하고 있는 욕구를 수용하여 그것이 새로운 지역의 정체성
으로 확립되게 하는 시스템은 여전히 부족한 실정이다. 즉 지역구성원
들이 다양하게 나타내고 있는 문화적인 요소들이 자연스럽게 융화되어
지역문화로 정착되게 하는 시민들의 의식과 그것을 유인해 내는 매개체
가 부족하다는 것이 아쉬운 점이다.

역사적 관점에서 본 지역 현안

• 구미지역 향토지 현황: 구미, 선산 지역의 향토사를 연구함에 있어서 1
차 사료로 중시되는 『일선지』는 조선 성종 8년(1477) 9월 선산도호부사
점필재 김종직이 편찬한 3권 3책의 『일선지(一善志)』에서 시작하나 전
하지 않고, 현재 전하는 『일선지』는 광해군 10년(1618년) 인재 최현(認
齋 崔晛)이 편찬한 것이다. 최현의 『일선지』는 총 4권, 별집과 부록으로
구성된 필사본으로, 조선 전기까지의 선산 지방의 실태 조사와 인물을
연구하는 아주 귀중한 자료다. 1권의 앞부분에 점필재 김종직의 '선산지
도지'와 '지리도십절'을 먼저 수록하고, 제1의 지리는 연혁 · 형승 · 산천
· 봉수 · 성씨, 제2에는 풍속, 제3의 공부에는 전결 · 호구 · 토산 · 토공,
제4에는 관수, 제5의 학교에는 향교 · 서원, 제6의 질사에는 단유 · 묘제,
제7의 공서에는 객관 · 사창 · 군기고 · 향사당, 제8의 고적에는 고호 · 부
곡 · 누정 · 산성 · 굴혈 등이 수록되어 있다. 제2책은 인물로 후비 · 선현

·훈열·문무·효자·열녀 등의 행적과 업적을 기술하였다. 제3책은 보유로 선산 출신 길재·하위지·고응척 등의 행장, 언행록, 묘비문을 실었다. 제4책은 보유 및 별집으로서 선산 출신 인물의 잡저, 소장, 시문, 제문, 만장 등을 기술하였다. 1983년 선산문화원에서 『일선지』와 『인재속집』에 수록되었던 「인재사가」와 연보를 합쳐 영인, 간행하였다.

가장 최근에 출판된 『구미시지』는 상·하 두 권으로 선산군과 구미시의 통합 이후 처음 출간하였다. 상권에는 연혁, 자연, 인문환경, 역사의 현장, 인물, 정치, 행정, 산업 경제 등을 수록하고, 하권에는 사회 보건, 교육, 체육, 문화 종교, 유적유물, 세시풍속 등을 수록하였다. 특히 현대의 정치행정, 산업경제, 사회문화 등을 새롭게 추가하여 기술한 것이 특징이라 하겠다.
이후 구미문화원이 발간한 『구미마을사』는 '경북마을지'를 전재하고 약간의 행정자료를 추가하여 마을지명 유래를 정리하였다. 향토 인물에 관한 연구는 『구미시지』에서 인물 부분을 편집 『구미인물지』를 편찬하였고, 기타 길재·장현광·박정희 등에 관한 출판물이 상당한 편이다. 특히 열녀 향랑에 관한 연구들이 상당히 축적되어 있는 실정이다.
마을 조사의 사례로는 다음의 자료들이 있다.

김택규 외, 『나락농사와 풍물에 사는 물골』, 수서원, 1997.
안동대학교 민속학과 학생회, 『선산사람들의 삶과 문화』, 민속학연구6집, 2000.
단국대박물관, 『선산지구 고적조사보고서』, 단국대출판부, 1968.
한국교원대박물관, 『신라불교초전지고적조사보고서』, 한국교원대학교박물관, 1998.
안동대민속학연구소, 『금오산 문화재지표조사보고서』, 1994.
구미시, 『구미문화유적분포지도』, 구미시, 2002.

• 『디지털구미향토문화대전』 사업: 2003년부터 시작된 한국학중앙연구원

의 『한국향토문화전자대전』 사업의 지역판 『디지털구미향토문화대전』 작업은 다양한 향토문화 자료를 발굴·수집·연구하여 체계적으로 집대성하고 이를 디지털화하는 사업이다. 이것은 인터넷이라는 이점을 바탕으로 향토문화 지식정보화사회에 맞는 새로운 지지 편찬 방식이다. 향토문화전자대전이 성공적으로 편찬되었을 때 그 부가가치의 창출은 실로 엄청난 것으로, 각 지역의 향토성 짙은 자료들은 현재 우리의 관심인 문화산업이나, 문화콘텐츠 산업에 헤아릴 수 없는 부가가치를 창조할 것이다.

- 향토문화와 역사적 특성을 활용한 이벤트 개발
- 박녹주 추모 판소리 한마당
- 낙동강민속문화제: 발갱이들소리, 무을풍물 등 구미지역 낙동강 유역 민속문화 모음
- 불교문화와 역사를 소재로 한 종교이벤트의 개발
- 유교적 윤리와 인물열전 등을 소재로 한 교육이벤트 개발

구미시 문화재 현황

■ 국 보		
선산 죽장리 오층석탑	제130호	선산읍 죽장리 505 - 2(법륜사 경내)
봉한리 출토 금동여래입상	제182호	대구박물관소장
봉한리 출토 금동보살입상	제183호	대구박물관소장
봉한리 출토 금동보살입상	제184호	대구박물관소장
도리사 출토 금동육각사리함	제208호	김천 직지사 성보박물관 소장
■ 보 물		
선산 낙산리 삼층석탑	제469호	해평면 낙산리 837 - 1
도리사 석탑	제470호	해평면 송곡리 403(도리사 경내)
금오산 마애보살입상	제490호	남통동 산 24(금오산 보봉 아래)
선산 해평리 석조여래좌상	제492호	해평면 해평리 562(보천사 경내)
황상동 마애여래입상	제1122호	황상동 90 - 14(금강선원 경내)
강락사지 삼층석탑	제1186호	선산읍 원리 강창(김천 직지사 청풍료 앞)
조정 종손가 소장 문적	제1004 - 2호	남통동 4 - 5 금오청구아파트 105 / 1207호
■ 지방유형문화재		
궁기리 석불상	제120호	도개면 궁기리 748 - 4 (도개중 · 고등학교 내)
수다사 명부전	제139호	무을면 상송리 산12(수다사 경내)
대둔사 대웅전	제162호	옥성면 옥관리 1090(대둔사 경내)
지주중류비	제167호	오태동 산1
선산객사	제221호	선산읍 완전리 59 - 3(읍사무소 내)
단계 하위지 선생 유허비	제236호	선산읍 완전리 45 - 3(단계천 옆)
아도화상사적비 및 도리사불 량답시주질비	제291호	해평면 송곡리 산20 - 1(도리사 경내)
수다사 목조아미타여래좌상	제334호	무을면 상송리 산12(수다사 경내)
수다사 대웅전 석가모니 후불 탱화	제336호	무을면 상송리 산12(수다사 경내)
금강사 석조석가여래좌상	제338호	원평동 1008 - 25(금강사 경내)

선산 노진환 소장 전적	제344호	선산읍 독동리 607
금강사 금동약사여래입상	제352호	원평동 1008 - 25(금강사 경내)
금강사 금동관음보살입상	제353호	원평동 1008 - 25(금강사 경내)
금강사 소장 전적	제354호	원평동 1008 - 25(금강사 경내)
약사암 석조여래좌상	제362호	남통동 산 33 - 1(약사암 경내)
용암 박운 효자정려비	제363호	해평면 괴곡리 213
인동 장형수 소장 전적	제369호	인의동 603 - 1
■ 지방기념물		
천생산성	제12호	장천면 신장리 산 42 - 2
매학정	제16호	고아읍 예강리 257 - 2
채미정	제55호	남통동 산 42 - 2(금오산 내)
금오서원	제60호	선산읍 원리 276
금오산성	제67호	금오산 일대
박정희 대통령 생가	제86호	상모동 171
김종무 충신 정려비	제132호	고아읍 원호리 산14
■ 지방민속자료		
용와종택 및 침간정	제469호	해평면 일선리 1 - 54
해평 북애고가	제139호	해평면 해평리 318
망천리 임당택	제59호	해평면 일선리 45
의구총	제105호	해평면 낙산리 산148 - 3
의우총	제106호	산동면 인덕리 104
금강사 금란가사	제133호	원평동 1008 - 25(금강사 경내)
■ 지방문화재자료		
인동향교 대성전	제20호	임수동 409 - 3
동락서원	제21호	임수동 373
구미척화비	제22호	구포동 산 52 - 1
삼가정	제50호	해평면 일선리 1 - 55
수남위종택	제51호	해평면 일선리 1 - 29
임하택	제53호	해평면 일선리 1 - 25
대야정	제54호	해평면 일선리 44
근암고택	제55호	해평면 일선리 46
호고와종택	제57호	해평면 일선리 1 - 24
만령초당	제58호	해평면 일선리 43
동암정	제62호	해평면 일선리 1 - 56
선산향교	제123호	선산읍 교리 838

인동입석	제184호	인의동 364-5
낙봉서원	제222호	해평면 낙산리 474
주륵사 폐탑	제295호	도개면 다곡리 산 123
전 모례가정	제296호	도개면 도개리 978
도리사 목조아미타여래좌상	제314호	해평면 송곡리 403
도리사 극락전	제318호	해평면 송곡리 403
미륵당 석조미륵입상	제332호	장천면 오로리 86
선산 삼강정려	제333호	고아읍 봉한리 915-3
경은 이맹전유허비각 및 묘비	제346호	형곡동 142(시립도서관 내)
원각사 목조보살좌상	제372호	선산읍 노상리 159-4(원각사 경내)
모원당	제390호	인의동 642-2
봉곡동 효열비각	제391호	봉곡동 446-2
대월재	제423호	고아읍 원호리 146
수다사 건륭37년명 동종	제435호	무을면 상송리 산12(수다사 경내)
자비사 묘법연화경	제480호	도개면 신림리 464-1(자비사 경내)
■ 천연기념물		
선산 농소 은행나무	제225호	옥성면 농소리 436(국도변)
선산 독동 반송	제357호	선산읍 독동리 539(독동리 입구))
■ 중요민속자료		
해평 최상학 가옥(쌍암고가)	제105호	해평면 해평리 239
■ 무형문화재		
구미 발갱이 들소리	제27호	지산동 일원
■ 사 적		
선산 낙산리 고분군	제336호	해평면 낙산리 96 외 17필(국도변)

1970년대 구미 시가지

아래쪽에 구미역사(驛舍)가 보인다.

1970년대 금오시장 방면

1970년대 금오산네거리

I

구미 시내 및 인동 방면

구미시 마을 지명 유래

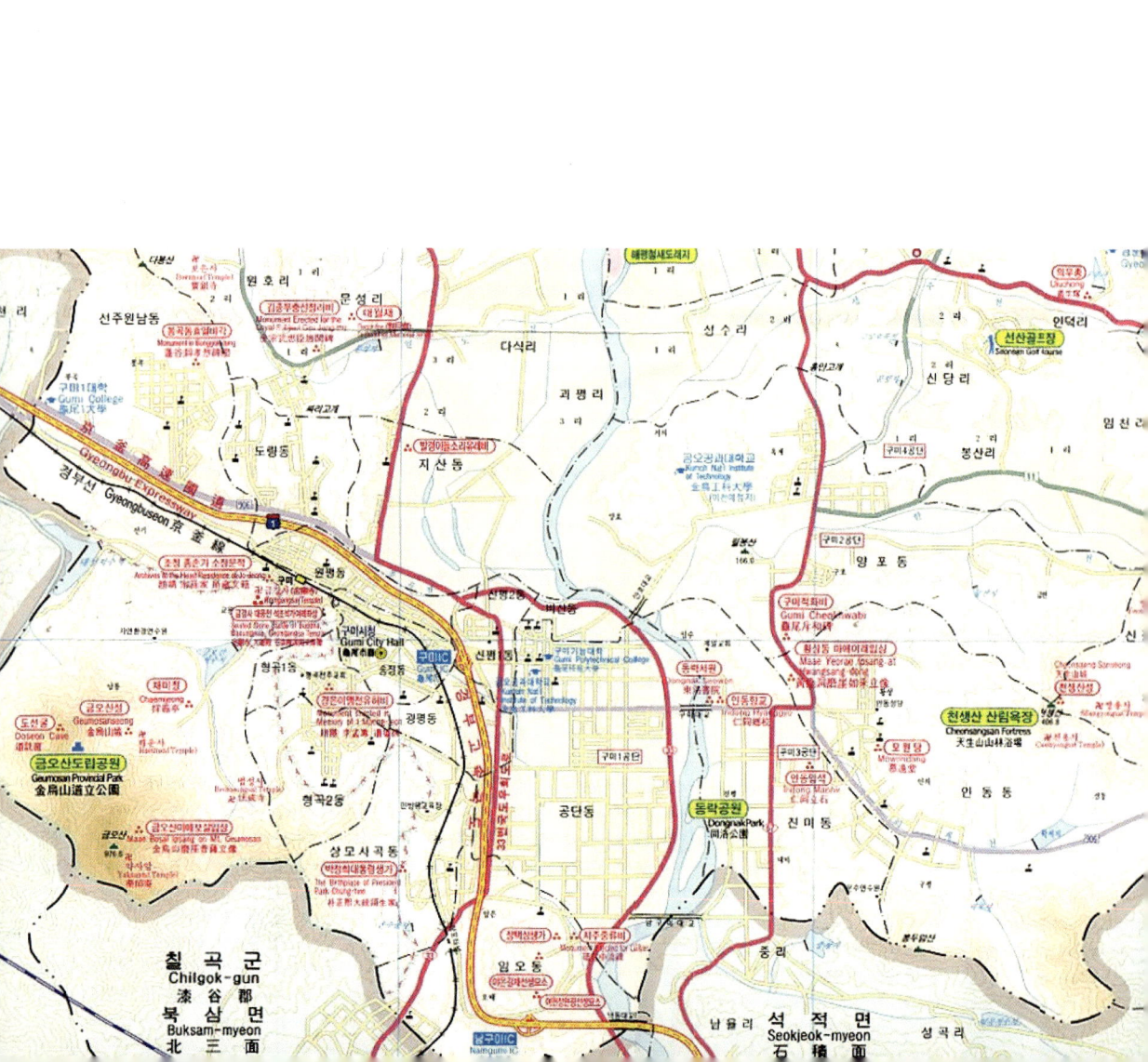

구미시 마을 지명 유래(가나다순)

◎ 거의동(居依)

○ 거리실(居依谷)

원래는 '거의곡(巨義谷)'으로 크게 의로운 사람이 살던 곳이란 의미였으나, 일제시대 행정구역명 정리과정에 일본에 의지하여 사는 마을이란 의미로 '거의(居依)'가 되었다고 전한다.

○ 명동(明洞), 용수골(龍水谷, 龍池谷)

'명동'은 조선시대 정조 때 장진홍이 명동서당을 열어 강학하였음에서 연유한 지명이다. '용수골'은 낙동강 공사전 마을 앞에 용소 혹은 용지(龍沼, 龍池)라는 늪이 있어 불린 지명.

○ 참깨실(眞佳谷), 시집마(세집마)

인동 장씨 진가파(眞佳派)가 사는 마을이라 '참깨실(眞佳谷)'이라 불리고, 그중 세 집이 외따로 산다고 하여 '시집마' 혹은 '세집마'라 불린다.

◎ 광평동(廣坪)

○ 광평(廣坪)

옛날에는 마을 양쪽 산에 소나무가 울창하여 '산솔'이라 불렸으며, 마을 앞에 넓은 들이 있다 하여 '광평'이라 불린 지명.

○ 다송(多松), 화신(花新, 새터)

'다송'은 주변에 소나무가 많다 하여 불린 지명이며, '화신'은 살구꽃이 만발한 새봄이 아름답다 하여 불린 지명.

◎ 구평동(九坪)

○ 불바우

봉두암산의 큰 바위가 벼락을 맞아 두 동강이 나면서부터 벼락 맞은 바위, 즉 '불바위(불바우)'라 불린다.

○ 구진벌(구준벌, 귀전벌)

'구진벌'은 거북의 등 모양으로 딱딱하고 쓸모없는 땅으로 자갈이 많은 거친 땅이란 의미이기도 하고, 밭으로 돌아간다는 뜻으로 '귀전부리(歸田夫里)'라고도 하고, 임진왜란 때 아홉 번이나 진지를 옮겨가며 싸운 곳이라 하여 '구진벌(九陣伐)'이라고도 전한다.

○ 무지개, 도토리곡(吐谷), 주막걸

'무지개' 마을은 마을의 생김새가 무지개처럼 생겼다 하여 불린 지명이기도 하고, 천생산 아래 약수터에 무지개가 생기면 이 마을로 뻗으므로 무지개라 하였다는 설도 있다. '도토리곡'은 경신년 산사태로 인해 이곳에 새로이 형성된 마을 주위로 돌이 많다 하여 불린 지명이다. '주막걸'에는 술을 파는 주막이 있었다 한다.

○ 소주건이, 사시골(산소골)

'소주건이'는 옛날 소의 전염병이 심하여 이곳이 집단으로 소의 피난처가 되었는데 그만 공교롭게도 소들이 모두 죽고 말았다 하여 불린 지명으로 소가 죽은 곳이란 뜻이다. '사시골(산소골)'은 '소주건이'와는 반대로 이곳에서는 모든 소들이 살았다는 뜻이다.

◎ 구포동(龜浦)

○ **솔뫼(鼎山), 온조(溫造), 가락(佳樂, 佳村, 嘉村), 석현(石峴, 돌고개)**
'솔뫼'라 함은 정산(鼎山), 즉 솥뫼에서 연유한 듯하다. '온조'는 마을 가운데 온천수가 나는 웅덩이가 있어 유래된 듯하다. '가락'마을은 부근에 갈대가 무성하여 아름답고 또한 인심 좋고 평화스런 마을이라 전한다. 한편 황상동에서 넘어오는 고개를 '석현', 즉 돌고개라 부르니 돌로 뒤덮인 산고개라는 의미이다. 이 고개는 한양으로 가는 '영남대로(嶺南大路)'이다.

◎ 금전동(金田洞)

○ **굿바위**
박선달이라는 부자가 이곳에서 굿을 자주 하였다 하여 '굿바위'라 한다.

○ **통신바위, 어범골, 유판재**
천생산에는 마치 재래식 화장실처럼 생긴 바위가 있어 화장실을 방언으로 '통시'라 하니 곧 '통시바위'라고 한다. 혹은 임진왜란 때 곽재우 장군이 이곳에서 봉화로 통신하던 곳이라 하여 '통신바위'라 부른다. '어범골'은 새로 생긴 마을이란 뜻이며, '유판재'는 천생산 아래 가실로 통하는 산고개로서 강릉 유씨들이 임진왜란 때 천막을 치고 피난하던 고개라 하여 불린 지명.

○ **월갱이(越江), 가장골, 와래(臥川), 부처골**
'월갱이'는 강 건너 마을이란 뜻이다. '가장골'은 죽은 사람을 가매장하던 곳이라 하여 불린 지명이다. '와래' 혹은 '와천'은 칠곡 가산에서 흘러내리는 냇물과 천생산에서 흐르는 냇물이 합하여 이루어진 천(川)으로 한천(漢川)이라고도 하고 혹은 유유히 흐른다고 해서 불린 지명이다. '부처골'은 아랫마을에서 천생산으로 통하는 큰 골에 높이 1m의 자연암석에 새긴 불상이 있어 불린 지명.

◎ 남통동(南通)

○ 남통(南通)
남쪽 도수곡으로 통하는 길이라 하여 불린 지명.

○ 덕뱅이(덕방德坊), 독안(獨雁), 봉양(鳳陽)
'덕뱅이'는 덕방 곧, 덕이 있는 마을이라는 뜻이다. '독안'은 외롭고 작은 기러기라는 뜻이며 이 마을의 위쪽을 '봉양'이라 하였으니 그 유래는 확실치 않지만 현재로서는 고증이 불가능하다. 현재 경북교원연수원이 위치하고 있다.

○ 아홉싸리(九谷山), 성안(內城), 댈창골(大惠倉谷)
'아홉싸리'는 골짜기가 아홉 곡으로 되어 있다 하여 불렸으며, 현재 자연학습원이 위치한다. '성안'은 금오산성 성안에 있는 마을로서 3,500명의 군병이 주둔했으며 주변에 민가가 있었다. 1977년 화전정리사업으로 모두 철수되고 지금은 주춧돌만이 남아 있다. '댈창곡'은 금오산성의 외성이 수축되고 대혜곡에 대혜창이 있었고 그곳에 마을이 있어 불린 지명.

◎ 도량동(道良)

○ 도량댕이(道村, 문장곡文章谷)
야은 길재 선생의 학문과 유학의 도(道)가 통한 골짜기라 하여 도를 가르쳐 널리 깨우친다는 뜻으로 '도량(道良)'이라 불리고, 조선시대 선비들이 글공부하러 넘나드는 골이라 하여 '문장곡'이라 불리기도 한다. 현재 문장곡 아래 구미고등학교가 터전을 마련하고 있다.

○ **소릿골, 소롯골(松谷)**

소나무가 많이 있는 마을이라 불린 지명으로 마을 제사를 지내던 고목이 속이 비어 바람이 불면 이상한 소리가 난다 하여 붙여진 지명이다.

○ **밤실(栗里)**

'밤실'은 야은 길재의 제자 율정 박서생(栗亭 朴瑞生)이 살던 마을명에서 유래하였다 하며, 또한 중국의 도연명이 자연으로 돌아가 거처한 마을이 '율리'이니 야은 길재 선생이 이곳에 은거하면서 불린 지명이라고도 전한다.

○ **중터(中基), 곳터(庫基)**

윗마을이 '밤실'이고, 아랫마을이 '도량댕이'로 그 중간에 있었다 하여 불린 지명이다. '곳터'는 도량 2동으로 조선시대 선주부의 양곡 보관 창고가 있던 곳이라 불린 지명이고, 현재 창고의 흔적은 찾을 수 없고 다만 뒷산 봉우재는 옛 봉화를 올렸던 곳이라고도 한다.

○ **깟질, 개길(開吉), 옥빼미(獄)**

'깟질'은 '개길'의 음차어인 듯하며 또한 마을에 길한 징조가 열릴 뜻으로도 풀이가 된다. '옥빼미'는 마을 앞 선기천 뚝 창고가 있는 근처에 옛 관아 옥이 있었다 하여 불린 지명.

◎ **봉곡동(蓬谷)**

○ **봉곡(蓬谷, 다붓, 다복, 多福)**

뒷산이 다봉산(多峰山)으로 '다봉'이 방언으로 '다붓', '다복'으로 불렸

을 것으로 추정되며, 이 마을에서 태어나 조선 광해군 연간에 예조참
의와 경주부윤 등을 지낸 박수홍(朴守弘)이 자신의 호를 '봉곡'이라
하였다. 또한 쑥대가 많아 '다붓'이라고 불렸다고도 전한다.

○ 별남(성남, 星南)
조선시대 송우암(宋尤庵)이 이곳에 은거하고 있던 이상일(李尚逸)과
만나던 날 저녁에 남쪽 하늘에 남극노인성이 빛나는 것을 보고 '성남'
이라 불렸다고 전한다.

○ 장고개(長峴)
옛 구미 시장 가는 고개가 있는 마을이라 불린 지명. 혹은 이 고개가
길다는 뜻이라고도 한다.

○ 갓골(冠谷)
일반 평민이 살던 부락이었는데 어느 때인가 관직에 나아간 이후 불린
지명. 혹은 갓에 있는 마을이라는 뜻이기도 하며, 이곳 지형이 의관(衣
冠)처럼 생겼다 하여 불린 지명.

◎ 부곡동(釜谷)

○ 부곡(釜谷, 가매실, 개미실)
조선시대 군병들이 군기를 취급하였다 하여 '가매실', 즉 '부곡'이라
하며 혹은 동네의 모양이 큰 솥같이 생겼다 하여 불린 지명.

○ 전지율
'전지율' 혹은 전쥴, 전지울이라는 마을은 경부선 철도 부설 때 흩어져
있던 집들이 둥글게 들 복판에 형성하였다 하여 불린 지명, 또한 집들
이 잔디처럼 모여 있다 하여 불린 지명.

◎ 비산동(飛山)

○ 비산(飛山)

옛날에는 '비산(緋山)'이라 하였으니 땅이 짙붉고 차지다는 뜻이다. 이 곳 주민들이 구미 시장에 가면 비산사람인 줄 알 수 있는 이유가 입고 있는 바지와 신발에 묻어 있는 황토 때문이라 한다. 일제시대에 '비산(飛山)'으로 잘못 기록하여 현재에 전하고 있다.

○ 자지기(紫竹)

대나무의 일종이며, 이 지역의 땅이 얼마나 붉고 차진지 잘 말해주는 지명.

○ 패기(巴溪)

금오산에서 흘러내린 물이 이 마을 둘레를 돌아 낙동강으로 들어간다 하여 생긴 지명.

○ 비산진나루

낙동강을 이용한 물물교역의 요충지로서 특히 각지의 소금배로 불야성을 이루었다 한다.

◎ 사곡동(沙谷)

○ 사곡(모래실)

원래는 '모립곡(謀立谷)'으로 현재의 '상모(上毛)'와 한마을이었던 곳으로 비가 오면 낙동강이 범람하여 모래밭으로 변하니, 이곳 방언으로 모립곡이 모래와 결부되어 '모래실', 즉 사곡이라 불렸다.

○ 갓골, 운막골

'갓골'은 마을 갓에 있는 마을이라는 유래와 새로이 생겼다 하여 '새마'라 불리기도 하며, '운막골'은 마을 위에 있는 마을이라는 뜻이다.

◎ 상모동(上毛)

○ 모립곡(謀立谷, 慕魯谷)

원래는 '모립곡(謀立谷)'으로 현재의 '사곡(沙谷)'과 한마을이었던 것으로 비가 오면 낙동강이 범람하여 모래밭으로 변하니, 모래와 결부되어 '모래실', 즉 '사곡'이라 표기되고, 위쪽에 있다 하여 '상모(上謀)'라 하였으나 일제시대에 '상모(上毛)'로 표기된 듯하다. 또한 조선시대 단종이 폐위되어 노산군(魯山君)으로 되어 영월로 유배되니 노산군을 사모한다는 뜻으로 '모노곡(慕魯谷)'이라는 설도 있다.

○ 밤마, 석평(石坪), 용전(龍田), 망태골, 불당골, 온수곡(溫水谷)

'밤마' 일대는 밤이 많은 마을이라는 의미이며, 넓고 평평한 돌이 많았다 하여 옛날 온돌용 구들을 모두 이곳에서 생산했다는 '석평', 용이 내려와 놀았다는 산 밑에 있는 밭을 '용전', 골이 마치 망태와 같이 아담하게 생겼다 하여 '망태골', 옛날 절이 있었던 '불당골', 항상 온수가 흘러 전국 나병 환자들이 몰려옴으로 마을에서 온수샘을 깊숙이 막아버렸다는 '온수곡' 등이 있다. 특히 '온수곡'은 현재 금오산 온천이 위치한다.

◎ 선기동(善基)

○ 선주터(선지터)

옛 선주부(善州府)가 있었던 곳이다.

○ **덤바우(加岩), 덤밑에(덤미태), 삼거리**

마을 뒷산에 절벽이 있고 바위 위에 바위가 얹혀 있어 '덤바위', 즉 '덤바우'라 불린다. 덤바우 아래를 '덤밑에'라 하고, 구미, 아포, 부곡의 세 갈래로 나누어지는 길목을 '삼거리'라 한다.

○ **오롯골(梧洞), 장흥(長興)**

'오롯골'은 오동나무가 많아 불린 지명이며, '장흥'은 마을 입구에 잡귀 불침입의 장승이 있어 불린 지명.

○ **대밭고개, 역적골**

'대밭고개'는 구미와 아포의 경계로써 대나무가 많다 하여 불린 지명이다. '역적골'은 옛날 어느 역적이 가진 많은 재산을 빼앗아 당시 늪지대인 이곳에 밀어 넣었더니 늪이 없어지고 비옥한 토지로 변했다 하여 불린 지명.

◎ 송정동(松亭)

○ **송정(松亭), 속리(俗離), 백산(栢山)**

울창한 소나무 숲 속에 정자가 있었다 하여 '송정'이라 불리고 있으나, 그 정자의 이름은 전하지 않는다. 그리고 지금의 구미종합문화예술회관의 자리에 옛 '속리원(俗離院)'이 있었다 하여 일대를 '속리'라 부른다. '백산'은 마을 뒷산에 잣나무가 울창하다 하여 불린 지명이나 지금은 아파트가 건립되어 옛 자취를 찾을 수가 없다.

○ **부뫼(푸뫼, 扶山, 豊厓)**

'부뫼' 혹은 '푸뫼'라 함은 부산(扶山)을 이르는 말이고, 마을 앞에 풍덕지(豊德池)라는 넓은 연못이 있어 마을의 풍년을 가져다준다는 길조인 풍덕조(豊德鳥)가 살았다고 하여 '풍애'라고도 불린다.

◎ 수점동(水店)

○ 무수점(水店)

금오산 계곡의 힘찬 물이 급히 흐르다가 이곳에서 잠시 쉬어간다고 하여 불린 이름이라고도 하고 물이 많은 곳이라는 뜻이기도 하다. 금오산에 곡식을 보관하는 대혜창에 개령, 금산, 지레에서 군량을 실어 나르던 길목이기도 하고 원래 빈민촌으로 산성의 군량을 나누어 주었던 마을이기도 하였다. 수점(水店)이란 현재 대성지(大成池)가 생기기 전 하나의 암시인 듯하다.

○ 소바탕(쇠바탱이)

소들에게 풀을 뜯기는 넓은 풀밭이 있는 곳.

◎ 시미동(侍美)

○ 시미골(侍墓谷)

'시미골'은 조선시대 인동 장씨와 금녕 김씨 두 문중에서 시묘살이를 살았던 골이라 하여 불린 지명.

○ 넘바위(넘바우, 넓바위)

조선시대 흥선대원군이 척화비를 건립할 무렵 읍내에 사는 한 부인이 남편의 병을 치료하기 위해 바위 너머에 있는 불상에 매일 지성을 드리니 이때 매일 넘나드는 바위라 하여 '넘바우'라고도 하고, 이곳의 바위가 크고 넓어 '넓바우'라고도 전한다.

◎ 신동(新)

○ 신곡(新谷), 새마, 안마, 거리마(東泉)

1580년경 인동 장씨가 이곳에 새로운 마을을 형성하였다 하여 '새올', 즉 '신곡'이라 하였다.

'새마' 역시 강릉인 유수원(劉秀元)이 이 마을에 처음 정착하여 형성된 마을로 '신곡'에서 등 넘어 새로이 생긴 마을이라는 의미이다. 또한 신곡의 안쪽에 있다 하여 안마을, 즉 '안마' 지명이 유래하고, '거리마'는 안마을과 길게 연결되어 있으며 마을 끝까지 길이 연결되어 있으므로 이 길가에 있다 하여 유래된 지명이다. 또한 마을을 관통하여 흐르는 맑은 시내와 우물의 물맛이 좋은 것에 연유되어 '동천(東泉)'이라고도 한다.

◎ 신부동(新浮)

○ 신늪(新浮)

낙동강의 물줄기가 그 흐름을 바꾸어 새로이 늪지대가 생겼다는 뜻에서 '신늪'이라 한다. 현재 공단운동장과 복지회관 주변이 해당된다.

○ 매호동(매화동)

본래는 신늪에서 분리되어 형성된 마을이다. 동락서원에서 여헌 장현광 선생이 제자들에게 강습 중 강 건너편 밭을 가리키며 저곳에 부락을 이루어 살면 부자촌이 되겠다고 하였으니 그로부터 차츰 모여들어 이루어진 마을이라 한다. 또한 금오산이 매화나무의 원줄기라면 이 마을은 끝가지에 속하여 매화꽃이 핀 형태와 같다 하여 일명 '매화동'이라고도 한다. 현재 구미소방서 일대이다.

○ **장동(長洞), 새뜸(新基), 낙계(洛溪)**

신늪의 뒷산 너머 기슭에 길쭉하게 이루어진 마을이 '장동'이며, '새뜸'마을은 현재 새한 단지 일대로서 '신늪'에서 농지 따라 이동하며 새로이 형성된 지역이다. 한편 원래 칠곡군에 속하였으나 구미시로 편입된 '낙계'는 홍수로 범람하면 뭉텅뭉텅 한 골짝씩 떨어져 나갔다 하여 불린 지명.

◎ 신평동(新坪)

○ **신평(新坪)**

'원평'이 먼저 생긴 들이라면, 이곳은 새롭게 생긴 들이라 '신평'이라 불린 지명.

○ **사기점**

현재 수도사업소와 정수장 사이에 옛날 사기를 굽는 옹기굴이 있었다 한다.

◎ 양호동(陽湖)

○ **양마(양말), 양마나루**

옛 양씨가 처음 와서 살았다 하여 양씨마을, 즉 '양마'라는 설도 있고, 석양빛이 강물에 아름답게 빛난다는 뜻으로 '양마(陽마)'라고도 한다. 또한 갯가에 '양마나루'는 강 건너 '비산나루'와 마주하고 60여 년 전까지 소금배로 북적였으나 지금은 흔적도 찾아보기 어렵다.

○ **시루골(甑谷), 빈수골(濱水谷)**

'시루골'은 뒷산이 떡시루처럼 생겼다 해서 '시루봉'이라 하고, 이에 마을 이름도 '시루골(甑谷)'이라 한다. 시루봉에 묘를 쓰면 가뭄이 온다고 전한다. '빈수골'은 강가에 위치한 마을이라는 의미로서 예부터 가뭄에도 물이 끊이지 않고 경치 좋고 인심 좋은 마을이라 불린다.

◎ 오태동(吳太)

○ 烏山之下 不見烏山 洛江之邊 不見洛水

금오산 아래로되 금오산이 뵈지 않고 낙동강이 바로 곁에 있되 강이 뵈지 않아 길지(吉地)이다.

○ 오산(烏山), 묘곡(妙谷), 구봉곡(龜峰谷)

'오산'은 금오산의 주된 고개라 하여 불린 지명이며, '묘곡'은 금오산의 산줄기가 내려와 좌측이 청룡이 되고, 우측이 백호라 그 모양이 묘하게 생겨 불린 지명이다. 또한 '구봉곡'은 금오산 줄기가 길게 뻗어내려 이 마을로 이어지는 중간지점인 마을 뒷산의 모양이 마치 거북과 같은 형상이라 '거북골'이라고도 전한다.

◎ 옥계동(玉溪)

○ 옥계(玉溪)

한천(漢川)의 양 둑에 땅버들나무가 울창하고 그 물은 맑고 조약돌 구슬같이 깨끗하다 하여 '옥계'라 불린다.

○ 무이미(무리미, 문림), 온수곡(溫水谷)

가락동에서 김사성(金嗣成)이 터를 잡고 후에 김종효(金宗孝)가 이곳에 반월당서당(半月堂書堂)을 열어 젊은 선비들이 숲을 이루었다 하여 '문림(文林)' 혹은 '무이미, 무리미'라 불렀다. '온수곡'은 산동면과 경

계를 이룬 마을로 마을 앞 국도변에 안경같이 생긴 쌍 웅덩이가 추운
겨울에도 얼지 않고 온수가 나온다 하여 불린 지명.

○ **안사당(內祠堂), 바깥사당(外祠堂)**
반월당 김종효의 사당이 있는 곳을 '안사당', 김종효의 아랫대의 사당
이 있는 곳을 '바깥사당'이라 한다.

◎ 원평동(元坪)

○ **원평(元坪)**
상고시대부터 부락이 형성된 것으로 추정되며, 평평한 들 가운데 가장
먼저 생긴 들이라는 뜻.

○ **월산(月山)**
원평동을 '월산동(月山洞)'이라고도 하였으니, 곧 금오산에 저녁달이
걸리면 아름답다 하여 불린 지명.

○ **죽바위들(岩田)**
마을 일대가 온통 돌자갈밭이기에 '암전'이라고도 하고, 각산 황우봉에
서 굴러 내린 큰 바위가 마치 쇠죽통같이 생겼다 하여 불리는 지명.
(현 구미역 자리에 둘레 20m, 높이 10m 정도의 큰 바위가 있었다고
전함)

○ **각산(角山)**
금오산 줄기인 황우봉(黃牛峰)이 소뿔과 같다 하여 불린 지명.

○ **장터(場基), 나무전거리, 소전거리**
1일, 6일 시장이 형성되었던 곳이며, 현재는 구미중앙시장으로 현존하

고 있다. '나무전거리'는 장터 안의 땔나무를 사고팔던 곳으로 현재 주택가로 변하였으며, 장터 안의 우시장이었던 '소전거리' 역시 현재는 주택가로 변하였고 도량동 입구에서 행해지고 있다.

◎ 인동동(仁同)

인동은 예전 읍내면과 북면을 합하여 칭하는 지명으로 읍내면에는 신동, 구평동, 인의동, 진평동, 임수동, 시미동, 황상동이 속하고, 북면에는 구포동, 금전동, 옥계동, 거의동, 양호 등이 속한다.

◎ 인의동(仁義)

○ 교동(校洞), 중리(中里), 남산(南山), 마차골(馬車谷)
향교가 있었다 하여 '교동'이라 불렸고, 인동 장씨의 중리파가 살았다 하여 '중리', 인동 장씨의 남산파가 세거하였다 하여 '남산'이라 불렸다. 한편 임진왜란 때 마차를 집결시킨 곳이라 하여 '마차골'이라고 한다.

◎ 임수동(臨洙)

○ 임수(臨洙), 갓등(邊登)
낙동강변에 자리한 마을이라는 의미이며, 소가 누워 있는 혈(穴)이라 하여 '우담동(牛譚洞)'이라고도 한다. '갓등'마을은 그 위치가 변두리, 즉 가에 있다는 의미로서 옛 고분이 많고 나루터가 있었다.

○ 절골, 밤낭골, 장바우, 부지암(不知巖, 새똥바위)
'절골'은 옛 사찰이 있었다 하지만 확인할 길이 없으며, '밤낭골'은 밤

나무가 많이 있었던 곳이다. '장바우'는 여차정(如此亭) 서쪽 낙동강변에 장암(壯巖)이라 각자된 큰 바위가 있어 이 바위를 방언으로 '장바우'라 부른다. '부지암'은 모양이 새통과 같은 바위로서 물이 찰 때는 잠기고 보통 때는 드러난다.

◎ 임은동(林隱)

○ 임은(이무이)

옛날 낙동강 수로를 이용하여 소금배가 드나들 때 이 마을이 수풀에 가려 잘 보이지 않는다 하여 임은(林隱), 방언으로는 '이무이'라고 불렸다. 또한 위의 마을을 웃마, 아래 마을을 아랫마라 구분한다.

○ 오양곡(五養谷), 웃곡

오양곡은 지형이 묘한 명당이며 허씨 문중의 사랑방터가 있어 그 재호(齋號)를 따서 불린 지명이며, 웃곡은 마을 위에 있는 골짜기라는 의미.

◎ 지산동(芝山)

○ 지산(芝山)

'원앞'과 '삽지'를 '지산'이라 함은 앞에는 넓은 발갱이들이 있고, 뒤로는 아름다운 산이 포근하게 감싸주어 아늑하고 풍요로운 마을이라 불린 지명.

○ 원앞(院前)

예전 마을 뒤에 남강서원(南崗書院)이 있어 '원앞'이라 불린 지명.

○ 삽지(挿地, 挿堤)

구미천이 마을 앞을 흘러 금오천과 합류하여 낙동강 물줄기로 유입되
었으니 홍수가 지면 범람하곤 하여 큰 제방을 쌓았다 하여 '삽지'라
불린다.

○ 외동, 용댐이, 박샘

'외동(外洞)'은 삽지모퉁이에 외따로 있는 동네란 뜻이며, '용댐이(龍
潭)'는 용이 내려와 목욕하던 곳이다. '박샘'은 바가지로 물을 떠먹는
다고 하여 불린 지명.

◎ 진평동(眞坪)

○ 진평(眞坪)

옥토로 펼쳐진 들이 있어 '진평'이라 하고, 일설에는 신라의 진평왕이
사냥 왔다가 머물렀으며, 이로 인해 밀양 박씨의 집성촌으로 왕의 이
름을 따 불리게 되었다고도 한다.

○ 양원(楊原), 역촌(驛村), 도세(道西)

마을 앞 이계천을 따라 수양버들이 줄을 지어 늘어져 있고, 물 또한
맑았으며 항상 끊이지 않았었다 하여 '양원'이라 불린다. 또한 양원역
이 있었던 마을을 '역촌'이라 부르고 있다.
'도세' 마을은 서울로 가는 길 서쪽에 있는 마을이라는 의미와 그 길
목에 있던 주막집 주인 성명이 박도서였기에 방언으로 '도세'라 불렸
다는 설이 있다.

◎ 형곡동(荊谷)

○ 형곡(荊谷, 시무실)
'시무실', 곧 '형곡'은 시무나무가 많아 불린 지명.

○ 사창(司倉)
옛 선주부가 선기동에 있을 때 이곳에 창고를 관장하던 곳이라 하여 불린 지명.

○ 백정골, 목곡, 안골
부자들이 살았던 옷밭골 근처로서 고기를 취급하는 상가가 있었고, 백정들이 사는 곳이라 하여 '백정골'이라 불리고, '목곡(木谷)'은 사창마을 중간지점으로 울창한 숲이 큰 골을 이루었다 하여 불린 지명이다. '안골'은 금오산 줄기 소쿠리의 태와 같이 생긴 골짜기 아래에 있으며 그 유래는 동네의 안쪽에 있다고 하여 불린 지명으로 추정.

○ 덕곡, 새뫼, 아랫마
'덕곡'은 사창마을 건너 동남으로 사곡동을 넘어가는 고개로 효자봉에서 내려오는 줄기인 덕곡산과 사창 앞 남산으로 넘어가는 고개로 성황당이 있었다. '새뫼'는 선산 사람 은곡 김진구(隱谷 金振久) 선생이 소나무 숲을 직접 가꾸었다고 하며 그로 인해 새로운 산이 생겼다고 하여 불린 지명이다. '아랫마'는 동네 아래에 있는 마을이라 불린 지명으로 이곳엔 댓샘(竹泉, 竹井)이 있었으니, 즉 대나무 울타리 속에 샘이 있었다 한다.

◎ 황상동(黃桑)

○ 황상(凰潁)
인동팔경(仁同八景)에서 "鳳頭朝霞 凰潁宿霧"라는 구절이 있다. 아침

해 뜰 때 봉두암에 붉게 이글거리는 빛의 광경이 가관이며, 황상의 해질 녘 저녁안개가 가히 일품이라는 의미이다. 이로 볼 때 '황의 이마'라 하여 '황상동(鳳頹)'이라 불렸던 것이 일제시대를 거치며 쇠잔한 누런 뽕나무라는 의미의 '황상(黃桑)'으로 격하된 듯하다.

○ 어은곡(魚隱谷)

오래된 못이 있어 그 속에 큰 고기가 숨어 있다 하여 불린 지명.

○ 검성곡(劍城谷, 金城谷)

임진왜란 때 곽재우 장군이 천생산성에 진을 치고 왜병을 물리쳤다 하여 '검성곡'이라 불리며, 간혹 이 주위에 금광이 있었다 하여 '금성곡'이라고도 한다.

구미 척화비(斥和碑)

경상북도 문화재자료 제22호
구미시 구포동 산 52-1 일명 솔뫼고개 정상부

☞ **찾아가는 길**

67번 옥계−해평행 도로를 이용, 황상동 마애여래입상을 지나 '솔뫼고개'를 넘자마자 도로 오른편에 위치한다. 도로특성상 주차공간이 없어 승용차는 오른쪽 소로에 잠시 주차한다.

1866년 '병인양요'와 1871년 '신미양요' 등 서양의 침입을 물리친 흥선대원군 이하응(李昰應)은 통상수교거부 정책의 일환으로서 온 국민에게 경고하기 위하여 서울 종로 및 전국 지방의 주요 도로변에 척화비를 세웠다.

구미 척화비는 비신의 높이는 115㎝, 너비는 50㎝이다. 비석의 표면에는 큰 글자로 12자(洋夷侵犯 非戰則和 主和賣國)를 새겼고, 주문 말미에는 작은 글자로 12자(戒吾萬年子孫 丙寅作 辛未立)의 글씨를 새겼다. 그 후 1882년 임오군란 후 대원군이 청나라에 납치되고 우리나라가 각국과 교역됨에 따라 모두 철거되었으나, 아직도 전국의 몇몇 곳에 남아 있는 것으로 알려지고 있다.

구미 척화비는 큰 자연암석에 글씨를 새겨 놓았고, 특히 연봉 옥개 지붕석도 부조되어 있어 다른 척화비와 차별성이 있다.

금전동 약사여래좌상(藥師如來坐像)

구미시 금전2동 334 와래마을

구미 제3공단을 따라가다가 '옥계교' 직전에 우회전하여 약 4㎞쯤 가면 금전2동 와래마을과 교회가 보인다. 오른쪽 소로로 들어가다 다시 왼쪽 저수지 길로 접어들면 약 600m 정도에 이 불상이 위치한다. 바로 저수지 앞이다.

이 불상은 손에 약함을 들고 있어 약사여래좌상으로 추정된다. 전체적으로 마멸이 심하여 얼굴 형체조차 제대로 알아보기 힘들다. 그러나 육계의 고부조와 어깨까지 닿은 두 귀, 광배의 조각 등으로 미루어 통일신라 후기의 불상으로 보인다. 현재 높이는 약 87㎝이다.

조정 종손가 소장 문적(趙靖 宗孫家 所藏 文籍)

보물 제1004-2호

구미시 남통동 청구아파트 105 / 1207 조성만 씨

이 문적들은 조선 선조 때 과거 시험 합격을 증명하기 위해 발급된 교지와 과거시험 답안지인 시권으로 작성자인 조정(趙靖)의 능숙한 시문과 필적이다. 종류는 조정문과 병과 제21인 급제 교지(敎旨, 78.5×66㎝) 1매, 시권(試券, 84.4×215㎝, 79.6×224㎝) 2매가 있다.

조정의 자(字)는 안중(安仲), 호는 검간, 본관은 풍양이다. 김성일과 정구의 문인이었으며, 임진왜란 때 의병을 모아 활동하였고, 1599년(선조 36년)에는 사마시에, 2년 후에는 문과에 급제하여 호조좌랑, 사헌부 감찰, 대구 판관 등의 벼슬을 역임하였다.

문과 급제 교지는 1605년(선조 36년) 4월 3일에 발급한 것으로서 당시 호조좌랑 조정이 문과 병과 제21인으로 급제하였음을 증명하는 문서이다.

시권은 총 2매로서, 1601년(선조 34년) 2월 당시 광흥창 부봉사였던 조정의

시권과 1605년(선조 38년) 3월에 치른 증광문과전시의 시권이다.

이 문적들은 과거시험 답안지 작성에서부터 등제, 채점성적에 이르기까지 제반 형식이 갖추어진 문서로서 조선 선조 때의 과거 제도 연구의 중요한 자료가 된다.

도량동 야은사(冶隱祠)

구미시 도량동 720

☞ 찾아가는 길

구미시 도량동사무소를 골목으로 들어가면 골목 끝에 미광아파트가 보이고 그 왼쪽 산기슭에 대나무 숲을 배경으로 자리하고 있다.

이 사당은 1403년 당시 경상도관찰사이던 남재(南在)가 야은 길재의 집안 사당으로 건립하였다. 건물이 퇴락한 것을 선조 16년(1383)에 선산부사 유덕수가 수리하였으나 임진왜란 때 불타고, 그 후 순조 때 크게 수리한 이후, 지금의 건물은 1972년에 다시 수리하였다.

사당은 정면 3칸, 측면 1칸 반 규모의 맞배기와집으로 어칸을 양 협칸보다 넓게 잡았으며, 전면에는 반 칸 규모의 툇간을 두었다. 초익공의 겹처마 집이며, 목부에는 모로단청으로 장식하였다. 사당 안에 봉안된 초상화는 서

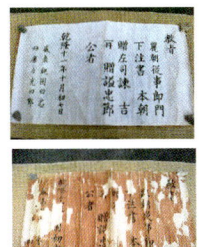

양화가 박운보가 그린 것이
며, 교지와 야은문집 판각
본, 기타 문집 100여 권이
보존되어 있다.

도량동 고분군

구미시 도량동 산11-1 일원

구미고등학교 뒷산 능선 중턱에 약 200여 기 산재해 있다. 대부분 소형의
수혈식석곽분으로 추정되고, 봉토 직경 10~15m 규모의 중형급 고분도 다수
산재한다. 현재 민묘조성과 등산로로 인해 거의 파괴된 상태이며 약간의 석
재들만이 노출되어 있다.

봉곡동 의우총(義牛塚)

원위치: 구미시 봉곡동 30 M.F.S. 뒤편야산 기슭
현 위치: 구미시 봉곡동 시립어린이도서관 야외

전설에 의하면 여양인 진수발(陳洙發)의 처 밀양 박 씨가 기르던 암소가
산독(産毒)으로 수일 만에 죽자, 그 송아지를 가련하게 여겨 잘 길러 수년

후에 개령장에 내다 팔았다고 한다. 그 후 박 씨도 병이 들어 죽자 장례일에 팔려간 송아지가 미친 듯이 날뛰며 분연히 삼십 리 길을 돌진하여 박 씨 집 앞에 와서 절규하다가 죽었다.[14] 이를 기특히 여겨 박 씨의 무덤 근처에 매장하고 후에 경주 부윤 박수홍(府尹 朴守弘)이 '의우총'이라 하였다고 한다.

　원위치에 직경 1.6m 정도의 봉분이 있었다고는 하나 택지개발로 인해 사라지고 석비만이 원위치를 지키다가 그마저도 현재 신축 중인 봉곡동 시립어린이도서관 야외로 옮겨져 전시될 예정으로 도서관 측에서 보관 중이다.

봉곡동 효열비각(孝烈碑閣)

문화재자료 제391호
구미시 봉곡동 446-2

☞ 찾아가는 길

　구미시 봉곡동 영남네오빌시티 아파트 앞 대로상에서 동쪽으로 끝까지 직진한 후 삼거리에서 좌회전하면 약 50m 도로 좌측에 비각이 보인다.

　이 비각은 효자 박진환(朴震煥, 1605~1650), 열녀 양주 조 씨(楊洲 趙氏, 1696~1724), 열녀 함종 어 씨(咸從 魚氏, 1778~1811)의 행적을 기리고 후

---

14) 이를 두고 후세 사람들은 '분돌삼십리(奔突三十里)'라 이르고 있다.

대에 전하기 위해 세워진 비석과 편액을 보관한 비각이다. 정면 2칸, 측면 2
칸 규모로서 전면에는 홍살을 세우고 익공 장식하였다.

1980년대 모습   2007년 현재 모습   효자 박진환비

효자 박진환지려 편액   열녀 양주 조씨, 열녀 함종 어씨 편액

효자 박진환의 호는 남강(南岡), 밀양 사람으로 통덕랑을 역임하였으며,
경주 부윤 박수홍(朴守弘)의 장자이다. 아버지가 상주(尙州)에서 위독하다는
소식을 듣고 달려가 손가락을 깨물어 피를 내어 간병하였으나 보람 없이 운
명하였다. 그는 3년간 시묘살이 후에 병을 얻어 46세에 운명하니, 1681년(숙
종 7년)에 정려(旌閭)가 내렸다.

열녀 양주 조 씨는 효자 박진환의 3대손 항령(恒齡)의 아내이다. 아버지는
첨지중추부사 조태방이다. 병고에 시달리던 남편을 지극 정성 간호하였으나
운명하자 이튿날 남편을 따라 자결하니, 1729년(영조 5년)에 정려가 내렸다.

열녀 함종 어 씨는 효자 박진환의 8대손 래은(來殷)의 아내이다. 남편이
1811년(순조 11년)에 갑자기 운명하니 남편을 따라 죽었다. 이듬해인 1812
년(순조 12년)에 정려가 내렸다.

효자 박진환의 옛 비는 한국전쟁 때 파손되어 파묻혔던 것을 다시 찾아내
어 상부 절반을 세워 두었으며, 그 정려를 위한 적색 편액(扁額)에는 "孝子
贈通政大夫吏曹參義密陽朴震煥之閭"라고 되어 있고, 두 열녀의 적색 편액
(扁額)은 각기 "烈女學生朴恒齡妻孺人楊州趙氏之閭", "烈女學生朴來殷妻孺

人咸從魚氏之閭"라 각자되어 아직도 그 보존상태가 양호하다.

부윤 박수홍 묘비(府尹朴守弘墓碑)

구미시 봉곡동 효열비각 북쪽 100m

부윤 박수홍묘비

박수홍의 자는 언유(彦裕), 호는 봉곡(蓬谷)이다. 조선 광해군 10년(1618) 증광문과에 급제한 이후 예조정랑, 춘추관 기수관을 겸직하고, 정묘호란 때 강화도로 왕을 모셨으며, 돌아와 금구현령 및 예조참의, 병조참지, 좌부승지, 형조참의를 지낸 후 경주부윤으로 임기를 마치고 상주객사에서 돌아갔다.

비좌는 방형이며 연화문이 조각되어 있다. 전면 상부에는 '慶州府尹朴公墓碣銘', 우측에는 '崇禎紀元之四十九年月日立'이라 하여 곧 1677년에 건립되었음을 알 수 있다. 현재 택지개발지구 부근에 방치되어 보호가 시급하다.

선달 박래민 구황불망비(先達 朴來玟救荒不忘碑)

구미시 봉곡동 550 시립어린이도서관

고종 41년(1903)에 흉년이 들어 대기근이 들자 주민들에게 곡식을 나누어

준 공덕으로 1904년에 건립하였다. 상부를 귀접이한 비신만이 전한다. 이후
일제강점기인 1937년에 비석 뒤쪽에 비각(碑閣)을 세운 뒤 다시 기적비(紀
績碑)를 현재와 같이 조성하였다.

선달박래민비각

선달박래민불망비

백원각 효자 이명준정려편액
(百源閣 孝子 李命峻旌閭扁額)

구미시 봉곡동 550 시립어린이도서관

이명준은 자는 성중(性中), 호는 성괴재(省愧齋)로 효행이 탁월하여 양친
을 지극정성으로 봉양하였다. 사후에 효행이 알려져 헌종 10년(1844)에 조봉
대부사헌부지평(朝奉大夫司憲府持平)에 증직되었고, 헌종 12년(1846) 11월
에 정려를 명하고 현재의 '백원각(百源閣)'을 세우고 그 내부에는 정려편액
(旌閭扁額)을 각자하였다.

백원각

이명준정려비각

박정희 대통령 생가(生家)

기념물 제86호
구미시 상모동 171

이 건물은 제5대~제9대 대통령을 역임한 박정희(1917~1979) 전 대통령
이 태어난 가옥이다. 1900년경 지어진 것으로 알려진 이 집은 한국전쟁 때
안채가 소실되고 아래채만 남았는데, 1964년 안채를 다시 짓고, 1980년 접
빈실로 쓰던 공간을 분향소로 바꾸었다.

1966년 당시 생가

현재 생가

■■ 박상희: 대통령(박정희)의 형으로 잊혀진 선산의 사회운동가

■■ 김도형 외, 『근대 대구·경북 49인』(혜안, 1999)에서 발췌.

1946년 10월 1일 정오 대구 시청 앞에서 약 1천 명의 부녀자와 어린이들이 쌀을 달라고 요구하는 시위가 발생하였다. 오후 2시 30분경 대구역 앞에서는 동맹파업에 들어간 노동자 500여 명과 경찰의 충돌과정에서 경찰의 발포로 시위대 1명이 사망하였다. 이른바 '대구 10월 항쟁'으로 직접적인 원인은 식량문제와 친일 경찰에 대한 불만에서 시작되었다. 이후 10월 2일 미군정이 오후 6시부터 대구 지역에 계엄령을 선포하고 무력 진압을 시작하자, 경남·북 지방의 농촌을 거쳐 전국적인 농민봉기의 성격으로 전개되기에 이른다.

선산 지역에서는 '박상희'가 10월 3일 오전 9시경 2천여 명의 군중을 이끌고 구미경찰서를 공격하고, 이후 구미면사무소, 선산군청 등을 습격하여 식량 130여 가마니를 탈취한다. 이 과정에서 박상희는 분노한 군중으로부터 경찰관을 보호하여 유혈사태를 막을 수 있었다. 6일 경찰에 의해 진압되는 과정에서 박상희는 사살당하였다.

수점동 동제 유적(造山)

구미시 수점동 무수점마을

대성저수지 안쪽의 '무수점마을' 입구와 뒷산 소나무 숲에 돌로 쌓은 조산(造山)이 있다. 1984년부터 다시 정월 보름에 동제를 모시고 있다.

시미동 마애삼존불상(磨崖三尊佛像; 일명 넘바우불)

구미시 시미동 산40 속칭 '부처골'

☞ 찾아가는 길

구미에서 구미대교를 지나 LG필립스 공장에서 오른쪽으로 개설된 67번 도로를 따라 '반달교'와 왼편 '삼성코닝'을 지나자마자 네거리에서 좌회전하면 뒷산을 오르는 계단이 보인다. 계단 끝에 '이보 선생 거사비'가 있고, 이를 기점으로 오른쪽 배수로를 따라 700m쯤 가면 흰색 바탕의 '유학산마애여래석불 세심사복원 추진위원회' 표지판이 보이는 곳에 거대한 바위가 있으며, 그 바위 동쪽 면에 조각되어 있다. 하지만 여름에는 찾기가 대단히 어렵다. 오른쪽 배수로를 놓치지 않고 대성가스공장을 보면서 오르막과 내리막을 두 번 반복하여 공장의 운동장을 지나 진행 방향 전면을 살펴보면 흰색 바탕의 표지석이 보인다. 대체로 공장 외곽이 'ㄱ'자로 꺾이는 부분쯤 산등성이에 위치한다.

이곳의 마애삼존불상은 『일선지』나 최근 발행된 『문화유적총람』 등에도 전혀 기록이 없는 불상으로서, 구미·선산 낙동강 유역의 불교문화를 연구하는 데 귀중한 자료이다. 동민들은 예전부터 이 일대를 '부처골'이라 일컬어 왔으나, 불상의 위치 때문인지 최근까지도 그 존재를 잘 몰랐던 듯하다.

하나로 이루어진 거대한 암석은 넓이 8.5m, 높이 4.8m, 두께 3~4m인데 동쪽의 암벽을 4.5m 넓이로 다듬고, 중앙에 본존불을 모시고 그 좌우에 보살상을 1구씩 협시로 배치하였다. 모래성분이 섞인 화강석으로 인해 지면과 가까운 불상 하단부에는 파손과 마모가 심하여 전체적으로 세부조각을 살필 수는 없으나, 자료 조사 차원에서 현 상태를 서술하겠다.

중앙본존불

중앙 본존불(높이 360㎝, 어깨 폭 120㎝)은 머리 정상에 육계의 흔적이 있는 것으로 보아 여래상으로 생각되며, 보주형 두광(寶珠型頭光)을 갖추고 있다. 법의(法衣)는 통견(通絹)으로 가슴에서 길게 둥근 호를 그리며 흘렸고, 의문(衣紋)은 모두 굵은 띠로 표현하여 당당한 양쪽 어깨와 잘 어울리어 오랜 양식임을 알 수 있다. 수인(手印)은 시무외·여원인(施無畏·與願印)이라는 삼국시대 양식으로 표현되어 시대 추정이 가능하다. 다만 아쉬운 점은 코와 입 등을 보수하여 고대불상의 얼굴에서 보이는 순박한 미소가 보이지 않는다.

우협시보살상은 암석의 파손으로 머리의 보관 부분이 거의 다 없어졌으나, 원형두광을 갖추고 있다. 중앙본존을 향해서 좌측을 향한 측면상을 취하였으므로 얼굴 우측면을 보이고 있다. 보관의 하단부에는 하대(下帶)와 화문(花紋) 등의 장식이 보이며, 특히 콧날이 오뚝하고 코끝이 숙여져 이국적인 모습이다. 수인은 측면상이므로 본존을 향하여 공양하는 형식을 취했을 것이지만 현재의 상태로는 확인하기 어렵다.

좌협시보살상은 중앙본존을 향하여 우측으로 향하였으므로 좌측면을 보이고 있다. 역시 원형두광을 갖추고 머리에는 높직한 보관을 쓰고 있다. 수인은 측면상이므로 본존상을 향하여 무엇인가를 공양하는 형식을 취했을 것이지만, 현재의 상태로는 분간하기 어렵다. 다만 본존을 향한 안쪽 어깨높이보다 약간 높은 위치에서 보주(寶珠) 같은 지물을 받들고 있음을 알 수 있다.

우협시보살

이상 삼존불의 양식—본존불의 양미간, 통견법의, 원호(圓弧)형의 굵은 띠로 처리된

좌협시보살

옷무늬, 시무외·여원인의 수인, 좌·우협시 보살상의 보관이나 상호 등—을 종합해 볼 때 삼국시대의 양식을 잘 보이고 있다. 이러한 점에서 마애삼존불의 조성 시기는 대개 7세기 삼국시대인 신라의 조성으로 추정해도 무리는 아닐 것이다.

◩◩ 진평동 마애삼존불에 대한 다른 견해

구미 지역 향토사학자 및 원로들의 고견에 따르면, 이 마애불은 일제시대 토목공사에 동원된 일본인에 의해 제작된 것이라 한다. 1970년대 제작한 일본인의 자손이 지역을 방문하여 마애불에 제(祭)를 올린 기억도 있다고 전한다. 이후 1980년대 초반 장충식 교수(불교미술사학자)와 양식적인 문제에 관한 몇 차례의 토론이 오간 적도 있다. 개인적인 견해는 고식(古式)의 불상을 일제시대 그라인더 등을 이용해서 원형을 훼손한 듯하다. 삼존상이 조각되어 있는 암벽에서 앞쪽으로 3.5m 되는 좌측 옆에는 큼지막한 판석(170㎝×80㎝) 하나가 놓여 있으며, 삼존상 앞 대지에서 삼국시대 평기와편이 몇 점 수집되어 목조 건물이 있었음을 짐작케 하여 더욱 그러하다.

현감 남계 이보 거사비(縣監 南溪李輔去思碑)

구미시 시미동 산 28-1

☞ 찾아가는 길

구미에서 구미대교를 지나 오른쪽으로 난 67번 도로를 따라 반달교를 지나 삼성코닝 사거리에서 좌회전해서 보면 언덕 위에 위치한다.

이 비는 1604년 인동 읍
민들이 세웠으나, 1933년
인동중학교 뒷산인 화산재
앞으로 이건하였다가 다시
1976년 현 위치로 이건하
였다. 이보 선생은 연안인
으로 호는 남계(南溪)이며,
영릉 참봉에 제수되어 재
임 중 발발한 임진왜란으로
벼슬을 그만두고 귀향하여 의병으로 활약하였다. 그 후 선조 28년(1595) 인
동 주민들의 청으로 인동현감에 유임되었다. 선조 29년 4월 천생산성을 수
축하고 난중에 군량미를 조달하는 등 재임 중에 선정을 베풀었다 한다.

신동 석불좌상

구미시 신동 426 속칭 '부처골'

☞ 찾아가는 길

구미 시내에서 구미대교를 건너 대구행 904번 지방 도로를 따라 구평초등학교
를 지나 좌측으로 신동(새월)마을로 향한다. 마을에서 새마을회관을 찾고, 여기
서 오른쪽 시멘트 길로 오르다 다시 오른쪽으로 꺾어 언덕을 오르기 전 작은
오른쪽 길로 약 300m를 가면 도로 쪽으로 바라보며 앉아 있다.(양양재洋洋齋
맞은편 마을입구 동산 끝.)

신동 야산입구에 있으며, 동민들은 이곳을 '부처골'이라고 부른다. 불상의
머리 부분 상단이 파괴된 것을 시멘트로 연결·복원시켜 놓았다. 오른쪽 어깨
를 드러낸 채 결가부좌를 하고 있다. 광배는 두광과 신광을 하나의 돌로 조각

신동석불좌상

하였는데, 연꽃잎·구름무늬·인동무늬의 표현
이 특히 사실적이며 부드럽게 표현되어 있다.
전체적인 양식수법으로 보아 고려시대에 조성된
것으로 추정된다. 현재 높이는 136㎝이다.

신동 입석(立石) 2기

구미시 신동 382 체육공원 내

신동 안마을 맞은편의 독립된 구릉 북쪽 하단부 마을 체육시설로 이용되
는 터에 입석 2기가 존재한다. 온전한 1기는 150×150×40㎝이며, 1기는 반파
되어 있다. 하부는 매몰되어 자세하지 않으나 형태로 보아 남근석으로 추정
되며, 원위치는 아닌 듯하다.

지주중류비(砥柱中流碑)

경상북도 문화재자료 제167호
구미시 오태동 산2

🖝 찾아가는 길

구미시 일명 수출탑 네거리에서 홈플러스 방향으로 계속 직진 후 공단과 형
곡동 방면의 삼거리에 이른다. 여기에서 공단 방면으로 진행하면 오태동에 이르

고('성안합섬'을 이정표로 삼는다.) 오른쪽으로 방향을 꺾어 오태교를 건너 다시 약 100m 진행(오태슈퍼)하면 낙동강변으로 '지주중류비'가 위치한다.

조선 선조 20년(1587) 인동현감(仁同縣監)으로 부임한 겸암 유운룡(謙庵 柳雲龍; 서애 유성룡의 형)은 야은 길재 선생의 묘(마을 우측 산록)를 찾아 동쪽 기슭에 사당을 세우고, 그 아래에 충효당과 두 칸짜리 방을 지어 동쪽은 명성(明城), 서쪽은 직방(直方)이라 이름 하였다. 또한 동·서재와 청풍루까지 갖추어 '오산서원(吳山書院)'이라 했다. 고종 5년 훼철되고 지금은 강당만 복원되어 '오산서당'이라는 편액이 걸려 있다. 여기서 낙동강이 바라보이는 언덕에는 지주중류비라는 큰 글자가 사람을 위압하며 서 있다.

'지주중류'는 중국 하남성 협현 황하강 중류에 위치한 기둥과 같이 생긴 지주산(砥柱山)을 지칭하는 것으로, 물의 흐름을 저해하여 피해가 컸던 탓에 순임금이 우로 하여금 황하의 치수를 명하였다. 우가 힘써 지주산에 3개의 큰 구멍을 뚫어 통하도록 하니 이를 삼문산(三門山)이라 불렀다고도 한다. 탁류 중에 있으면서도 흔들리지 않는 산이기에 지주산은 중국 은나라 충신 백이·숙제의 굳은 절개를 의미하기도 한다. 이로 인해 고려 말 충신으로서의 굳은 절개를 지킨 길재 선생을 이르게 되었다.

겸암 유운룡이 야은 선생을 기리는 마

백세청풍비(충남 금산 청풍사)

음에서 정구 선생으로 하여금 중국의 지주비 묵본을 얻어 비 앞면에 새겼으니, 중국 양청천(楊晴川)의 글씨로서 사람을 위압하는 듯한 명필이다. 뒷면의 '야은선생지주비음기(冶隱先生砥柱碑陰記)'에는 유운룡의 아우인 서애 유성룡이 홍문관제학 당시 지주중류의 뜻과 그것이 후학들에게 주는 교훈을 예찬한 글이 새겨져 있다.

　　원래의 비석은 홍수로 매몰되어 잃어버렸고, 현재의 비석은 조선 정조 4년(1780)에 다시 세운 것이다. 이 비석은 충남 금산 청풍사(淸風祠)에 있는 '백세청풍비(百世淸風碑)'와 한 짝을 이룬다.[15]

야은 길재묘(冶隱 吉再墓) · 청풍재(淸風齋)

구미시 오태동 산9

야은 길재묘　　　　　1725년 추정묘비　　1718년 추정묘비

　　야은 길재 선생의 묘는 오태동 '오태마을' 좌측 편의 동북 능선 상에 위치한다. 현재 정비가 말끔하게 되어 있어 묘소에서 낙동강의 푸른 물이 훤히 보인다.

---

15) 충남 금산에는 길재 선생의 충절과 덕행을 추모하기 위하여 지은 청풍사(淸風祠; 문화재자료 16호)가 있다.(금산군 부리면 불이리 246) 조선 영조 33년(1757)에 지방 유림과 금산군수 민백흥이 세운 것으로, 청풍사의 앞쪽에는 백세청풍비(百世淸風)와 지주중류비(支柱中流)가 있는데 이는 야은 길재의 충절을 보여주는 것이다.

한편 선생의 묘 앞에는 2기의 묘비가 매몰되어 있다. 그 하나는 비 머릿돌과 몸돌(碑身)이 화강암 한 돌로 만든 것으로, 머릿돌에 양의 머리 문양을 두르고 비신은 후면이 드러나 있는 상태이다. '崇禎後九十八年乙巳三月日改立'이라 각자되어 1725년으로 추정된다.

또 하나의 묘비는 비 머릿돌 중앙에 당문(棠紋, 산앵두나무)으로 조식하였고, 역시 비신 후면이 드러난 채 매몰되어 있다. '崇禎紀元九十一年四月日改'라 하여 1718년으로 추정된다.

한편 선조 18년(1585)에 선산의 금오서원과 별도로 그의 묘소가 있는 '오태마을'에 오산서원(吳山書院)이 세워졌다. 인동 현감으로 부임한 유운룡이 선생의 뜻을 기리기 위해 묘소를 수리하고 지주중류비를 세우고 서원까지 창건하였던 것이다. 현재 오산서원은 훼철되고, 묘재(墓齋)인 청풍재(淸風齋)만이 남아 있다.

청풍재(오산서원)

청풍재는 정면 3칸, 측면 2칸 규모의 팔작기와집으로서, 좌측에 온돌방 2칸을 두고 우측에 대청 1칸을 둔 편방형(偏房形)의 평면형을 취하고 있다. 전면에는 반 칸 규모의 툇간을 두었으며, 좌우측 역시 반 칸 규모로 달아내어 정면에서 보았을 때는 거의 4칸 규모가 되게 하였다. 삼량가(三樑架)의 장혀수장집으로 처마는 홑처마이다.

▣▣ 오태동 창랑 장택상(滄浪 張澤相), 위암 장지연(韋庵 張志淵)

▣▣

창랑(滄浪)은 1893년 오태동에서 태어났다. 대한민국 건국 후 제2, 3, 4, 5대 국회의원에 당선되었고 초대 외무부장관을 거쳐 국회부의장, 국무총리를 역임하였으며 영남이 배출한 현대사의 질곡을 헤쳐나간 인물이다. 1960년 3월 23일 당시 이승만 대통령에게 하야(下野) 촉구성명(促求聲明)을 하였다. "본인에게는 금도 없고 은도 없으니 각하의 정진 선물로 아래의 성명을 드리나이다. 각하는 오는 3월 26일 85회 생신을 기해 하야하시고 옛날의 국부로 돌아가시기 요망합니다. 마산에서 일어난 한국 소년 남녀의 피 흘린 사고(事故)는 영광 있는 각하의 역사에 큰 오점이니 주변에 의집하고 있는 간신배의 감언에만 속지 마시고 정계로부터 은퇴함이 구일(舊日)의 명예가 유지됩니다."라고 하였다.

그 후 1969년 8월 1일 향년(享年) 77세로 별세하니 8월 7일 국민장으로 국립묘지에 안장하였다. 묘비가 있으니 이은상(李殷相)이 비문(碑文)을 짓고 손재형(孫在馨)이 글씨를 썼다.

위암(韋庵)은 상주(尙州) 동곽리(東郭里)에서 태어나 14세 때 구미 오태동으로 이거(移居)하고 20세 때 상모동으로 이거하여 20년간을 거주하다가 1906년 서울 제동(齊洞)으로 이거하였다. 현재 선생의 부친 묘소가 상모동 효자봉(孝子峰)에 있다. 고종 31년(1894) 식년 진사시에 입격(入格)하였고, 광무 4년(1900) 황성신문사의 주필을 거쳐 광무 5년(1901) 동사(同社)의 대표가 된 후 을사조약이 체결되자 1905년 11월 20일 황성신문에 '시일야방성대곡(是日也放聲大哭)'이라는 사설을 써 일제의 흉계를 통박하고 그 사실을 전 국민에게 알려 의분심을 갖게 한 우국지사(憂國志士)이다. 그 후 1906년 대한자강회(大韓自强會)를 발기(發起)하고, 동년(同年)에 휘문의숙장(徽文義塾長)을 역임, 1908년 해참위(海參威)로 망명(亡命), 그곳에서 발행되는 해조신문(海朝新聞)의 주필로 활약하다가 익년에 귀국하여 진주(晋州)에서 경남일보(慶南日報)를 발간하고 주필을 역임하였다. 1910년 한일합방 후 경남일보가 폐간되자 시부와 음주로 세월을 보내다가 1921년 10월 2일 58세를 일기로 마산에서 타계하였다. 1962년 대한민국 건국공로훈장 단장(單章)이 추서되었다.

옥계동 부사 이공영세불망비(府使 李公永世不忘碑)

구미시 옥계동 농협창고 앞

옥개는 사라지고 비신만 남아 있다. 비명 자체는 시멘트로 훼손되어 알 수가 없으나, 비신 전면에 '府使李候……'가 각자되어 있고, 후면에는 '道光 二十一年……'이라 하여 1840년에 건립되었음을 알 수 있다. 2007년 현재 택지조성에 따른 개발로 인해 이건작업이 추진 중이다.

금강사(金剛寺) 일원

구미시 원평동 1008 - 25

☞ 찾아가는 길

현재 구미역 뒤편으로서, 금오산 제2네거리에서 대성지 방향으로 진행하다가 구미역 건너편에 위치한 금강사를 찾는다.

금강사 대웅전 석조석가여래좌상(石造釋迦如來坐像)

경북도지정문화재 제338호

이 불상은 복장기(腹藏記)에 따르면, 1701년(강희 40년)에 제작되어 금강산 마하연 법화원(法華院)에 봉안된 것으로 그 제작 연대가 확실하므로 불상양식 연구에 중요한 자료로 평가된다. 특히 조각, 개금, 탱화 제작자의 이름으로 보아 상주 북장사 괘불탱을 조성한 영남 북부 지역 금어(金魚)들에 의해 이루어진 것으로 보인다고 한다. 1952년 금강사를 창건한 철우 스님이 금강산에서 수행할 때 수습하였다고 한다.

금강사 금동약사여래입상(金銅藥師如來立像)

유형문화재 제352호

이 불상은 철우 선사가 금강산 수행 중 석조석가여래좌상, 금동관음보살입상과 함께 폐사지에서 수습하여 모시다가 1952년부터 현재 금강사에 봉안해 온 것이다. 불상의 높이는 47㎝, 어깨 폭 12㎝, 대좌의 높이는 14㎝, 대좌 직경은 22㎝이다. 두발은 나발로 표현되어 있으며 의상은 통견이다. 가슴 아래부터 U자형 옷주름을 가지고 있어 주목된다. 왼손의 약병은 지름 2.2㎝이다. 불상 뒤쪽의 머리 부분과 등 부분에 있는 구멍은 각각 광배 부착과 유물 복장에 이용된 것으로 추정된다. 불상의 조성 시기는 통일신라 후기인 9세기경으로 추정되며, 통일신라 금동불로는 드물게 큰 작품에 속하며 광배를 제외한 부분의 보존상태가 완벽에 가까워 금동불 연구의 귀중한 자료로 평가된다.

금강사 금동관음보살입상(金銅觀音菩薩立像)

유형문화재 제353호

이 불상 역시 1952년부터 현재 금강사에 봉안해 온 것이다. 불상의 높이는 30㎝, 어깨 폭 11㎝, 대좌의 높이는 5.5㎝, 대좌 직경은 12㎝이다. 얼굴은 직사각형에 가까우나 매우 원만하며, 머리의 크기가 신체의 1/3 정도로 크다. 머리 위에는 화려한 보관이 있으며 그 가운데 화불(化佛) 1구가 있다. 목의 삼도는 2조의 돌출선으로 표현되어 있으며, 목과 가슴에 화려한 가슴장식이 있다. 연화대좌는 총10엽으로 뒤쪽 중앙에는 조각되지 않았다. 이 불상의 가장 큰 특징은 오른손에 든 바구니에 물고기가 담겨 있는 것으로 그 유례를 찾기 어렵다. 또한 옷 부분에 어자문(魚字文)이 가득 새겨져 있다. 불상의 조성 시기는 10세기 내지는 11세기로 추정되고 있다.

석조석가여래좌상   금동약사여래입상   금동관음보살입상

금강사 소장 전적(典籍)

유형문화재 제354호

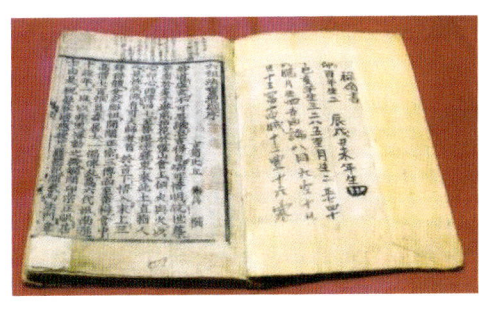

총 6점으로 다라니 3점과 불경류 3책이다.

① 다라니 3점

- 태장계만다라(胎藏界曼茶羅): 37×40㎝, 고려시대 작 추정.
- 일체여래심비밀전신사리보협인다라니(一切如來心秘密全身舍利寶篋印多羅尼): 38×38㎝, 간기에 의해 1152년(고려 의종 6년) 해진사라는 사찰에서 도휘 스님이 썼다.
- 전신사리보협인다라니(全身舍利寶篋印多羅尼): 33×32㎝, 12세기 혹은

13세기로 추정.

② 불경류 3책

- 육조대사법보단경(六祖大師法寶壇經): 목판본, 1책, 간기에 1569년(선조 2년) 해탈사에서 간행하고 목판을 심곡사에 옮겨 보관하였다고 함.
- 경덕전등록(景德傳燈錄): 목판본, 1책, 1614년 간행.
- 선가귀감(禪家龜鑑): 목판본 1책, 역시 1614년 간행.

금강사 금란가사(金襴袈裟)

금란가사

금란가사는 석가여래부처 당시에 부처의 이모였던 마가파도파제 부인이 부처께 금색의(金色衣)를 지어 올린 데서 유래한 것이다. 이때부터 금란가사는 국가적인 차원에서 열리는 큰 행사에서 당대 최고의 고승인 증명법사(證明法師) 한 사람만 입는 법의였다.

금강사 창건주인 철우 선사의 금란가사로서 철우 선사의 스승인 혜월 선사(慧月禪師)께서 혜월 선사의 스승이며 당대 고승인 경허 선사(鏡虛禪師)에게서 전수된 것으로 여겨진다. 경허 선사는 1898년 봄 가야산 해인사 조실로 초대받고 해인사에 계시던 중 그해 가을에 국왕의 칙명으로 추진한 장경간행불사증명(藏經刊行佛事證明)으로 계실 때 왕실의 왕비 및 궁녀들이 증명법사인 경허 선사께 지어준 것으로 추정된다.

구미 시립민속관

구미시 원평동 964 - 669(구미시립도서관 옆)

　　1994년 개관한 구미 시립민속관은 전통적인 농경생활에서 1년을 주기로 되풀이되는 세시풍속을 전시하여 전통 농경사회의 일과 제례의 어우러짐을 볼 수 있다. 관람시간은 매주 월요일 휴관을 제외하고는 동절기(11월~2월)는 오전 09:30부터 오후 4:30까지이며, 하절기(3월~10월)는 오후 5:30까지이다. 관람료는 무료이다.

인동 장형수 소장 영양역증

(仁同 張亨洙 所藏 永陽歷贈)

유형문화재 제369호

구미시 인의동 603 - 1

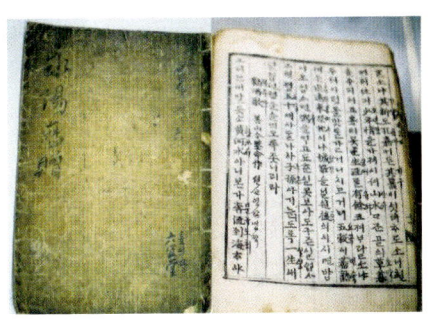

영양역증

　　이 책은 이윤문(李允文, 1646~1717)이 영양(永陽, 현재의 永川) 군수가 되어 증조부인 한음 이덕형(漢陰 李德馨)과 관련된 노계 박인로(蘆溪 朴仁老)의 가사(歌詞) 및 시조를 싣고 후식(後識)을 붙여 1690년(숙종 16년)경에 영천에서 간행한 경오본(庚午本)이다. 이 간본은 노계집 초간본인 경신본(庚申本, 1800)보다 110여 년이나 앞서 간행된 고간본(古刊本)으로 간행 동기 및 시기, 간행 장소와 간행자가 분명하며 내용 또한 다른 문헌에서 발견되지 않았던 새로운 가사 2편[勸酒歌, 相思曲]을 담고 있어 노계 문학 연구의 귀중한 자료가 되고 있다.

인의동 · 진평동 고분군

구미시 인의동 산48번지, 진평동 산 17번지 일대

칠곡 천평과 구미시 인동을 동서로 잇는 904번 지방 도로 좌우의 밭을 포함, 남쪽의 봉두암산의 북쪽 산록 자락에 이르는 일대로서 능선을 따라 중 · 소형 봉분이 지표조사 때 다수 조사, 확인되었다. 이에 1996년도에 1차 발굴조사, 1997년도에 2차 발굴조사를 실시하였다. 제1지구는 근대로 추정되는 토광묘 5기를 포함하여 시대불명의 석실분 1기가 확인되었으며, 제2지구는 삼국시대 횡혈식석실분 8기와 고려~조선시대 토광묘 37기가 확인되어 토기류 19점, 자기류 9점, 청동기류 21점, 철기류 3점 등이 출토되었다. 특히 주 능선의 남쪽 말단부에 방형의 적석단 1기가 있어 고분군과 관련된 유적이거나 혹은 후대의 제단 시설로 판단된다. 적석단 주변에서는 불두 1점도 수습되었다. 제3지구에서는 근대의 자기편과 건물지 일부만이 조사되었고, 제4지구에서는 고려~조선시대의 토광묘 41기, 석곽묘 3기가 발굴조사되었다. 유물은 자기류 36점, 청동기류 30점, 철제류 1점, 환옥류 28점, 벼루 1점 등 총 73점이 출토되었다. 제5지구에서는 12기의 토광묘와 10점의 유물만 출토되었다.

이곳 인의동, 진평동 고분군 일대는 황상동 고분군과 더불어 옛 '군미국'의 중심 유적지로 추정되고 있다.

옥계서원(玉溪書院)

구미시 인의동 575번지

영조 연간에 고려 말 충신이던 송은 장안세(松隱 張安世)를 향사하기 위해 '옥계사(玉溪祠)'를 건립하였다. 고종 8년(1871) 철거되고, 1990년 서원으로 승격, 현재와 같이 전하고 있다. 서

옥계서원 경절묘

옥계서원
송은 장안세 유허비

원의 배치는 정면의 솟을대문을 두고 강당인 경의당(敬義堂)과 동·서재인 찰현재(察賢齋)와 퇴휴당(退休堂)이 있고, 그 뒤에 사당인 경절묘(景節廟)가 별도 공간으로 자리하고 있다.

옥산사(玉山祠)

구미시 인의동 576번지.

고려 초기에 삼중대광신호위상장군을 역임한 인동 사람 장금용(張金用)을 향사하기 위해 1969년 건립한 사당이다. 5칸 규모의 솟을대문을 들어서면 정면에 ⌐자형 강당(講堂)이 자리하고 있으며, 우측에는 사당(祠堂)인 숭의묘(崇義廟)가 별도의 공간을 이루어 배치되어 있다. 강당은 정

옥산사
(위)강당 (아래)숭의묘

면 6칸 측면 3칸 반 규모의 건물로 정면 4칸을 모두 대청으로 꾸민 후 좌우 측에는 온돌방을 두었다. 사당은 정면 3칸 측면 1칸 반 규모의 맞배지붕집으로 내부에는 장금용의 위패를 봉안하고 매년 청명일에 향사하고 있다.

모원당(慕遠堂)·청천당(聽天堂)·여헌묘우(旅軒廟宇)

문화재자료 제390호
구미시 인의동 642-2

🚗 찾아가는 길
구미시에서 구미대교를 지나 인동 지역으로 접어들어 인의초등학교를 찾고, 학교 후문에서 북쪽 방향 약 50m 지점에 위치함.

이 건물은 여헌 장현광(旅軒 張顯光, 1554~1637)의 고택(古宅)으로 경내에는 청천당(聽天堂)과 묘우(廟宇)가 있다. 『여헌집(旅軒集)』의 「모원당기(慕遠堂記)」에 의하면, 여헌 선생의 집이 임진왜란 때 불타버리자 장경우(張慶遇)를 비롯한 문도와 친척들이 협력하여 1606년에 지은 것이라고 한다. 그리고 청천당은 선생의 자제인 청천당 장응일(張應一, 1599~1676)이 건립한 당우로서 1607년에 세웠고, 1903년에 중건되었다. 여헌 묘우는 그의 위패를 봉안한 사당으로 1650년에 창건되었다. 모원당은 소박하고 간결하며, '一'자형으로 정면 6칸, 측면 1칸의 홑처마 정자지붕이다.

여헌 장현광 선생은 조선 중기의 문신이자 성리학자로서 23세가 되던 1576년(선조 9년)에 재능과 행실이 조정에 알려지고 천거되어 주어진 관직에 대해 진퇴를 거듭하였다. 공조좌랑, 형조좌랑, 공조참판, 형조참판 등의 많은 벼슬이 주어졌으나 나아가지 않고, 1636년 병자호란이 일어나자 의병 궐기를 촉구하는 통문을 돌리고 군량미를 모아 보냈다. 이듬해 2월 인조의 항복 소식에 입암산에 들어가 반년 후 생을 마감하였다.

사진 좌측 편이 청천당이며, 나무 뒤편 건물이 모원당이다.

동락서원(東洛書院)

경상북도 문화재자료 제21호

구미시 임수동 373

▷ 찾아가는 길

구미 시내에서 구미대교를 건너자마자 도로 왼편에 위치. 인동향교에서 다리를
건너지 말고 강 아래 길로 내려간다.

낙동강변에 자리한 이 서원은 조선 인조 때 의정부 우참찬을 지낸 성리학
자 여헌 장현광(旅軒 張顯光) 선생의 영정을 봉안·향사하며 학문을 강의하
던 곳이다. '동락(東洛)'이라 함은 동방(東方)의 이락(伊洛)이란 뜻이다.

동락서원의 연혁에 관해서는 『인동읍지』 학교조 및 『증보문헌비고』 사원

조 등이 참고된다. 1601년 '부지암정사(不知巖精舍)'를 창건하여 선생이 사용하다가 효종 6년(1655) 서원을 건립, 숙종 2년(1676) '동락서원'이란 사액을 받았다. 그러나 고종 8년 서원철폐령으로 훼철되었다가 1932년에 사당을, 1971년에는 부속건물도 복구하여 중건하였다.

경내에는 문루인 준도문(遵道門)−강당인 중정당(中正堂)−내삼문(內三門)−사당인 경덕묘(景德廟)를 중심축선상에 놓고 강당 앞쪽 좌우에 각기 동·서재인 윤회재(允懷齋)·근집재(謹執齋)를 앉혔다. 강당 좌측 가까이에 큰 바위가 하나 있고, 그 뒤편 왼쪽에는 신도비각(神道碑閣)이 있다.

문루는 화강암 기둥 위에 2층 누각으로 상부 마루 사방을 개방한 이익공계 겹처마 팔작지붕집이다. 동·서재는 평면구성과 건축 양식이 동일하여 앞쪽 툇마루를 둔 2칸통 온돌방과 1칸 마루로 구성된 3량가 홑처마 맞배지붕집이다. 강당은 가운데 대청을 두고 좌우에 각기 온돌방을 배열한 보편적인 중당협실(中堂挾室)로 구성되어 있다. 대청과 좌우 온돌방 사이에는 팔각형 교살 불발기로 장식한 사분합 굽널띠살 들문을 달았다. 이 창호는 조선후기에 주로 나타나는 형식으로 이전 시기에는 대개 문짝 앞뒤에 두꺼운 창

부지암정사

1601년 창건되었으나 1975년 도로 개설로 500m가량 뒤로 물려 이건 하였다. 현재 동락서원 뒤편에 위치한다.

천연대

호지를 바른 맹장지 사분합 들문을 시설하고 있다. 사당은 화강암 바른층쌓기한 기단 위에 원형 초석을 놓고 기둥을 세운 5량가 겹처마 맞배지붕집이다. 현재 서원 내에는 여헌 선생의 유물인 가죽신, 삿갓, 우의대 등이 보존되어 있다. 신도비각 내의 신도비(神道碑)는 영조 12년(1736)에 세웠고, 글씨는 손자인 동식의 글씨이다.

한편 서원 옆 낙동강변에 2개의 바위가 포개어져 있는데, '천연대(天淵臺)'라는 각자(높이 2m, 둘레 약 2m)가 있다. 『시경(詩經)』에 "연비려천 어약우연(鳶飛戾天 魚躍于淵)", 즉 "솔개는 날아 하늘에 닿고 물고기는 뛰노니"라고 하니, 『중용(中庸)』에서는 이 글귀를 인용하여 "솔개의 나는 것이나 물고기 뛰노는 것이 모두 자연스럽고 활발한 천리의 표현으로 위와 아래가 가득 찼고, 행함에 있어 쉬지 않는 것을 상징한 것"이라 하니, 곧 사람이 올바르게 사는 길을 설명하고 있다.

■■ 여헌 장현광(旅軒 張顯光; 1554~1637): 동방의 큰 그릇

■■

자(子)는 덕회(德晦), 호(號)는 여헌(旅軒)이다. 고려 상장군 금용(金用)의 후손으로 명종 9년(1554)에 인동 남산에서 태어났다. 7세 때 글을 배우기 시작했고 8세 때 부친(父親)을 잃고 11세 때 학자인 신당 정붕(新堂 鄭鵬)의 자(子) 정각(鄭殼)이 보고 "이 아이는 기상이 굉위(宏偉)하여 반드시 세상에서 특출한 사람이 될 것이다."라고 하였다. 18세에 벌써 학문에 통달하여 『우주요괄첩(宇宙要括帖)』을 짓고 그 말미에 이르기를 "능히 천하의 제일사업(第一事業)을 할줄 알아야 바야흐로 천하제일의 인물이 된다."라고 원대한 포부를 드러내기도 했다.

선조 28년(1595) 42년 때 서애 유성룡이 학행(學行)으로 천거하여 보은현감이 되었고, 1년 만에 벼슬을 버리고 돌아오니 다시 거창현감, 공조좌랑, 형조좌랑, 용담현령 등에 임명되었으나 사퇴하고 선산 월파촌으로 옮겨 살았다. 공은 조용히 학문에만 정진하고 「면학요회」, 「우주설」, 「태극설」, 「도서발휘」 등을 저술하였다.

인조 12년(1636) 81세로 자헌대부로 승서된 후 공조판서, 의정부 우참찬에 제수되었고 병자년(1636) 12월에 호란이 일어남에 각 고을 부로들에게 격문을 보내 근왕병을 일으키고 군량미와 음식을 도왔다.

이듬해(1637)에 왕이 삼전도에서 청 태종에게 항복했다는 소식을 듣고 땅을 치며 탄식하기를 "하늘도 땅도 없으니 가면 어디로 가랴" 하고 영천(永川) 입암(立巖)으로 들어가 고요히 몸을 닦으며 12목의 벽서와 소강절의 서서금(西書今)을 쓰고 후학을 가르치다가 84세로 면욱제에서 돌아갔다. 임금이 제문을 지어 이르기를 "500년에 성현이 한 분씩 난다더니 그대가 바로 동방의 큰 그릇이요 천지의 오묘함을 연구하고 체득하여 통달한 분이라" 하였다.

묘쇼(墓所)는 금오산 밑 '오산'에 있다. 영천 입암서원(立巖書院), 선산 금오서원(金烏書院), 의성 빙계서원(氷溪書院), 영천 임고서원(臨皐書院), 성주 천곡서원(川谷書院), 인동 동락서원(東洛書院), 청송 송학서원(松鶴書院) 등에서 매년 선생의 생일인 음력 1월 22일 제향을 올리고 있다.

인동향교(仁洞鄕校)

경북 문화재자료 제20호
구미시 임수동 409-3

▷ 찾아가는 길

구미에서 구미대교를 건너자마자 왼쪽에 보이는 건물임. 동락서원도 바로 옆에
위치한다.

『신증동국여지승람』의 학교조에 의하면, "인동의 북쪽 2리에 향교가 있고, 박서생(朴瑞生)의 기문(記文)이 있다."라는 기록만 있을 뿐 건립 연대에 대해서는 보이지 않는다. 그러나 영조 36년(1760) 간행된 『여지도서』의 인동향교조에 의하면, "황상동 어운산(御雲山) 아래 창건하였으나 임진왜란 때 소실되어 선조 34년(1601) 안태동의 옥산 북쪽으로 옮겨 중건하였다. 그러나 지형이 좋지 않다 하여, 인조 12년(1634) 경상감사 이기조(李基祚)의 청으로 다시 옥사 서쪽 인의동으로 옮기고, 1635년에 위패를 봉안하였다." 도심 확장으로 1988년 현재 위치로 이전·중수하였다.

이 향교는 다른 향교와 마찬가지로 전학후묘형(前學後廟型)으로 경내에는 대성전과 대성전으로 들어가는 고설삼문(高設三門; 신문

향교앞 석비

神門], 명륜당, 출입문 등의 건물, 동·서 회랑까지 갖추고 있다. 대성전과
명륜당의 판액은 주자의 글씨라 전한다. 대성전은 정면 3칸, 측면 2칸의 주
심포 기둥을 갖춘 맞배양식의 건물이다.

　향교의 석전제(釋奠祭)16)는 본래 봄과 가을 두 차례에 걸쳐 행하는 것이
나, 이곳에서는 현재 공자의 탄생일인 음력 8월 27일 한 차례만 행하고 있다.

　한편 향교 정문 좌우에는 인동 각처에 흩어져 있던 역대 현감과 부사의
선정비, 불망비, 거사비 등이 세워져 있다.

○ 인동향교 석비 일람표

연번	비 명	건 립 연 대	높이 / 너비	기 타
1	仁同府使金應祖去思碑	庚戌三月, 1642	137 / 58	개석 결실
2	仁同府使李義培淸德善政碑	崇禎元年七月, 1628	212 / 74	비수에 羊毛紋, 상부 보주
3	繡衣李公萬植永世不忘碑	光緖五年己卯五月, 1879	113 / 40	개석 결실
4	仁同府使李侯敎駿永世不忘碑	光緖六年六月, 1880	122 / 42.5	개석 결실
5	觀察使李相國坦善政永世不忘碑	甲午七月, 1894	146 / 53	개석 결실
6	仁同縣監柳侯雲龍善政碑	皇明萬曆十八年九月, 1590	255 /	비수, 비신, 귀부
7	府使姜侯鎬淸謹遺愛碑	順治十五年, 1658	175 / 58	비수에 당문(棠紋)
8	府使柳侯浩源興學善政碑	崇禎四丁亥, 187	110 / 44	비신머리 호형
9	府使元侯世煩去思碑	咸豊八年戊午, 1859	110 / 42	개석 결실
10	府使鄭侯○永世不忘碑	丙午一月, 1846	103 / 42	개석 결실
11	府使鄭侯沃永世不忘碑	丁亥四月, 1887	114 / 45	개석 결실
12	府使鄭侯雲岐興學善政碑	崇禎四乙卯七月, 1855	116 / 44	귀접이 비신
13	府使鄭侯弘采愛民碑	光緖八年, 1882	137 / 42	방형비수
14	府使韓侯弘烈興學善政碑	崇禎後四辛未元月, 1871	110 / 47.5	귀접이 비신

---

16) 향교에서 선성(先聖)과 선사(先師)에게 제사 지내는 의식을 '석전제(釋奠祭)'라 한다. 간
　단하게 채소와 술을 차려 놓고 지내는 제사를 뜻한다.

◪◪ 향교에서 모시는 성인(聖人) ◪◪

오성 五聖	공자(B.C.551~479)	노나라 사람, 인과 예의 도를 강조하여, 중국 유학의 개조.
	안자(B.C.521~490)	공자의 수제자로서 공자 다음가는 성인, 32세로 요절.
	증자(B.C.505~ ?)	공자의 제자로서, 『대학』, 『효경』 등을 저술.
	자사(B.C.492~432)	증자의 제자로서, '천인합일설(天人合一說)'을 제시함.
	맹자(B.C.372~289)	왕도정치와 인의를 주창함.
송조 육현 宋朝 六賢	주돈신(1017~1073)	북송의 철학자, 송학의 시조.
	정명도(1032~1085)	북송의 철학자로, 아우인 정이천과 더불어 '이정(二程)'이라 불린다.
	정이천(1017~1073)	주자에 큰 영향을 끼쳐 주자학을 정주학이라고도 한다.
	소강절(1011~1077)	송의 유학자.
	장재(1017~1073)	'중용'에 근거하고, 공·맹의 학문을 최고로 삼았다.
	주자(1017~1073)	휘는 희. 송나라 유학자. 북송의 유학을 집대성. 주자학(성리학)의 시조.
우리나라 18현 東國5賢	설 총(신라655), 안 유(1243~1306), 김굉필(1454~1504), 조광조(1482~1509), 이 황(1501~1570), 이 이(1536~1584), 김장생(1548~1631), 김 집(1554~1656), 송준길(1606~1672)	동무 (東廡)
	최치원(신라827), 정몽주(1337~1392), 정여창(1450~1504), 이언적(1491~1553), 김인후(1510~1560), 성 혼(1535~1598), 조 헌(1554~1592), 송시열(1607~1689), 박세채(1631~1695)	서무 (西廡)

임수동 여차정(如此亭)

구미시 임수동 331

　　남파 장학(南坡 張鷽)의 강학소로서 효종 10년(1659)에 건립하였다. '여차정(如此亭)'이라 함은 '바깥세상은 시끄럽지만 여기는 이와 같이 맑다'이며, 이곳에는 장학이 손수 심었다는 백일홍이 있다.

　　한편 여차정 서쪽 낙동강변에 높이 약 5m, 넓이 약 3.5m가량의 큰 바위가 있어 '장암(壯巖)'이라는 각자가 있으니 진사 전영(全塋)이 썼다. 그는 인조 25년(1647)에 김해 가락국 김수로왕의 비문을 쓴 사람이기도 하다.

구암재(龜巖齋)

구미시 임은동 368

전주사람 정석공 이융생(貞石公 李隆生)을 향사하는 곳으로 원래 구미역사 부근에 위치하였으나, 경부선 철도 부설과 더불어 1914년경 현재 위치로 이건하였다. 구암재는 정면 6칸, 측면 1칸 반 규모의 일자형 맞배집으로, 양측 칸에 다시 1칸씩을 달아내고 가적

구암사

지붕을 얹어 전체적으로는 정면 8칸 규모가 되었다. 우측 언덕 위에는 사당(祠堂)인 구암사(龜巖祠)가 자리하고 있다.

구미 발갱이 들소리

경상북도무형문화재 제27호
구미시 지산동 일원

구미 발검들 노래 유래비(1996년, 지산동)

발갱이들(발검들)은 지금의 구미시 지산동에 위치한 넓고 기름진 평야이다. 예로부터 농작업이나 일할 때 부르던 노래가 곧 발갱이 들소리이다. 현재는 지산동을 중심으로 발갱이들 주변의 괴평리, 문성리 등 일대의 농민들이 발검들소리보존회(보유자: 백남진)를 조직하여 1996년에는 구미 발검들 노래 유래비를 세우고 전승에 힘을 기울이고 있다.

선창자 백남진은 타고난 맑고 구성진 창으로 무리 없는 창법을 구사하는 기능 보유자이다. 이 들소리는 모두 10가지로 영남아리랑을 시작하여 어사용을 주고받으면서 시작된다. 다음으로 농사짓는 순서를 따라 가래질 소리, 망깨 소리, 목도 소리를 부르고 이러한 기초 작업을 마친 후에 모찌기 소리, 모심기 소리, 논매기 소리를 메기고 받으면서 부르고 이어 타작소리로 이어진다. 끝으로 호미씻이가 베풀어질 마을을 향하여 상머슴을 깽이말(들채)에 태우고 흥겨운 칭칭이를 부르면서 행진하는 것으로 구성되어 있다.

이 소리는 1983년부터 조사하여 1991년도에 일괄하고 엮어서 제32회 전국민속예술경연대회에 발표하여 민요 부문 우수상인 문화부장관상을 수상하였다. 출연자들은 모두 지산동에서 태어나고 이 들에서 생활한 주민 53명으로, 이들로 구성된 보존회에 의해 들소리는 영원히 전승 보존될 것이다.

지산동 계선각(繼善閣)

구미시 지산동 560

☞ 찾아가는 길

구미 시내에서 지산동으로 가는 하이마트 네거리의 '한양뚝배기' 식당 오른편 산기슭에 위치한다.

○ 학생 박동보 구황비(學生朴東輔救荒碑) 처음에는 구미시 신평동에 있었으나 1993년에 이곳 계선각 우측으로 이건하였다. '光緖三年丁丑' 곧

1877년 각자되었다. 박동보는 아들 도환에게 어려운 이웃을 돕도록 유언
하였고, 이에 도환은 고종 13년(1876)과 고종 20년(1883) 두 차례의 흉년
에 양곡과 금품으로 인근 주민들을 구제해 주었다. 현재 계선각 내에는
박도환과 아들 박효달, 손자인 박조용 3대의 덕을 기린 비석이 있다.

○ 부사 박도환 송덕비(行龍驤衛副司果朴公道煥頌德碑) '壬子春三月' 각자.
○ 참서관 박효달 송덕불망비(承訓郎惠民院參書官朴公孝達頌德不忘碑)
○ 유학 박조용 송덕비(幼學朴公詔鏞頌德碑)

구미시립도서관 인동분관 내 석물(石物) 일괄

구미시 진평동 인동분관 내

석물 일괄 전경　　　　　　함풍6년명 괘불대

○ 인동분관 내 석물(石物) 일람표

연번	비 명	건 립 연 대	높이 / 너비	기 타
1	府使金侯應海遺愛碑	崇禎九年十一月, 1636	198 / 64	비수에 棠紋, 보주
2	府使元侯世煩永世不忘碑	咸豊九年己未, 1859	153 / 54	옥개형 지붕
3	府使李侯熙遠永世不忘碑	戊戌五月日, 1838	128 / 42	옥개형 지붕
4	府使鄭公燒永世不忘碑	道光二十六年, 1846	144 / 42	옥개형 지붕
5	府使鄭侯弘朶興學善政碑	崇禎四壬午, 1882	114 / 42	귀접이한 비신
6	巡相洪公諱土元去思碑	庚辰八月, 1880	222 / 54	옥개형 지방
7	有志高木昌治救荒紀念碑	昭和五年, 1930	139 / 38.5	옥개형 지붕
8	前委員徐公顯周頌德碑	戊午十二月, 1918	204 / 38	옥개형 지붕, 비신, 귀부
9	官決標石		65 / 38	관에서 토지 경계 분쟁시 결정한 표석
10	掛佛걸이대	1856(철종 7년)	148 / 55	咸豊六年丙辰冬, 元等內立

인동 입석(立石) 2구

문화재자료 제184호

구미시 진평동 627-4.(진평동사무소 맞은편)

두 구의 입석들은 원래 선사시대의 거석(巨石) 기념물로서, 진평동 378-1번지에 위치하였으나, 1986년 보다 많은 사람들로 하여금 읽게 하기 위하여 현 위치로 이전된 것이다. 높이는 4.3m, 둘레 5m 정도이다.

'괘혜암(掛鞋岩)'이라 새겨져 있는 입석은 뒷면에 '인동수구석(仁同水口石)'이라 되어 있다. 입석의 연혁에 대해서는 또 다른 면에 새겨진 내용으로 보아 조선 선조 17년

(1584) 인동 현감으로 부임한 이등림(李鄧林) 선생의 청백한 공적을 기리기 위한 것임을 알 수 있다. 현감으로서의 임기가 끝나자 돌아갈 적에 한 계집종이 아전에게서 짚신 한 켤레를 받은 사실을 알고, 그것마저도 관물(官物)이라 하여 이 돌에 걸어 두고 갔다는 것에서 유래하여 '짚신을 걸어 둔 바위', 즉 '괘혜암'이라 부른다.

'대한민국건국기념(大韓民國建國記念)'이라 새겨진 또 하나의 입석은 일명 '출포암(出捕岩)'이라고도 불린다. 인동 관아가 설치될 무렵 고을의 풍수지리를 이롭게 하고, 고을을 노리는 도둑을 잡기 위하여 세워졌다. 일제 시대에는 일본인이 '대정기념비(大正紀念碑)'라 새겨 놓았으나, 광복 이후 이 글을 지우고 '대한민국건국기념'이라고 새긴 것이다.

이 선돌들은 선사시대인의 삶의 자취를 보여주는 것이며, 조선시대 청백리의 미담도 담긴 전설의 기록물이다. 또한 1950년대까지는 무녀(巫女)들이 치성을 드리던 민간신앙의 대상이었으니 복합적인 의미를 지닌 유적이라 하겠다.[17]

경은 이맹전 유허비각·묘비

(耕隱 李孟專 遺墟碑閣·墓碑)

문화재자료 제316호

구미시 형곡동 142 시립도서관 경내,

묘소 소재지: 구미시 해평면 금호 1리 산1 미석산

경은 이맹전 선생은 조선 세조의 등극을 반대한 생육신이다. 세조가 단종의 왕위를 찬탈하자 벼슬에서 물러나 처갓집이던 고아읍 망장리에 은거하고, 눈이 보이지 않고 귀가 멀었다는 '청맹과니(靑盲過泥)[18]'라 자칭한 채

---

17) 이 입석들과 관련하여 또 다른 동민들의 견해를 소개한다. 인동 관아(官衙)가 설치될 무렵 고을의 풍수지리를 이롭게 하고 고을을 넘어다보는 도둑을 잡기 위하여 3기(基)를 세웠으나 1기는 인동초등학교 부근 땅속에 묻혔다고 전한다.

두문불출하였다.

유허비는 높이 150㎝, 너비 50㎝로 원래는 형곡동 사창 마을 입구에 있었다. 비의 전면에 '有明朝鮮耕隱李先生遺墟碑'라 쓰여 있고, 비각은 맞배지붕의 목조기와집으로 약 1평 정도로서 정면에 '耕隱先生遺墟碑閣'이라는 현판이 게시되어 있다.

선산 지역의 절의를 대표하는 농암 김주 선생,[19] 단계 하위지 선생의 유허비를 세운 선산부사 김만증(金萬增)이 1778년경 선생의 유허인 형곡리에 건립하였는데, 현재의 자리로 이건하였다.

해평면 금호1리 산 1번지에 있는 선생의 묘비(높이 230㎝, 너비 73㎝)는 비석의 뒷면에 쓴 글, 즉 음기(陰記)를 조선 후기 안동 출신의 대유학자 대산 이상정(大山 李象靖) 선생이 1778년(정조 2년) 지었다.

▣▣ 경은 이맹전(耕隱 李孟專: 1392~1481): 의리를 다한 생육신

▣▣

자(字)는 백순(伯純), 호(號)는 경은(耕隱)이다. 심지(審之)의 자로 형곡 댓샘(죽천 또는 죽정)에서 태어났다.

세종 9년(1427) 문과에 급제하여 한림(翰林)이 되었다가 사간원 좌정언, 소격서령을 거쳐 거창현감으로 나가 선정을 베푸니 주민의 칭송이 자자하였다. 장차 단종에게 화가 미칠 것을 예견한 공은 벼슬을 초개처럼 버리고 그의 장인인 직제학 김성미가 사는 선산 망장촌에서 기거하며 청맹과니에다 귀까지 멀어 보지도 듣지도 못한다 하여 문을 닫고 30년을 하루같이 폐인으로 자처하며 손님도 사절하면서도 의관을 정제하고 단종이 유배당한 영월 쪽으로 배좌(拜坐)하였고 북쪽인 한양 쪽으로는 향하지도 않지도 않았다. 매월 삭망(朔望)에는 영월(寧越)을 바라보며 향배(向拜)하였으니 집안사람들이 물으면 신병을 위해 기도한다고 하였다.

옛글에 비분강개하여 죽기는 쉽지만 조용히 의리를 다하여 살기는 어렵다 했으니 30의 성상을 한결같이 이렇게 지내기는 초인이 아니고서는 어려운 것이다.

---

18) 멀쩡한 눈을 하고도 살피지 않고 진흙탕을 지나간다는 의미이다.(『필언잡기』)
19) 농암 김주(籠巖 金澍) 선생의 유허비는 도개면 궁기리 재실(齋室)에 모셔져 있다.

강호(江湖) 김숙자(金叔滋)의 아들 점필재 김종직이 가끔 찾아 배알하면 문을 닫고 마음속 깊은 이야기를 하였다. 훗날 점필재가 『이존록(彝尊錄)』에 참뜻을 기록하여 세상에서 알게 되었다. 90세에 세상을 뜨니 집안에 한 끼의 양식도 없었다.

조려, 원호, 김시습, 성담수, 남효온과 함께 생육신(生六臣)의 한 분이며 묘는 해평 재궁동(해평 금호리)에 있다. 퇴계, 서애를 비롯해 많은 선현들이 사적을 저술하였고 유림에서는 선산 월암서원, 함안 서산서원, 영천 용계서원에서 향사한다.

경은선생묘비

향랑 묘(山有花歌의 香娘 墓)·시비(詩碑)

묘소 소재지: 구미시 형곡동 산 21번지

향랑 시비 소재지: 구미시 형곡동 시립도서관 내

1992년 10월 결성된 형곡동 열녀 향랑 추모회는 형곡동 산 21번지에 있는 향랑의 묘역정화, 묘비개수를 하고 매년 음력 9월 6일 묘제를 지내오고 있다.

향랑묘

향랑시비가 있는 형곡동 구미시립도서관에서 남쪽으로 난 대로를 따라 오르막을 끝까지 오른 후 형남초, 중학교로 가서 왼쪽으로 난 골목 길로 가면 정우맨션. 대원주택이 보이고, 여기서 오른쪽 산기슭에 표지판을 따라 250m쯤 산길을 오르면 묘와 비를 볼 수 있다.

한편 형곡동 시립도서관 내에 향랑의 시비(詩碑)가 있으며, 그 뒷면에는 「향랑의열도(香娘義烈圖)」와 선산부사 조구상(趙龜詳)과 신유한(申喩翰)의 시가 있다.

향랑의열도   향랑묘비

▣▣ 향랑(香娘)

정창권, 『향랑, 산유화로 지다』(풀빛) 참고.

열녀(烈女) 향랑(香娘)은 조선 숙종 때 사람으로 구미 상형곡(上荊谷)에서 박자신(朴自申)의 딸로 태어났다. 어릴 때부터 행실이 바르고 정숙하였으며 일찍이 어머니를 여의고 계모 밑에서 자랐다. 17세 때 같은 마을에 사는 임천순(林天順)의 아들 칠봉(七奉)에게 시집을 갔다. 향랑보다 3살 아래인 칠봉은 성질이 악하여 향랑을 원수처럼 여겨 막대기로 두들겨 패고 머리카락을 쥐고 내동댕이치는 날이 날마다 계속되었다. 시부모의 권유로 친정으로 돌아갔으나 계모 또한 박대하여 친정아버지가 할 수 없어 숙부의 집으로 보냈다. 향랑은 숙부의 집에서 평안한 날을 보내다가 숙부의 재가 권유에 '일부종사'를 고집하며 마음을 고쳐먹고 시집으로 돌아갔다. 이에 남편 칠봉은 더욱더 거칠어져 두들겨 패기에 이르니 보다 못한 시아버지가 재가를 권하였다. 향랑이 부당함을 고하며 흙집이라도 지어 주면 그 속에서 생을 마치겠다며 간청하지만 시아버지는 괜히 집안을 어지럽게 하지 말라며 거절했다.

그해 가을 향랑은 아무도 자기를 받아주지 않으며 이부종사(二夫從事)는 할 수 없다고 죽기를 결심하여 물에 투신키로 작정을 하며 오태동 길재 선

생의 지주비가 있는 낙동강가로 갔다. 마침 12세의 나무하는 소녀를 만나 향랑이 말하기를

"내 너를 만나 다행이구나, 네가 만약 남자였다면 내 원통한 사연을 말할 수 없고 너 또한 큰 처녀라면 반드시 나의 죽음을 막을 것이나 너는 어리니 내 죽음을 막지 못하고 총명하니 내 말을 내 아버지에게 전할 수 있게 되었구나. 내 죽음이 명백지 못하면 친정 부모님과 시아버지는 내가 잠적하여 다른 곳으로 시집갔으리라 의심하겠거늘 너를 만나 나의 죽음을 증명할 수 있게 되었으니 천만다행이다"

향랑은 그 소녀에게 어릴 때 계모에게 학대받은 얘기와 시집살이 3년 동안 겪은 설움을 낱낱이 들려주었다. 이윽고 향랑은 다리와 치마를 벗어 신발과 함께 싸서 소녀에게 주며 일렀다.

"이것을 우리 부모에게 갖다 드리고 내 죽음이 명백함을 증명토록 해다오. 부모보다 먼저 죽는 것이 죄가 되거늘 죽어서도 다시 부모 볼 면목이 있겠느냐. 나의 시신은 반드시 나오지 않으리라. 수중에서 부모를 뵈옵고 엉클어진 애원을 풀어야겠다."

향랑 물에 빠져 열녀 되다

향랑은 오랫동안 통곡하다 울음을 그치고 노래 한 곡조를 불렀다. 곧 산유화 노래다.

하늘은 어이하여 높고도 길며
땅은 어이하여 넓고도 먼가.
천지가 비록 크다하나
이 한몸 의탁할 곳 없구나.
차라리 이못에 투신하여
고기 뱃속에 장사지내리.

향랑이 곧 물에 뛰어들 기세를 보이자 소녀는 무서워 도망가려 했다. 향랑은 다시 소녀를 끌고 와 말했다.

"두려울 게 없다. 내 너에게 산유화 노래를 가르쳐 줄 테니 외어 두었다가 날마다 이곳에 나무하러 오거든 노래를 불러다오. 산유화 노래를 들으면

내 혼백이 온 줄 알리라. 그리고 푸른 물결이 솟구치는 곳이 있거든 내 넋이 그 속에서 노니는 줄 알거라."

말을 마치고 물에 뛰어들려 하던 향랑은 "죽기를 결심하고도 물을 보니 두려운 마음이 생기니 가련하구나. 내 차라리 물을 아니 보리라" 하곤 적삼을 벗어 얼굴을 싸고 물속으로 뛰어들었다. 향랑의 죽음을 본 소녀는 혼비백산하여 마을로 달려갔다. 향랑의 아버지에게 죽음을 알렸다. 향랑의 아버지는 곧 못으로 달려가 시체를 찾았으나 허사였고 14일이 지나도록 시체가 떠오르지 않다가 보름째 되는 날 적삼으로 얼굴을 가린 향랑의 시체가 물 위로 떠올랐다.

이러한 사실을 선산부사(善山府使) 조구상(趙龜詳)은 숙종 29년(1703) 5월 향랑전(香娘傳)을 짓고 그림으로 그리는 한편 조정에 상소하여 1704년에 숙종이 정려(旌閭)토록 명령하였다. 선산부사 조구상은 원한을 품고 죽은 향랑의 넋을 달래기 위하여 제문(祭文)을 지어 무덤에 제사를 지냈다.

○ 선산부사 조구상의 시
삼월 봄바람에 풀은 푸른데 오태 소의 아낙네가 신을 벗누나
메나리 한가락에 목이 메이고 가냘픈 가지에 산 꽃이 피네

황상동 마애여래입상

보물 제1122호
구미시 황상동 산 90 - 14 금강선원 내

⊏ 찾아가는 길

구미대교를 건너 옥계·해평 방면 67번 도로로 약 500m 가면 '솔뫼 고개'를 넘는다. 고개를 넘기 직전에 왼편 소로로 안내판이 있다. 도로에서 좌회전이 되지 않기에 주의가 필요하다. 약 100m 정도 소로를 따라가면 현재 '금강선원(金剛禪院)'이라는 기도처가 있다.

☞ **전설 따라 삼천리** 신라시대 나당연합군이 백제를 칠 때, 당나라 장군 한신(韓信)이 그만 백제군의 포로가 되었고, 꿈에 보살이 포모시자(布毛侍者, 중국 항주의 승려회통에 기록)로 변신하여 나타나 도망가는 길을 가르쳐 주었다, 이에 한신 장군은 무사히 본국으로 귀국하고, 그 생명의 은인이었던 포모시자, 즉 아미타불의 모습을 형상화하였다고 한다.

이 불상을 흔히 '칠곡인동마애불'이라 칭한다. 그것은 이곳의 행정구역이 본래 칠곡군 인동읍이었기 때문이다. 그러나 현재는 구미시에 편입되어 황상동이 되었으므로, 지정 명칭도 '구미 황상동 마애여래입상'이라 칭하게 되었다.

이 마애불은 정동쪽을 바라보는 높이 7.3m의 입상으로 머리 위에는 평평한 사각형 보개석(寶蓋石)을 얹었고, 발 아래는 6엽의 연꽃잎이 새겨진 둥근 대좌를 갖추고 있다. 머리 위의 보개가 처음부터 있었는지는 육계의 일부와 바위 측면이 파손되어 확실치 않으나, 고려시대 불상에서 흔히 보이는 양식이기에 아마도 불상 조성 시기와 거의 비슷하지 않을까 한다.

양쪽 귀는 어깨에 닿아 있고, 머리카락은 자연 그대로 아래로 내려져 있다. 가는 눈과 가볍게 다문 작은 입술, 넓고 낮은 육계, 삼도, 당당한 가슴과 어깨 등의 전체적인 양식은 풍만감을 한껏 드러내고 있다.

수인은 가슴에 양손을 얹은 채로 설법하는 형상으로서 그 존명을 아미타여

래로 추정하는 근거가 된다. 허리 이하는 상반신에 비해 조각을 소홀히 한 느낌을 주지만, 전체적으로 얇은 옷으로 몸을 감싸 육체의 표현을 강조하고 있다. 특히 U자형의 의문은 통일신라시대 불상 양식을 계승한 것으로서, 신체의 풍만감을 강조하는 역할을 하고 있다. 양발은 좌우로 발끝을 향하고 타원형의 연꽃 대좌를 밟고 있다.

소발인 머리, 반달형의 눈썹, 반쯤 뜬 긴 눈, 양 볼에 살이 올라 탄력성

이 있는 얼굴 표현 등에서 이 불상은 북한산 구기리 마애여래좌상과 유사함을 알 수 있고, 법의 주름표현은 함양 마천면 마애여래입상과 친연성이 있다고 생각된다. 이에 불상의 조성 시기는 고려시대로 추정할 수 있겠다.

한편 솔뫼 고개는 '영남대로(嶺南大路)'로서 교통의 요지에 위치한 이 불상의 역할을 가늠할 수 있겠다.

◼◼ 마애불(磨崖佛)의 의의

◼◼

첫째, 마애불은 이동이 불가능하기 때문에 그 자리를 고수하고 있다. 그러므로 이동할 수 있는 조각과는 달리 확실하게 그 지역의 조각 작품임이 명백하다는 사실이다. 금동불과 같은 이동 가능한 작품들은 어떤 지역에서 아무리 많이 출토되었다 해도 모두 그 지역에서 조성된 작품이라고 단정할 수 없는 데 비해서, 마애불은 그 지역 작품이라는 사실을 부정할 수 없다. 따라서 마애불은 조각의 유파(流波) 연구나 국적(國籍) 연구에 가장 귀중한 자료가 되고 있다. 유파나 국적을 밝히는 것은 제작 연대를 밝히는 것 못지않게 불상 연구의 기본이 되며, 이것이 밝혀져야 불상에 얽힌 여러 문제가 풀릴 수 있다. 불상은 한 시대를 상징하는 것이기도 하지만 그 사회를 반영하기도 하므로 어느 사회의 산물이냐에 따라 불상의 성격도 바뀌기 때문이다. 마애불은 이런 점을 가장 잘 반영하는 불상이라는 점에서 매우 중요하다.

둘째, 마애불은 입체적인 원각상보다는 조각적인 면에서 약간 떨어지는 것도 사실이다. 그러나 서산 마애삼존불이나 예산 사방불처럼 고부조상일 때는 조각적인 면에서 손상이 없으며, 얕은 부조상이거나 선각상일 경우는 조각이 용이해서 표현하기 어려운 불경의 설법 내용이거나 불전도 같은 설명적인 내용까지도 조각이 가능하게 된다. 그래서 불화에서나 표현될 수 있는 내용도 조각으로 표현할 수 있다는 장점이 있다. 마애불은 불교 미술 가운데 조각적이면서도 회화적인 특징이 있는 독특한 분야라 할 수 있으며 이런 면에서 마애불의 의의가 크다고 하겠다.

황상동 동·서 고분군

구미시 황상동 71-1번지 현 황서초등학교 일대

황상동 동고분군은 구미시와 칠곡군 가산면의 경계를 이루는 천생산에서 서북쪽 인동으로 뻗어 내린 능선 끝 부분인 황상마을 뒷산에 위치한다. 서고분은 구미대교에서 인동행 국도로 약 1㎞ 가면 국도를 가로지르는 능선에 위치하며, 동고분군과 나란히 하고 있다.

1998년도 실시한 1차 발굴조사 지역에서는 113기의 유적이 조사되었는데 목곽묘 42기, 석곽묘 68기, 조선시대 이후 토광묘 2기, 석열 유구 1기가 확인되었다. 출토된 유물로는 토기류 993점, 철기류 451점, 방추차 및 자기 등 기타유물 42점 등 총 1,486점의 유물이 출토되었다.

2차 발굴조사 결과 목곽묘 15기, 석곽묘 22기, 석실분 1기, 불명 2기 등 총 40기의 삼국시대 유구가 조사되었으며, 고려시대로 추정되는 정면 4칸, 측면 3칸의 'ㄷ'자 적심 건물지 유구와 두 차례 이상의 선후를 가지고 있는 배수구 석열 유구 4개소, 샘터 1개소, 원형 우물지 3개소 등이 조사 확인되었다. 출토유물로는 141호 출토의 목걸이 꾸미개 1조, 마구류 1조를 포함하여 각종 토기류 345점, 철기류 76점, 기타 11점 등 총 432점과 건물지 주변의 기와편, 자기편 다수가 수습되었다.

죽림정사(竹林精舍) · 현암서원(賢巖書院)

구미시 황상동 416-3

'죽림정사'는 중종 15년(1520)에 죽정 장잠(竹亭 張潛)이 건립한 것으로, 정면 3칸, 측면 1칸 반 규모의 팔작기와집이다. 어칸의 대청을 중심으로 좌우에 온돌방 1칸씩을 둔 구조이며, 대청의 전면에는 삼분합문을 달아 마루방을 이루게 하였으며 전면에는 넓은 툇간을 마련하였다.

죽림정사의 암벽에 '세심당(洗心塘)'이라는 글자가 새겨져 있다. 또한 '세심당' 위에 평평한 바위가 있어 '이현암(二賢巖)'이라 한다. 인동현감으로 있던 회재 이언적(晦齋 李彦迪)이 공무가 끝나면 수레를 타고 죽림정사를 방문하여 이 바위에 앉아 장잠과 학문을 강론하던 유서 깊은 바위이다. '이현(二賢)'은 두 선생을 의미한다.

죽림정사(1983년 중수)   현암서원

'현암서원'은 숙종 18년(1692) 죽정 장잠(竹亭 張潛)을 향사하기 위해 현암사우(賢巖祠宇) 3칸을 건립하여 위패를 봉안하였고, 영조 37년(1761)에 정당 4칸, 동·서재 각 3칸, 정문 3칸을 건립하여 서원으로 승격되었다. 고종 8년 훼철되었다가 1993년 현재처럼 보인문(輔仁門), 강당(講堂), 내삼문(內三門), 사당인 숭도사(崇道祠)를 동일축선산에 배치 복원하였다.

II

선산 방면

선산읍 마을 지명 유래

고아읍 마을 지명 유래

무을면 마을 지명 유래

옥성면 마을 지명 유래

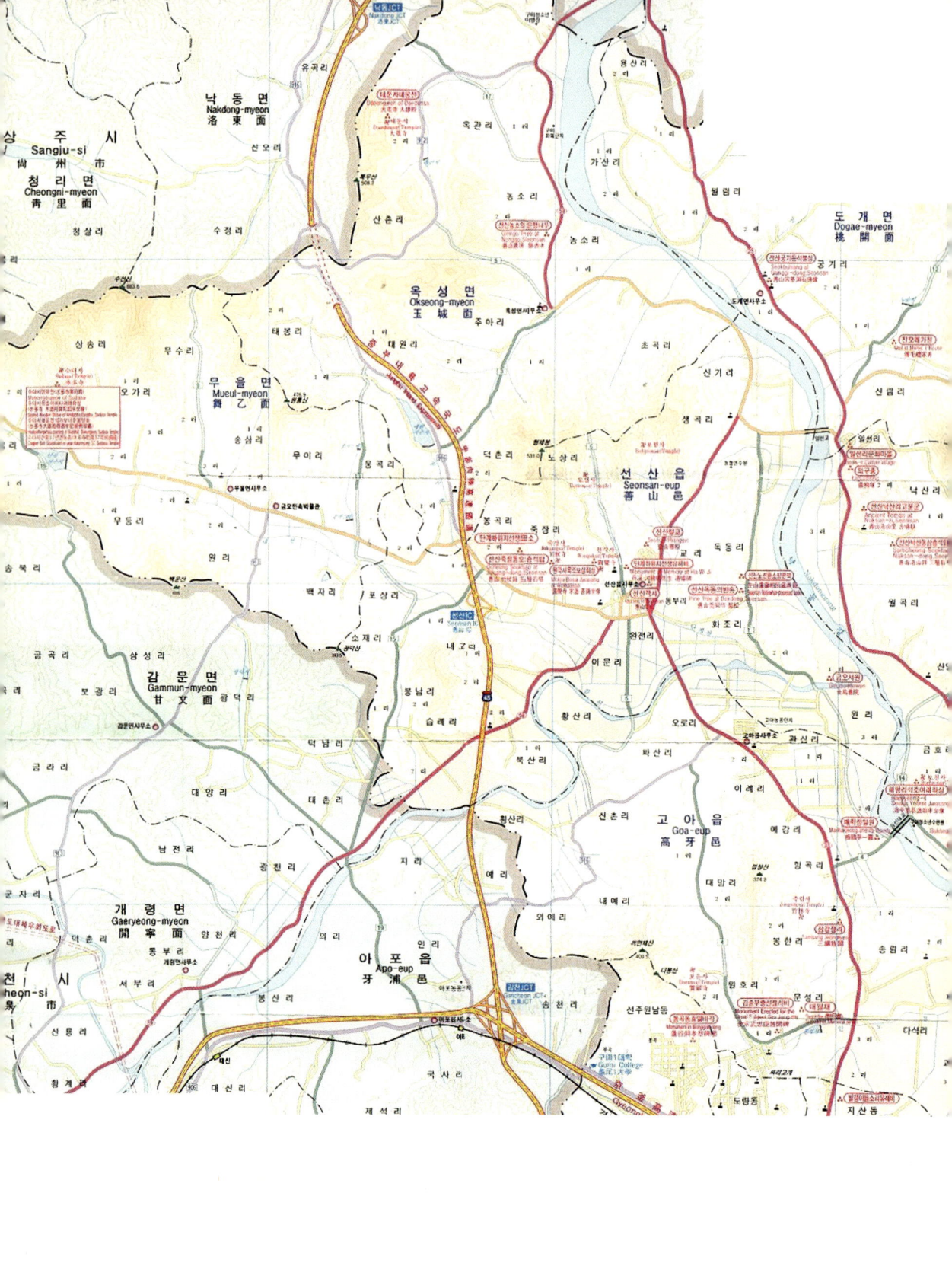

선산읍 마을 지명 유래(가나다순)

◎ 선산읍(善山邑)

신라시대는 일선주(一善州), 숭선군(崇善郡)으로, 고려시대는 선산부(善山府), 일선현(一善縣)으로, 조선시대는 선산군(善山郡)으로 개칭되는 동안에 동내방(東內坊), 독동방(禿同坊), 서내방(西內坊), 무래방(舞來坊) 등 4개방을 통합하여 선산면으로 불리어 오다가 1979년 읍으로 승격되었다.

○ 교동(校洞)

선산향교가 있어 '향교마을' 혹은 '교촌(校村)이라 한다.

- 생골(생기골, 교촌): 향교가 있어 생원(生員)들이 많았다고 불린 지명.
- 댕대미, 당대미, 당대(當代): 옛날 이곳 사람들이 당대에는 잘살았으나 후대에 가서는 천하게 된 사람이 있다 하여 불린 지명.
- 잿골(城洞): 산이 성처럼 마을을 둘러싸고 있다 하여 불린 지명.
- 속무이골(송무골): 향교 서쪽의 움푹한 골짜기에 위치한 마을로 길이 꼬불꼬불하고 좁아 우마차 통행도 어렵다 하여 불린 지명.
- 탑골(塔谷): 통일신라시대 죽림사(竹林寺)가 있던 곳으로 현재 선산 입구의 동부리 1호광장에 있는 삼층석탑의 원위치이다.
- 용동골(龍動谷): 조선 중엽 선산 김씨 내외가 이사를 하여 정착할 장소를 물색하던 중 이곳에 오니 갑자기 검은 구름이 하늘을 뒤덮고 비가 쏟아지기 시작했다. 그 빗속에 한 쌍의 용이 하늘로 올라가는 것을 보고 이곳에 정착하였다.
- 여제단(勵祭壇, 아기당): 성황당과 같은 성격의 여제단이 있었다고 하나 전하지 않는다.

○ 내고리(內古)

내동과 고명동을 합하여 불린 지명. 내동(內洞)은 560년 전 조씨가 정착한 마을로 도로변에서 잘 안 보이는 산 안쪽에 위치하였다 하여 불린 지명이며, 고명동(古鳴洞)은 마을 고목에서 새의 울음소리가 났다고 하여 불린 지명.

• 무래(舞來): 옛날 골짜기에 놀던 학(鶴)이 마을의 북서쪽 숲에 안식처를 찾아 비봉산 봉황을 반겨 춤을 추며 날아왔다는 것에서 연유한 지명.

• 꼴띠미: 내고리로 들어가는 마을 어귀로서 맨 끝 동네라는 의미의 '고두미(古頭尾)'가 변한 지명.

• 거리골: 서당고렝서 북산리의 뒤뜸으로 넘어가는 고개 아래 마을로, 이 주변이 걸인들의 본거지로 구걸로 연명했다 하여 불린 지명.

○ 노상리(路上, 길구)

단계교에서 이문리로 향하는 큰길 위쪽에 있는 마을이라 하여 불린 지명.

• 감등골(甘洞): 현재 선산중고등학교 앞으로 감나무가 많은 지역이라 불린 지명.

• 조성걸: 현재의 수문교에서 단계교 좌측으로 큰 우물과 느티나무가 있어 나무 아래 제단을 마련하고 자연을 창조한 창조주에게 제사를 드리던 곳이라 하여 불린 지명.

• 향촌(鄕村): '노상'의 옛 지명으로, 청송 심씨의 심의관(沈議官)이 최초 정착하여 고향을 그리워하며 '향촌'이라 불렀다. 이후 1914년 행정구역 개편 때 '노상리'로 개칭되었다.

○ 독동(禿洞)

• 문동골(文洞), 문산동(文山): '독동'의 원래 지명은 '문동', '문산동'으로 마을에 글 잘하는 선비가 많이 배출되었다고 불린 지명.

• 고내미, 고남리(古南): 본래는 아홉 개의 작은 마을로 이루어졌다고 하여 '구남(九南)'이었다가 '고남'으로 변하였다.

- 거물리(居汶, 居汲): 약 300여 년 전 낙동강 물이 이곳으로 흘러 물이 크게 돌아 내려가는 곳으로 '돌머리'라 하였고, 배를 매어 두던 곳을 '용바위'라 한다. 지금은 퇴적으로 매몰되어 마을을 형성하고 있다.
- 바릿걸, 북시골: '바릿걸'은 '바래사'라는 절이 있었다 하고, '북시골'은 '북사(北寺)' 혹은 '복사(福寺)'라는 절이 있었다 한다. 현재 폐탑(廢塔)의 흔적이 남아 있다.

○ 동부리(東部)

- 동문걸(東門거리): 현재 농협중앙회 구미시 지부로부터 동부리 사무소 앞까지 도로를 '동문걸'이라 하여 현재 동부리 회관 앞에 선산성 동문이 있었다 한다. 원래 선산 5일장이 형성되던 곳이다.
- 궁띠, 쑥밭: 옛 선산군청 뒤쪽 마을을 '궁띠'라 하는데, 곧 방언으로 '궁터'이다. 한편 이곳을 '쑥밭'이라 함은 이 일대가 소(沼)였다는 데서 연유하였다.
- 옥걸(獄거리): 조선시대 죄인을 가두어 형벌을 주던 감옥이 있던 곳.
- 유다리(柳橋): 구미에서 선산으로 오는 입구의 다리를 지칭. 예전에는 이 일대 하천변에 수양버들이 무성하여 불린 지명.
- 소전걸: 현재 선산공용버스터미널 맞은편으로서 우시장이 있어 불린 지명.
- 병간: 전염병 환자를 수용하던 '병감(病監)'이 '병간'으로 속칭. 현재 문화회관 부근이다.

○ 봉곡리(鳳谷, 무실)

물이 많고 봉황새가 춤추며 놀다 날아간 곳이라 하여 '무실'이라 불림.

- 정식뜰(鼎食뜰, 소빼미들): 봉곡의 수통 끝에서 수원이 풍성하여 한 발이 들지 않고, 농사가 잘되어 '솥 안에 든 밥과 같다'는 뜻에서 유래된 지명. 또한 정식(鼎食)은 '임금이 수라를 들었다.'라는 의미이기도 하다.

○ 봉남리(鳳南)

봉덕산(鳳德山) 남쪽에 위치한 지형에서 유래한 지명.

- 황새골(大鳥里): 황새(두루미)가 많이 서식하여 불린 지명. 지금도 매년 수백 마리의 두루미가 날아와 마을 뒷산 봉덕산에 둥우리를 지어 새끼를 기르는 모습은 한 폭의 산수화 같다.
- 창밖골: 정확한 시기는 알 수 없으나 화적들에게 쫓긴 개령 고을의 수령이 이곳에 일시 피난하여 무기고를 짓고, 마을 앞에 감옥을 지어 개령을 다스렸다 하여 '창밖골' 혹은 '옥터'라 한다.
- 울곡, 울고개: 조선 초기 봉계에 사는 오 진사 집 규수와 정 진사 집 도령이 약혼을 해 놓고 도령이 죽자 오 진사 집 규수가 신랑 없이 평생을 살면서 친정으로 넘어올 때 울고 시집으로 넘어갈 때도 울었다고 하여 불린 지명.

○ 북산리(北山)

마을 뒷산의 봉우리 모양이 북쪽을 향해 서 있다 하여 '북산'이라고 한다. 원래는 '판산리(板山里)', 즉 '널미'라 칭하였다. 이는 마을 북서쪽에 평평하고 낮은 산이 있는데 판목(板木)이 많이 났다고 하여 불린 지명.

- 웃미, 삼박골(三朴谷): 뒤뜸 위쪽 마을로 옛날 밀양 박씨 삼 형제가 이곳에 찾아와 남향을 한 양지 바른 곳을 택하여 새집 3동을 지어 의좋게 살았다 하여 불린 지명.
- 뒤뜸(北屯), 뒤의(後山): '뒤뜸'마을은 널미의 북쪽에 위치한 마을이라는 의미이고, '뒤의'마을은 널미 남쪽의 응달진 곳에 위치한 마을이라는 의미이다. 한편 뒤의마을의 골짜기는 '부처골'로서 옛날 절터가 있다고 전한다.

○ 생곡리(生谷)

- 생곡, 송실(松室), 솔실, 샘실, 생곡: 소나무가 많고 큰 샘이 있었다 하여 불린 지명.

- 사방골(祀坊), 사당골(祠堂): 이곳에 마을의 동제(洞祭)를 지내던 사당이 있었다.
- 절골: 고려시대에 미봉사(彌鳳寺)가 있었으나 임진왜란 때 전소되었다. 조선시대에 신당 정붕과 송당 박영 선생 간의 냉산문답(冷山問答)으로 유명한 절로서, 지금도 절의 우물터가 남아 있다.
- 원당(院堂): 여헌 장현광 선생의 영정과 유물이 있으므로 불린 지명.

○ 소재리(所才)

- 오미기, 오목이(五木二): 마을에 다섯 그루의 큰 나무와 오목정(五木井)이란 공동 우물이 있었다 한다. 이에 '오목이'가 '오미기'로 변하였다. 혹은 마을 지형이 오목하게 생겼다는 데서 연유하기도 한다.
- 옥녀봉: 산의 형세가 옥녀(玉女)가 머리를 빗고 있는 듯하여 불린 지명. 산 앞에는 옥녀가 머리를 빗고 그 빗갑을 접어둔 곳이 있다고 한다.
- 울고개(울谷): 임진왜란 때 포상에 거주하는 선비들이 이곳에서 많이 죽임을 당해 '울곡'이라 한다. 혹은 임진왜란 때 명나라 장수가 '울고개'의 산세가 너무 좋아 청룡도로 산맥을 세 군데 끊었더니 지하에 숨어 있던 한 장수가 머리에 칼을 맞고 피를 흘리며 울었다고 한다.

○ 습례리(習禮)

모름지기 사람은 예절을 익혀야 한다는 뜻에서 불린 지명.

- 덕골(德谷), 덕고랑골: '덕골'마을은 마을 뒤의 골짜기 형세가 소쿠리 같고 바람이 없어 어질고 덕이 높은 사람이 많이 배출되었다는 데서 유래한 지명이다. '덕고랑골'은 마을에서 홍역으로 죽은 아이를 나무에 걸어두었다가 다른 아이들의 홍역이 끝나면 이 골에 묻었다고 하여 유래한 지명이다.

○ 신기리(新基)

- 대지미(太祖尾), 죽지산(竹地山): 고려 태조 왕건이 이곳에서 군사

사열을 받을 때 군사 수가 얼마나 많은지 그 끝이 이곳까지 미쳤다
하여 '태조미'라 하였고 '대지미'로 변하였다.

- 신풍징이, 신풍진(新風津): 낙동강 선착장이다.
- 거름마: '대지미'시내 하나를 사이에 두고 남쪽에 위치한 마을로 한
  걸음에 갈 수 있다는 의미.
- 태조산(太祖山): 현재 도리사가 위치한 냉산을 지칭.
- 어성정(禦城亭): 고려 태조 왕건의 수레가 머문 곳으로 지휘본부에
  해당된다.

○ 완전리(莞田)

이 일대에 왕골을 많이 심었다 하여 '골밭', 즉 '완전'이라 불리고 있다.

- 연당마(蓮當마): 현재 선산우체국 부근 마을, 이곳에 생원, 진사과에
  합격한 이들이 등록하는 연계소(蓮桂所)와 선산성 남문(南門)이 있
  던 곳이다.
- 사창(司倉, 司村): 사창이 있어 불린 지명.
- 동산(東山): 일명 '알봉' 혹은 '동지산(冬至山)'이라 하고 감천변 동
  지 숲 앞에 있는 작은 산이다.
- 서문걸: 현재 선산읍사무소와 단계교 일대를 '서문걸(西門거리)'이라
  하여 선산성 서문이 있었다.
- 단계천: 하위지 선생이 태어나자 냇물이 3일간 붉게 흘렀다 하여 단
  계천(丹溪川)이라 하며 이로 하위지의 호(號)도 단계(丹溪)이다.

○ 원동(院洞)

- 서원마, 원촌: 금오서원이 있어 불린 지명.
- 구시골: 마을 삼면이 산에 둘러싸여 있어 겨울에도 따뜻하고 바람이
  적은 것이 그 형세가 소죽통 같으므로 '구시골'이라 한다.
- 장아찔(장화골): 옛날 어느 노승이 겨울에 이곳을 지나다가 엄동설한
  인데도 갖가지 풀들이 파릇파릇하니 이곳이 명당이라 여기고 절을
  세워 이름을 '장화사'라 하였다.

- 강창(江倉): 낙동강의 선착장으로, 산기슭의 강락사지(江洛寺址, 추정)의 삼층석탑은 현재 김천 직지사로 옮겨갔다.
- 어강(어갱이), 장대(새도방): 서원 남쪽 감천 건너편 마을로 고려 태조 왕건이 이곳에 군영을 설치하고 관심리 앞뜰에 주둔한 후백제 신검군과 접전을 벌여 후삼국 통일을 성사시켰으니, '어검(禦劒)', 즉 '어강', '어갱이들'이라 부르고, 태조가 깃발을 꽂아 둔 곳을 '장대(새도방)'라 부른다.

○ 이문리(里門)

선산읍성 밖 첫 동네이기에 연유된 지명.

- 연봉리(蓮鳳, 迎鳳), 장원방(壯元坊), 장원봉(壯元峰): 마을을 개척할 때 새와 연꽃이 많다 하여 '연봉(蓮鳳)'이라 하였고, 봉황을 맞이한다고 하여 '영봉(迎鳳)'이라고도 한다. 또한 장원급제하여 돌아오는 길목이라 하여 '장원방', '장원봉'이라 불린다. 장원봉 아래에 마을은 '서당마(書堂村)'라 불린다.
- 황새월(大鳥洞): 약 1650년경 김해 김씨가 처음 정착하여 마을을 형성할 때 현재 선산여중고등학교의 뒷산 모양이 날개를 편 큰 새의 형상과 같다 하여 불린 지명. 후에 '이문골'로 개칭.
- 서낭댕이(城隍堂): 남쪽에 있는 마을로 성황단과 여제단(勵祭壇)이 있었다고 한다.

○ 죽장리(竹杖)

마을 안에 죽장사(竹杖寺)가 있어 유래하였다고도 하며, 선산의 주산인 비봉산의 봉황새가 다른 곳으로 날아가지 못하도록 막기 위해 이곳에 죽실(竹實)을 마련하였다 한다.

- 고방실(古方松): 선사시대의 움집인 '고방(방 모양으로 생긴 굴)'이 있었다. 최근 이곳에 '府治四十里'라 새긴 이정표석이 발견되었는데, 여기에 '고방송(古方松)'이라 하였다.
- 사방골(四方, 社坊): 천지신명과 곡식의 신에게 제사하는 사직단(社

稷壇)이 있어 불린 지명.
- 어랭이, 원대이, 원댕이(願堂), 감당못: 이곳에 소원을 빌기 위해 지은 원당(願堂)이 있었고, 역적으로 몰려 일가가 몰락한 감씨(甘氏) 성을 가진 8형제를 두려워 못을 파서 감당못(甘塘못)이라 하였다.
- 탑곡(塔谷): 현재 죽장사가 위치한 곳.

○ 포상리(浦上, 신당게新堂浦)

신당 정붕(新堂 鄭鵬) 선생이 처음 정착하여 학문을 탐구하신 곳이기에 불린 지명.
- 명리, 미음리(美人退): 내고동으로 넘어가는 고개 아래 위치한 마을로 옛날 이곳에 미인이 살았으나 마을에서 쫓아 버렸다고 하여 마을 이름을 '미인퇴(美人退)'라 하고, 후에 '미음터'로 변하였다.

○ 화조리(花鳥)

풍수지리적으로 비봉산에 봉황이 못 날아가게 화조(花鳥)는 꽃이 피고 뭇 새가 춤을 추며 봉황을 즐겁게 한다는 의미.
- 새남골(鳥南谷): 남쪽에 있는 마을 혹은 비봉산의 봉황새가 놀다간 곳이라 해서 불린 지명.
- 역말(驛村): 1904년 폐지된 조선시대 김천찰방 관할의 구미역(仇彌驛) 소재지로서 '역촌'이라 하고, 화조리의 중심마을이다.
- 오동산(五東山): 봉(鳳)이 다섯 개의 알을 낳았다 하여 선산평야에 조그마한 다섯 개의 동산이 있었으나 현재는 경지정리로 인해 하나만 남기고 사라졌다.

▣▣ 선산 비봉산(飛鳳山)의 유래

■■

　선산읍을 감싸고 있는 비봉산은 글자 뜻 그대로 봉황(鳳凰)이 나는 모습을 하고 있다.

　풍수지리학설에 의하면, 비봉산은 비봉이 두 날개를 활짝 펴고 하늘로 날려는 모습을 보여주는데, 동쪽으로는 교리 뒷산, 서쪽으로는 노상리 뒷산이 있어 두 날개에 해당되며, 출장소 뒤의 봉우리가 몸과 목이 된다. 비봉산은 북쪽에서, 금오산은 남쪽에서 서로 안을 지키고 감천(甘川)은 동으로 흘러 낙동강과 이어져 외부를 지키면서 아주 튼튼한 천연의 성을 이루었다. 그러나 선산 읍민들에게는 큰 걱정이 있었다. 비봉산의 봉새가 날아가면 어쩌나 하는 것이다. 그래서 고아읍 황당산에 그물을 쳐놓고 동네 이름을 '망장(網張)'이라 했으며, 물목 동네 뒷산을 '황산(凰山)'이라 이름 지어 짝을 맞춰주기도 했다. 그것은 봉(鳳)은 수컷이요, 황(凰)은 암컷이기 때문이다. 그리고 선산읍 사방동네를 '죽장(竹杖)'이라 하여 대나무를 심어 대나무 열매로 먹이를 대어주고, 화조리(花鳥里) 또한 봉황을 즐겁게 해주기 위하여 만화백조(滿花白鳥)가 있다는 뜻이며, 다시 동리 이름을 영봉리(迎鳳里) 영봉루(迎鳳樓)라 한 것은 봉황을 맞이한다는 뜻에서 지은 이름이며, 무래리(舞來里) 역시 봉황이 날아오는 것을 뜻한다. 그뿐만 아니라, 봉황은 다섯 개의 알을 낳는데 한 개는 이미 앞들에 있는 동산이므로 다시 네 개의 동산을 만들어 다섯 개의 동산이 되게 하였다. 이것은 이 다섯 개의 알을 봉황이 품고 영원히 깃들게 하기 위한 것이었다. 이 다섯 개의 동산은 세월이 흘러감에 따라 점차 허물어지고, 1966년 경 지 정리로 완전히 사라져 지금은 한 개의 동산만이 남아 있다.

　한편 임진왜란 때에 명나라 장군이 비봉산을 보고 인재가 많이 날 것을 두려워한 나머지, 산 주령 허리를 끊고 장작으로 불을 피우고 큰 쇠못을 꽂았다고 전하여 온다.

○ 지명 풀이

비봉산 산봉에 봉학이 뛰어놀고 앞방천 능수버들 휘늘어졌네 에헤요에헤요 어렴아 열사좋다 선산자랑인가 뒤골산 골작에 흘러나리는 물에 빨래하는 아가씨의 얼골이 어떻더냐 에헤요에헤요 어렴아 얼사좋다 선산자랑인가 감천 냇물 물에는 고기가 뛰어놀고 선죽교 다리는 옛말을 이룬다 에헤요에헤요 어렴아 얼사좋다 선산자랑인가 낙동강 여울에 소금배가 왕래하고 강창에 나루에는 선유의 노래로다 에헤요에헤요 어렴아 얼사좋다 선산자랑인가

교리 죽림사지(竹林寺址) 삼층석탑

원소재지: 구미시 선산읍 교리 죽림곡
현 소재지: 선산읍 동부동 비석거리 화단 내

🖙 찾아가는 길

선산향교에서 뒤편으로 난 소구릉 위의 소로를 따라 북쪽으로 약 2㎞쯤 가면 교동 '죽림(竹林)'이 나온다.

동민들은 이 골짜기를 '죽림' 혹은 '탑골'이라 부르고 있다. '탑골'이라는 호칭은 석탑의 존재로 말미암은 것이고, '죽림'이라는 호칭은 기록에 보이는 '죽림사'에서 유래된 것이라 하겠다.

『신증동국여지승람』 권29 선산도호부 불우조에 "竹林寺 俱在飛鳳山"이라 하여 죽림사의 위치를 말하고 있다. 또한 『일선지』 불우조에는 "竹林寺 在邑城北三里 鄉校之 北其傍有舊鄉校基 今皆廢之"라고 하였으므로 이곳 일대가 죽림사지임은 틀림없을 것이다. 그러나 현재 죽림사지 일대에는 석탑이 있던 자리에 '교동삼층석탑지(校洞三層石塔遺址)'라는 표석과 건물지, 약 60m의 축대, 수조(水槽) 등이 남아 있을 뿐이다.

석탑은 상층기단 갑석 부재 1매와 탑신석 2석, 초층 옥개석 부재 2석과 삼층 옥개석 1석만이 온전한 상태로서, 1979년 선산읍 내 입구의 동부동 비석거리로 옮겨 복원하였으나, 최근에는 선산남문 낙남루 복원을 위해 길 건너편에 이전하였다.

상·하층 이중기단 위에 3층의 탑신부를 형성하고 정상에 상륜을 장식한 신라시대 일반형 석탑이지만, 복원된 전체 형태는 균형이 제대로 잡히지 않았다. 그러나 상·하층기단 면석의 양 우주와 1탱주 양식, 5단의 옥개받침, 추녀선의 경쾌함과 낙수면 네 귀퉁이의 전각 및 반전, 우주가 나타난 탑신석 등 그 양식으로 보아 통일신라 9세기 후기 석탑임을 알 수 있다.

선산향교(善山鄕校)

경북 문화재자료 제123호
구미시 선산읍 교리 838

☞ 찾아가는 길

선산읍 버스터미널에서 상주 방면 33번 국도를 따라 약 600m 진행하면 도로 왼편으로 안내판이 나오고, 비봉산 중턱 아래 향교가 보인다.

향교는 조선 최고국립대학 격인 성균관을 모방한 것으로 공자와 선현을 제사하고 그 가르침을 받는 지방교육기관

비봉산기슭 아래 옥녀가 거문고를 타는 듯한 명당자리에 위치하고 있다. 창건연대는 확실히 알 수 없으나, 조선 초기로 추정되며 임진왜란 때 불타 없어졌다. 그 후 선조 33년(1600) 선산부사 김용(金湧)이 대성전(大成殿)과 동·서무(東·廡)를,

1623년(인조 1년)에 부사 심륜(沈倫)이 명륜
당(明倫堂), 동·서재(齋), 남루(南樓), 교관아
(敎官衙), 전사청(典祀廳), 주고(廚庫) 등을
재건하였다. 현재 동·서무·교관아·전사청
·주고 등의 건물은 허물어지고, 대성전·명
륜당·청아루 3동의 건물만이 남아 있다.

선산향교는 공자를 비롯하여 안자(顔子)·
증자(曾子)·자사자(子思子)·맹자(孟子) 사성
(四聖)의 위패를 '대성전'에 모시고, 그 아래
'동·서무'에는 십철(十哲)·송나라 육현(六
賢)·우리나라 18현(賢)의 위패를 모시고 있
다. 그 앞에는 강당의 기능을 하는 '명륜당'이
있고, 좌우에는 '온고재(溫古齋)'·'학습재(學
習齋)'가 있다. 그 아래 '남루(菁莪樓,청아루)'
와 '동·서재(東·西齋)'가 위치한다.

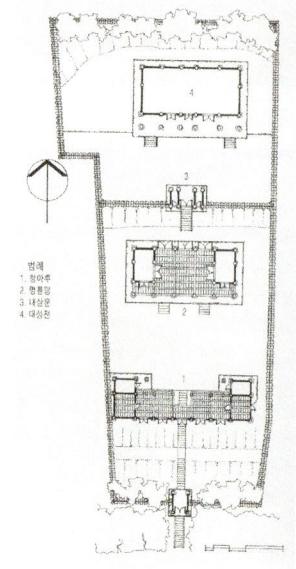

선산향교

대성전은 정면 5칸, 측면 2칸 규모의 맞배기와
집이다. 정면의 기단은 2벌대로 쌓은 후 덮개돌을
둘렀으며 측면과 뒷면에는 막돌쌓기로 하였다. 전
면에 반 칸 규모의 툇간을 둔 전면 툇간 형식인데
정면의 칸살구성은 어칸을 측칸보다 좁게 한 특이
한 형태이다. 양봉과 소로가 종량을 받고 종량 위
에는 파련대공을 세운 2고주 5량가이다.

명륜당은 정면 5칸, 측면 2칸 규모의 팔작지붕

선산향교 앞 비석

으로, 역시 막돌쌓기한 기단 위에 자연석 주초를 놓았다. 평면은 어칸 3칸을
우물마루로 꾸미고 양 툇간에는 전면에 반 칸 규모의 툇간을 둔 온돌방을
두었다.

청아루는 'ㄷ'자형의 평면 형태를 취하고 있는데, 전면은 2층 누각으로 되
어 있고, 후면은 명륜당 마당으로 연결되어 있다. 2층은 7칸에 모두 우물마
루를 깔았으며 양 툇간에는 벽을 설치하여 마루방으로 꾸몄다. 마루방의 뒤

로는 1칸씩의 온돌방이 돌출되어 있는데 이러한 구성은 동·서재의 용도를 겸하기 위한 것으로 생각된다.

원각사(圓覺寺) 및 원통전 내 목조보살좌상

문화재자료 제372호

구미시 선산읍 노상리 159-4 원각사 경내

☞ **찾아가는 길**

원각사는 선산읍 내 농협중앙회 삼거리에서 무을 방면 단계교를 지나 우회전하여 선산중앙교회와 노상1리 새마을회관 사이의 골목으로 계속 올라가면 선산주공아파트 102동 뒤에 위치한다.

원각사는 본래 선산읍 내에 거주하는 심씨(沈氏) 가문에서 재실(齋室)로 건축하여 사용하여 오다가 1931년 매수하여 현재의 사찰로 개조한 것이다.

목조보살좌상은 원각사 원통전(圓通殿)에 봉안되어 있으며, 높이 111㎝로 옻칠을 한 후 도금하였다. 머리에는 보관을 쓰고 있는데, 구름무늬, 연꽃봉오리, 앙련, 보주, 화염문 등이 매우 화려하게 장식되어 있다. 목에는 삼도가 둘러져 있고, 법의는 통견으로 두 팔에 걸쳐 앞과 옆으로 흘러내리고 있다. 수인은 오른손을 어깨 높이로 들고 왼손을 무릎 위에 놓은 채 연줄기를 들고 있다. 전체적으로 약간 앞으로 구부린 모습을 하고 있는데, 조선 후기 불상에서 흔히 보이는 시대적인 특징이다.

한편 불상의 내부에서는 다수의 복장유물(服藏遺物)이 발견되었다. 한지에 목각 인출한 『묘법연화경(妙法蓮華經)』과 『다라니경(多羅尼經)』이 대부분인데, 특히 눈길을 끄는 것은 범어로 주서사경(朱書寫經)한 보살상의 『조성기(造成記)』가 발견되어 불상 조성의 내력을 알 수 있다.

이른바 『순치6년명수다사불상조성연기』(가로 128㎝, 세로 51.8㎝)에 의하면, "順治六年 歲在 乙丑 九月日 一善府西淵岳山水多寺 佛像造成時隨喜助綠抄記 阿彌陀佛 觀音菩薩 大勢至菩薩"하고 계속 수십 명의 대시주와 대공덕주명(大功德主名)을 밝혀 놓았다. 순치 6년은 조선 인조 27년(1649)으로서 연

원각사 원통전

악산 수다사에 조성된 아미타불, 관음보살, 대세지보살 가운데 하나인 대세지보살로 추정된다. 현존하는 불상은 대부분 그 조성 연대를 알 수 없는 것임에 비추어 이는 연대가 확실하여 매우 귀중한 자료라 하겠다.

본존불인 아미타불은 현재 무을 연악산 수다사(水多寺)에 모셔져 있고, 관음보살은 1968년 대구시 봉산동 서봉암(棲鳳庵)에 양도하였다고 한다.

원통전목조대세지보살좌상

교리 지석묘군

구미시 선산읍 교리 19-6.

선산에서 상주 방면 33번 국도를 따라 '금오고개'를 넘어서 오른쪽으로 나타나는 '용동지'를 지나 도로 오른편으로 논 가운데에 2기의 지석묘가 있다.

교리지석묘

명창 박녹주 기념비

구미시 선산읍 노상1리 선산중앙교회 옆 어린이놀이터 내

장구와 북 모양으로 생긴 기념비는 1981년 9월 20일 여사의 업적을 간직하고자 김소희, 박송희, 한농선, 조상현 등 국악인과 선산군민의 정성으로 선산문화원과 함께 건립되었다.

■□ 춘미 박녹주(春美 朴綠珠; 1906~1979)

■□

민족의 정서와 향기가 담긴 판소리에 일생을 바쳐 살다간 춘미 박녹주는 1905년 2월 28일 고아읍 관심리에서 출생하였다. 본명은 명이(命伊), 아호는 춘미, 예명은 녹주이다. 1916년 12세 때 도리사 부근에 머물고 있던 박기홍[20]에게서 본격적인 소리 공부를 시작하였다. 선산에 온 협률사(우리나라 최초의 신식극장이자 국립극장) 공연을 본 아버지 박중근이 목소리가 쟁쟁한 딸을 나라 제일의 명창으로 만들기 위해 박기홍에게 보냈고, '녹주'라는 예명도 이때 아버지가 지어준 것이라 한다.

어려운 환경을 극복하고 당대 여러 명창들에게 춘향가, 심청가를 비롯하여 적벽가, 흥보가, 숙영낭자전, 단가 진국명산, 고고천변, 남도민요육자배기 등을 배워 우리나라 국악 판소리의 전승발전에 크게 기여하였다.

1926년 22세에 음반 취입을 시작한 이래 민족 고유의 판소리로 국위를 선양하였으며, 조국광복과 함께 1948년 30여 명의 여류 명창을 규합하여 여성국악동호회를 결성하였고, 1951년 1·4후퇴 때 국민방위군 정훈공작대에 편입하여 군 위문공연을 다녔다. 또한 1952년 48세 되던 봄에 눈병으로 한쪽 눈을 잃었지만 '국극사'를 결성하여 동부전선으로 위문공연을 다녔으며, 1960년 박귀희에게 흥보가를 가르치면서 유랑극단 생활을 마감했다.

1964년 한국여성 최초로 중요무형문화재 제5호(판소리) 예능 보유자로 지정되었고, 국악발전에 끼친 공으로 공로상(국악상)을 수상하였다. 1971년 정통 판소리를 보존하기 위해 판소리 보호연구회를 설립하여 활동하였으며 1978년 74세 되던 해에는 고향 선산에서 마지막 공연을 끝으로 1979년 5월 26일 향년 75세로 별세하였다. 제자로는 김소희, 박귀, 조상현(양아들), 박송희, 한농선, 성창순 등의 명창들을 배출하였으며, 제자들을 통해 오늘까지 그 맥이 이어지고 있다

「인생백년」

(돌아가기 전날 병상에서 남긴 글)

인생백년

인생백년 꿈과 같네. 사람이 백년을 산다고 하였지만 어찌하여 백년이랴. 죽고 사는 것이 백년이랴. 날 적에도 슬프고 가는 것도 슬퍼라. 날 적에 우는 것은 살기를 걱정해서 우는 것이요. 갈 적에 우는 것은 내 인생을 못 잊고 가는 것이 서러 운다. 인생백년이 어찌 허망하랴. 엊그제 청춘홍안이 오늘 백발이 되고 보니 죽는 것도 섧지마는 늙는 것이 더욱 섧네. 인생백년 벗은 많지마는 가는 길에는 벗이 없네. 장차 이 몸을 뉘게 의탁하리. 차라리 이 몸도 저 폭포수에 의탁하면 물고기와 벗이 되련마는, 그러나 서러 마라. 가는 길 오는 세월 인생무상을 탓 하리오. 어와 세상 벗님네들아, 이내 한 말 들어보소. 청춘세월을 허망히 말고 헐 일을 하면서 지내보세.

독동리 북시골 사지(寺址)

구미시 선산읍 독동리 북시골

선산 독동리 속칭 '북시골'에 옛날 '복사(혹은 북사)'라는 절이 있었는데, 그 절의 신도로 인해 마을이 이루어지고 극락세계를 기원한 결과 복을 받아 평화롭게 잘 살았다 하여 그 절 이름을 '복사(福寺)'라 한다. 현재 폐탑이 남아 있다 하나, 그 흔적을 찾기 어렵고, 혹시 『동국여지승람』과 『일선지』에 전하는 발래사지(渤來寺址)가 아닌가 생각해 본다.

문산서원(文山書院)

구미시 선산읍 독동리 598

원래는 송암 노수성(松岩 盧守誠), 노경필(盧景必), 노경윤(盧景倫)을 모시는 문산서당(文山書堂)으로 건립되었으나, 1868년(고종 5년) 훼철된 후 현재의 건물인 문산재(文山齋)를 복원하였는데 최근에 '문산서당'이란 현판을 다시 걸었다.

문산재

---

20) 박기홍의 출생 및 사망일 미상이며, 조선 말기의 명창이다. 동파의 창법을 계승한 마지막 종장으로 시조, 가사, 거문고, 가야금에 능하였다. 특히 「조조군사 사향가」로 유명하다.

독동리 열부송씨정려비(烈婦宋氏旌閭碑)

구미시 선산읍 독동리 539

독동리열부송씨정려비

독동 반송(盤松)을 지나 삼거리에서 왼쪽으로 접어들면 왼쪽 언덕위에 위치한다. 송 씨는 노경건(盧景健)의 아내로 임진왜란 때 적군에게 남편을 잃고 겁탈하려는 적군을 크게 꾸짖다 피살되었다. 조선 숙종 3년(1677) 정려를 명하여 비를 세웠으나, 1996년 파손되고 현재는 새로운 비석을 건립하였다.

선산 노진환 소장 전적(善山 盧鎭桓 所藏 文籍)

유형문화재 제344호

구미시 선산읍 독동리 607 고전적자료전시관

이 전적은 모두 필사원본으로서 조선 후기 및 한말의 정치, 경제, 사회, 법제사 및 재지사족들의 범절과 서예사 연구에 중요한 자료이며, 특히 『훈령(訓令)』은 1895년부터 1901년까지 경상도관찰사가 선산에 하달한 훈령을 비롯하여 탁지부(度支府, 재정담당 중앙부서)와 내무부의 훈령과 칙령 등을 연월순으로 등록, 정리한 것으로 근대 행정사 연구에 귀중한 자료로 평가된다.

그 외 고문서는 종류가 다양하며, 각기 일정한 문화재적, 사료적 가치를 지니고 있으며, 보존 상태도 양호하고 특히 『점연문기(粘連文記)』와 '봉수(烽燧)' 관련 문서는 사료적 가치가 높다고 한다.

선산 독동 반송(盤松)

천연기념물 제357호

구미시 선산읍 독동리 539

☞ 찾아가는 길

선산읍 입구 주유소를 끼고 우측으로 독동 진입로가 있으며 반송이 나타날 때까지 직진한다.

이 나무는 약 500년 묵은 반송으로 지상 40㎝ 높이에서 10개의 가지가 사방으로 뻗어 원형에 가까운 모양을 하고 있다. 높이 18m이며, 밑 부분의 둘레가 남쪽 가지 부분은 1.7m 내외, 북쪽 가지 부분은 1.1m~1.5m 정도이다. 수령은 400년이며, 나무의 크기는 높이가 13m, 가슴높이 둘레가 남쪽에서 2.4m, 북쪽에서 2.6m이고, 지면부 둘레가 3.5m이다.

안강 노씨가 입향(入鄕)할 때부터 자라온 나무라고 하지만, 자세한 내력은 알지 못하고 있다.

동부리 삼인석(三印石)

구미시 선산읍 동부리 선산출장소

　선산출장소 주차장 동남쪽 회나무(보호수) 아래에 있는 큰 돌로 연대는 알 수 없으나, 옛날 삼 형제가 선산, 금릉(金泉), 순천(順天)의 고을 수령이 되어 이 돌 위에 관인(官印)을 끌러 두고 놀았다 전한다. 자연석 중앙에 '三印石', 좌측 상부에 '癸未中秋', 우측에 '善金順'이 음각되어 있다.

삼인석　　　　　　　　　　삼인석확대

선산읍성 낙남루(洛南樓) 및 비석거리 유물

구미시 선산읍 동부리 45-3

　선산읍성(善山邑城)은 현재의 완전리, 동부리 일대로 추정된다. 『신증동국여지승람』, 『동국여지지』, 『여지도서』 등에 기록으로 전하고 있다. 비봉산 능선을 따라 구축된 토성(土城)이기에 일명 '비봉산성(飛鳳山城)'이라고도 하며, 읍사무소 뒷산에 나지막한 능선 상에 약 300m 정도 남아 있다. 『동국여지승람』 권 29에 의하면, "邑城土築, 高麗末知郡事李得辰築之, 周二千七百四十尺, 內有九泉三池, 頹已久, 今只有南西二門"이라 적고 있다.

현재 선산읍성의 남문에 해당하는 낙남루(洛南樓)를 복원하여 선산읍의 관문 역할을 하고 있으며, 그 앞에 총 23좌의 역대 부사들의 송덕비와 삼층석탑을 볼 수 있다. 삼층석탑은 교리 비봉산의 죽림사지에 남아 있던 석탑의 부재를 1979년 이곳으로 옮겨 복원시킨 것이다. 자세한 것은 교리 죽림사지 편을 참조하길 바란다.

낙남루(선산읍성의 남문)   비석거리(낙남루앞 이건 이전 모습)

○ 선산 비석거리 비석 일람표

연번	비 명	건 립 연 대	높이 / 너비	기 타
1	孝子嘉善大夫同知中樞府事晋州姜允河之閭	崇禎紀元後四壬辰四月, 1832	115 / 39	귀접이 비신
2	孝子黃潤監務林載旌表	朝鮮 成宗 3年, 1472	120 / 31	개석 결실
3	府使李侯鎬肅淸德不忘碑	光緒三年丁丑, 1877	134 / 48	개석 결실
4	府使趙侯駿九神明善政碑	崇禎紀元後五甲申, 1884	128 / 40	통식 개석
5	府使閔侯致序永世不忘碑	甲子十月, 1864	135 / 44	개석 결실
6	府使金侯明鎭淸德善政碑	己丑九年日, 1829	140 / 56	통식 개석
7	府使金侯好謙永世不忘碑	己丑九月, 1889	121 / 41	〃
8	故府使吳侯鎰永世不忘碑	戊子五月, 1888	153 / 45	〃
9	府使李侯亨會淸德永世不忘碑	崇禎紀元後三丁亥, 1827	133 / 42	통식 개석
10	府使金偉善政碑	皇明萬曆七年, 1579	130 / 69	연꽃문양 비수, 정상에 보주
11	巡相國沈公敬澤永世不忘碑	咸豊九年, 1859	131 / 44	개석 결실
12	府使趙璞淸政碑	皇明天啓四年, 1624	162 / 78	각종문양 비수, 정상에 보주
13	巡察使趙相國康夏萬世不忘碑	光緒甲申八月日, 1884	115 / 39	통식 개석
14	府使鄭公是先善政碑	康熙三十二年癸酉, 1693	118 / 74	羊毛紋 비수, 중앙 棠紋
15	府使洪候述祖去思碑	乙巳三月, 1785	137 / 43	통식 개석

연번	비 명	건 립 연 대	높이 / 너비	기 타
16	巡察使金相國明鎭淸德善政碑	己丑九年日, 1829	142 / 41	통식 개석
17	巡察使金相國世均淸德善政碑	同治元年壬戌, 1862	134 / 43	통식 개석
18	行郡守李侯紹榮居士不忘碑	光武三年, 1899	138 / 42	통식 개석
19	府使尹侯鳳韶去思碑 1	丁未十一月, 1727	135 / 55	개석 결실, 네모난 비신
20	府使尹侯鳳韶去思碑 2	丁未十一月. 1727	105 / 41	비신머리 호형
21	府使徐公經淳永世不忘碑	庚申臘月, 1860	124 / 41	통식 개석
22	觀察使嚴相國世永不忘碑	光緖二十年, 1894	120 / 41	개석 결실
23	府使金侯敬鎭永世不忘碑	咸豊七年丁巳三月, 1857	124 / 44	개석 결실

미봉사지(彌鳳寺址)

구미시 선산읍 생곡1리 절골

생곡1리 비봉산 동쪽, '절골'에 있으며, 임진왜란 때 소실된 것을 1966년 암자로 중건하였다. 현재 절터에는 2단의 석축과 주초석인 듯한 자연석이 2개 배열되어 있어 당시의 미봉사를 추측할 수 있다. 전설에 의하면 비봉산이 선주부(善州府)와 관련하여 봉황이 나는 형상이므로 그 꼬리 부분에 절을 지어 날지 못하도록 하는 비보사찰(裨補寺刹)로서의 역할을 수행한 것으로 추정된다. 경내에는 탑지와 우물터가 남아 있으나, 추후에 조사가 필요할 것이다.

이곳은 송당 박영(松堂 朴英) 선생이 학문을 탐구한 곳이며, 송당 선생과 신당 정붕(新堂 鄭鵬) 선생이 이곳에서 유명한 냉산문답(冷山問答)[21]을 하기도 하였다.

---

21) 냉산문답에 관해서는 「송당정사」 편의 '송당 정붕'에서 읽어 보기 바란다.

생곡리 금당암 석탑

구미시 선산읍 생곡1리 탑밭

단지 탑이 묻혀 있는 곳을 지금도 '탑밭'이라고 전할 뿐이다.

소재리 추정 지석묘

구미시 선산읍 소재리 138-1

☞ 찾아가는 길

선산읍에서 상주 방향 68번 지방 도로를 이용하여 죽장리를 지나 삼거리에서 왼편 소재리 방향으로 2.5㎞ 진행하여 포상2리 버스정류장을 이정표로 하여 마을로 접어들어 '소재지(所才池)' 시작 부분 오른쪽 밭에 위치한다.

소재리 추정 지석묘

큰 장방형 개석 아래에 여러 개의 작은 돌을 받친 형상으로 마을의 동제당(洞祭堂)으로 기능을 하였으며, 그 기울기에 따라서 그해의 풍흉을 점치기도 하였다. 현재 동제는 더 이상 지내지 않는다고 한다.

또한 '소재마을'을 지나 남쪽으로 가다 보면 고개를 넘기 전 도로 오른편으로 민묘 2기가 있으니 그 주위에 하부가 매몰되어 있는 지석묘 2기가 전한다. 1기의 크기는 270×190×150㎝이며, 나머지 1기는 1m 정도의 소형이다.

송당정사(松堂精舍)

구미시 선산읍 신기리 68

☞ 찾아가는 길

선산읍 내에서 일선교 못 미쳐 국도 왼편으로 송당 박영 정사 안내판이 있고, 여기서부터 1.5㎞ 진행하면 마을 끝 언덕 위에 위치한다.

조선시대 무신인 송당 박영(松堂 朴英)은 성종 때에 해직되어 낙향을 하고, 이곳 낙동강변에 당(堂)을 건립하고 이를 '송당'이라 이름 하였다. 이곳은 그가 영산암의 절경을 바라보며 강학에 전념한 곳이기도 하며, '학송당'이라 부르기도 한다.

정사(精舍)는 정면 3칸, 측면 2칸 규모로서 평면은 전열에는 모두 마루를 깔고 후열에는 온돌방 2칸과 마루 1칸을 연접시켜 마루간은 전열의 마루와 연결되어 'ㄱ'자형을 이루게 하였다. 5량가의 소로수장집이며, 처마는 홑처마이다. 정사의 좌우측에는 사당인 문목사(文穆祠)를 두었다. 미수 허목(眉首 許穆)이 지은 신도비(神道碑)가 있다. 현재의 모습은 임진왜란 후 개건한 것이다.

송당정사

송당신도비(미수허목)

▣▣ 송당 박영(松堂 朴英; 1471~1540): 냉산문답(冷山問答)

▣▣

본관은 밀양. 자는 자실(子實), 호는 송당(松堂)이다. 양녕(讓寧)대군의 외손으로 성종 2년(1471) 서울에서 출생하였다. 22세에 무과에 급제하여 선전관을 거쳐 병조참판 겸 중추부사에 이르렀으나 항시 말하기를 "말을 달리고 칼을 쓰는 것은 한 남자의 용맹에 불과하니 사람이 학문을 배우지 않으면 어찌 군자라 하리오?" 하더니 연산군이 그 아버지(성종)가 기르시던 사슴을 활로 쏘는 것을 보고 "장차 이 나라가 어지럽겠구나" 하고 탄식하며 벼슬을 버리고 고향인 선산으로 돌아와 신당 정붕(新堂 鄭鵬) 선생께 대학(大學) 강의를 받고 비봉산 아래 미봉사(彌鳳寺)에서 오랜 세월 문을 굳게 닫고 공부에만 열중하였다. 하루는 신당 선생이 찾아왔다.

신당: 그동안 만 번을 읽었지?
송당: 모레면 끝날 듯합니다.
신당: 지난 가을, 내가 저 냉산(冷山)을 가리키며 저 산 바깥에 무엇이 있겠느냐고 물었을 때 자네는 아무런 대답도 못 하지 않았는가? 이제 그만큼 공부를 하였으니 짐작이 있을 것이니 다시 한번 대답해 보게. 저 산 밖에는 무엇이 있겠나?
송당: 산 밖엔 다시 산이 있을 것입니다.
신당 선생이 크게 칭찬하고 손을 잡으며, "자네 글 읽은 공을 알겠다고 하였다."고 하였다. 이것이 유명한 '냉산문답(冷山問答)'이다.
70세로 일생을 마치니 옥성면 옥관리 '구평마을'에 묘(墓)를 마련하고, 나라에서 이조판서를 추증하였다. 선산 금오서원(金烏書院)에 향사하고 있으며, 선생이 공부하던 곳에 '송당'이란 정자와 미수 허목(眉首 許穆)이 지은 신도비(神道碑)가 있다.

김선궁 유허비각(金宣弓 遺墟碑閣)

구미시 선산읍 완전리 59

김선궁은 신라 김알지왕의 29세손이며, 경순왕의 재종질이다. 고려 태조가 후백제를 정벌할 때, 선산에 이르러 종군자를 모집하자 탁월한 재질과 뛰어난 지략으로 약관 15세의 나이에 태조를 도와 개국 공신이 되고, 후에 문하시중 삼중대광정난보국벽상공신(門下侍中三重大匡靖亂輔國壁上功臣)으로 추존되었

김선궁 유허비각

다. 현재 그는 '일선 김씨(一善金氏)'의 시조가 된다.

『고려사』에 의하면, 고려 태조가 본부(本府)에 와서 공을 불러보고 기이하게 여기어 자기의 활(御弓)을 줌으로 이름을 선궁(宣弓)이라 고쳤다 한다. 당시 관아를 지을 터가 마땅치 않아 이리저리 옮겨 다니는 것을 보고 자신의 집(현재 선산읍 청사)을 나라에 바쳤다 한다. 고을 사람들이 공의 덕과 의를 칭송하여 '진민사(鎭民祠-비봉산 아래)'라 불리는 사당을 지어 제사를 지냈다. 고려 정종 원년(946)에 시호를 순충(順忠)이라 하였다.

이곳 비문의 전면에는 해서체로 "高麗三重匡領門下侍中 諡訓忠公金宣弓 遺墟碑"라 음각되어 있으며, 해평면 금오1리 재궁마을에 묘소(墓所)와 재사 (齋舍; 미석재) 및 신도비각(神道碑閣)이 있다.

선산객사(善山客舍)

경상북도 유형문화재 제221호
선산읍 완전리 59-3 선산읍사무소 내 현재 향토사료관

지금의 선산초등학교 자리에서 객관(客館)으로 쓰이던 건물을 1914년 현 위치로 옮겨 선산읍사무소로 사용하였으며 현재는 향토사료관으로 활용하고 있다. 원래 선산객사는 남관(南館), 북관(北館), 청회루(淸廻樓), 양소루(養素樓) 등으로 구성되어 있었다 하나 그중 어느 건물인지 정확한 내력이나 연혁이 없다.

선산객사

객사란 임금을 상징하는 전패(殿牌)를 모시고 지방 수령이 부임할 때와 초하루, 보름날에 대궐을 향해 예를 행하며, 왕명으로 파견된 관원들의 숙소로 사용하던 곳이다. 일반적으로 세 채로 이루어지고, 가운데 전패를 모시는 주관(主館)이 자리하고 그 좌우에 관원들이 머무는 양익관(兩翼館)이 배치된다.

지붕용마루 사자상과 화반

정면 5칸, 측면 3칸의 5량 팔작지붕 건물이다. 정면과 좌우측면 화반의 형태가 각기 다른 특징을 보이고 있어 정면에는 귀면을, 좌측면에는 코끼리를,

우측면에는 개를 조각하였다. 겹처마 팔작지붕으로 꾸며진 지붕 용마루에는 네 마리의 사자상을 놓았고, 용마루, 합각마루, 모서리 마루 끝에는 용자상(龍子像)과 귀두류(鬼頭類)를 안치하였다. 단일 건물에 이렇듯 많은 장식을 한 경우는 흔치 않다.

『일선지』와『동국여지승람』에 따르면, "일선은 예부터 큰 고을로서 고려의 충신 길재가 머문 곳이며, 고려의 후삼국통일 때 격전지였기에 수없이 많은 빈객이 찾아들었다. 이에 그들이 머물 만한 처소를 마련하는 것에 고심하게 되었다. 북관(北館)은 좁고 너절하여 성종 23년 부사 송후출(宋侯出)이 옛터에 새로이 집을 짓고 단청을 하니 몇 달 후 완성되었다. 그 경관이 예전에 비할 바 없이 장엄하니 모두들 기뻐하였다."고 한다.

이를 보면 새로이 지은 객관이 '북관'을 고쳐 지은 것인지 아니면 완성 후 '남관(南館)'이라 했는지 알 수가 없다. 비록 현재의 객사는 남관에서 옮겨왔다는 일화가 전하기는 하나 북관의 한 건물을 옮겨온 것인지, 남관을 옮겨온 것인지 알 수가 없겠다.

단계 하위지 선생 유허비 및 묘소
(丹溪 河緯地 先生 遺墟碑 墓所)

경상북도 유형문화재 제236호

유허비 소재지: 구미시 선산읍 완전리 45-3

묘소 및 묘비 소재지: 구미시 선산읍 죽장리 '고방실마을'

☞ 찾아가는 길

선생의 유허비는 선산읍사무소 앞에서 무을 방면으로 진행하다가 '단계교' 직전
에서 우회전하여 250m 가면 오른쪽 가옥 뒤('단계식당' 옆) 보호각에 위치한
다. 선생의 묘소는 선산읍 내에서 상주 방향으로 진행하다가 죽장리를 지나 도
로 오른편으로 죽장리 '이정표석(里程標石)'과 같이 안내판이 보인다.

단계 선생 유허비각

유허비

이 비는 조선 단종 때 사
육신의 한 사람인 단계 하위
지(1387~1456) 선생의 유
허비이다. 비의 앞면에 '有
明朝鮮丹溪河先生遺墟碑'
라는 비명만 기록되어 있
고 비문이 없어 건립 연대
는 알 수 없으나, 18세기경

야은 길재, 농암 김주, 경은 이맹전 선생의 유허비와 같이 당시 선산부사 김만
증이 세운 것으로 추정된다. 비의 규모는 높이가 118㎝, 폭은 대체로 45㎝ 내외
이며, 재질은 사암(砂岩)이다. 서체는 예서 예변체(隸書 隸辨體)이다.

단계 선생은 1387년(고려 우왕 13년) 선산 이문리[영봉리]에서 출생하였
고, 자(字)는 천장(天章), 호(號)는 단계(丹溪), 본관은 진주이다. 선생이 태어
나자 냇물이 3일간 붉게 흘렀다 하여 '단계천(丹溪川)'이라 하며, 이로 인해
선생의 호(號)도 단계(丹溪)라 하였다.

객산풍편(客散風扁)하고 풍철(風撤)코 월락(月落)할 제
주옹(酒甕)을 다시 열고 싯귀(時句)를 훗부르니
아마도 소인(小人) 득의처(得意處)는 이뿐인가 하노라.
　　　　　　　－『청구영언』 하위지의 시조

전원(田園)에 남은 흥(興)을 전나귀에 모두 싣고
계산(溪山) 닉은 길로 훙치며 돌아 와서
아이야 금서(琴書)를 다스려라 남은 해를 보내리라.
　　　　　　　－『화원악보』 하위지의 시조

조선 세종 20년(1438년) 문과에 14세의 어린 나이로 장원급제하였다. 한때 수양대군을 보좌하여 『진설(陣說)』의 교정과 『역대병요(歷代兵要)』의 편찬에 참여하였으나, 수양대군이 단종을 폐하고 왕위에 오른 후 예조판서를 제수하였으나 사양하고 이듬해 1456년 성삼문, 박팽년, 이개, 유성원, 유응부와 더불어 단종의 복위를 꾀하다가 김질의 배신으로 여섯 사람이 같은 날 참형을 당하였다. 그 후 숙종 때 단종의 복위와 함께 사육신의 신원(伸寃)으로 복관(復官)되고, 영조 34년(1758) '충렬(忠烈)'이라는 시호와 함께 이조판서로 증직되었다.

참형 후 선생의 몸과 뼈가 묻힌 곳은 서울 노량진이고, 후손들이 선생의 의관을 모아 고방산, 현재의 선산읍 죽장 2동 기슭에 의관묘(衣冠墓)를 만들었다. 선생의 상여를 운구할 때 갑자기 돌개바람이 불어 방장(상여 위에 덮인 천)이 이곳까지 날아와 땅에 떨어지지 않으므로 충신의 넋은 사라지지 않는다 하여 그 자리에 의관장(衣冠葬)을 지낸 것이다. 묘비 전면에는 '有明朝鮮司諫丹溪河先生緯地之墓'의 제명(題銘)이 있고, 묘비 뒷면의 "崇禎再壬戌四月……"에서 영조 18년(1742)에 건립했음을 알 수 있다.

죽장리 '고방실마을'입구 920번 지방 도로변에 '이정표석(里程標石)'과 함께 '단계선생묘도비(丹溪先生墓道碑)'가 있어 길라잡이가 되고 있다.

죽장리 단계선생묘소   단계선생묘비

원리 강창 삼층석탑(추정 강락사지)

보물 제1186호

원소재지: 구미시 선산읍 원리 '강창'
현 소재지: 경북 김천 직지사 경내 청풍료 앞

☞ 찾아가는 길

현재 금오서원이 위치한 마을에서 낙동강까지 진행하여 강을 따라 북쪽으로 계속 가다 보면, 잔디종묘장을 지나 끝에 이르면 폐축사가 나타나며, 길은 산으로 이어진다. 폐축사에서 산을 바라보면 강락사지의 석축이 군데군데 보인다.

강창 삼층석탑에 관해서는 『조선보물고적조사자료』에 "善山面 院洞 塔ハ 高サ一丈五尺ノ 三重石塔ニ シテ 完全ナリ"라는 기록이 보일 뿐이다. 당시에는 완전한 삼층석탑이었던 것이 동민들의 말을 빌리자면, 일제시기 말엽 부장물을 노린 자들에 의해 무너진 것으로 보인다. 이후 마을 사방공사 때 사태방지의 석축재로 이용하기 위해 탑재를 반출하였다. 그나마 다행인 것은 1917년도의 실사진이 남아 있어 결실 파괴된 부분만 치석·보강하면 원

형대로의 복원이 가능할 것으로 생각되었다.

현재 석탑은 직지사 성보박물관으로 개관한 건물의 뒤편 마당, 일명 '청풍료 앞 삼층석탑'으로 불리고 있으며, 기단부와 탑신부 일부 석재를 보강하고, 상륜부는 신라시대 석탑 상륜부를 모방하여 1976년 새로이 조성하였다. 이전·복원된 석탑은 단층기단 위에 탑신부를 형성한 신라의 일반형 석탑으로서, 수매의 장대석으로 지대석을 삼고, 그 위에 단층기단을 구축하였다. 탑신부는 양 우주가 정연히 모각된 탑신과 옥개석이 모두 한 돌이며, 옥개받침은 5단, 상면에는 2단의 각형받침을 조각하였다. 또한 전각 양면에는 풍령공(風鈴孔)이 있다. 조성 시기는 9세기 후반으로 추정되고 있다. 이러한 점에서 이 석탑은 1993년 보물 제1186호로 지정 보존되고 있다.

강창삼층석탑
(현재 직지사청풍료 앞)

한편, 원동 절터 추정지에는 석축의 일부가 남아 있으나, 대나무 숲으로 가려져 전혀 그 가람배치나 기타 유구를

(추청 강락사지의 삼층석탑 표석)

발견할 수가 없는 상태이다. 그러나 옛 기와편이 일부 수집되고 있으며, 이 터를 '극락전터' 혹은 '법당터'라고 전한다. 석탑이 있었던 자리에는 '강락사삼층석탑지(江洛寺三層石塔址)'[22]라는 표석이 있고, 이 뒷면에는 석탑을 1976년 선산군청 구내로 옮겼다가 1980년에 직지사로 옮겨갔다는 내용이 적혀 있다.

---

22) 사찰명이 강락사(江洛寺)인 이유를 모르겠다. 문헌적인 고찰 혹은 지표조사 결과 명문와(銘文瓦)의 발굴에 따른 것인지 알 수는 없으며, 필자로서는 단지 절터 앞이 바로 낙동강이기에 지형적인 측면에서만 이해를 하고 있다. 앞으로 지속적인 연구가 필요하다고 본다.

금오서원(金烏書院)

지방기념물 제60호

구미시 선산읍 원1리

▭ 찾아가는 길

　　선산읍 초입에 있는 유공 신진주유소 앞에서 구미로 이어지는 33번 국도를 따라 0.7㎞ 가면 길 왼쪽으로 금오서원 표지판이 있다. 이 신작로를 따라 4.7㎞ 가면 원1리 새마을 회관이 보이고 회관 바로 못 미쳐 왼쪽으로 난 골목길을 따라 조금만 가면 있다. 승용차는 서원까지 갈 수 있다.

　　이 서원은 조선 선조 3년(1570) 야은 길재(冶隱 吉再) 선생의 충절과 덕행을 추모하기 위해 금오산 아래[현재 금오지(金烏池)]에 건립한 것이다. 길재 선생은 목은 이색(牧隱 李穡), 포은 정몽주(圃隱 鄭夢周)와 더불어 고려 말 삼은(三隱)으로 일컬어지는 분이다. 1575년 '금오서원'으로 사액(賜額)과 서책(書冊)이 하사되었으나, 선

제단(5위)

동재

서재

조 25년(1592) 임진왜란으로 모두 불타버렸다. 그 후 선조 35년(1602) 김용(金涌)이 현 위치로 옮겨 지었다. 그 후 광해군 원년(1609) 다시 사액되어 중수되었다.

금오산에 있을 때는 길재 선생만을 향사(享祀)했으나, 이전 후에는 이 고장 출신이거나 이곳과 관련이 있는 김종직·정붕·박영·장현광 다섯 분의 유학재[이들을 일러 '선산오현(善山五賢)'이라 함]들을 위해 매년 음력 3월과 9월 초 정일(丁日) 두 차례 제향하고 있다. 고종 5년(1868) 흥선대원군이 전국 47개 서원만을 남기던 서원철폐령 때도 이 지방에서 유일하게 훼철되지 않은 서원이었다.

서원은 산비탈의 좁은 터를 이용하여 세워진 탓인지 계단식으로 터를 닦고 총 다섯 동의 건물로 이루어져 있다. 서원으로 들어서는 다락집 읍청루(挹淸樓) 좌우에 숙사(宿舍)인 동재·서재(東齋·西齋)가 위치하고, 이보다 한 단 높은 대지에 정학당(正學堂)이 자리하였다. 정학당을 돌아 삼문(三門)을 지나면 다시 한 단 높인 대지에 문묘의 대성전(大聖殿) 격인 상현묘(尙賢廟)가 터를 잡았다. 이러한 구조를 전학후묘(前學後廟)의 구조라 하며, 누각과 강당·사당이 남북 일직선상에 있는 매우 간결한 구조를 하고 있다.

읍청루는 정면 3칸, 측면 2칸의 2층 누각이며 지붕은 팔작지붕이다. 정학당은 학문을 강론하던 강당으로 정면 5칸, 측면 3칸의 팔작지붕집이다. 막돌 허튼층쌓기한 기단 위에 넓고 큰 주초를 놓고 5량가의 가구를 결구하였다. 어칸의 3칸 대청을 중심으로 좌우에 온돌방을 둔 중당협실형(中堂挾室形)으로, 온돌방의 전면에는 반 칸 규모의 툇간을 두었다. 대청 뒤쪽의 문비는 각 칸마다 가운데 설주를 세운 영쌍창을 설치하고 쌍여닫이 판장문을 달았다. 상현묘는 정면

3칸, 측면 3칸의 맞배지붕집으로 주상에는 외일출목의 초익공으로 장식하였다.

한편 읍청루 앞에는 '부백김공사철송공비(府伯金公思轍頌功碑)'가 있으니, '光緒十七年辛卯七月', 즉 1891년에 건립하였다.

七條

汚穢窓壁
損傷書冊
遊戲廢業
群居無禮
干索酒食
說話亂雜
衣冠不正
犯此七條者已來
則歸未來則莫來

이 글은 서원의 중심 건물인 정학당 대청 안쪽 벽에 붙은 현판이다. "창과 벽에 낙서를 하거나, 책을 망가뜨리거나, 놀면서 공부를 안 하거나, 함께 살며 예의가 없거나, 술이나 음식을 탐하거나, 난잡한 이야기를 하거나, 옷차림이 단정하지 않은, 이 일곱 가지를 어긴 자는 왔으면 돌아가고 아직 오지 않았다면 오지 말라."

▣▣ 야은 길재(冶隱 吉再; 1353~1419): 조선 성리학의 정통

금오산 채미정
경모각 내 영정

고려 말 조선 초의 학자로서 본관은 해평, 자는 재보(再輔), 호는 야은(冶隱) 혹은 금오산인(金烏山人)이다. 1353년(공민왕 2년)에 선산부 해평 봉계리에서 태어나, 1370년에 상주에 살고 있던 사록(司祿) 박분(朴賁)을 찾아가 배웠으며 그 뒤 곧 송도로 가서 이색, 정몽주, 권근 등의 문하를 왕래하면서 학문을 닦았다. 1374년 국자감에 들어가 생원시에 합격한 이후, 1383년에 중랑장 신면의 딸과 결혼하였는데 처가의 가산이 부유하였다. 1386년(우왕 12년)에 문과에 등제하였으며 위화도 회군(1388년) 다음 해인 1389년(공양왕 즉위년)에 문하주서(門下注書)의 벼슬을 받았다. 이듬해인 1390년에 장차 고려조가 망할 것을 예견하고 이듬해 봄 노모를 모셔야 한다는 명분으로 벼슬을 버리고 고향인 선산으로 돌아왔다.

조선이 건국된 뒤 정종 2년(1400) 함께 수학하던 세자 방원(조선 태종)이 불러 봉상박사(奉常博士)에 임명하였으나, "신이 듣건대 열녀에게는 두 남편이 없고, 충신은 두 임금을 섬기지 않습니다. 신은 초래(草萊)로 위조(僞朝)에 몸을 담아 작명(爵名)을 받기까지 하였는데 다시 성조(盛朝)에 벼슬하여 명교(名敎)를 더럽히는 것은 마땅하지 않습니다……"라고 글을 올려 허락을 받고 고향으로 돌아왔다.

훗날 유학자들은 조선 성리학의 정통이 고려 말 성리학을 체계화한 정몽주에서 시작하여 길재-김숙자-김종직-김굉필-조광조로 이어진다는 이른바 '도통설(道統說)'을 정립하여 길재를 두 번째로 들고 있다. 이는 두 임금을 섬기지 않고 참다운 은자(隱者)로 일생을 마친 점, 주자가례에 의한 유교 범절을 철저히 실행한 점 그리고 후진 교육을 통해 성리학의 정통이 계승되도록 한 점 등을 평가한 때문이다.

조선 선조 8년(1575) 그를 배향하기 위해 금오산 아래 금오서원(金烏書院)을 설립하고, 선조 18년(1585)에는 금오서원과 별도로 그의 묘소가 있는 오태동에 오산서원(烏山書院)이 세워졌다. 인동현감으로 부임한 유운룡이 선생의 뜻을 기리기 위해 묘소를 수리하고 지주비(砥柱碑)를 세우고 서원까지 창건하였던 것이다. 또한 조선 태종 3년(1403) 경상도 관찰사이던 남재가 지금의 구미시 도량동에 야은 길재의 집안 사당으로서 야은사(冶隱祠)를 건립하였고, 1985년 1월 유도회 선산지부에서는 선생의 태생지인 고아읍 봉한2리에 유허비(遺虛碑)를 세웠다.

숙종 33년(1707)에 길재의 충절을 기리는 어제시(御製詩)를 지어 내린 이후, 영조 15년(1739)과 영조 44년(1768), 정조 22년(1798)에 역시 제문을 직접 지어 금오서원에 제사를 올리도록 하였다.

『삼강행실도』
충신도 「길재항절(吉再抗節)」

태생지유허비(봉한2리, 1985)

숙종어필시(1707)

▣▣ 점필재 김종직(占畢齋 金宗直; 1431~1492): 조선사림의 조종(祖宗)

▣▣

본관은 일선(一善)이며, 자는 계온(季溫), 호는 점필재이다. 세종 13년 (1431) 강호 김숙자의 다섯째 아들로 경남 밀양에서 태어났다.

고려 말 정몽주와 길재의 학통을 이어받은 아버지로부터 학문을 배워 후일 사림의 조종(祖宗)이 된 그는 15세에 이미 문장으로 이름을 크게 떨쳤다. 단종 원년(1453) 진사에 오르고 세조 5년(1459년) 문과에 올라 벼슬길에 나가니 당대에 학문으로 뛰어난 어세겸(魚世謙)이 선생의 시문을 보고 감탄하며 말하되 "나로 하여금 말고삐를 잡고 따라다니라 하여도 마땅히 달게 받겠다고 하였다"고 한다. 성종께서 즉위하시고 경연(經筵)을 열어서 특히 학문하는 선비를 선출하니 선생이 첫째로 선출되었다. 그 후 얼마 안 되어서 고향인 선산부사로 부임했다가 모친상을 당하여 상례(喪禮)의 모든 절차를 주자가례(朱子家禮)에 따랐으며 삼 년을 묘 옆에 띳집을 지어 지내니 모든 사람이 그의 효성에 감복하였다. 1486년 신종호 등과 함께 『동국여지승람』을 편찬하기도 하였다.

성종 23년(1492) 8월 19일에 62세로 돌아가니 부고를 듣고 조정에서는 2일간 정사를 보지 않았고 문간이라는 시호를 내렸다. 후에 영의정을 추증하고 시호를 문충(文忠)이라 고쳤다. 학문과 덕행이 만인의 사표로서, 문하에서 도학 문장가가 많이 배출되었으니 김굉필, 정여창, 김일손, 유호인, 조위, 남효온, 홍유손은 대표적인 인물이다.

일찍이 단종의 폐위와 변사를 슬퍼하고 세조의 왕위찬탈을 풍자하는 글을 지어 후일 참혹한 화를 당한 원인이 되었으니 이것이 이른바, '조의제문(弔義帝文)'이다. 연산군 4년(1498)에 '조의제문(弔義祭文)'이 발각되어 부관참시(剖棺斬屍)를 당하였으며, 문하생 33인이 참혹한 화를 당하였으니 이를 일컬어 무오사화(戊午士禍)라 한다. 또한 선생이 저술한 글을 세상에 전하지 못하게 불에 태워 없앴으나, 선생의 생질 강중진이 화를 당하면서 10여 권의 책을 숨겨두어 후세에 전하고 있다.

그 뒤 '중종반정'으로 신원(伸寃)되었고, 선생이 저술한 청구풍아(靑丘風雅), 대동문수(大東文粹), 여지승람(與地勝覽)을 세상에 전하고자 문인들이 문집과 이존록을 모아 간행하고자 하니 나라에서 이를 알고 임금의 명으로 간행하였다.

밀양의 예림서원(藝林書院), 선산의 금오서원(金烏書院), 함양의 백연서원(栢淵書院), 김천 경렴서원(景濂書院), 개령 덕림서원(德林書院) 등에 제향되고 있으며, 고령군 쌍림면 합가리에 선생을 모시는 부조묘(不祧廟)가 있다.

◨◨ 신당 정붕(新堂 鄭鵬; 1467~1512)

◨◨
　본관은 해주, 현감 철견(鐵堅)의 아들로 자는 운정(雲程), 호는 신당(新堂)이다.

　세조 12년(1466)에 태어나서 김굉필(金宏弼) 문하에서 수학하였다. 성종 16년(1485)에 진사에 오르고 홍문관 교리로 있던 연산군 4년(1498) 무오사화(戊午士禍)가 일어나자 이에 항언하였다. 갑자사화 때 영덕으로 유배당하기도 했다. 중종반정(中宗反正) 이후 다시 교리(校理)로 복직되었으나 병을 핑계하여 고향으로 내려와 많은 제자들을 가르치는 데 전념하였다. 성리학을 깊이 연구하여 그의 도학은 세상에 널리 이름을 떨쳤다. 청송 부사로 있을 때 넓은 기량과 청렴한 성품은 청백리(淸白吏)로서 저명하며, 선정을 베풀어 크게 존경을 받기도 하였다.

　어느 날 오랜 친구인 좌의정 성희안으로부터 편지가 왔는데 "청송 고을에는 응당 잣과 꿀이 많을 터이니 조금만 나누어 보내달라."는 내용이었다. 편지를 보고 난 선생은 태연한 자세로 즉석에서 답장을 보내기를 "잣은 높은 산 위에 있고, 꿀은 백성 집 벌통 속에 있으니 내가 어찌 이것을 구할 수 있으리오?"라 하였다. 답장을 받아본 성희안은 자기의 잘못을 깊이 뉘우치고 부끄럽고 후회하는 마음을 금치 못하면서 사과하였다고 한다.

　하루는 "내가 문묘(文廟; 성균관 대성전)의 위패를 절로 옮기는 꿈을 꾸었다." 하면서 해괴한 일이라고 탄식을 하였다. 다음 날 연산군이 성균관을 왕의 놀이터로 만들고 위패(位牌)를 사찰로 옮겨 버렸다. 사람들은 모두 선생의 선견지명(先見之明)에 탄복하였다.

　퇴계 이황도 "학문의 정수를 알려면 마땅히 신당의 안상도(安上圖)를 보고, 선산 지방은 길재 선생의 절의가 있고 신당의 도의가 있다."고 하였다.

선산읍 원리 산성터, 남산봉수지(藍山烽燧址)

구미시 선산읍 원리

　원리 서원마을(금오서원) 뒷산 북쪽 남산(藍山) 정상을 중심으로 토석이 혼재된 약 400m의 산성이 남아 있다. 북쪽 능선을 따라 축조된 것으로 보아 북쪽세력을 방비하기 위한 것으로 보인다.

남산봉수지

원리 산성터

산 정상부에는 남산봉수대의 흔적이 남아 있다. 남산봉수는 조선 세종 때 정한 5간선의 하나로, 선산은 부산 동래(東來)에서 시작되는 제2선의 직봉에 소속되었다. 약목 박집산(朴執山), 인동 건대산(件岱山), 해평 석현(石峴) 봉 수로부터 신호를 받아 이를 김천 개령의 감문산(甘文山), 김천의 소산(所山), 상주 회룡산(回龍山) 봉수로 통보하였다. 현재는 1평 정도의 터만 남아 있고, 그나마도 민묘가 위치하고 있어 주변 정리를 통해 문화재로 복원, 정비가 시급한 실정이다.

◼◻ 봉수(烽燧)

◼◻

조선시대는 전국에 6백여 개소의 봉수대가 있었다. 각 봉수대 군사는 별장 1명, 감고 1명, 오장 5명, 군정 수십 명으로 당번을 교체하며 봉수대를 지키게 하였다. 조선 세종 때 전국에 5간선을 정하니, 제1선은 경흥(慶興)에서, 제2선은 동래(東來)에서, 제3선은 강계(江界)에서, 제4선은 의주(義州)에서, 제5선은 순천(順天)에서 각각 시작되어 서울 목멱산에 집결되도록 하였다. 이상의 간선은 직봉(直烽)이라 하고 그 사이에는 지선 격인 간봉(間烽)을 두었다.

구미 농경유물전시관

구미시 선산읍 이문리 531 구미농업기술센터 내

□ 찾아가는 길

선산에서 김천행 910번 도로로 접어들자마자 서부주유소(현대오일뱅크) 지나서 구미농업기술센터 표지판이 있다.

선산 지역의 농경생활상을 다양한 농기구를 비롯한 유물과 입체 모형 전시를 통해 '세시풍속'과 '농부의 일상'을 안내하고 있다. 1층은 '농경유물실'로 계절별 농경유물 및 세시풍속을 전시하고, 2층 '농가생활실'은 농부의 일생과 가정의례 및 향토음식 등을 전시하였다. 또한 야외전시장에는 대장간, 디딜방아, 연자방아 등을 갖추어 생동감 있는 현장 교육을 하고 있다.

구미농경유물전시관 전경   전시관 올라가는 길

3월부터 10월까지는 오전 9:00부터 오후 18:00까지, 11월부터 2월까지는 오후 17:00까지 개관한다. 관람료는 무료이다.

관찰사이헌영청덕비(觀察使李金憲永淸德碑), 상주군수이한응감송비(尙州郡守李漢膺感頌碑)

구미시 선산읍 이문리

선산읍 이문리 김천행 910번 도로로 접어들자마자 나타나는 서부주유소(현대오일뱅크)를 지나자마자 일명 '성황당마을' 도로 오른편 언덕 위에 두 비석이 함께 위치하고 있다.

'관찰사이상국헌영청덕비(觀察使李相國金憲永淸德碑)', '겸임상주군수이공한응감송비(兼任尙州郡守李公漢膺感頌碑)'로서 모두 '癸卯四月(1903)'에 세웠다.

죽장사지(竹杖寺址) 오층석탑 및 당간지주

구미시 선산읍 죽장리 505-2, 현 서황사

☞ 찾아가는 길

선산읍 초입 유공 신진 주유소 앞에서 무을 방면으로 지방 도로를 따라 약 1.9km 가면 길 오른쪽에 '서황사(구 법륜사)' 표지판이 있다. 절 입구에는 넓은 주차장이 있다. 절까지 시멘트 도로가 있으나, 마을 안으로 시작되는 옛길을 따라가면 당간지주와 부도도 둘러볼 수 있다.

죽장사에 관해서는 『신증동국여지승람』 권29 선산도호부 불우조에 "竹杖寺俱在飛鳳山"이라 있고, 『일선지』 불우조에도 "竹杖寺 在邑城西五里許 有

祭星壇皆爲廢址 鄭以吾詩見下"라 보이고 있다. 1953년에 건립된 현재 법륜사에는 석탑을 중심으로 법당과 요사 각 1동씩이 세워져 있다. 법당 내에는 최근 금오산에서 옮겨왔다는 석가여래좌상과 관음보살상 1구가 주존불로 봉안되어 있으나, 이는 근년에 조성된 불상이다.

죽장사지 오층석탑

국보 제130호

· 석탑관련 설화 신라시대 두 남매가 홀어머니를 모시고 살면서 소 100두를 몰고 한양을 갔다 오기로 하고 여동생은 탑을 쌓을 것을 내기하였다. 홀어머니는 딸이 이기는 것을 시기하여 팥죽을 끓여 딸에게 먹이는 순간 오빠가 당도하여 탑의 완성을 맺지 못하여 탑 상륜부에 옥개석이 없다고 전한다.

· 현재의 탑은 1972년 6월 전면 해체 복원한 것으로, 장충식 교수는 『동악미술사학』 3호에 기고한 논문 '선산 죽장동 모전석탑의 복원 문제'에서 "하층기단은 우주와 탱주가 없는 전형적인 모전석탑 양식인데도 인근의 낙산동 삼층석탑의 기단 양식을 모방하여 상층기단에 우주와 탱주를 별도의 돌로 끼워 넣음으로써 어색한 양식의 석탑이 돼 버렸다. 이에 상·하 기단 모두 우주와 탱주가 없는 모전석탑 본래의 모습으로 복원하는 것이 시급하다"고 주장한다.

총 높이가 10m나 되는 석탑으로서, 양식적으로 본다면 인근의 의성 탑리 오층석탑이나 빙산사지 오층석탑과 유사한 모전석탑 계열이다. 18매의 장대석으로 구성된 지대석 위에 2중의 기단부를 마련하고, 3층의 탑신을 쌓아 올렸다. 탑신에서 특이한 점은 다른 석탑의 탑신에서

보이는 우주를 찾아볼 수가 없다는 것이다. 이는 아마도 각층마다 많은 석재로 구성하다 보니 생긴 축약이 아닌가 한다.

1층 탑신 남쪽 면에는 감실(龕室)이 있어 본래는 불상을 모셨을 것이다. 감실 입구에는 각형(角形)과 사분원(四分圓)의 몰딩으로 액(額)을 돌렸으며, 그 내부 좌우의 상·하에 작은 둥근 구멍이 있어 본래 양쪽으로 여닫이 문비가 마련되었음을 알 수 있다. 옥개석은 아랫면뿐만 아니라 윗면에도 계단식의 층급을 두어 전탑에서 볼 수 있는 양식이다. 2층 탑신은 3개의 석재로, 옥개석은 4개의 석재로 결구하고, 옥개받침은 5단, 상면은 6단의 층단을 보인다. 3층 탑신과 옥개석은 각 4개의 석재로 결구하고, 옥개받침은 4단, 상면은 6단의 층단을 보인다. 4층 탑신과 옥개석은 각 3개의 석재로 결구하였고, 받침이 3단, 상면 층단은 5단이다. 5층 탑신은 2개로, 옥개석은 하나의 석재로 결구하였고, 옥개받침은 3단, 상면 층단은 6단이다. 한편 탑의 정상부에는 한 돌로 된 노반만이 놓여 있다.

양식적인 측면에서 통일신라시대의 전형적인 2층 기단 양식과 경주 남산리 동삼층석탑·서악리 삼층석탑 등에서 보이는 옥개석의 층단 양식으로 미루어 8세기 이후 작으로 추정할 수 있겠다. 무엇보다도 이렇듯 거대하고도 웅장한 석탑을 건립할 수 있는 것은 반드시 당시의 국력이나 불교의 위치 혹은 사회적 배경과 관계되는 일이기에, 그 건립 연대는 아마도 불교미술의 정화기인 통일신라 중대가 아니고서는 달리 시기 설정이 불가능하다고 본다.

주초석·당간지주(柱礎石·幢竿支柱)

현재 법륜사 경내에는 정사각형과 원형의 주초석이 산재하고 있다. 다른 곳의 주초석에 비해 그 크기가 배나 되기에 건물 역시 웅장했을 것으로 생각된다. 이곳은 주변 경작지에서 무수한 옛 기와편이 발견되고 있기에 석탑을 중심으로 대가람이 경영되었을 것이다. 특히, 석탑 동남쪽 150m쯤 되는 넓은 경작지에 주초석과 기와편, 청자편이 산재하여 여기까지도 당시 건물이 분포하였음을 알 수 있다.

한편, 68번 국도에서 '법륜사'로 들어올 때, 죽장동 마을의 가장 마지막 집에서 오른쪽 약 200m 거리에 절로 가는 옛길 대나무 숲 속에 당간지주가 위치하여 사역(寺域)을 짐작할 수 있다. 당간지주는 1주만 남아 있었고, 1주는 제방 아래 수구(水口)에 매몰되어 있었는데, 2002년 4월에 현재 모습으로 복원하였다.

당간지주(2002년 4월 복원)

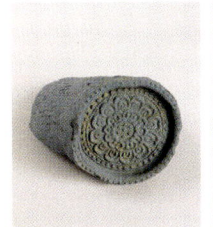   

수막새   암막새   귀면와   주초석

죽장리 석조무용기단석(石造舞踊基壇石)

국립경주박물관 소장

선산읍 죽장리 새마을 사업장에서 흙을 파내다가 발견한 것으로, 이 석조유물은 신라시대의 것으로 추정된다. 길이 134㎝, 높이 24㎝, 폭 25㎝.

죽장리 발견 청동약사여래입상(靑銅藥師如來立像)

국립경주박물관 소장

선산읍 죽장리 이정희 씨가 죽장리 뒷산에서 사방공사 중 발견한 불상인데, 신라시대의 것으로 추정된다. 오른손에 약병처럼 보이는 것을 치켜든 것이 특징이며, 전신에 새겨진 문양이 섬세하게 원형대로 남아 있다.

신포서당(新浦書堂)

구미시 선산읍 포상리

☞ 찾아가는 길

선산읍에서 상주 방향 68번 지방 도로를 이용하여 죽장리를 지나 왼편 소재리 방향으로 1.5㎞ 진행하면 포상리에 도로변에 위치한다.

신당 정붕(新堂 鄭鵬) 선생의 강학장소로, 전면 담장 앞에는 신당정선생신도비(新堂鄭先生神道碑)와 국역 신도비문(國譯 神道碑文)이 좌우로 세워져 있다. 서당의 주위에는 담장을 두른 후 정면에는 사주문을 세워 서당으로 출입하게 하였고, 서당의 뒤에는 일각문을 세워 사당으로

신포서당

통하게 하였다. 서당(書堂)은 정면 4칸 측면 1칸 반 규모의 팔작집이며, 사당(祠堂)은 정면 3칸 측면 1칸 반 규모의 맞배기와집이다. 전면에는 반 칸 규모의 개방된 툇간을 두었으며 내부는 통간으로 처리하였다.

고분(古墳) 및 기타 유적

내고리 고분군

구미시 선산읍 내고리 산 6 / 산 35 일원

내고리에 고분군은 크게 두 지역에 분포한다. 먼저 선산에서 김천으로 향하는 910번 지방 도로를 따라 농촌지도소를 지나 매실교를 건너자마자 바로 오른편의 남동쪽으로 뻗은 능선에 소형 원형봉토분 수 기가 민묘와 혼재되어 분포하고 있다. 고배(高杯)편이 자주 관찰되고 있다.

한편 계속 김천 방향으로 진행하다가 무래마을의 '내고소류지(小溜池)' 우측편의 서쪽과 남쪽의 능선에도 고분군이 위치하는데, 육안으로 확인되는 것은 대략 3기 정도이다. 능선을 따라 고배편과 호편 등이 산재하고 있다.

봉남리 고분군 및 지석묘군

구미시 선산읍 봉남리 산29 / 754-1 / 436-2 일원

봉남1리 '원류마을' 남서쪽으로 뻗은 능선 말단부에 중소형 고분 수십 기가 분포한다. 현재 민묘조성과 도굴에 의해 파괴가 심하지만 삼국시대 토기편, 고려-조선의 자기편이 산재하고 있다.

한편 봉남리 754-1 개령면 경계지점 조금 못 미친 도로 우측 편에 지석묘 상석으로 추정되는 지석묘가 1기 전한다. 하부는 노출상태이지만 지석은 보이지 않는다. 또한 마을을 기준으로 '대조지(大鳥池)' 맞은편에 총 6기의 지석묘가 전하고 있다.

생곡리 고분군 및 지석묘군

구미시 선산읍 생곡리 704-4 / 산 22-1 / 617 일원

선산읍 내에서 선산-상주 간 33번 지방 도로를 이용하여 '금오고개'를

넘어 생곡리 '솝실마을' 서쪽 능선의 북쪽 경작지에 약 백여 기의 석곽분, 석실분 등 크고 작은 고분이 산재하여 있다. 현재 봉토는 대부분 유실되었고, 석재들은 노출되어 있다.

한편 도로 오른편 밭과 과수원의 3기의 지석묘와 '솝실마을' 서쪽 구릉지역과 남쪽 골짜기에 걸쳐 지석묘의 상석(床石; 지붕돌)으로 보이는 큰 돌들이 다수 있다. 그러나 주위에는 크고 작은 자연석도 많이 산재하고 있으므로 지석묘와 자연석을 쉽게 구별할 수 없겠다. 외형으로 보아 도저히 자연석이라 보기 어려운 것도 지석묘가 갖추어야 할 하부구조가 전혀 확인되지 않아 판단을 흐리게 하고 있다. 만약 정밀 조사를 하여 몇 기만이라도 지석묘로 확인된다면 이 지역은 거대한 지석묘군으로 주목을 받을 것이다.

이 외에도 생곡리에는 일선교 방향으로 진행하다가 생곡 '원당마을'로 들어가는 군도를 따라가면 마을 북쪽의 능선 말단부에도 수십 기로 추정되는 고분이 있다.

원리 지석묘 및 고분군

구미시 선산읍 원1

낙동강변에 인접한 원리 '강창마을'은 6·25전쟁의 격전지로 현재는 폐촌이 되어 일부 논으로 경작되고 있는데, 논 가운데 지석묘 1기가 전하고 있다. 개석 아래 지석으로 보이는 것이 약간 돌출되어 있으나 매몰이 심하여 확실하지 않다.

또한 '서원마을' 뒤편에 감천을 향하여 동남으로 뻗은 나지막한 능선에는 석곽분(石槨墳)이 산재하고, '강창마을'을 사이에 두고 좌우로 낙동강을 향한 동쪽사면에는 석실분(石室墳)이 수십 기 확인되지만 대부분 봉토는 유실되고 도굴로 심하게 파괴되었다.

포상리 지석묘군

구미시 선산읍 포상 1리 88 / 803 일원

죽장리 '이정표석'을 지나 포상, 소재리 방향으로 접어들어 포상 1리 '아래신당마을' 좌측 편에서 '명터마을' 뒤쪽까지 북동쪽으로 뻗은 능선 상의 말단부에 지석묘가 수기 분포하고 있다. 이 중 1기에서는 성혈(性穴)이 관찰된다. 또한 '윗신당마을' 우측 편에 북서로 뻗은 능선 상의 말단부에도 지석묘군이 위치한다. 현재 밭과 과수원으로 경작되는 곳에 10여 기가 산재하고 있으며, 하부는 매몰되어 자세히는 알 수 없으나 경질토기편들이 산재하고 있다.

토속신앙(土俗信仰) 유적

사직단(社稷壇)

『신증동국여지승람』 및 『선산읍지』·『인동읍지』 단묘조(壇廟條)에 의하면, 선산 지역의 사직단은 선산 관아 소재지에서 서쪽으로 10리 지점인 지금의 죽장리에 있었고, 인동지역의 사직단은 인동 관아 소재지에서 서쪽으로 5리인 지금의 임수동에 있었다. 그러나 모두 조선 말엽에 없어지고 그 유적만이 남아 있다.

사(社)는 토지신이요, 직(稷)은 곡식의 신으로 옛날에 제후가 될 때 반드시 사직을 세우고 제사를 지내어 국가와 존망을 같이하였다. 사직단은 신라 37대 선덕왕 때 처음으로 세웠으나 지방의 각 고을에서도 백성을 위하여 사직단을 세우고 제사하였다. 백성은 땅이 없으면 살 수 없고, 곡식이 없으면 살 수 없으므로 옛날부터 중국의 천자나 제후가 새로 나라를 세워 백성을 다스리게 되면 모두 사직단을 만들어 백성을 위해 제사를 지냈던 것이다. 이로 말미암아 사직은 흔히 국가나 조정을 일컫기도 한다.

구미·선산 지역의 사직단 설치 연대는 확실히 알 수 없으나, 기록상 조선 초기에 처음 세운 것으로 생각된다. 지방 고을의 사직단은 산성의 서쪽에 설치하도록 규정되어 있어 선산 지역의 사직단은 읍성 서쪽인 죽장리 현재 '사방(四方)마을'에 있었고, 인동지역은 천생산성의 서쪽인 임수동으로 추정되고 있다.

기우단(祈雨壇)

우리 민족은 예부터 가뭄이 심하게 계속되어 농사에 지장이 있을 때는 하늘을 우러러 천신께 고사를 지냈다. 이러한 제사를 일컬어 '기우제(祈雨祭)'라 한다. 이러한 제를 지내기 위해 만든 단이 바로 '기우단'이다.

구미·선산 지역에는 선산읍 비봉산과 용산, 낙동강변, 이매연(鯉埋淵), 인동 유학산, 부지암(不知岩) 등에 있었다. 이 외에도 천생산과 금오산 대혜폭포 위의 대혜골에서도 기우제를 지냈다는 기록이 보인다.

기우단에 관한 기록을 보면, 기우 행사의 시작은 신라 헌덕왕 9년 5월에 오랫동안 비가 내리지 않기 때문에 제를 올리니 비가 내렸다고 한다. 고려 현종 2년 4월에도 국가에서는 기우제를 지냈고, 이듬해는 전국적으로 산천에 대하여 기우제 행사를 하였다.

기우제 의식은 다섯 방향의 토룡(土龍)과 사문(四門)을 향한 제사로서, 오방과 사문은 천지신명을 뜻한다고 보며 의식이 끝나면 불을 피워 밖에 걸고 병으로 물을 퍼고 시장을 다른 곳으로 옮기며, 용을 만들어 새끼줄로 끌고 다니며, 암장(暗葬)을 발굴하는 등 갖가지 행사가 계속된다.

성황당(城隍堂)

성황당은 지방 수호신인 '서낭신'에게 제사하는 사당(祠堂)이다. 우리나라에서는 삼한 시대부터 숭신사상(崇神思想)이 성행하고 각 고을에 단을 세워 제사를 지냈다. 이 수호신은 '천왕(天王)' 혹은 '천황랑(天皇郎)'이라 한다. 수호신을 위하는 단(壇) 혹은 신사(神祠)가 산꼭대기에 있어서 '산왕(山王)'이라 한다. 남쪽 지방에는 '노고신모(老姑神母)' 혹은 '성모(聖母)'라는 이름의 여신이 많다. 이는 일종의 모계사회 단계에서 유래한 명칭으로 생각된다. 이 수호신을 위한 풍속은 신라를 거쳐 고려에도 전해져 고종 23년 몽고병이 온수군(충청 온양)을 공격하여 왔을 때 그 지방 성황신이 도와서 이긴 것이라 하여, 국가에서는 정식으로 성황당을 인정하고 벼슬을 내렸다.

그러나 성황당은 1970년대 새마을 사업으로 인해 '미신타파' 일환으로 전부 없애 버렸고, 지금은 그 자취를 찾아보기가 힘들게 되었다. 우리 지역에서는 현재 선산읍 이문리의 구미농업기술센터 뒤 구미농경유물관 자리가 성황당 지역이며, 또한 인동관아 북쪽 3리인 지금의 황상동에 성황당이 있었다.

여제단(厲祭壇)

여제단[아기당]은 '서낭신'과 '무사귀신(無祀鬼神)', '무사15위(無祀15位)'를 위하여 제사를 지내는 단으로 혹은 여단(厲壇)이라고도 한다. '무사귀신'은 자손이 없어 제사를 지내지 못하는 귀신을 말하며, '무사 15위'는 어린 아기들의 죽은 신, 길을 가다 병으로 죽은 신, 떠돌아다니며 얻어먹다 죽은 신, 전염병이나 전쟁으로 인해 한꺼번에 많이 죽어서 갈 곳이 없는 신 등을 말한다.

『여지도서』·『증보문헌비고』·『선산읍지』 등에 의하면, 선산읍에는 교리에 있었던 것으로 생각되고, 인동에는 지금의 황상동에 있었던 것으로 추정된다.

장승[長生]

장승을 분류해 보면 나무장승·돌장승이 있고, 성질상으로 사원의 장승·동구 밖 장승·경계의 장승·길가의 장승·이정표로서 장승·수호신으로서의 장승 등으로 구별할 수 있다. 보통 장승은 윗부분에 사람의 얼굴 모습을 조각하고, 남녀가 쌍이 되어 마주 서 있다.

남상은 머리에 관을 조각하여 목신 전면에 '천하대장군(天下大將軍)' 또는 '상원주장군(上元周將軍)' 등의 글씨가 쓰여 있다. 또 여상은 관이 없고 전면에 '지하대장군(地下大將軍)' 또는 '천하여장군(天下女將軍)', '하원당장군(下元唐將軍)' 등의 글씨가 쓰여 있다. 이정표 장승의 경우 거리가 기입되어 있기도 하다.

장승에 대한 신앙 실태를 살펴보면, 수호신으로서의 장승에겐 정월 15일에 음식을 장만하여 제사를 드리고 금줄을 친다.

동제(洞祭)

동제는 부족국가시대 이래의 유구한 전통이며, 일하는 농민의 그해 첫 행사이다. 또한 협동성을 띤 것으로서 본질적으로 민주성을 띤 민중의 행사라고도 하겠다. 이는 매우 지역적이어서 폐쇄성을 띤다고 하겠으나 각기 유사한 점이 많아 민족적인 공통성이 있다고 하겠다. 우리가 익히 알고 있는 부여의 영고, 고구려의 동맹, 동예의 무천, 삼한 지방의 수릿제, 각 지방의 별신굿 등도 모두 동제의 한 유형이라 하겠다.

제사 일시는 일정하지 않으나, 선산군은 대개 음력 정월이 압도적이다. 제관은 보통 그 마을에서 예의 바르고 단정한 50세 이상의 남성이 선출되며, 제사 전 일정 기간 동안 금줄을 치며 목욕을 깨끗이 한다. 또한 동신제를 지내기 얼마 전부터 일정한 신성 기간이 있어 이때에는 외부인 출입을 금지시키고 임산부는 출타시키고 상고(喪故)가 나면 일단 중지시킨다.

선산군의 8개 읍·면에서 행해지는 동제는 거의 내용이 같으며 제주(祭主)의 선정방법이나 금기사항이 동일하다. 대상 신체(神體)는 거의 나무이며, 나무 중에는 느티나무·소나무가 주종을 이루고 있다. 산동면 도중리의 신체는 장군석상(將軍石像)과 동자석상(童子石像)이다.

구미역(仇彌驛)

구미시 선산읍 화조리

구미역은 김천찰방(金泉察訪) 관할로 서쪽으로는 안곡역, 동쪽으로는 연향역에 닿는다. 대마 1필, 중마 2필, 하마 4필로 역리(驛吏) 28인으로 운영하였다. 고종 32년(1895) 서울에서 통신국이 설치되고 이어 1904년 경부선 철도가 개통됨으로써 그 자취를 감추었다.

고아읍 마을 지명 유래(가나다순)

◎ 고아읍(高牙邑)

평성방(坪城坊), 망장방(網張坊), 서내방(西內坊) 3개 방으로 1914년 고아면으로 개칭되었고, 1997년 읍으로 승격되었다. 한때 지군사(知郡事)가 있기도 하였다.

○ **관심리(官心)**

조선시대 국립여관 격인 관심원(官心院)이 있었다.

- 어갱이: 고려 태조 왕건이 견훤의 아들 신검과 결전을 벌일 때 태조의 군사가 주둔하였던 곳으로 '어검(禦劒)', 즉 '어강', '어갱이들'이라 부른다.
- 잉어재: 마을의 지형이 잉어와 유사하여 불린 지명. 땅을 깊이 파는 것은 잉어의 배를 가르는 것이라 해서 우물을 파지 않고 마을 동구밖에 우물이 있었다.
- 왕두리(王頭里): 도리사에 임금의 예불 행사가 있어 이곳을 지날 때 비봉산에서 봉황새가 날아오르는 것을 보고 왕이 두리두리 살폈다고 하여 '왕두리' 혹은 '황두리'라 한다.

○ **괴평리(槐坪)**

1901년 기독교가 선산에서는 가장 먼저 전파된 곳이며, 현재 기독교 신자수가 마을 주민의 약 70% 이상을 이루고 있다.

- 고소, 고샘, 고삼(高三): 고려시대에 샘이 있었다고 해서 불린 지명이며, 마을 앞산을 고려 태조 왕건이 신검을 무찌를 때 삼태사(三太

師)를 주둔시켰다 해서 삼태봉(三太峰)이라고도 한다. 옛날 고아부곡(高牙部曲)이 있었다.

- 왜탑막(倭塔): 임진왜란 때 왜인이 세운 탑이 현재 구운초등학교 자리에 있었는데, 지금은 사라지고 명칭만 전한다.
- 지끝, 지골: '고삼' 동쪽 마을로 이곳이 낙동강의 주요 나루터였다 한다.
- 점검평양(点劒): 송림의 발검평야와 접하고 신검의 군사를 전멸시킨 곳이라 하여 '발검들' 혹은 '점검들'이라 한다.

○ 내예리(內乂)

'안예능', '내예능(內乂能)' 마을은 일명 '내예동(內藝洞)'이라 하고 재주 있는 인재가 많이 배출되었다 한다.

- 안연흥, 내연흥(內蓮興): 옛날에는 '내예능'이라 하고, 옛날 이곳에 큰 연못이 있었다 하며, 연꽃이 많이 피고 연뿌리가 많이 생산되었다고 '연흥(蓮興)'이라 한다.
- 점골, 정곡, 정골, 점곡(店村): 사기그릇을 굽던 곳이라 하고 지금도 도요지가 남아 있다.
- 불당골(佛堂谷), 검수곡(黔水谷): '불당골'은 통일신라시대 제작으로 추정되는 불상이 출토되었다고 전한다. '검수곡'은 고산 황기로 선생이 학문을 연마할 때 종이가 부족하여 나뭇잎에 붓글씨 연습을 하여 비가 오면 먹물이 계곡으로 흘러 '검수곡'이라 한다.

○ 다식리(多食)

마을 앞에 큰 연못이 있어 '못안' 혹은 '모산'이라고 했는데, 연못에는 연뿌리가 많이 났다. 고을 원이 이곳에 행차할 때마다 사람들은 별미라고 해서 연밥으로 대접을 했고, 이에 원이 "많이, 잘 먹었다" 하는 말을 남기자 그때부터 '다식'이라고 불린 지명.

○ 대망리(大望)

- 망장(網張): 선산 비봉산의 봉황새가 날아가 버릴까 그물을 쳐서 못 가게 한다는 뜻으로 불린 지명.
- 분투동(섬마, 하망장, 큰마, 장투골): 고산 황기로, 경은 이맹전 선생 등이 살던 곳으로 경락서원(景洛書院)이 있다.
- 왕산골: 풍수지리상 왕이 될 인물이 태어날 곳이라 하며 임진왜란 때 명나라 장수 이여송이 산세의 지맥을 끊었다고 한다.
- 큰마: 산모퉁이를 돌아앉은 마을이라는 뜻에서 '회촌(回村)'이라 하였고, 12개의 자연부락 중에서 중심이 되는 뜻에서 '큰마'라 한다.
- 반재(半才): 조선 인재의 반은 영남이요, 영남 인재의 반은 선산이며, 선산 인재의 반은 망장이라는 뜻에서 유래된 지명이라고도 하며, 선산에서 구미까지의 절반 되는 거리라고도 하여 불린 지명.

○ 문성리(文星)

산이 들을 둘러싸고 있어서 마치 성(城)을 이루는 것과 같다고 하여 불린 지명. 혹은 들에 성이 있었기 때문이라고도 한다.

- 가좌골(加佐谷), 보문성(輔文星), 터지실(基之谷): '가좌골'은 들성의 여러 마을을 보좌한다고 해서 불린 지명이며, '보문성' 역시 문성을 보좌하기 때문이라 한다. '터지실'은 구미와 선산 간 국도가 새로 개통되니 문성리에서 몇 집이 이곳으로 이주하여 새로 터를 잡았다 하여 불린 지명이다.
- 인서골(仁恕谷): 옛날 임 씨라는 선비가 살다가 역적으로 몰리어 몰락한 후 유씨가 이주하여 현재까지 살고 있다.

○ 봉한리(鳳漢)

옛날 낙동강이 마을 앞을 흐를 때 이곳은 양지바른 나루였으나 물길이 바뀐 후 섬과 같이 되었다 하여 '섬들' 혹은 '양진(陽津)'이라 부르던 곳을 현재의 '봉한 1리'로, 마을 뒤의 봉황산과 마을 앞 봉계천의 이름을 딴 봉계리(鳳溪)는 '봉한 2리'로 되었다. 1910년대 토지 조사 당시 측량기사가 '계(溪)'자를 '한(漢)'자로 잘못 적었다고 한다.

- 뒤드랑: 동네 뒷산에서 흘러내려오는 개울을 뒷도랑이라 하고 이 말이 변한 지명.
- 모갈, 모화(慕華): 양진마을 동쪽 마을로 일선 김씨 모화(慕華) 김선초(金善初)가 이곳에 살았다 하여 불린 지명.
- 북골(北谷): 북쪽 계곡에 위치하고 있어 '북골', '음지마을'이라 함.
- 갓안(冠內), 붓골(筆洞), 안태봉: '갓안' 마을은 갓모와 같다고 하여 불린 지명이며, '붓골'마을은 매돈 김번(梅墩 金蕃), 활계 김진호(活溪 金震護) 선생이 학문과 후학을 양성하던 곳이다. '안태봉'은 야은 길재 선생의 태를 이곳에 묻었다 하여 불린 지명으로 봉화대와 접성사(接聖寺)가 있다.

○ 송림리(松林)

- 삼거리, 세집매, 서편(西片): '삼거리'는 도로변에 주막집으로 형성된 주막걸이며, 봉한, 문성, 송림 세 길로 갈라지는 지점이다. '세집매'는 옛날에 주막이 세 집 있었다 한다. '서편'마을은 옛날 줄다리기할 때 동편, 서편으로 갈라서 하였는데 서편에 해당하는 사람들이라서 불린 지명이라 한다.
- 낙동강사방비(洛東江砂防碑): 원래는 '항곡리'에 있었으나 현재는 송림 부대 앞으로 옮겨 두었다.

○ 신촌리(新村)

신촌은 사면이 산으로 막고 있어 소구리와 닮았다 하여 일명 '소구리' 마을이라고 불리기도 한다. 또한 마을이 반달형이라 '세울, 세월'이라고도 한다. 최초 마을의 형성지는 '딤바위'산 밑이었다.

- 명동: 고산 황기로 선생이 어릴 때 공부하던 곳.
- 등너머: '본동'의 북쪽 산 너머에 강릉 유씨들이 집단세거지가 있어 산등 넘어 있다 하여 산등넘어 동네, 즉 '등너머'라 불린 지명.

○ 예강리(禮江)

조선 세종의 장인이던 심온의 아들 심회(沈澮)가 양부인 강거민을 위하여 시묘살이한 효행이 알려져 이를 본받고 후세에 전하기 위하여 '예곡(禮谷)'이라 함.

- 이곡, 예강, 예곡: 예강리에서 으뜸가는 마을이며, 율곡 이이 선생의 동생 옥산 이우의 후손들이 살았다고도 전하며 예의 바른 마을이란 의미이다.
- 강정(江亭): 낙동강변의 마을로 고산 황기로 선생이 이곳 고산(孤山) 아래 매학정(梅鶴亭)을 짓고 기거하였다 하여 낙동강의 '강'과 매학정의 '정'을 따라 불린 지명.

○ 오로리(吾老)

옛 지명은 오을고개(五乙古介)로 불렀다. 단종이 세조에게 선위함을 보고 직제학이던 오로재(吾老齋) 김성미(金成美)는 사위 이맹전과 함께 벼슬을 버리고 이곳에서 단종을 사모하며 '나는 이곳에서 늙는다'는 말과 황씨, 강씨, 심씨, 이씨와 함께 살았다. 이 중 세 성씨는 타지방으로 이주하고 강씨 문중의 강거민(康居敏)이 '나는 늙어 죽도록 이곳에 살겠다'는 말을 남겨 '오로(吾老)'라 칭한다.

또한 태종 때 청송 심씨 온(溫)이 역적으로 몰려 죽자 그 아들 회(澮)가 유모에게 안겨 이곳 강거민의 삼밭까지 피신해 온 것을 데려다 양자로 길러 후일 온의 무고함이 밝혀지고 회가 벼슬길에 올라 좌의정에 봉해지자 양부 강거민에게 벼슬길에 오르기를 청하니, 양부는 사양하고 이곳에서 홀로 늙어 가겠다고 해서 '오로(吾老)'라 칭한다고도 한다.

- 돌백이: 마을 중앙에 큰 바위 두 개가 양쪽에 위치하고 있어, 옛날 한 장수가 바위를 들어다가 길 양쪽에 내려놓았다 하며 이곳을 지나는 행상이나 가마는 일절 통과할 수 없었다고 한다.

○ 외예리(外乂)

'바깥예능(外乂能)'마을은 예능부곡의 옛터로 이곳은 인재가 많이 배출되었다 한다.

- 새낭골(鳳谷): 마을 동쪽에 흡사 새의 주머니와 같이 생겼다고 불린 지명.
- 도장골(道藏谷): 화산(花山) 아래 위치하여 도를 닦는 선비들이 많이 모여 시를 읊고 놀았다 하여 불린 지명.
- 바깥연흥(外蓮興, 新興), 가마골(釜谷): '바깥연흥'은 바깥쪽에 있는 마을로 못이 있었다 한다. '가마골'은 쇠죽을 끓이던 가마솥을 걸어 놓았던 곳이라는 의미이다.

○ **원호리(元湖)**

이 지역에 '여우못'이 둥글게 생겼다 하여 불린 지명.

- 들성, 평성: 산이 성(城)처럼 둘러싸고 있어 현재의 원호, 문성을 일 컬어 '들성'이라고 함.
- 점터, 점티, 점현(店峴): 웃골 서쪽에 있는 마을로 옛날 옹기점이 있 어 불린 지명.
- 원당골: 선산 김씨의 선조를 모신 사당이 있었는데, 지금은 사라지고 재실만 남아 있다.

○ **이례리(伊禮)**

마을 일원이 처음에는 저수지였다고 전해진다. 이곳 살던 사람들이 몹 시도 가난하여 잘살아 보겠다는 일념으로 열심히 일을 하니 '일벌레' 라 하였고, 그것이 '이례'로 변하였다 한다.

- 소전걸: 옛날에 우시장이 있었다.
- 부처골: 뒷산중턱에 사찰이 있었다 하며, 수년 전에 작은 돌부처가 발견되기도 하였다 한다.

○ **파산리(巴山)**

대망리에서 파산리로 큰 보(洑)가 있어 '봇돌'이라고 하고, 변화되어 '파산'이라 불린 지명.

- 제샘, 장군집: 동편 산 중턱에 작은 샘이 있어 아무리 퍼도 없어지지 않으며 이 물을 마시면 병자의 병이 씻은 듯이 낫는다고 한다. 한편 '제샘'에서 멀리 떨어지지 않은 산속에 '장군집'이라는 큰 바위집이 있어 임진왜란 때 왜군에 쫓긴 김해 허씨 허신생(許申生)이라는 장사가 피신처로 쓰던 곳이라 한다.

○ 항곡리(項谷)

조선시대 중엽까지 낙동강의 물줄기가 접성산 쪽으로 남류하여 마을로 흘러갔는데, 이곳이 낙동강의 목과 같이 좁아진다 하여 불린 지명

- 뒷마, 아름마: '뒷마'는 약 160여 년 전에 철종 원년 양주부라는 분이 양달산 동쪽 기슭에 이주하였고, 그 후 변씨와 이씨가 정착하여 살았다고 한다. 현재 마을 중심부에 정자나무가 있고 이 나무 뒤쪽에 자리 잡고 있다 하여 불린 지명. '아름마'는 정자나무 아래쪽으로 마을이 자리한다고 불린 지명.

○ 황산리(凰山)

선산의 비봉산 수컷 봉(鳳)과 서로 마주보고 있는 암컷 황(凰)자를 사용하여 '황산'이라 칭함.

- 물목(凰山里): 이두문자표기법에 '물항(勿項)'이라 부르다가 근대에 와서 수리(水利)가 좋다고 '물목'이라 불린 지명.

○ 횡산리(橫山)

- 말골(馬谷): 동네 뒷산이 말처럼 생겼다고 하며, 말을 매어 놓아 쉬었기 때문에 불린 지명.

내예리 연화장(蓮花莊)

구미시 고아읍 내예리 연흥교 입구

☞ 찾아가는 길

고아읍에서 33번 국도를 이용하여 선산 방향으로 진행, 오로삼거리에서 903번 도로를 이용하여 진행, 구미예술창작스튜디오(구 대방초교)를 지나 내예리 들어가기 직전 '연흥교'입구 도로 왼편에 위치한다.

도로변 자연석에 새겨져 있으니, 가로 26×29㎝의 자액(字額) 안에 '安土洛天 蓮峰局址 中宗十六年'이라 하여 고산 황기로 선생의 탄생(1521~1567)을 축하하는 기념석의 의미를 지닌 듯하며, 우측에는 '嘉靖己酉夏孤山人'이라 하여 고산 선생이 명종 4년(1549)에 추가해 새긴 것으로 추정된다. 1990년 6월 하천, 도로 정비 시 노출되어 후손 황철상(黃喆相)에 의해 현재 위치로 옮겨놓으면서 '연화장(蓮花莊)'을 각자하였다.

경락서원(景洛書院)

구미시 고아읍 대망리 망장

순조 7년(1807) 판서 오식(判書 吳湜), 고산 황기로(孤山 黃耆老), 상정 황

필(橡亭 黃瑾), 주부 강거민(主簿 康居敏), 훈재 윤홍선(塤齋 尹弘宣) 등 다섯 분을 모시기 위해 건립되었으나, 고종 5년(1868) 서원철폐령 시 훼철되었다.

남강서당(南崗書堂)

구미시 고아읍 문성 2리

정조 16년(1792) 찰방 김종무(察訪 金宗武), 와유당 박진경(臥遊堂 朴晋慶), 욕담 김공(浴潭 金玒), 양탄 김양(陽灘 金瀁), 탄옹 김수(灘翁 金㙂) 등 다섯 분을 모셨으나, 고종 5년(1868) 서원철폐령 시 훼철되었다가 1937년 강당(講堂)만 다시 복원하였다. 강당은

남강서당

정면 3칸, 측면 1칸 반 규모로서 평면은 어칸의 대청을 중심으로 좌우에 온돌방을 둔 중당협실형(中堂挾室形)이다. 가구(架構)는 무익공(無翼工)의 5량가(樑架)이며, 처마는 홑처마이다.

수월헌(水月軒)

수월헌

구미시 고아읍 문성리 628-2

조선 철종 2년(1851)경 건립된 것으로 추정되는 수월헌은 고려 말 선

산 김씨 입향시조인 김기(金起)에서 비롯된 후손이 세거한 문성리(들성)에 위치한 학파 김병용의 유택이다. 안채, 사랑채, 광채, 대문채로 이루어져 있다. 1968년 발간된 『선산군지(善山郡誌)』가 집필된 장소로 향토사 연구의 산실이기도 하다.

봉한동 사지발견 금동불

국보 제182 · 183 · 184호

출토지 : 구미시 고아읍 봉한2동 산75번지

현 소재지 : 국립대구박물관

• 접성사지(接聖寺址)
구미시 고아읍 봉한리 접성산 기슭의 대밭골 부근에 있다.

1976년 3월 8일 구미시 고아읍 봉한 2동에서 사방공사를 하던 중 금동여래입상 1구와 금동보살입상 2구가 출토되었다.

　현지 조사결과 이 불상들이 처음 나타난 것은 1906년경이었다. 윤 씨라는 나무꾼이 마을에서 2.5㎞ 떨어진 접성산 정상부의 '대밭골'에서 습득하였으나, 얼마 안 되어 병을 얻어 다시 봉한 2동 산기슭에 묻었던 것이다. 처음 발견된 대밭골은 '접성사(接聖寺)'터로 추정되고 있는데, 아직도 삼국시대의 기와와 토기편들이 많이 출토되고 있다.

　현재 금동여래입상은 국보 제182호로, 대좌를 갖춘 금동관음보살입상은 국보 제183호로, 금동관음보살입상은 국보 제184호로 각각 지정되어 국립대구박물관에 소장되어 있다.

　이 불 · 보살상 3구는 조성수법과 연대 그리고 그 크기가 각각 달라서 본래 동시에 조성한 삼존은 아니다. 조성 이후 모아서 삼존으로 봉안했던 것이 아닌가 한다.

　금동여래입상의 육계는 크고 뭉뚝하며 나발은 비교적 작은 편이다. 상호는 원만한 모습으로 목에는 삼도가 뚜렷하다. 수인은 손바닥을 밖으로 향해 펴고, 법의는 통견으로 발목까지 내려와 있다. 특히 타원형으로 이루어진 옷

금동관음보살입상(대좌)

금동여래입상

금동관음보살입상

주름은 통일신라시대 초기 양식으로서 7세기 불상의 특징을 잘 보여주고 있다. 한편 왼쪽 다리에 돌기 부분 하나가 남아 있어서 원래는 대좌를 따로 만들어 부착했던 것으로 보인다.

대좌를 갖춘 금동관음보살입상은 머리에 화관(花冠)을 썼으며, 그 정면에 화불(化佛) 1구가 조각되어 있다. 길쭉한 상호는 근엄한 표정으로 삼국시대 말기의 양식을 보이고 있다. 오른손은 들어 올려서 작은 연꽃봉오리를 가볍게 들었으며, 왼손은 내려서 지물(持物)을 잡고 있는 듯하나 현재 지물은 없다. 얇은 천의를 걸치고 있는데, 가슴과 배 부분에 영락(瓔珞)띠를 드리고 이를 원형의 화문(花紋) 장식으로 연결시켰다. 대좌는 7각형이며 이중의 연꽃잎을 조각하였다. 한편 머리 뒷면에는 두광을 부착시켰던 고리가 남아 있다.

또 다른 한 구의 금동관음보살입상은 이중 연주문대(連珠紋帶) 속에 화불 1구를 갖춘 화관을 쓰고 있다. 이 불상은 특히나 매우 섬세한 영락과 의문이 주목되는데, 이는 불상 뒷면에도 마찬가지이다. 이들 영락띠에는 어깨에 2개, 아래에 4개, 옆에 2개의 화문 장식이 있으며, 정사각형의 3중문 장식이 4개 있다. 그리고 다리 부분에는 용머리 장식으로 물림하였는데 다른 불상에서는 볼 수 없는 특이한 양식이다. 한편 발바닥에 높은 촉이 완전하게 남아 있는 것으로 보아 대좌를 갖추었던 것으로 생각된다. 머리 뒷면에는 두광을 부착했던 돌기가 남아 있다.

이 3구의 불상 중에서 여래상은 통일신라 초

기의 전형양식을 보이고 있어서 조성 연대 추정에 별다른 문제가 없으나, 나머지 보살상은 그리 간단치만은 않다. 옷주름과 영락대, 대좌의 연화문, 상호의 표정, 뒷면도 앞면처럼 정교하게 조각된 점 등은 삼국시대 말기의 양식을 갖추고 있다. 그러나 신체의 삼곡(三曲)자세에서 보이는 세련미는 조성 연대 추정에 어려움을 주고 있다. 이러한 것들을 감안해서 이들 보살상은 아마도 8세기 정도쯤에 조성된 것이 아닌가 한다.

삼강정려각(三綱旌閭閣)

문화재자료 제333호
구미시 고아읍 봉한리 915-3

☞ 찾아가는 길

구미시에서 33번 도로를 이용, 선산 방면으로 오면 고아향토부대를 지나 약 500m 지점에 도로 왼편 경작지에 위치한다. '봉한 삼우힐타운'을 이정표로 삼으면 될 것이다.

삼강정려각

(위)百世淸風八年孤燈(백세의 맑은 바람이요, 팔 년간의 등잔불이 외롭도다), (아래)효자홍문저작배숙기지려 편액

'삼강(三綱)'은 임금과 신하 간의 '충(忠)', 아버지와 자식 간의 '효(孝)', 남편과 아내 사이의 '열(烈)'을 말한다. '정려(旌閭)'는 충신·효자·열녀를 나라에서 표창하여 마을 입구에 세운 징표이다. 곧 봉한마을 출신의 충신·효자·열녀 세 분의 정려를 기념하기 위해 1795년(정조19년) 건립한 것이다.

충신길재지려비

충신(忠臣)은 야은 길재(冶隱吉再, 1353~1419) 선생으로서 고려가 망하고 조선이 건국되자 벼슬에서 물러나 금오산 아래에 은거하여 학문 연구와 제자 양성에 전념하였다. 현재 정려각 왼쪽에 '고려충신길재지려(高麗忠臣吉再之閭)'비가 있다.

효자(孝子)는 부모를 지극 정성으로 봉양하여 자식의 도리를 다한 배숙기(裵淑綺)인데 역시 봉한이 고향이다. 현재 정려각 가운데 '효자홍문저작배숙기지려(孝子弘文著作裵淑綺之閭)'라는 흰색 편액이 있다.

열녀(烈女)는 당시 봉한에 살았던 조을생의 아내 약가(藥哥)인데 남편이 왜구에게 잡혀간 이후 8년을 하루같이 남편만 기다리며 살았다고 한다. 후일 많은 선비들이 야은 길재 선생의 감화를 받아 약가의 정절이 높았다고 칭송하였다. 현재 정려각 오른쪽에 '열녀조을생처약가정표(烈女趙乙生妻藥哥貞表)'비가 위치한다.

열녀약가정표

남계서원(南溪書院)

구미시 고아읍 봉한리

훈재 윤홍선(塤齋 尹弘宣)을 향사하기 위해 건립한 서원이다. 광제문(光霽門)을 들어서면 마당을 사이에 두고 강당이 자리하고, 마당 좌우측에는 동

재인 의봉재(依鳳齋), 서재인 망락
재(望洛齋)를 각각 배치하였다. 강
당 뒤에는 묘역(廟域)으로서 내삼문
(內三門)을 들어서면 경현사(景賢
祠)가 배치되어 있다.

남계서원

화강서원(華江書院)

구미시 고아읍 봉한리

정조 22년(1798) 막화재 김선초(幕華齋 金善初), 한벽재 정석견(寒碧齋 鄭
錫堅), 매돈 김번(梅墩 金蕃), 활계 김진호(活溪 金震護) 네 분을 모심. 고종
5년 훼철.

매학정(梅鶴亭)

지방기념물 제16호
구미시 고아읍 예강리 257-2

☞ 찾아가는 길

현재 현일고등학교가 위치한 구미시 고아읍 항곡리에서 해평 방향으로 진행하
면 1997년 준공한 숭선대교 직전 낙동강가 고산 기슭에 위치한다. '강정마을'이
며, 메기구이로 유명한 '강변식당'을 이정표로 삼으면 쉽게 찾을 수 있다.

매학정 현재모습

매학정 원래모습

이 정자는 보천탄(寶泉灘) 언덕 맞은편 '강정(江亭)'이란 곳에 위치하며, 그 뒤 야트막한 산은 '고산(孤山)'이라 한다. 이곳은 '초서(草書)의 성인(聖人)'이란 칭호를 받은 고산 황기로(孤山 黃耆老) 선생의 유적이 있는 곳이다. 황기로는 조부 필23)의 뜻을 받들어 이곳에 정자를 짓고 매학정이라 하였다. '매학'의 연유는 다음과 같다.

중국 송나라 때 선비 임포(林逋)는 서호(西湖)의 '고산(孤山)' 아래 집을 짓고 맑은 생활을 하며 20년 동안 사람을 접하지 않았다고 한다. 그는 매화를 많이 심고 학을 많이 길러 매화로써 아내를 삼고 학으로써 자식을 삼았기 때문에 뒷날 '매처학자(梅妻鶴子)'라는 문자까지 생기게 된다. 이와 같은 연유로 선생도 '고산(孤山)' 아래 '매학정'을 짓고 스스로 호를 '고산'이라 부르며, 세상명리와 벼슬을 탐하지 않고 유유자적하면서 평생을 은자(隱者)로 살았다.

이 정자는 고산이 죽은 뒤 고산의 사위인 옥산 이우(玉山 李瑀)의 소유가 되었고, 그와 동시에 아들 없는 고산의 제사는 옥산과 그의 자손들이 받들게 되었다. 그 후 임진왜란으로 불타 버려 효종 5년에 옥산의 증손자 학정공 동명(鶴汀公 東溟)이 옛 터에서 조금 아래로 내려와 새 정자를 중건하니, 강이 가까워 한결 더 풍경이 좋았다. 다시 철종 13년(1862) 화재로 소실된 것을 7대손 이민술(李敏述)이 원래의 자리에 중건하였다.

---

23) 선생의 조부 필은 이곳에 자리를 잡고 만년을 보냈다고 한다. 조부의 자는 헌지(獻之)로서 세조 9년(1464)에 태어났다. 일찍이 김종직에게 배웠고, 23세에 생원·진사에 올랐으며 김일손과는 막역한 벗이었다고 한다. 다시 29세에 문과에 올라 벼슬이 교리·경주부윤에 이르렀고 중종 21년 63세로 별세하였다.

　이 정자는 고산 기슭에 남향으로 낙동강 줄기를 굽어보고 있으니, 화강암 장대석 바른층쌓기를 한 세벌대 기단 위에 정면 4칸, 측면 2칸으로 이루어져 있다. 좌측 2칸에 전면 툇마루를 시설한 2칸통 마루방을 두고 나머지 2칸은 대청으로 구성하였다. 온돌방이 없는 것으로 보아 겨울에는 사용하지 않은 듯하다. 대청과 마루방 사이에는 효율적인 공간 활용을 위해 4분합 굽널띠살 들문을 설치했다.

　한편 매학정 부근에는 율곡 이이(栗谷 李珥)와 그 동생 옥산 이우를 모신 '매강서원(梅江書院)'이 있었다.

▣▣ 고산 황기로(孤山 黃耆老; 1521~1567): 초서(草書)의 성인(聖人)

　■■

　고산 황기로 선생은 조선 중종 16년(1521)에 고아 망장(현 대망리)에서 출생했다. 중종으로부터 '세상에 제일가는 초서의 성인이요, 왕희지(王羲之)가 죽은 뒤에 손꼽은 한 사람(天下之草聖 羲之後一人)'이라는 칭찬을 받았다. 본관은 덕산, 자는 태수이며, 호는 고산이다.

　고려시대 덕풍군(德豊君) 언필(彦弼)의 후예로서 상정(橡亭) 필의 손자이며, 진사 옥의 아들로 중종 29년(1534)에 진

해평에서 본 고산과 매학정, 강정나루

사시에 합격하니, 선생 나이 14세였다. 벼슬은 별좌(別坐)를 지낸 후 관직을 떠나 이곳 고향에서 학문과 글씨에만 정진했으며 여러 번 관직에 임명되었으나 한 번도 취임하지 않고 구름과 학, 매화와 벗하고 후진을 가르치는 것으로 낙을 삼았다. 특히 초서에 뛰어나 중국인들이 그를 일러 '동국의 장욱'이라고 칭찬한 나머지 '초성(草聖)'이란 존칭을 얻게 되었고, 대표작으로 충주의 '이승지번비(李承旨蕃碑)'가 있다.

　금오산 등산로에 새겨진 '금오동학(金烏洞壑)'과 최정상에 '후망대(後望臺; 높은 곳에 올라가 멀리 바라보며 경계함)' 음각 글이 선생의 글이라 전한다.

▣▣ 매강서원과 옥산 이우(梅江書院, 玉山 李瑀; 1542~1609)

▣▣
　매학정 옆에는 율곡 이이(栗谷 李珥)와 그 동생 옥산 이우(玉山 李瑀)를 향사하기 위한 매강서원이 있었으나, 고종 5년 서원철폐령 시 훼철되었다.
　옥산 이우 선생은 신사임당의 넷째 아들이요, 율곡의 아우로서 자는 계헌(季獻), 호는 옥산(玉山)이다. 26세에 생원시험에 합격하여 비안현감, 괴산, 고부 군수를 역임하였다. 그의 재능은 거문고, 글씨, 시, 그림의 네 가지를 모두 잘하므로 세상 사람들이 사절(四絶)이라 했다.
　거문고에 있어서는 외재 이단하의 「옥산전」에 거문고 금보는 옛 곡조라도 타는 것은 모두 공이 선정한 것이라 한 것으로써도 거문고의 대가이었음을 알 수 있다. 글씨는 공의 장인이요 스승인 고산 황기로 선생이 일찍 공의 초서 쓰는 법을 칭찬하여 말하기를 "곱게 쓰기는 나만 못 하되 웅건하기는 나보다 낫다."(이서가 지은 서화첩 발문) 한 것을 보아 그의 글씨가 과연 얼마만 한 위치에 있었는지를 짐작할 수 있을 것이다. 우암 송시열도 「옥산시고서」에 "옥산의 글씨는 정묘하고 웅장하여 용과 뱀이 날아올라 가는 것 같아 그 글씨를 얻은 자는 값진 보석보다 더 귀중히 여기는 것이다."라고 말하여 이미 예부터 그의 글씨가 높이 평가되어 온 것을 알 수 있다. 시에 대해서는 문적(文籍)을 잃어버려 평할 자료가 부족하나 우암의 「옥산시고」 서문에 "부스러기 금이요 조각 보옥이라 작을수록 더욱더 기이하다." 하였다. 그림은 어머니 사임당의 영향을 받아 그만큼 정묘한 경지에 도달했다는 것을 의미하는 단적인 표현이라고 할 수 있겠다.
　장인인 고산(孤山)의 모든 유업을 상속받아 낙동강변 매학정(梅鶴亭)의 주인이 되었고, 죽어서도 선산읍 북산리 웅봉 아래 묻혔고 부인 황 씨와 합장하였다. 그리고 옥산 후손이 고산 선생의 제사까지 지내고 있다. 그의 높은 덕을 추모하여 무등서원(무을면 무이리)에 향사하고 있으며, 그의 필적 목각판 5장(전·후면 목각판 10폭 병풍용)이 금오서원(선산읍 원리)에 보관되어 있다.

　　감천에서 비를 만나 고산에 이르러 짓다.
　　낙동강 나룻가에 날리는 빗발
　　어깨 위에 비뿌려 옷 적시더니
　　늦은 녘에 눈이 되어 바람에 불려
　　고산에 많은 나무 모두 매화 뿐일세

　● **옥산 이우 선생과 낙동강의 수로 변경** 낙동강이 현재 고아읍의 예강과 항곡리 앞으로 흐를 때 옥산 이우 선생은 하루도 빠짐없이 강을 건너 매학정에서 학문을 탐구하는데 정자나무 밑에서 용이 물이 없어 승천하지 못하고 있었다. 선생은 동민들을 모아 물동이로 강물을 날라 붓게 하니 용은 드디어 승천을 할 수 있게 되었고, 그 후 선생은 용에게 소원 한 가지를 청하니, 매일같이 버선을 벗고 강을 건너던 불편을 없애 달라 하였다. 이에 용은 강줄기를 바꾸어 버렸고, 그 자리에 평야가 생기니 이를 '용진'들이라 부른다.

시묘암(侍墓岩)

구미시 고아읍 예강 1리

☞ 찾아가는 길

구미에서 선산 방면 33번 국도를 이용하여 고아읍 예강리 시내버스정류장을 이 정표로 삼는다. 정류장 옆에 '시묘암' 안내표지판이 있다.

시묘암(거류암)

조선 태종 때 영의정 심온의 아들이요, 세종의 처남인 영의정 심회(沈澮)가 자신을 길러 준 강거민(姜居敏) 내외의 죽음에 이르러 "나를 낳아주신 부모도 부모요, 나를 길러 준 분도 부모와 다름없다" 하며 슬픔을 금치 못하고 이곳 강 씨 부부의 묘소 곁에서 6년간 시묘살이를 하였던 곳이다. 일명 '거류암(居留岩)'이라고도 한다.

◻◻ 심온(沈溫)·심회(沈澮) 부자

◼◼

조선 태종 때 영의정 심온(沈溫, 1375~1418)은 왕명을 받고 명나라에 사은사(謝恩使)로 파견되었다. 당시 좌의정 박서(朴墅)가 임금님께 고하기를 "명나라에 간 심온은 태종을 비난하는 사건에 관련되어 장차 왕위를 노리고 있다"고 모함하니 이 사실을 안 심온의 딸 소헌왕후(세종대왕의 비)가 압록강까지 몰래 사람을 보내어 아버지 심온에게 귀국하지 말라고 만류하였다. 그러나 심온은 "나는 일편단심 나라와 임금님을 위하여 충성을 다하였을 뿐 조금도 사사로운 마음을 가져 본 적이 없다. 정의를 위해서는 죽음도 두려워하지 않는다" 하고 돌아오다가 마침내 압록강에서 체포되고 장단으로 귀양을 가서 사약을 받고 죽으니 나이 44세였다. 이는 세종의 즉위와 더불어 외척세력의 발호를 우려한 태종의 정략적인 누명이었던 것이다.

심온의 아들 심회(沈澮, 1418~1493)는 당시 불과 세 살밖에 안 되어 위험에 처하자 유모가 데리고 피신하였다. 선산 땅 망장리(고아면 대망리)에 이르러 해도 저물고 몸도 피곤하여 삼밭에서 아기를 업고 하룻밤을 지내게 되었다. 그때 이 마을에 살고 있던 주부(主簿) 강거민(康居敏)이라는 사람이 부인 전 씨와 함께 똑같이 꿈을 꾸니 앞들 삼밭에서 용이 하늘로 올라가는지라 이상히 여겨 초롱불을 들고 그곳에 가 보니 한 아녀자가 아이를 안고 있는지라 아들이 없는 강 씨 내외의 기쁨은 이루 말할 수 없었다. 집으로 데리고 온 그들은 친자식과 같이 공부도 가르치며 애지중지 키웠다. 어느덧 10년의 세월이 흘러 심회의 나이 15세(세종 15년, 1433)가 되던 해에 아버지 심온의 청렴결백함이 천하에 밝혀지게 되었다.

조정에서는 전국 각지에 수소문하여 심회를 찾게 되자 한양으로 되돌아간 그는 과거에 급제하고 세조 13년(1467) 영의정(領議政)이 되었다. 성종 3년(1472) 때 강거민 내외의 부고를 차례로 받자, 심회는 "나를 낳아주신 분도 부모요. 나를 길러 주신 분도 부모와 다름이 없다" 하며 슬픔을 금치 못하고 모든 관직을 버리고 선산으로 내려와 강 씨 내외의 묘소(예강리)에서 6년간 시묘살이를 하였으니 그곳이 바로 거류암(居留岩)이다.

예강리 효자 이진화 정려비

구미시 고아읍 예강1리 예곡마을

효자이진화정려비각

고아읍 예강1길로 들어서서 현재 대하전자 오른편 산기슭 아래 정려비각이 있다.

이진화(李晉華, 1633~1716)는 자는 명진(明進)으로 옥산 이우 선생의 현손이다. 효성이 지극하여 어머니가 세상을 떠나자 무덤 옆에서 연간 시묘살이를 하였다. 영조 17년(1741)에 자헌대부이조판서에 추증되고, 정조 10년(1786)에 정려비각을 세웠다. 전면에는 '有明朝鮮國孝子 贈大家宰執金晉 李晉華之閭'의 비명이 있고, 건립 연대는 '崇禎紀元後三丙午'로서 1786년임을 알 수 있다. 비각 안에는 '孝子贈資憲

大夫吏曹判書兼知義禁府事五衛都摠府都摠管李晉華之閭　崇禎紀元再辛未命
旌'의 편액도 보관 중이다.

오로리 부사 전익희 송덕비

구미시 고아읍 오로리 천지고을 맞은편 도로변

　　오로리 33번 국도변에 낮은 구획을 둘러 그 안에 위
치하고 있다. 전익희(全益禧)는 옥천인으로 재임 중에
백성의 부역과 부세를 경감케 하였다. 원래의 비석은
영력 14년(永曆, 1660) 경자 2월에 세웠으며, 강희 24
년(康熙, 1685) 을축 4월에 중수하였다. 비신 전면에는
'府使全益禧頌德碑' 비명이 있다. 1972년 11월에 곁에
새로이 비석을 세웠다.

부사 전익희 송덕비

연봉서당(蓮峯書堂)

구미시 고아읍 외례리

　　성와 윤중방(省窩 尹重邦)을 추앙하고 후
학의 강학소로 사용하기 위해 1917년에 건
립한 서당이다. 3칸 규모의 산형대문(山形大
門)을 들어서면 정면 5칸 측면 3칸 규모의
Ⅱ자형 강당(講堂)이 자리하고, 그 뒤에는
사당인 연봉사(蓮峯祀)가 별도의 공간을 이
루며 자리하고 있다.

연봉서당

여우못(狐池)

구미시 고아읍 원호리 들성마을

동남으로 배고개(梨峴), 서남으로 쌀고개(米峴), 동북으로 가마고개(釜峴), 북으로는 봉곡(蓬谷)과 망장(網張)고개를 넘어야만 들어올 수 있는 곳이 있으니 이곳이 '들성'이란 동네이다. 고아읍 원호리·문성리가 분지 속에 자리 잡고 있으며, 마을 뒷산은 구름 사이로 반달이 얼굴을 내미는 형상이다. 푸른 송림이 우거진 앞산은 부채를 거꾸로 세운 듯하며, 아래엔 거울같이 고요하고 맑은 호수(둘레 1.1㎞) '여우못'이 한 폭의 그림인 양 펼쳐져 있다.

옛날 하루는 마을 사람들이 자고 일어나 보니 마을 앞 늪 둘레를 지금 있는 둑 모양으로 짚으로 나란히 이어 놓았으므로 동민들은 의아해하다가 문득 간밤에 앞산에 여우가 몹시 울더니 반드시 여우의 짓으로, 이대로 둑을 쌓으라는 뜻인 줄 알고 그대로 둑을 막았더니 지금의 큰 못이 되었다 한다. 못 한복판에 여우 사당을 지어 정월 보름날 제사를 지냈는데, 정성이 부족하면 못둑이 터진다 한다. 6·25전쟁 이후는 하지 않는다.

지금은 문성지구 택지개발로 인해 상당한 발전이 예상되고 있다.

원호리 석불좌상(石佛坐像) 및 추정 지석묘(支石墓)

구미시 고아읍 원호리 491-9 보원사 경내

☞ 찾아가는 길

구미시에서 구미고등학교를 지나 고아읍 원호아파트 단지 끝 삼거리에서 우회전하자마자 대망리로 가는 왼쪽 소로(구미자동차극장 방향)로 접어들어 자동차학원 직전 도로 왼편으로 '보원사' 진입 표지판이 보인다.

원호리 보원사 대웅전의 주존불로 봉안되어 있으며, 석불의 얼굴 모양이나 신체 비례로 보아 고려시대 조성으로 추정되고 있다.

한편 보원사 진입로에서 대망리 방향으로 조금만 가다 보면 '자동차학원' 못 미쳐 도로 우측 편에 민가가 있고, 그 입구에 지석묘로 추정되는 1구의 석재가 있다. 대문을 만들기 위해 원위치에서 약간 이동된 상태라고 하며, 크기는 210×120×110㎝이며, 현재 하부는 시멘트와 잡석으로 채워져 있다.

김종무 충신정려비(金宗武 忠臣旌閭碑)

지방기념물 제132호
구미시 고아읍 원호리 산14

☞ 찾아가는 길

원호아파트 단지를 지나 우회전하여 문성리가는 4차선 도로를 따라 진행하다 보면 도로 왼쪽에 비각이 위치함.

　　이 정려비는 임진왜란 시 상주 북천(尙州 北川) 전투에서 의병장으로 활약하
다가 전몰한 사근도찰방(沙斤道察訪; 경남함양) 김종무(1548~1592)의 공적을 기
리기 위해 국가가 숙종 1년(1675)에 충신으로 정려하면서 건립하였다. 김종무는
대사간 김취문(金就文, 1509~1570)의 장자이고, 서애 유성룡의 매부이기도 하다.

　　비문 전면에는 '忠臣金宗武之閭', 우측면에는 '崇禎後五丙申五月五日重
建'이라 각자되어 있다. 현판에는 김종무의 임진왜란 때 세운 전공과 1675
년 이래의 정표(旌表) 및 상주 충렬사에의 배향, 증직 등이 기록되어 있다.
김종무는 경종 1년(1721)에 상주 충렬사(忠烈祠)에 제향되었고, 정조 14년
(1790) 남강서원(南岡書院)에 제향되었다. 현재 정려각은 '崇禎後五丙申', 즉
고종 33년(1896)에 중건하였다.

대월재(對月齋)

문화재자료 제423호
구미시 고아읍 원호리 146

> ☞ **찾아가는 길**
>
> 　김종무 충신정려비각 직전 왼편 산으로 올라가는 듯한 소로를 따라 진행하다가
> 오른편으로 접어들면 원호 2리 마을회관 뒤편에 위치함.

대월재

대월재는 이곳 들성 출신인 조선 중기의 구암 김취문(久庵 金就文) 선생24)이 강학공간으로 마련한 건물이다. 주자의 경재잠(敬齋箴)에서 '대월재'란 이름을 따오고, 해관 윤용구가 썼다고 전한다. 1543년에 처음 지었고, 임진왜란 때 일부 소실되어 1677년 복원하고 서당, 종회소 등으로 활용하다가 1868년 중건되었다고 전한다.

정면 5칸, 측면 1칸 반 규모의 팔작집으로, 평면은 대청을 중심으로 좌우에 각각 2칸과 1칸의 온돌방을 두었다. 전면과 양 측면에는 반 칸 규모의 툇간을 설치하였는데, 좌측면의 툇간은 다른 툇간보다 1자가량 높여 누마루의 느낌이 들도록 하였다.

서산재(西山齋)

구미시 고아읍 원호리

진락당 김취성(眞樂堂 金就成)이 정조 15년(1791)에 건립하여 아우 오 형제와 더불어 강학하였던 곳이다. 1868년 훼철된 후 1900년에 중건하였다가 1985년에 현재 모습으로 중수하였다. 재사(齋舍)는 정면 4칸 측면 1칸 반 규모의 팔작집이다.

서산재

---

24) 구암 김취문(久庵 金就文) 선생에 대한 글은 해평면 '낙봉서원(洛峯書院)' 편을 참조하기 바란다.

고분(古墳) 및 기타 유적

다식리 지석묘군

구미시 고아읍 다식리 188 - 4

구미시에서 33번 국도를 따라 선산 방향으로 진행하면 농산물도매시장을 지나 문성교가 있는 송림삼거리에 이른다. 삼거리에서 동으로 난 도로를 따라 구운초등학교, 무지개아파트를 지나 구운교회를 끼고 오른편으로 접어들면, 남동쪽에 있는 '모산마을' 앞 송림에 지석묘군이 위치한다. 현재 6-7기 정도가 전하고 있으며, 하부는 자세하지 않다.

이례리 고분군

구미시 고아읍 이례리 산14 일원

구미에서 선산행 33번 국도를 이용하여 고아읍 입구에 위치한 럭키아파트 직전 왼편도로로 접어들면 이례리 마을회관을 지나 뒤쪽 야트막한 구릉에 약 40~50여 기의 고려~조선시대의 분묘가 밀집해 있다.

무을면 마을 지명 유래(가나다순)

◎ 무을면(舞乙面)

무을동방(舞乙洞坊)이라 부르다가 1914년 10개리로 무을면이라 개칭됨.

○ 무등리(茂等)

약 350년 전 황경헌(黃景憲)이 마을을 개척할 당시 주위 경관이 좋고 산세가 수려하여 '무동(茂洞)'이라 하고 그 후 현재처럼 개칭하였다. 어떤 사람은 마을 앞이 보이지 않는다고 하여 '무동(無洞)'이라고도 한다.

- 가정(檟亭): 가정 전윤무 선생이 태어난 곳으로 그의 호를 따서 불린 지명.
- 유동(留洞, 머뭇골): 마을 뒷산이 아무 쓸모없이 머물러 있는 산이라 하여 '머무산' 혹은 '래무산(來無山)'이라 불린 산으로 전윤무 선생이 중종으로부터 하사받은 사패지(賜牌地)이다.
- 탑골: 머무산 아래 통일신라시대 고찰로 추정되는 초석 및 석탑의 흔적이 있다. 추후 조사가 필요하다.

○ 무수리(無愁)

1680년경 경주 이씨가 이 마을을 개척하던 당시 무쇠를 녹여 주물을 만들었다는 곳이라 불린 지명이라 하고, 그 어감이 좋지 않아 '무수(無愁)'로 바꾸었다고 하며 혹은 임진왜란 때 피난처로서 피해를 입지 않아 근심이 없었음에 불린 지명.

- 장자리(長子): 약 250여 년 전 어떤 부자, 즉 장자가 옹기를 굽고 살았다 하여 불린 지명.

- 원성(元城), 질매실(안실,鞍谷), 사창(社倉): 마을의 뒷산이 성(城)을 쌓은 것 같다 하여 '원성'마을, 말안장과 같은 형세를 가졌다 하여 '안실(질매실)', 백성들에게 곡식을 꾸어 주던 사창이 있었다 하여 '사창'마을.

○ 무이리(武夷)

조선 초 연안 김씨가 마을을 개척하고, 원통산 약수터가 있어 수량이 흘러내렸기에 '물골(水洞)'이라 하였다. 그 후 마을의 경치가 너무 좋아 흡사 중국 복건성에 있는 무이구곡(武夷九谷)에 비유된다 하여 '무이'라 부른다.

○ 백자리(栢子)

'백자'라는 지명은 마을에 잣나무가 많다는 의미.

○ 상송리(上松)

연악산(淵岳山) 상봉의 '상'자와 소나무의 '송'자를 따서 '상송'이라 불린 지명.

- 팥죽골: 옛날 심한 기근으로 이곳에 전답을 가진 주민들이 팥죽 한 그릇과 논밭 한 마지기를 바꾸었다고 하여 불린 지명.
- 모지래기: 수다사에서 내려오는 개울물이 많았으나 들이 넓어서 전답에 물을 대어도 언제나 이틀이 되어야 돌아온다 하여 물이 모자란다는 뜻으로 불린 지명.
- 선돌, 쌍정자: 선돌이 있던 곳이라 하여 불린 지명이나 확인할 길은 없고, 혹 윗마을에서 기원을 드리는 큰 바위가 있으니 그것을 지칭하는지는 모르겠다. 한편 수다사 입구에 서 있는 느티나무를 '쌍정자'라 한다.

○ 송삼리(松三)

조선시대 중종 때 마을을 개척한 선비 김보륜(金輔輪)은 마을 앞 우거진 소나무 숲이 세 군데 있다 하여 '송삼'이라고 불렀다 하며 혹은

'송상', '송중', '송하'라는 이름을 가진 세 마을을 합쳤기 때문이라고
도 전한다.

- 짐수골: 옛날에는 이곳에 숯을 구우며 살았다고 하여 불린 지명.
- 성황리: 예전 구도로 옆에 성황당이 있었다 하여 불린 지명.
- 우자리(牛山): 풍수지리학상 마을 뒷산의 지형이 소가 누워 있는 형
  상이라 불린 지명.
- 비석걸(굴모리): 옛날 토기를 만드는 토굴이 있었다고도 하고, 현재
  는 송덕비가 많아 불린 지명.

○ 안곡리(安谷)

영남 상인들이 북부 지방으로 왕래할 때 이곳에서 말의 짐을 풀고 편
안히 쉬어 갔다는 데서 '안실(安室)'이라 하였으며, 조선시대 '안곡역
(安谷驛)'이 있었다.

- 저전(楮田, 닥밭골), 세망골(勢亡谷): 조선 초기 닥나무를 많이 재배
  하여 문종이를 만들어 살았다 하여 '닥밭골'이라 불리고 있으며, 그
  골짜기에 '세망골'이 있으니, 옛날 권세 있는 사람이 이곳에 선친의
  묘를 쓰고 동민들에게 세도를 부리므로 그 자를 망하게 하기 위해
  묘를 파헤쳐라 하여 불린 지명이라 한다. 처음에는 '대명골(大名谷)'
  이었다고 한다.
- 도가(都家, 도간마을): 탁주를 제조하는 집이 있어 불린 지명.

○ 오가리(五佳)

임진왜란 때 선비 조문옥(曺文玉)이 경기도 광주에서 피난처를 찾아
이곳에 와서 뒷산의 형세가 옥녀(玉女)가 거문고를 타는 형세라 하여
'옥녀봉'이라 하고, 이곳의 다섯 가지 아름다움에 도취돼 정착하여 살
았다고 하여 '오가'라 부른다.

- 수자곡(修子谷, 龜坪): 처음에는 '구평'이라 하였으며, 1567년경 가정
  전윤무(檟亭 田胤武) 선생이 후손을 데리고 수양차 이곳에 와서 정착
  하여 살았다 하여 불린 지명. 현재 연안 전씨(延安 田氏) 집성촌이다.

- 점촌(店村): 1895년 선비 김판식이 옹기를 굽고 옹기점을 차렸다 하여 '점촌'이라 하고, 풍수지리상 봉황새가 앉은 형상이라 하여 '봉촌(鳳村)'이라고도 한다. 임진왜란 당시 원통산(怨痛山)에 성을 쌓고 이곳에서 말을 길렀다 하여 '말마티(馬田, 말밭)'라고도 한다.
- 유목정(柳木亭): 영남 선비들이 서울 갈 때 역촌인 안곡마을에 도착하기 전 버들 숲이 좋은 이곳에서 잠시 쉬어 간다 하여 불린 지명.

○ 원리(院里)

상주, 개령 지방의 고을 수령이 서로 왕래하면서 이곳에서 쉬어 갔다고 하여 '원골(元골)'이라 하고, 그 후 개칭되었다.

○ 웅곡리(熊谷)

마을의 지형이 곰과 같다 하여 '곰실', 즉 '웅곡'이라 부른다.

무수리 효자 백중휘 정려비(孝子白重暉旌閭碑)

구미시 무을면 무수리 233

□ 찾아가는 길

무을면 파출소 직전의 도로 오른편으로 무수리행 골목길을 따라 무수리마을회관을 지나서 거의 도로 끝까지 진행하면 왼편으로 비각 및 무수리 조산(造山)이 위치한다.

효자비각 안에 위치한다. 백중휘는 휴암 백인걸(休庵 白人傑)의 후손으로 고종이 정려하였고, 1908년에 효자각을 세웠다. 비신 전면에는 '孝子贈童蒙教官朝奉大夫白重暉之閭'라 각자하고, 우측면에는 '崇禎紀元後五丁未二月日立'이라 하여 1907년에 각자되었음을 알 수 있다.

정려비각과 조산(造山)　　　효자백중휘정려비

한편 비각 오른쪽 곁에는 일제시대 '昭和十二年七月日(1937)'에 빈민구제의 공으로 세운 무수리 통정대부백용기선덕불망비(通政大夫白用基善德不忘碑)와 무수리 동제(洞祭)유적인 조산(造山)이 위치한다. 매년 정월 보름 동제를 모시다가 1965년부터 폐지하였다.

전좌명 효자정려비 및 묘비, 무이재
(田佐命 孝子旌閭碑, 墓碑, 武夷齋)

구미시 무을면 무이리 141 효자비각

☞ 찾아가는 길

선산—상주 간 68번 지방 도로에서 무이리 입구 오른쪽 도로변 비각 내에 정려비와 편액이 위치하며, 비각 오른쪽에 묘비가 위치한다.

전좌명(田佐命; 1421~1524)의 자는 충언(忠彦), 호는 성암(性庵)이다. 성종 3년(1472) 그의 효행을 기리기 위해 정려를 내렸다. 현재 비각 안에 있는 효자정려비는 상부를 귀접이한 형태로 전면에는 '孝子贈右議政田佐命之閭'라 각자되고, 후면에는 '崇禎紀元後戊午閏月日'이라 하여 1678년에 각자되었음을 알 수 있다. 비각 벽면에는 '孝子贈大匡輔國崇祿大夫議政府右議政兼領經筵事行廣興倉主簿田佐命之閭' 편액(扁額)도 볼 수 있다.

비각 내에 정려비와 편액, 비각 오른편에 묘비가 위치.

비각 바깥에 있는 묘비는 비신 전면 상부에 '有明朝鮮國廣興倉副丞贈議政府右議政性庵田先生墓碣銘'이라 각자하고, 후면에는 '崇禎紀元後三壬午四月日', 즉 1762년에 건립하였음을 알 수 있다.

무이재(武夷齋)는 선생을 추모하는 곳이다. 조선 순조 9년(1809)에 후손이 건조하여 의소(議所)로 하였다. 무이재에는 '명묘어제시(明廟御製詩)'가 있어 '白鳥啣香盒南山代田民'으로 본판에 양각하여 달았다.

무등서원(茂等書院), 성암재(性庵齋)

구미시 무을면 무이리 무골윗말

☞ 찾아가는 길

전좌명(田佐命) 묘자비각 옆의 도로를 따라 무이리 사무소를 찾아들어 간다. 노인회관 앞에 주차하고, 그 오른쪽 골목 안에 성암재가 위치한다.

이곳은 원래 '무등서원(茂等書院)'으로서 효종 원년(1650)에 성암 전좌명(性庵 田佐命), 옥산 이우(玉山 李瑀), 가정 전윤무(檟亭 田胤武)를 모셨다가 고종 5년(1868) 훼철된 이후 옛 부재를 사용하여 현재의 성암재(性庵齋)를 지었다.

성암재는 정면 4칸, 측면 2칸 규모의 팔작집으로서 평면은 어칸의 2칸 대청을 중심으로 좌우에 온돌방을 꾸미고 전면에 툇간을 둔 중당협실형(中堂挾室形)인데, 대청의 전면에는 각 칸마다 사분합 들문을 설치하였다. 대청 위에 걸린 서당중수기(書堂重修記)와 상량문(上樑文)에는 '무이서원(武夷書院)'이라고 되어 있다.

성암재

금오민속박물관

구미시 무을면 무이리 160번지

　금오민속박물관(http://www.geumofm.net/)은 선조들의 전통 민속생활문화를 접할 수 있도록 마련된 사회교육장으로, 2003년 5월에 개관하였으며 같은 해 10월에 문화관광부 제282호로 등록되었다. 본 박물관은 민속유물을 각 주제에 맞게 전시실(농기구실, 주생활실, 식생활실, 의생활실, 짚ㆍ풀공예실, 야외전시장)을 운영하며, 각 전시실에 전시되어 있는 유물은 전통사회의 선조들이 실생활에서 사용하던 것으로 그 주인의 땀과 손때가 깃들어져 있다.

한편 사회교육 프로그램으로 전통천연염색, 짚ㆍ풀공예, 민속놀이, 민속생활 체험, 솟대 만들기, 봉산탈 채색, 전통문양 찍기, 우리 떡 만들기, 한지공예 등의 다양한 민속체험 프로그램을 운영하여 지식의 확대와 교육적 효과도 가미된 가족 문화여행 프로그램으로 활용되고 있다. 관람시간은 하절기(3월~11월)는 오전 09:00부터 오후 18:00까지이며 동절기(12월~2월)는 오후 17:00까지이다. 매주 월요일은 휴관이며, 관람료는 2000원~3000원이다.

수다사(水多寺)

구미시 무을면 상송리 산 12번지 연악산

☞ 찾아가는 길

무을면 소재지에서 상주 방면 약 6㎞ 가면 도로 우측으로 '연악산 수다사' 안내판이 나오며, 이를 따라가다 무을 저수지 옆 오른쪽 도로로 접어들어 1.8㎞ 가면 된다.

· 연악산 상송리(淵岳山 上松里) 연(淵)은 용연(龍淵)이요, 악(岳)은 연화악(蓮花岳)이다. 연화(淵花)는 구품연대(九品蓮臺)를 의미니 구품은 극락(極樂)이요, 산(山)은 연악으로 상연하연(上蓮下蓮)의 뜻이다. 상송리(上松里)는 상송연(上松淵)으로, 상송정(上松亭)이 상연(上蓮)이기도 하다.
수다(水多)는 많은 중생의 청정법계도량(淸淨法界道場)이라는 뜻이니, 여기서의 '수(水)'는 관음(觀音) 혹은 감로법수(甘露法水)이다.

· 수다사 입구 길 양쪽에 서 있는 느티나무 '쌍정자'옛날 사랑을 이루지 못한 청춘남녀가 남의 눈을 피해 서로 부둥켜안고 울면서 밤을 지새우다 그 자리에서 느티나무로 변했으며 그 옆에 그들의 명복을 비는 또 한 그루의 느티나무를 심어 오늘에 이르고 있다.

연악산(淵岳山) 수다사에 관한 기록으로는 『신증동국여지승람』 권29 선산도호부 불우조에 "水多寺在淵岳山"이라 있고, 『일선지』 불우조에 "水多寺在淵岳燬于壬辰重建" 정도만이 있을 뿐이며, 사찰 측에는 중수기록 등의 현판도 남아 있는 것이 없다. 다만 근년에 작성했다는 『수다사약지(水多寺略誌)』가 있을 뿐이다.

이에 따르면, 신라 흥덕왕 5년(765년) 진감국사(眞鑑國師)가 연악산 상봉인 미봉에 흰 연꽃 한 송이가 피어 있는 것을 보고 절을 짓고 '연화사(蓮花寺)'라 하였다. 이후 고려 광종 25년(975) 화재로 소실된 것을 명종 15년(1185) 각원 대사(覺圓大師)가 중창하고 성암사(聖巖寺)라 하였다. 고려 원종 14년(1273년)에는 수재(水災)로 훼손된 것을 조선 선조 5년(1572) 사명 대사(四溟大師)가 중수하여 현재의 '수다사'로 개칭하였다. 이후 1684년 숙종 10년에 화재로 인해 현재의 건물만 남았다.

지금 수다사에는 주 법당으로 대웅전과 명부전, 산신각, 요사 등이 있으나, 아쉽게도 중건 당시의 건물들은 아닌 것 같으며, 기타 동종·석조부도 2

기 등이 남아 있다.

대웅전(大雄殿)

대웅전은 수다사의 본당으로서 정면 3칸·측면 3칸 겹처마 맞배지붕 건물이다. 자연석의 초석을 놓고 등구리 기둥을 세워 집을 세웠다. 평주(平柱; 건물 주위 기둥)는 민흘림이고, 고주(高柱; 건물 내부의 기둥)에는 엷은 배흘림이 있는 듯하나 나무를 돌려 써서 자연히 휜 것인지도 모르겠다. 기둥 윗몸에 창방을 짜고 평방을 놓은 후에 다포계 공포를 설치하였다. 공포는 건물 앞·뒷면에만 설치하고 좌·우 측면에는 설치하지 않았다. 다포계의 공포를 가진 집에 맞배지붕을 씌우려면 시공상 여러 가지 불합리한 부분이 생기기에 생략한 듯하다.

마루는 우물마루이며, 천장도 우물천정이다. 단청은 금(錦)모루단청 문양으로 채색하였다.

수다사 대웅전에서 주목되는 것은 평고대 연두 중앙에 목예(木蕊; 나무꽃술)를 박은 점이다. 연화문의 자방(子房)을 두드러지게 보이기 위한 장치인데 아주 오래전부터 내려오는 양식이다. 원래 건물의 양식은 이 부분에 기와로 구운 연화문막새를 달아야 하는데, 후에는 기와재질로 연꽃봉우리를 형상화하여 나타내었다. 그러던 것이 고려 말기 정도에는 목예로 변화하였다. 안동 봉정사 극락전을 보면 창방 좌·우 끝에 여러 겹의 나무결을 오려서 유두형(乳頭形)으로 만들어 붙인 것이 있는데 이것을 목예의 원류로 보고 있다. 수다사 대웅전의 목예 양식도 이러한 것이다.

한편 인근 도리사 극락전에도 이러한 목예 양식이 있어 구미·선산 지방 건축 양식의 하나의 특징이라 할 수 있겠다.

이 건물은 임진왜란 후 중건되었는지는 확실치 않으나, 현재 각 부재 양식이나 기법으로 보아 17세기 초반에 재건되고 그 후 중수된 것으로 추정된다.

대웅전 내 목조아미타여래좌상(木造阿彌陀如來坐像)

경상북도유형문화재 제334호

대웅전 안에는 본존불로서 목조아미타여래좌상을 봉안하고 있다. 이 좌상은 본래 삼존상이었다고 한다. 사찰에서 말하기를, 이 법당은 본래 극락전(極樂殿)이었는데 근래 형편이 어려워 삼존 중 협시보살 2구를 다른 사찰에 양도하고 중앙의 아미타본존만을 봉안하여 지금의 대웅전으로 개칭하게 되었다고 한다.

이 불상의 수인은 엄지와 중지를 맞댄 손을 무릎 위에 놓여 있다. 육계가 드러나지 않은 머리에는 원통형의 정상 계주(契珠)와 타원형의 중앙 계주가 장엄하게 있으며, 얼굴의 표정은 온화하다. 가슴과 배, 큼직한 손, 어깨에서 내려오는 옷주름과 왼발의 일부를 덮으면서 흘러내린 옷주름은 17세기 중엽경 제작된 불상의 공통적인 특징이다.

한편 협시보살 중 대세지보살(大勢至菩薩; 경상북도 문화재자료 제372호)은 선산읍 노상리 소재 원각사(圓覺寺) 원통전(圓通殿)에 봉안되어 있다.[25] 이 보살좌상의 복장(腹藏)에서 목각 인출의 『법화경』과 범어로 주서사경(朱書寫經)한 보살상의 조성기가 발견되어 조성 연대와 특히 수다사와의 관계가 밝혀졌다. 조성기에는 "順治六年歲在乙丑九月日 一善府西淵岳山水多寺佛像造成時隨喜助錄抄記 阿彌陀佛 觀音菩薩 大勢至菩薩……"이라 하여 '순치 6년명 수다사불상조성연기(順治六年銘 水多寺佛像造成緣記)'라고 하고 있다. 이에 의하면, 조선 인조 17년(1649) 조성된 것을 알 수 있어 그 조성 연대가 뚜렷한 귀중한 불상이라 하겠다.

관음보살(觀音菩薩)로 추정되는 다른 협시보살은 1968년 대구시 봉산동 서봉암(棲鳳庵)에 양도하였다고 하니, 이제는 이곳으로 모셔다가 함께 봉안하는 것이 옳은 듯하다.

---

25) '원각사 및 원통전 내 목조보살좌상' 편 참고.

명부전(冥府殿)과 목조지장보살좌상(木造地藏菩薩坐像)

경상북도 유형문화재 제139호

명부전은 대웅전 동측의 법당으로서 정면 3칸·측면 2칸의 맞배지붕 단층집이다. 잡석으로 쌓은 기단 위에 자연석의 주초를 놓고 둥구리 기둥을 세웠으며, 약화된 주심포계 공포에 다섯 개의 기둥을 설치하였다. 공포가 기둥에만 있는 주심포 형식이면서 외목도리 없는 화두계(花斗系)의 옛 형식은 신라시대 건축에 쓰인 공포 형식으로 알려져 있어 의외의 자료적 가치가 있다고 한다.

건물 내부에는 주존으로 목조지장보살좌상26)을 봉안하고, 좌·우에 보처존자 2구를 모셨다. 이 외에도 북쪽에는 수문장 2구가 거친 인상을 하고 있고, 사자상이 좌·우 3구씩, 동자상도 좌·우 3구씩 배치되어 있어 마치 내세의 모습을 보여주는 듯하다.

내부의 조형물들은 모두 그 양식상 17세기 중엽에 건조된 것으로 추정된다. 이는 명부전의 축조 연대와도 일치하는 것이다. 건물 처마에 달려 있는 막새기와 중에서 '乾隆十三年戊辰三月日造'라는 명문기와가 보인다. 건륭 13년은 1748년으로서 이 시기에 중수된 것임을 알 수 있다.

대웅전과 명부전의 내력에 대해서는 이미 언급한 『수다사약지』에 보인다.

---

26) 『수다사약지』에 의하면, 불상 조성 연대는 고려 명종 15년(1186)에 각원 화상(覺圓和尙)이 조성한 지장보살상(地藏菩薩像)이라 하나, 조형 양식상 17세기 중엽으로 추정된다.

이에 따르면, 이 건물들은 고려 명종 때(1171~1197)에 축조된 것으로 되어 있으나, 실제 건물 양식상 도저히 그렇게 볼 수는 없다. 구전에 의하면, 대웅전을 새로 지으면서 그 대웅전의 부재를 이용하여 명부전을 지었다고도 한다.

수다사 소장 탱화

수다사의 대웅전과 명부전, 요사 등에는 10여 폭의 탱화가 봉안되어 있다. 그 대략을 소개하면 다음과 같다.

① 대웅전 내 석가모니 후불탱화(유형문화재 제336호); '擁正九年辛亥' - 영조 7년(1731) 작.
② 대웅전 내 아미타불 후불탱화; '擁正九年辛亥' - 조선 영조 7년(1731) 작.
③ 대웅전 내 신중탱; '乾隆六十年三月日' - 조선 정조 19년(1795) 작.
④ 대웅전 내 탱화; '乾隆四六年辛丑' - 조선 정조 5년(1781) 작.
⑤ 대웅전 내 탱화; '嘉慶二十三年' - 조선 순조 18년(1818) 작.
⑥ 명부전 내 시왕탱; '乾隆三十六年' - 조선 영조 47년(1771) 작.
⑦ 승방에 봉안된 탱화; '乾隆四年' - 조선 영조 15년(1739) 작.
⑧ 산신각 내 산신탱; '光武五年' - 1901년 작.

대웅전내석가모니후불탱화

대웅전 내 석가모니 후불탱화(釋迦牟尼後佛幀畵; 유형문화재 제336호)는 석가여래의 설법장면을 그리고 있다. 화면 중앙에 자리한 석가여래는 왼손을 결가부좌 위에 올려놓고 오른손은 무릎 아래를 가리키는 항마촉지인을 하고 있다. 정수리로부터 상부로 퍼져나가는 광명(光明)은 부처의 설법이 시방세계로 전파됨을 상징한다. 대좌 아래에는 연꽃봉오리를 든 문수보살(文殊菩薩)과 만개한 연꽃을 든 보현보살(普賢菩薩)이 서 있고, 위로 이름을 알 수 없는 6명의 보살이 좌우에 합장한 자세를 하고 있다. 좌우에는 비파, 검, 용과 여의주, 탑과 창 등의 지물(持物)을 든 사천왕(四天王)이 외호하고 있다. 상단에는 제석천(帝釋天)과 세 개의 눈을 지닌 범천(梵天)이 양옆에 자리하고, 그 위로 다른 세계에서 온 부처, 가섭과 아난을 포함한 10대 제자, 신장(神將)들이 있다.

이 탱화는 적색과 녹색의 색 대비가 강해지고 채색이 짙어지는 18세기 불화 양식을 보이면서도 주존의 키형 광배, 천상을 표현한 밝은 색의 오색구름과 흰 꽃무늬의 산화문(散花紋) 등 17세기 불화 양식을 계승하고 있다. 현재 김천 직지사 성보박물관에 보관 중이다.

건륭 37년명 동종(乾隆 37年銘 銅鐘)

문화재자료 제435호

이 범종은 종각이 없어서 현재 대웅전 오른쪽 구석에 걸려 있다.

정상부에는 쌍룡이 입에 여의주를 한 개씩 물고 있으며, 용이 교차되는 정상에는 큼직한 여의보주가 있다. 용통(甬筒)은 없는 대신 지름 1㎝의 원공이 관통되어 용통의 역할을 대신하고 있다. 상대(上帶) 4군데에 32판의 연꽃 안에 동일한 범자(梵字)를 양각하였다. 또한 범자 밑에는 원형 두광을 갖춘 보살입상이 배치되어 있다. 보살 사이에는 4군데에 사다리꼴의 유곽(乳廓)을 배치하고 안에는 9개씩의 유두(乳頭)를 원각(圓刻)하였다.

한편 명문이 있어 전문을 소개하면 다음과 같다.

"乾隆三十七年 壬辰三月 日 化主亻又澄將僧統廣能 慶尙右道善山西嶺淵 岳山水多寺中鍾改造重二百斤也 三綱"

이 명문에 의하면 건륭 37년에 범종을 수다사의 중종(中鍾)으로 개조하였다는 것을 알 수 있다. 여기서 주목되는 것은 이보다 앞선 시기에 수다사에는 '大·中·小鍾'이라는 이름의 범종이 존재했음을 알 수 있으며, 보다 큰 대종이 존재했을 가능성이 있다는 것이다.

여하튼 현재의 이 동종은 명문에서 밝히듯이 조선 영조 48년(1772)에 조성된 것으로, 그 연대가 확실하므로 범종의 형태나 보살상, 유곽, 용뉴 등의 양식이 다른 범종 연구에 있어서 기준이 되는 귀중한 자료라 할 수 있다.

수다사 둑(纛)

둑(纛)은 불교 의식 때 사용되는 장엄구로 장대 끝에 깃발과 함께 달도록 되어 있으나 수다사에는 둑만 전해 오고 장대와 깃발은 전하지 않는다. 나무를 원형으로 깎고 앞뒷면에 같은 무늬를 조각하여 채색을 했다. 모두 11개가 전하는데 무늬가 같은 것이 네 쌍, 하나씩만 있는 것이 세 점이다. 대개 연잎이나 꽃, 구름무늬 등으로 아래 위를 받치고 테두리를 감싼 가운데에 주문양을 투각했다. 위쪽에 고리가 남아 있는 것도 있으며, 아래쪽에 있는 홈에는 천 조각이 남아 있는 것도 있어 여기에 당(깃발)을 달았던 것으로 여겨진다. 무늬에 따라 보면 구름과 봉황이 조각된 것이 한 쌍, 입을 벌린 용을 조각한 것이 한 쌍, 새의 깃털 무늬를 조각한 것이 한 쌍, 연꽃 위에 사각의 패 형식에 '불자(佛子)'라는 글씨를 쓴 것 등이 있다.

삼층석탑과 명월당사지(明月堂寺址)

삼층석탑은 현재 대웅전 앞뜰의 암반 위에 건립되어 있다. 사찰 측의 말에 의하면, 본래 명월당사지(明月堂寺址)에 있었던 것을 이전한 것이라 한다. 이곳 연악산에는 골짜기마다 중암, 굴암, 금강대 등 많은 대·소암자가 있었는데, 그중에서도 명월당사지가 제일 큰 절터라고 한다.

명월당사지 석탑

명월당사지의 위치는 현재 수다사에서 북쪽 계곡을 따라 1㎞쯤 올라가면 속칭 '이신당골'이라 불리는 평평한 임야와 경작지로 추정된다. 이곳 절터에는 옛 기와편과 2단의 석축, 맷돌만이 남아 있을 뿐이며, 삼층석탑의 원위치는 찾을 수 없다.

현재 석탑은 탑신 1석과 옥개석 3석만 남아 있다. 탑신석은 한 면에 문비와 자물통이 양각되어 있으므로 탑의 초층탑신임을 알 수 있겠다. 각 옥개석의 옥개받침은 모두 3단씩이며, 낙수면의 급경사나 전각의 양식 등에서 고려시대의 모습을 보이고 있다. 한편 3층 옥개석 윗면 중앙에는 방형의 찰주공(擦柱孔; 탑의 상륜을 구성하기 위한 철심구멍)이 보인다.

명월당사지에는 2단의 석축이 남아 있는데, 아랫단이 위단보다는 높은 편이다. 또한 자연석의 주초석이 옛 건물의 배열대로 남아 있어 절터를 짐작할 수 있다. 동민들의 말에 의하면, 이곳이 본래의 '큰절터'이며, 60여 년 전 대홍수로 건물이 파괴되고 완전히 폐사되었다고 한다. 위단의 축대가 산등성이에서 밀려 내려온 토양으로 인해 거의 매몰되어 있는 것으로 보아 동민들의 말이 사실인 듯하다.

한편 경작지에서 동쪽으로 약 50m 되는 산길변에 조선시대의 맷돌이 남아 있다. 이 맷돌은 밑 부분만 남아 있으나, 중앙에 둥근 받침대가 있고 그 주위로 넓고 깊은 홈이 돌려져 있다.

석종형 부도(石鐘型 浮屠) 2기

수다사에서 200m쯤 되는 동쪽 산록에 석종형 부도 2기가 있다. 이 일대를 '부도골'이라 부르며, '부도암'이라는 작은 암자가 있었다고 전한다. 그래서인지 주변 경작지에서는 옛 기와편과 청자편이 다수 발견되며, 축대에서도 몇 개의 장대석을 찾을 수 있다. 부도 2기는 원위치로 생각되며, 약 70년 전에 현 상태로 복원한 것이다.

　부도에는 각기 '백련당수유대사(白蓮堂秀裕大師)'·'수정당덕정대사(守靜堂德渟大師)'라 음각되어 있어 이 부도의 주인공을 알 수 있다.

　이 부도들은 모두 조선 중엽 이후에 많이 유행된 석종형 부도이다. 마치 '종'을 엎어놓은 듯하기에 '석종형(石鍾型)'이라 부른다. 대좌와 탑신석 상부의 의장(意匠) 및 연꽃의 조각 수법 등 조선시대 작으로는 상당히 정제된 형태를 띠고 있다.

무을 풍물

구미시 무을면 일원

　무을풍물은 지금으로부터 약 300여 년 전 수다사(水多寺)의 스님 정재진(법명 미상)이 현몽한 일과 구전되어 내려오는 내용 등을 소재로 풍물가락을 만들어 인근 부락으로 전파시킨 것이 효시가 되었다. 이후 이 가락을 이은 이군선 상쇠가 12마당으로 정리하고, 제자들을 육성하였다.

　1960년대 무을에서는 상면농악단과 하면농악단으로 나누어 경쟁하면서 무을농악이 발전하고 꽃피울 수 있는 계기가 되었다. 하면농악단의 김칠봉 상쇠는 전국농악경연대회 및 전국민속경연대회에 참가하여 수많은 우승을 하였으며, 상주농잠고등학교와 김천농림고등학교의 초대농악교사로 활동하였다. 상면농악단의 김신배 상쇠는 선산군 풍년제와 군민의 날 농악부문에서 매년 종합 1등을 수상하였으며, 특히 소고잽이의 기량이 뛰어나 김천과 상주 등지에 초청되어 시연 및 전수를 하였다. 이후 김칠봉 상쇠의 사망과 지창식 상쇠의 인천 이주, 김신배 상쇠의 병환과 사망으로 명맥만 유지하다가, 1990년대 최무웅 상쇠

가 주선하여 지창식 상쇠가 귀향, 무을단위농협 준공식 때 풍물을 울리고 제2
의 도약을 위해 준비한바, 구미시의 크고 작은 행사에서 무을풍물을 다시 볼
수 있게 되었으며, 현재의 박원용 상쇠로 그 가락이 이어지고 있다.

무을풍물은 전형적인 전투농악으로서 북가락이 웅장하고 장쾌하며 소고놀
음이 발달되어 있고, 전승계보가 뚜렷하고 우수한 예술성은 물론 가락이 힘
차고 박진감이 넘치며 행위가 다양한 것이 특징이다. 쇠 4명, 징 4명, 북 8
명, 장구 8명, 소고 12~16명, 잡색 3명(포수, 각시, 양반), 기수 4명(농기1,
단기1, 영기2)으로 총 45명 내외로 구성되며, 연행은 질굿, 반죽궁 등 총 12
마당으로 구성되어 있어 영남풍물의 진수를 볼 수 있다.

효자 김보륜 선생 정려비(金輔輪旌閭碑)

구미시 무을면 송삼리 815

☞ 찾아가는 길

무을면사무소 직전 도로변 오른쪽 골목 안에 비각이 위치한다.

조선 중종 때 예조정랑(禮曹正郎)을 지낸 김보
륜(金輔輪) 선생의 효행을 기리기 위해 문중에서
세운 비각이다. 아버지 명도(明道)가 멀리 출타했
을 때라도 사람을 보내 안부를 들은 연후에야 잠
자리에 들었으며, 아버지의 병환 중에는 잉어를
구하려 애쓰니 새가 잉어를 물어다 마당에 던져주
었다 할 만큼 효행이 타의 귀감이 되었다. 비의
전면에는 '通訓大夫行禮曹正郎行安陰縣監 商山
金公諱輔輪旌孝碑'의 비명이 있다.

효자 김보륜 선생 정려비

원통산성(元通山城)터

구미시 무을면 송삼리 원통산 일원

무을면과 옥성면의 경계를 이루는 원통산(元通山) 정상에 산 능선을 따라 축조된 산정식 산성(山頂式 山城)의 석성(石城) 흔적을 일부 발견할 수 있다. 구전에 따르면, 우물이 있었다고는 하나 확인할 길은 없다.

안곡리 김광택효자비(金光澤孝子碑)

구미시 무을면 안곡 2리 딱밭골마을

🔖 찾아가는 길

무을면소재지에서 상주 방면 국도로 안곡저수지를 지나 구미낙동강공동체생명학교(구안곡초교) 맞은편 '딱밭골마을' 오르막길로 진입하면 느티나무 지나서 비각이 위치한다.

김광택(金光澤)은 부모님이 병환을 당하여 정성을 다하였고, 손가락을 잘라 피를 드렸으며 시묘살이 때는 범이 와서 밤을 지켜주었다고 한다. 비석 전면에는 '孝子贈童蒙敎官金光澤之碑', 우측면에는 '光緖十五年己丑二月日'이라 하여 1889년에 각자하였음을 알 수 있다. 조봉대부동몽교관(朝奉大夫童蒙敎官)이라는 벼슬을 추증하였다.

김광택효자비

안곡역(安谷驛) 및 동제 유적(造山)

구미시 무을면 안곡 2리 안실마을

☞ 찾아가는 길

구안곡초등학교를 지나 상주 방면으로 약 300m 진행하면 왼편으로 '안실마을'
로 접어들어 마을 뒤에 동제 유적인 조산(造山)이 위치한다.

마을 뒤 제당(祭堂)에서 동제(洞祭)를 지내고 내려와 마을 앞 '조산걸'에
서 음식을 나누어 먹었다. 1977년부터 동제를 지내지 않았다 한다. 지금도
마을 앞 '조산걸'에는 '덜무디'가 남아 있다.

안실마을은 김천찰방(金泉察訪) 관할의 안곡역(安谷驛)이었다. 남쪽으로는
개령 양천역(楊川驛), 북쪽으로는 상주 청리역(靑里驛)에 닿는다. 중마 2필,
하마 4필, 역리(驛吏) 62인, 노(奴) 20인, 비(婢) 5인으로 역을 운행하였다.

오가리 유연당(悠然堂)

구미시 무을면 오가 2리 구평마을

유연당(悠然堂)은 가정 전윤무(價亭 田
胤武)의 추모소로서 1848년에 건립하였다.
정면 4칸, 측면 1칸 반 규모의 팔작집으로
평면은 어칸의 2칸 대청을 중심으로 좌우
온돌방을 둔 중당협실형(中堂挾室形)으로
전면에는 반 칸 규모의 툇간을 두었다. 기
둥머리에는 익공(翼工)장식을 하였고, 처
마는 홑처마이다.

유연당

웅곡 효자 황중화 정려비(黃中和旌閭碑)

구미시 무을면 웅곡 2리 곰실마을

☞ 찾아가는 길

선산-상주 간 68번 지방 도로를 따라가다 무이리 못 미쳐 도로 오른편으로 '웅곡지(熊谷池)'가 나타나고 그 안쪽 곰실마을 가운데 정미소 공터에 비각이 위치한다.

황중화(黃中和)는 평해인으로 자는 응오(應五)이며, 호는 국사(菊史)이다. 비석은 비각 안팎에 각 1기씩 있는데, 안의 비석 전면에는 '孝子主事黃中和之閭'의 비명이 있고, 밖의 칙지비(勅旨碑) 전면에는 '勅旨 黃中和贈都承旨戶曹參判 光武十年四月日正言梁燾慶', 즉 1906년의 제명(題銘)이 있다.

효자황중화정려비

고분(古墳) 및 기타 유적

무수리 고분군

구미시 무을면 무수리 산2 일원

무수리 고분군은 무수리 '질매실마을'의 동쪽에 서남 방향 능선에 고분군이 위치한다. 십여 기의 중·소형 고분으로서 도굴 및 민묘조성으로 거의 파괴된 상태이다. 바로 옆의 송삼리 고분군과 같은 집단의 묘역으로 추정된다.

송삼리 고분군

구미시 무을면 송삼리 산 87 일원 / 산 58 일원

송삼리에는 고분군이 크게 두 지역에 분포하고 있다.

'송삼마을'에 조금 못 미쳐 무을 문화마을 및 무을초등학교 안내판에서 우측 도로로 들어가면 바로 보이는 남쪽 능선에 중·소형 고분 수십 기가 위치하고 있다. 이들은 석곽(石槨)과 석실(石室)이 혼재하지만 중형석실분이 주류를 이루고 있으며, 대부분 도굴로 심하게 훼손된 상태이다.

무을초등학교 뒤편 서남 방향 능선에 위치하는 또 다른 고분군은 약 10여 기로서 대부분 밭 경작으로 인해 상당 부분 파괴가 진행된 상태이며, 능선 윗부분은 특히 도굴로 인해 파괴되어 있다. 중·소형의 석곽분으로 판단되며, 주위 밭에는 삼국시대 경질토기편이 산재하고 있다.

옥성면 마을 지명 유래(가나다순)

◎ 옥성면(玉城面)

본래 주아방(注兒坊), 신당방(新堂坊)이었으나 1914년 옥성면으로 개칭되었다.

○ 구봉리(九鳳)

마을 앞 낙동강변에 산재하는 고분의 형태로 보아 삼한시대 이전부터 사람들이 정착하여 산 듯하고, 강변에는 바위 모양이 용과 같다 하여 일명 '용바위'가 있어, 가뭄이 심하면 기우제를 올린다고 한다.

- 범리미, 봉디미, 봉촌(鳳村): 지형이 봉(鳳)의 꼬리처럼 생겼다 하여 '봉디미'라 한다. 구봉동에서 으뜸 되는 마을로 구봉산(九鳳山) 아래 자리 잡고 있어 '봉촌(鳳村)'이라 한다.
- 구시골, 귀시골(歸巢谷): 구봉산의 봉황이 날아가 버리면 좋지 않으므로 둥우리를 만들어 주어야 했기에 이곳을 '귀속곡'이라 부른다. 일명 복우산에 소가 소죽을 먹는 형상이라 하여 '구시골'이라고도 불린다.

○ 농소리(農所)

조선시대에 농막(農幕)이 있어 불린 지명. 선산고을 제일은 '농소 어물목'이라는 말이 있을 만큼 자연수로의 수질이 좋아 농사가 잘된다고 한다.

- 외딴대, 잇단촌, 밖에집, 두집매: 외따로 떨어진 곳에 두 집이 잇달아 있다고 불린 지명.
- 이실, 이곡(伊谷), 도방모리: '이곡'에는 낙동강 선착장이 있었고, '도

방모리'에는 임진왜란 때 정절을 지킨 동서지간의 최 씨(김희준의 처), 김 씨(김격의 처), 임 씨(임곽잠의 처) 세 분을 모신 삼열사(三烈祠)가 있었다 한다. 현재 세 동서가 생을 마감한 '노자암(일명 절부애 節婦崖)'이 있다.

• 불그덕마래이 대청들: 이곳에 큰 관청이 있어 장터와 그 서쪽에는 사기 굽는 붉은 흙이 있어 '불그덕마래이'라 불린 지명.

○ 대원리(大院)

조선시대에 국립여관 격인 죽현원(竹峴院)이 있어 '죽원리(竹院里)'였으나, 어감상 좋지 않다는 주민들의 진정에 따라 1990년 1월에 '대원리'로 개칭되었다.

• 죽원(竹院), 죽계(竹溪), 죽현(竹峴): 예부터 대나무가 많고 마을 앞에 큰 시내가 흐르고 있어 불린 지명. 지금의 '용포고개'를 '죽현(竹峴)'이라 함. 현재 원처사 비(元處士 碑)가 마을 중앙에 보존되어 있다.

○ 덕촌리(德村)

• 하목, 하미고개, 다항(多項): 골짜기가 많다 하여 불린 지명.
• 너븐돌(廣石): 상인들이 장사를 다닐 때 길목에 2평 남짓한 돌이 있어 휴식처가 되었기에 불린 지명.

○ 산촌리(山村)

고려 성종 2년(986) 선인(仙人)이 살았다 하여 '선동(仙洞)'이라 하였다. '산촌'이란 높은 곳에 위치하여 산으로 둘러싸여 있는 마을이란 의미로 본래 선산군 신당면 지역이었으나 1914년 행정구역 통폐합으로 편입되었다.

• 안더미(산골), 꼭두점: 산으로 둘러싸인 안골짜기이기에 '안더미', 산 정상에 금광이 있어 '꼭두점'이라 한다.

○ 옥관리(玉冠)

고려 말 옥(玉)씨 성을 가진 자가 정착하여 도기를 구워 번창하였다 하여 불린 지명이나, 현재는 옥씨 성이 한 명도 없다.

- 구평(龜坪), 문정자·은정자(文亭子·隱亭子), 숫돌·송암(松岩): '구평'마을에는 거북 모양의 큰 바위가 있어 마을에서 생산되는 쌀을 먹으면 거북처럼 장수한다고 전한다. '문정자' 혹은 '은정자'는 옛날 한 거사가 정자를 지어서 은거했다고 전하며, '숫돌', '송암'은 소나무와 바위가 많아서 불린 지명이다.
- 쇠말뚝, 말랑뜸, 우리곡, 곡현(哭峴), 수태(水苔): 지형이 흡사 소고삐를 매는 말뚝과 같다 하여 '쇠말뚝', 신기에서 흘러내리는 물로 인해 항상 가뭄이 들지 않아서 '말랑뜸', 옛날 어느 장수가 전투에서 패하고 서울로 가던 중에 크게 통곡하니 울음고개, 즉 '우리곡·곡현'이라 한다. 한편 '수태'마을은 뒷산 바위에 가뭄에도 이끼가 낀다 하여 불린 지명이다.

○ 주아리(注兒)

조선 태종 원년(1450년경) 임씨 집안에 아홉 형제가 살았다 하여 '구제봉(九弟峰)', '구제동(九弟洞)으로 불러 왔다. 가암문장터에서 약관의 소년이 주서(注書)에 급제하였다 하여 '주아'라 하니, 농암 김주(籠岩 金澍) 선생을 비롯하여 8주아가 났다고 한다. '뒤마'에는 고려 중엽에 창건된 절터가 있다.

○ 초곡리(草谷)

조선시대 중조 28년 초적원(草積院; 국립여관)이 있던 곳이라 하여 '초일'이라 하고, 동리명이 '초곡'으로 불린다.

- 구내미(九內尾): 마을 안골에 신라 때 용흥사(龍興寺)란 절이 있었다고 한다. '구시골'이라고도 불린다.

○ 태봉리(台峰)

옛날 어느 임금이 왕자의 태(胎)를 묻었다 하여 불린 지명

- 디기(得益): 복우산(伏牛山) 득익사(得益寺)로 인해 불린 지명.

선산 농소 은행나무

천연기념물 제225호
구미시 옥성면 농소 2리 436 이곡마을

낙동강 기슭 국도변에 우아하고 거대한 은행나무 한 그루가 서 있다. 세상의 모든 풍상과 긴 세월의 발자취를 그대로 간직한 채 묵묵히 입 다물고 오로지 덕스럽게 꿋꿋이 서 있다.

이 은행나무는 둘레가 15m, 높이가 30m, 밑 너비가 9m로 어른 7명이 양팔로 벌리고 서면 손이 닿을까 말까 할 정도로 큰 나무이다. 나이를 짐작기는 어렵지만, 약 1380년쯤 이 마을에 살고 있던 엄 씨(嚴氏)라는 사람이 심었다는 전설이 내려오고 있다. 마을의 지명 조사를 통해 추정하자면, 이 나무는 예전 어느 시기인가 존재했던 사찰과 관련 있을 듯 싶다. 뒷산 골짜기는 '굴바위골 절터 양지'라 불리고, 그 아래에는 '장터'란 곳이 있고 자기를 만든 도요지의 흔적이 있다. '장터'란 곳에는 돌담이 여기저기 흩어져 있는 점으로 보아 한

• 농소 은행나무 불교의 상징이 보리수나무와 불두화(佛頭花)라 한다면, 은행나무는 유교의 상징이다. 공자께서 천하를 순회하면서 제자를 가르칠 때 대부분은 은행나무 아래서 사람으로 하여금 바람직하게 되라고 말씀하셨고, 바로 이런 연유로 하여 은행나무가 유교의 상징적인 나무가 되지 않았나 생각된다. 기록에 의하면 행단(杏亶), 행림(杏林) 등은 모두 공자께서 제자를 가르치던 곳이라고 한다.

때 절도 있었고 사람이 많이 모이는 장터가 있었던 듯하다.

현재 마을 수호신으로 해마다 음력 10월 오일(午日)이면 동민이 정성을 모아 동제(洞祭)를 올린다.

처사 원호식 만세불망비

(處士元浩植萬世不忘碑, 일명 원처사비元殷士 碑)

구미시 옥성면 대원 1리 대원마을

☞ 찾아가는 길

선산에서 죽장리를 거쳐 상주가는 916번 지방도를 이용하여 '대원저수지'를 지나 '대원마을' 버스정류장을 이정표로 하여 도로변 왼쪽 논 건너 언덕 위에 옛 비와 새로운 비가 함께 위치한다.

원처사비

　조선 초기 '원처사(元處士)'라고 하는 선비가 벼슬을 그만두고 이곳에서 살았는데, 관찰사나 부사가 귀임 또는 이임할 때 반드시 원처사 집에서 여장을 풀고 쉬어 갔다고 한다. 이에 원처사가 사망한 일제시대에 그의 집을 일본인이 원처사의 집을 살려고 계약을 해놓자 저절로 집이 불타 없어졌다고 하며 대인(大人)은 함부로 하지 못한다는 전설이 있다. 비석 전면에는 '處士原州元公浩植萬世不忘之廟'의 비명이 있고, 좌측면에는 '戊寅三月日'이 각자되어 있다. 원처사 일화와 관련지어 생각할 때 '戊寅'은 1938년으로 추정된다.

　원래 이 마을은 조선시대에 국립여관 격인 죽현원(竹峴院)이 있어 '죽원리(竹院里)'였으나, 어감상 좋지 않다는 주민들의 진정에 따라 1990년 1월에 '대원리(大院里)'로 개칭되었다. 이에 따라 마을 이름도 '죽원마을'에서 '대원마을'로 개칭되었다.

수사 이용직 만세불망비(繡使李容直萬世不忘碑)

구미시 옥성면 대원리 675

'원처사'비가 있는 '대원마을' 675번지 골목길 담장 모서리에 위치하고 있다.

이용직(李容直)은 경상도 암행어사로 본 역원인 죽현원(竹峴院)의 폐단을 시정해 줌으로써 그 공을 기려 비를 세웠다. 전면에는 '繡使李公容直萬世不忘碑'의 비명이 있고, 좌측면에는 '同治七季戊辰八月日'이라 하여 곧 1868년(고종 5)에 각자 되었음을 알 수 있다.

산촌리 충신남사순정려편액(忠臣南思舜旌閭扁額)

구미시 옥성면 산촌리

충신남사순정려각

'대원마을'과 '죽원지'를 지나 상주시 경계 못 미쳐 오른편 '석거실마을', '산촌마을' 가는 마을길로 접어들어 '산촌마을' 입구 왼편 농로변에 '남사순정려각(南思舜旌閭閣)'이 위치한다. 현재 편액은 비각 안에 있다. 편액에는 '忠臣贈通訓大夫掌樂院正行展力副尉龍驤衛左部將贈通政大夫兵曹參議南思舜之門 上之元年甲子十一月日命旌'이라 각자되어 있다. 크기는 172×30㎝이다. 현재 정려각 안에 있는 정려비(旌閭碑)는 1990년 건립한 것으로, '贈通政大夫工曹參議忠義堂南公思舜旌閭碑'라 각자되어 있다.

대둔사(大屯寺)

구미시 옥성면 옥관동 1090번지 복우산

☞ 찾아가는 길

선산에서 상주 방면 33번 도로 가다가 강변휴게소를 지나 3㎞쯤 가면 제2구봉교가 나온다. 여기서 왼쪽 912번 지방 도로를 따라 3.5㎞ 직진하면 도로 오른편 복우산으로 난 길이 있다. 여기서부터는 승용차는 가능하나, 대형버스는 어렵다.

대둔사 전경

현재의 대둔사는 본래 대둔사의 부속암자이던 '청련암(靑蓮庵)'으로서 대둔사가 폐사된 뒤에 이곳으로 옮겨 '대둔사'라 칭하게 되었다. 본래의 대둔사는 이곳에서 약 300m 되는 서남 중턱으로서 현재는 높이 2m, 길이 50m의 석축지뿐이고, 주변에 기와편과 청자편이 흩어져 있어 옛 절터임을 짐작게 할 뿐이다. 대둔사의 창건에 대해서 사찰 측의 견해를 옮기자면, 신라 눌지왕 30년(446) 아도 화상이 창건하였고, 고려 고종 18년(1231) 몽고의 침략으로 불타 버린 것을, 고려 충렬왕의 왕자 왕소군(王小君)이 출가해 재건하였다. 그 후 조선 선조 39년(1606)에 사명 대사가 승병 만 명을 위해 중수하고 승군(僧軍)을 주둔시켰다고 한다.

현재 대둔사 경내에는 목조 건물인 대웅전과 명부전·응진전·산신각 등의 법당이 있으며, 강희 5년명 당간지주석·성파대사비·완화당탑 외 석조 부도 1기와 3년 전 요사채를 지으면서 발견된 석조유물들이 보존되어 있다. 이상의 유물들은 모두 17세기 이후의 조성으로서 대둔사는 '강희(康熙)'연간에 중흥불사를 일으켰으며, 이후 계속적인 건물의 재건과 불사로 사찰의 면모를 일신한 것으로 생각된다.

한편 대웅전(경북 유형문화재 제162호)을 수리하던 중 사찰의 역사와 내역을 기록한 『상량문(上樑文)』이 발견돼 관심이 집중되고 있다. 『상량문』에는 1614년 중창에서 1804년 총 여섯 차례에 걸친 중창내력과 시주한 신도들의 성명 등이 기록되어 있어 그동안 논란이 되어 온 대둔사의 창건 연혁 및 원위치에 대한 연구가 진일보할 것으로 생각된다.

대웅전(大雄殿) 및 지조석가여래좌상(紙造釋迦如來坐像)

경북 유형문화재 제162호

대둔사의 본당으로서 중앙 높은 대지에 건립되어 있다. 대웅전 내에는 본존으로 석가여래좌상을 봉안하였으며, 벽에는 『복우산대둔사미륵암신설불량기(伏牛山大屯寺彌勒庵新設佛糧記)』와 『선산복우산대둔사청련암중창기(善山伏牛山大屯寺靑蓮庵重創記)』 2매의 현판이 보관되어 있다.

대웅전은 정면 3칸, 측면 3칸의 건물로서 내부의 아자형(亞字型) 닫집이 특이하다. 이런 모습의 건물은 실제로는 조영되지 않은 것이나 장엄을 위하여 과장한 것이다. 아(亞)자의 평면을 갖는 건물로는 창덕궁 비원의 부용정(芙蓉亭)이 있고, 목조건축을 모방한 경천사 10층석탑과 원각사 10층석탑이 있다. 대웅전 내부의 닫집은 경천사 10층석탑의 한 층 1면과 아주 흡사한 모습을 하고 있다. 대웅전의 처마는 겹처마이고 지붕은

지조석가여래좌상과 닫집

팔작이다. 건축기법과 양식으로 보아 17세기 후반에 축조된 것으로 보이며,

내소사 대웅전과 흡사한 모습을 띠고 있다.

대웅전의 주존인 석가여래좌상은 종이로 만든 불상(紙佛)으로서 전면에 금박을 입혔다. 수인은 설법인(說法印)을 취하였으며, 무릎 너비에 비해 동체가 크기 때문에 약간의 불안정감을 주고 있다. 조성 연대는 대웅전 건물과 거의 같은 시기인 17세기로 추정된다.

명부전(冥府殿)과 조사진영(祖師眞影)

대웅전 북측의 건물인 명부전은 정면 3칸·측면 2칸의 겹처마 맞배지붕 건물이다. 건축 연대는 각부의 양식으로 보아 대웅전보다 조금 후대인 것으로 보인다. 현재 이 건물 내에는 유명도(幽冥圖) 1폭과 역대조사(歷代祖師)의 진영 5폭이 봉안되어 있다.

- 幽冥圖: '康熙甲午'. 조선 숙종 40년(1714).
- 奮忠報國弘濟尊者松雲堂大和尙之眞
  (분충보국홍제존자송운당대화상지진)
- 箕城下第一世白華堂大禪師之眞 (기성하제일세백화당대선사지진)
- 碧波堂大禪師蓮友之眞 (벽파당대선사연우지진)
- 碧潭堂大禪師包允之眞 (벽담당대선사포윤지진)
- 霜峯下第二世月巖堂大禪師之眞 (상봉하제이세월암당대선사지진)

이 외에도 1920년에 조성되었다는 묵기가 있는 탱화 1폭이 있다.

명부전   명부전 내 지장보살좌상   명부전 내 시왕상

응진전(應眞殿)과 소조아미타삼존불(塑造阿彌陀三尊佛)

　대웅전 북측 언덕에 남향하여 세워진 응진전은 정면 3칸·측면 2칸의 겹처마 맞배지붕양식의 건물이다. 정면 3칸에는 각각 띠살무늬의 문짝을 달았으며, 건물 외벽에는 보살상을 벽화로 그려 넣었다. 17세기 후반에 축조된 건물로 보인다.

　내부에는 흙으로 만든 아미타삼존불을 봉안하였고, 벽을 따라 돌려진 목조불단 위에는 목제 16제자상과 동자상이 안치되어 있다. 조성 시기는 모두 조선 후기로 추정된다. 이밖에 삼존불 후면의 탱화 하단에서 1920년에 불상을 개금하였음을 확인할 수 있다.

응진전　　　　　소조아미타삼존불　　　　응진전내 16제자상

강희 5년명 당간지주석(康熙五年銘 幢竿支柱石) 및 괘불대(掛佛臺)

　현재 명부전 바로 위에 소형 당간지주석 1주와 괘불대가 남아 있다.

　당간지주석의 북쪽 측면에는 '강희5년병오(康熙五年丙午)'라 음각되어 있어 조선 제18대 현종 7년(1666)에 당간을 세웠음을 알 수 있다. 한편 '康'자 위에는 작게 '大'자가 보이고, '丙'자 옆에도 '火'자가 보인다.

당간지주석과 괘불대　　　　강희 5년명

성파대사비(性波大師碑) 및 완화당탑(翫花堂塔)

대둔사의 경내 진입 직전의 주차장 축대 위에 성파대사비와 완화당탑을 비롯한 부도 1기가 남아 있다.

성파대사비, 완화당탑

완화당탑

성파대사비(性波大師碑)는 자연석을 하대석으로 삼고, 하나의 돌로서 비신과 지붕돌을 삼았다. 비신에는 상부에 횡으로 '성파대사비명(性波大師碑銘)'이라 전제하고, 비문 서두에 '有明朝鮮國性波大師碑銘幷序'로 음각하였다. 이 비문에 의하면 진사 심능태(進士 沈能泰)의 찬문이고, '崇禎四壬申七月', 즉 순조 12년(1812)에 건립하였음을 알 수 있다.

탑신에 '완화당탑(翫花堂塔)'이라는 음기(陰記)가 있어 일명 '완화당탑'이라는 불리는 부도는 하나의 돌로 만들어진 조선시대의 전형적인 석종형 부도(石鐘型 浮屠)이다. 이들 부도 2기는 구성양식이나 각부의 조각수법으로 보아 조선 후기인 18세기를 전후한 시기의 조성으로 추정된다.

한편 1994년 요사(寮舍)를 새로 지을 때 땅속에서 몇 점의 석조유물들이 발견되었다. 이들은 사각의 연화문석등 하대석과 8각의 불상 대좌, 활주석 3개 등이다. 현재 사찰 경내에 보관 중이다.

송당 박영 묘(松堂 朴英 墓)27)

구미시 옥성면 옥관 1리 구평마을

☞ 찾아가는 길

선산에서 상주행 33번 국도를 이용하여 '대둔사' 진입구인 '제2구봉교'에서 좌회전하여 '윗죽전마을'을 찾고, 마을에서 다시 왼편으로 '구평마을'을 찾아 마을 좌측 편 동북 능선 상에 위치한다.

주아동 탑곡(塔谷) 삼층석탑

원소재지: 구미시 옥성면 주아리 형제봉 '탑골'
현 소재지: 구미시 옥성면 주아리 옥성초등학교 교정

주아동탑곡삼층석탑

이 석탑은 원래 마을에서 남쪽으로 보이는 '형제봉 탑골'에 있던 것을 옥성면사무소를 거쳐 지서로 옮겼다가 1964년 11월 현 위치로 이전하였다. 원소재지에는 아직도 석탑의 지대석이 반쯤 매몰된 채 남아 있으며, 이 외에도 장대석과 주초석이 흩어져 있어 이 일대가 절터였음을 알 수 있으나, 이곳에 관한 기록은 전혀 없는 실정이다. 현재 지대석과 3층 옥개석 등 일부 부재를 잃어버렸으나, 그 원형은 충분히 알 수 있으니 그 형태를 고찰해 보면 다음과 같다.

수 매의 장대석으로 된 지대석 위에 이중기단을 구성한 삼층석탑으로서,

---

27) 선산읍 신기리 [송당정사(松堂精舍)] 편을 참조한다.

기단부 갑석의 연꽃대좌로 인해 주목되고 있다. 단엽복연(單葉伏蓮)을 4장씩 사방에 조각한 연꽃대좌로서 면석을 받치고 있다. 1석으로 된 면석은 4면에 양 우주를 각출하였으며, 아랫부분의 2단 각형 괴임이 연꽃대좌 상면의 각형받침과 맞지 않은 것으로 보아 거꾸로 복원되어 있는 듯하다.

초층 옥개석은 옥개받침이 3단이며, 추녀에 낙수홈이 표현되었고 낙수면은 급경사를 이루어 전형적인 고려 양식을 보이고 있다. 특히 옥개석 상부에는 1단의 탑신받침을 표현한 후 2층 탑신을 나타내었다. 2층 옥개석 역시 상부에 3층 탑신을 같이 나타내어 특이한 형태를 보인다고 할 수 있다.

이렇듯 기단부에 연꽃대좌가 마련되고, 특히 하나의 돌로서 탑신과 옥개석을 같이 나타낸 예는 고려시대 건물인 춘천칠층석탑이나 구례 논곡리삼층석탑, 춘성 창촌리석탑 등에서 볼 수 있는 것이다. 주아동 석탑 역시 이러한 양식적인 특징으로 인해 축조 연대는 고려 중엽으로 추정된다. 현재 높이는 158㎝이다.

주아리 황두선효자비(黃斗善孝子碑)

구미시 옥성면 주아리 산48

황두선효자비각

주아리 옥성면사무소 마을로 들어가서 옥성천을 따라 '가라골'로 가다 보면 도로 오른편 효자비각(孝子碑閣) 안에 효자 황두선의 비가 위치한다. 부모님을 섬길 때 항상 입에 맞는 음식을 준비하여 부모님의 뜻을 어긴 바가 없었고, 삼 년 시묘 후에는 평생을 초하루와 보름에 성묘하며 애통해하니 후세에 귀감이 되게 하였다. 비석 전면에는 '孝子參奉黃斗善碑'의 비명이 있고, 우측면에는 '歲在丙寅來鍾之日上澣', 즉 고종 3년(1866) 2월에 비각을 세워 그 효행을 기린 것이다.

용흥사지(龍興寺址)

구미시 옥성면 초곡리

옥성면 초곡리 일명 '구내미(九內尾)'에 있었다. 건립 연대는 알 수 없고, 현재 절터 앞에 용소지(龍沼池)가 있으며, 못 아래 경곡(鯨谷)이 있다.

득익사지(得益寺址)

구미시 옥성면 태봉2리

☞ 찾아가는 길

선산에서 무을 방면 지방 도로 68번을 타고 가다가 봉곡리에서 오른쪽 상주행 916번 도로를 이용한다. '대원저수지'를 지나 '대원마을' 버스정류장을 이정표 삼아 도로 왼편으로 '상득익'·'아랫득익' 마을 이정표가 나온다.

옥성면 태봉 2리는 지금도 마을을 '득익마을'이라 칭하는데, 이는 '득익사'가 있었기 때문이다. 득익사에 관한 기록으로는 다음과 같은 자료가 참고된다.

『고려사(高麗史)』 列傳 卷第47 辛禑 二(七~八)條: "……九月倭寇丹溪居昌冶爐等懸至嘉樹懸都巡問使金光富與戰敗死　移置海印寺所藏歷代實錄及經史諸書于善州得益寺以李乙珍爲忠州丹陽道兵馬使……"

『문종실록(文宗實錄)』 卷5 卽位年 庚午十二月條: "宗金請大藏經以善山府得益寺所藏三千八百卷賜之"

『신증동국여지승람(新增東國輿地勝覽)』 卷29 善山都護府 佛宇條: "得益寺在伏牛山 高麗時歷代實錄 藏于陜川海印寺 及倭寇 移安此寺 後移于忠州開天寺"

『일선지(一善志)』: "得益寺 在伏牛山 高麗時歷代實錄 藏于海印寺 及倭寇爲患

移案此寺後移 忠州之開天寺"

이들 기록에 의하면 왜구 침입으로 합천 해인사에 보관 중이던 고려 역대 실록 및 여러 전적들을 득익사로 옮겨 보관하였고 이후 충주 '개천사'로 이 안했다는 것이다. 이렇듯 득익사는 조선 제5대 문종 때까지도 국가적으로 매우 중요시되었던 큰 사찰로, 이곳의 지리적 여건이 지금도 그렇지만 당시 에도 산간지역이었던 까닭으로 중요한 문적의 보관처로서 적합하였기 때문 이다. 그러나 현재 이곳에서는 득익사의 어떠한 흔적도 찾을 수 없다.

태봉2리 항공사진   득익마을 전경

마을 주민들에 의하면 "옛날 고려 때 큰 절이 있어 골짜기마다 암자가 그득 들어앉았었다."고 하지만, 뒤편 산골짜기의 작은 암자 자리 외에는 특별한 유적 · 유물이 보이지 않는다. 게다가 득익사에 관한 사적기록이나 폐사연유도 전혀 알 길이 없다.

마을 대나무밭에서 연화문 기와편이 몇 점 출토되었다고는 하나, 그 위치 와 기와편의 출토 사실 · 구전 등으로 미루어 이곳이 꼭 법당지라고 볼 수는 없고 사찰이 있었던 곳으로 생각된다.

한편 마을에서 서북쪽 산곡인 속칭 '미륵당' 골에는 6년 전만 해도 '미륵 바위'가 있었다. 높이 1.1m의 석주에 약간의 가공이 있는 듯하나 뚜렷한 조 각은 없고 자연석에 가까웠으므로, 아마도 토속적인 미륵신앙에서 나온 숭 배물인 것 같다. 또한 1968년도에는 이 지방에서 처음으로 반달형 돌칼이 수습되어 지역 상고사 연구에 귀중한 자료로 보고되어 있다.

고분(古墳) 및 기타 유적

구봉리 고분군

구미시 옥성면 구봉리 산5-6

현재 상주시와 구미시의 경계를 이루는 삼봉산 동쪽 능선지대, 즉 구봉동의 '봉촌·내산마을' 뒷산에 삼국시대 중형석실분이 약 60여 기 산재한다. 봉분은 대부분 유실되어 20여 기 정도만 외형을 갖추고 있으나 이것마저 도굴로 인하여 크게 파손된 상태이다. 또한 논밭에 인접하여 있어 더욱 심하게 파손되어 가고 있다.

대원리 고분군 및 지석묘

구미시 옥성면 대원리 67

대원리 고분군은 '대원저수지'도로 오른편의 남쪽으로 뻗은 능선 사면에 2기가 위치하고 있다. 2기 모두 도굴갱(盜掘坑)이 있어 도굴로 인한 벽석 노출 등이 심각하다. 수혈식석곽분으로 추정되며 긴목항아리 등의 삼국시대 토기편 다수가 채집되었다.

지석묘 역시 저수지 북동쪽 동쪽 건너편에 지석묘 1기가 전한다. 크기는 320×110×90의 장방형에 가깝고 하부는 매몰되어 자세하지 않다.

대원리 동제 유적(造山)

구미시 옥성면 대원 1리 대원마을, 대원2리 죽계마을

현재 전하는 대원리 조산(造山) 유적으로는 '대원마을' 안쪽에 1기가 있고, '죽계마을'입구(대원저수지 오르기 전 왼편으로 수로를 건너 '죽계마을'을 찾는다)에도 조그마한 1기가 있다. 이미 성소(聖所)로서의 의미는 사라지고 동민들의 휴식처로 자리하고 있다.

옥관리 고분군

구미시 옥성면 옥관리 산46-1 / 산32-2

옥관 1동 구미옥성화훼단지 맞은편 능선 동남사면 끝 부분에 형성된 나지막한 구릉에는 삼국시대로 추정되는 중형석실분이 수백 기 넓게 산재하고 있다. 봉분은 거의 유실되고 내부도 도굴로 인하여 심하게 파괴되었다. 또한 옥관 1리 '윗죽전마을' 우축의 남동쪽으로 뻗은 능선 아랫부분에도 삼국시대로 추정되는 고분 수 기가 분포하고 있어 경질토기편이 다수 발견되고 있다.

III

해평 방면

도개면 마을 지명 유래

해평면 마을 지명 유래

산동면 마을 지명 유래

장천면 마을 지명 유래

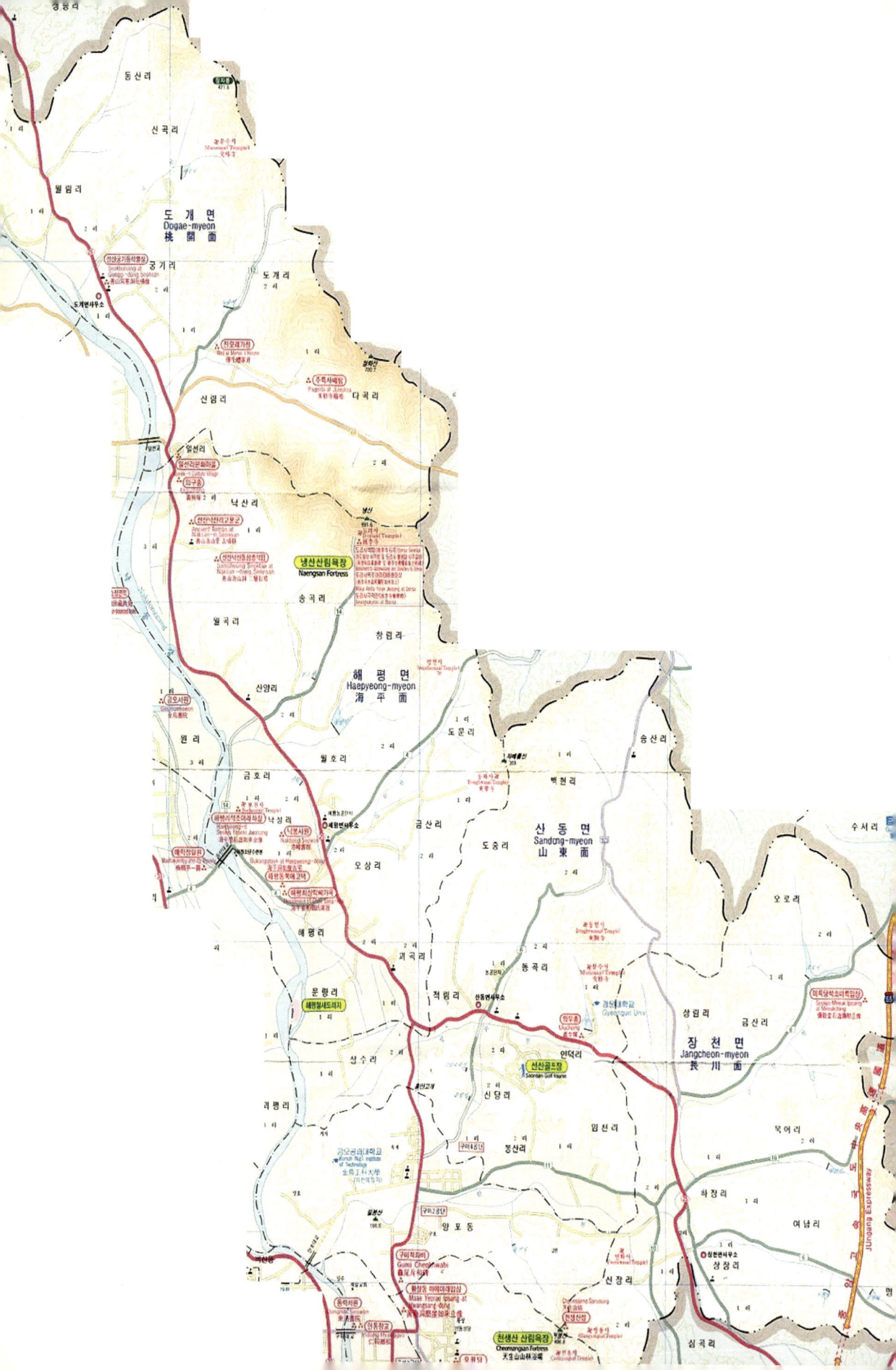

도개면 마을 지명 유래(가나다순)

◎ 도개면(桃開面)

　조선시대에는　신곡방(新谷坊),　도개방(桃開坊)의　2개방이었으나,　1914년 도개면으로 개편되었다.

○ **가산리(加山)**

마을 북쪽에 태백산의 지맥인 가덕산(加德山)이 있어 불린 지명. 혹은 '산두'마을에 살던 사람들이 흉년을 자주 당하자 덕을 보고자 약 100여 년 전에 이주하여 새로 형성되었다 하여 '가덕(加德)'이라고도 한다.

• 신흥촌(新興村), 후생촌(厚生村): 광복 후 박원벽(朴元壁)이 농지 약 30정보를 정부에 기증하여 면내 빈민 33세대를 정착시키고 한 집에 8단보씩 지급하여 생긴 마을.

• 원흥(元興): 고려 때 이곳에 원흥사(元興寺)라는 사찰이 있었으나 빈 대가 너무 많아 폐사되었다고 한다.

○ **궁기리(宮基)**

• 농바위(籠岩): 고려 말 충신 농암 김주 선생이 이곳에 머물러 유래 된 지명으로 선생의 유허비각이 있다.

• 원당골(元堂谷): 원당이라는 작은 서당이 있었다.

• 재궁(齋宮, 才宮): 농암 김주 선생을 추모하는 충렬당, 내격묘, 신도 비와 문재공 김응기 선생의 신도비가 있어 불린 지명.

• 아래장터, 웃장터: 약 70년 전부터 '보통장터'라 하였으나, 장터 아래 쪽에 면소재지와 시장이 형성되자 주거위치를 세분하기 위해 각각

'아래장터', '웃장터'로 부른다.

- 선창(船艙): 병자호란 당시 홍수가 나서 낙동강물이 마을까지 들어오
  자 어디선지 배 한 척이 떠내려 와 이곳에 닿았다 하여 '선착(船着)'
  이란 지명이 생기고, 그 후 이곳에 선창(船艙)이 생겼다. 현재 일선
  교 개통으로 폐쇄되었다.

○ 다곡리(多谷)

- 당재(堂峴): 성황당이 있어서 불린 지명.
- 수철(水鐵): 이곳에 있는 우물에 물이 솟지 않으면 가뭄이 시작되고,
  물이 많이 솟으면 비가 온다고 전한다. 쇠를 다루는 무쇠점이 있어
  불린 지명.
- 다목(多項): '다목'마을은 주륵폭포 가는 골짜기 앞마을로 정월 대보
  름날 달맞이를 이곳에서 하여 '달목', '다랑'이라 불린다.

○ 도개리(道開)

신라시대 모례장자(毛禮長子)가 살던 곳으로, 신라에 불교를 전한 고
구려 스님 아도 화상(阿度和尙)이 이곳에서 불교를 포교하니 불도가
처음 열렸다 하여 '도개(道開)'라 한다.

- 갈티(葛峴), 갱분(江邊), 아름마, 웃마: '갈티'고개는 도개에서 의성으
  로 가는 고개로 좌우 산에 칡이 많아 불린 지명이다. 도개리 남쪽의
  '갱분'마을은 강변에 위치하였다 하여 불린 지명이다. 한편 '하리'와
  '도개리' 중간 좁은 수로를 기준으로 그 제방 서쪽은 '아름마(아랫마
  을)', 동쪽은 '웃마'라 한다.

○ 동산리(東山)

자연부락인 '동정(東井)'의 '동(東)'자와 '산두(山斗)'의 '산(山)'자를 따
서 '동산(東山)'이라 불린 지명.

- 동정(東井): 마을 동쪽에 있는 만경산(萬景山)에서 솟아나는 물을 먹
  었다고 해서 불린 지명.

- 산두(山斗): 옛날 선산 김씨 형제가 마을 앞산에 올라 시를 지으며 즐기다가 마을 이름이 없으니 논의 끝에 '급수산증두월광(汲水山憎斗月光)'이란 시구에서 글자를 따서 지었다고 한다.
- 관말(冠말): 동산초등학교 앞의 마을로 선비가 관을 쓰고 농사를 지었다고 하여 불린 지명.
- 등계, 등재(아홉살재): 큰 동네 북쪽 만경산 입구 마을로 산등을 기준으로 경계를 하고, 산봉우리가 9개가 있어 불린 지명.

○ 신곡리(新谷)

- 새일(鳥一, 世一, 사일): 조선 중종 때 좌의정을 역임하고 동방부자의 칭호를 받은 문재공 김응기(文載公 金應箕) 선생의 출생지로서 당시 나라에서 조령을 넘어서 영남 지방에 들어서면 가장 큰 동네로 '조일'이라 하고 그 후 '사일'이라 칭하기도 한다.
- 점곡(粘谷), 열재: '점곡'은 예전에 옹기를 만들던 곳이라 하여 불린 지명이고, '열재'는 의성으로 넘어가는 고개가 험하고 도적 떼가 많아서 열 명씩 모여서 넘었다고 하여 불린 지명이다.

○ 신림리(新林)

약 이백여 년 전에 안강 노씨가 정착하여 청화산 밑 수골골을 '화림(華林)'이라 하고, 그 후 새로운 마을이 들어서자 '신림(新林)'이라 하였다.

- 돌고개(石峴), 산재(山峴), 소골(牛谷): '돌고개'는 일선교에서 도개면 소재지로 넘어가는 고개로 돌이 많아 불린 지명이다. 이는 아마도 신림리 고분군의 자취일 것이다. '돌고개' 넘어 신림리로 접어드는 첫째 마을을 '산재'마을이라 하고, 아도 화상이 소 천 마리, 양 천 마리를 길렀다 하여 불린 '소천골', '양천골'은 현재 '소골'로 칭하고 있다.
- 용산(龍山): 조선 중종 때 송당 박영 선생이 이곳에서 용마(말)를 얻었다 하여 '용댐이', '용산'이라 불린다.

○ 용산리(龍山)

마을의 형세가 용의 형상이라 불린 지명.

• 산두(山斗): 마을 뒷산의 형상이 나무로 짠 말(斗)과 같다 하여 불린 지명.

• 연산(蓮山): 만경산에서 내려다보면 낙동강으로 둘러싸인 이곳이 연꽃이 물 위에 뜬 형상이라 불린 지명.

• 감창(監倉): 낙동강 물길을 이용하여 조선시대에 소금을 비축하는 창고가 있었다 하고, 현재 그 터만 남아 있다.

○ 월림리(月林)

'월굴(月窟)'이라 하였고, 1900년경에는 '월곡(月谷)'이라 부르다가 1914년 행정구역개편 때 '월림'으로 개칭하니, 이는 달이 동네를 비추니 뒤에 있는 우거진 숲으로 마을이 더욱 아름다웠다 하여 불린 지명.

• 임호(林湖): '월곡' 동편 마을로 주위가 산림으로 둘러싸였고, 뒤에는 작은 저수지가 있으며 낙동강이 흘러 아름다운 마을의 형세를 일컫는 지명.

• 한실(大谷), 신풍(新風, 新坪): '한실'은 큰 골짜기라는 의미이며, 이곳 골짜기에 도둑이 자주 나타나자 사람들이 새 터전을 마련하여 이주하니, '신평' 혹은 '신풍'이라 불린다.

원흥사지(元興寺址)

구미시 도개면 가산리 257 현 원흥사

가산리 '원흥마을'에 위치했던 고려시대 사찰로서 언제 폐허되었는지, 사찰의 정확한 규모 등은 알 길이 없으나, 마을 입구에 거대한 석등의 하대석이 방치되어 있다. 마을 어느 집을 가나 사찰 석재가 있는 것을 볼 수 있다. 1994년 4월부터 지훈 스님이 현재의 원흥사로 개축 복원하였다. 이규보(李奎報)의 시가 전하고 있다.

궁기동 석조보살좌상(石造菩薩坐像) 2구

원소재지 : 구미시 도개면 궁기 2리 재궁마을 부처골
현 소재지 : 구미시 도개면 궁기리 748 - 4 도개고등학교 교정

궁기리 석조보살좌상(뒷면 비로자나불좌상)

경상북도 유형문화재 제120호

이 석조보살좌상은 좌상과 광배·대좌를 한 돌로 조성하였는데, 현재 광배 상단부와 보살상의 머리 부분이 파손되어 얼굴의 표정은 알 수 없다. 그러나 머리의 보발(寶髮)이 양쪽 귀 부분으로부터 내려져 있기에 보살상임을 확인할 수 있다. 오른손은 어깨 쪽으로 들어 올려 연꽃줄기를 잡았고, 왼손은 배 앞에 두고 연꽃 가지를 받들고 있다. 천의(天衣)는 양쪽 어깨에 걸쳐서 대좌까지 부드럽게 나타나 있다.

궁기동 석조보살좌상

비로자나불좌상(뒷면)

광배에는 당초문과 연꽃문, 화염문, 화불 등을 양각하였다. 광배에서 주목되는 것은 뒷면에도 불상이 조각되어 있다는 점이다. 아래에는 넓은 앙련(仰蓮) 위에 구름무늬띠를 장식하였고, 그 위에 복련(伏蓮)의 연화대좌를 마련하여 좌상 1구를 조각하였다. 불상은 지권인(智拳印)을 짓고 있는 비로자나

불로서, 머리에는 육계를 표현하였다. 원형 두광과 두광으로부터 두 줄기 굵은 띠로써 신광을 표현하여 부처의 신성함을 표현하였다. 한편 대좌는 4각형으로서 전면에 걸쳐 옷주름이 부드럽게 내리워져 있는 상현좌(裳懸座)를 이루고 있다. 그리고 대좌 밑으로 드리워진 옷주름은 대좌의 중앙에서 반원형의 층단을 형성하여 마무리되었다. 높이는 약 82㎝이다.

이 석조보살좌상은 각부의 조각 양식과 수법으로 보아 통일신라시대 하대의 작품으로 추정된다. 원위치는 동쪽으로 약 2㎞ 정도 떨어진 궁기 2리(재궁마을) 산등성이에서 옮겨왔다고 한다.

궁기리 석조보살좌상

이 석조보살좌상도 좌상과 광배·대좌를 한 돌로 조각하였으며, 머리의 보발로 인해 역시 보살상임을 알 수 있다. 광배 윗부분과 좌상의 머리 부분이 심하게 파손되어 각부의 세부 조각은 알 수가 없다. 그러나 앙련의 연화대좌를 갖춘 고려시대 작으로 추정된다.

궁기리석조보살좌상

내격묘(來格廟; 籠岩 金澍)

구미시 도개면 궁기리 52 재궁마을

☞ 찾아가는 길

일선교를 지나 도개면 방향 910번 도로로 진행하다가 신림교를 지나 약 1㎞ 진행하면 도로 오른쪽으로 '내격묘' 표지판이 보이고, 궁기마을로 약 700m 진행하면 농암 선생의 현손(손자의 손자)인 문대공 김응기 선생의 신도비를 먼저 볼 수 있고, 뒤편에 농암 선생의 사적이 위치한다. 월암정(月岩亭)은 도개중고를 지나 월림리까지 가서 국도 왼편 낙동강변의 마을로 약 1.4㎞ 들어가 위치한다.

농암 김주(籠岩 金澍)의 충절을 기리기 위해 1920년경에 건립하였으며, 1971년에 현 위치로 이건하였다. 대지 위에 제청(祭廳)인 충렬당(忠烈堂)과 사당(祠堂)인 내격묘(來格廟)가 앞뒤로 배치되어 있다. 충렬당은 정면 3칸, 측면 2칸 규모의 팔작기와집으로 현판은 우암 송시열이 친서하였으며, 내격묘는 정면 3칸, 측면 1칸 규모의 맞배기와집으로 여헌 장현광(旅軒 張顯光)이 친서하였다. 선생의 덕을 추모하기 위해 세운 월림리의 월암서원(月巖書院)의 원액은 석봉 한호(石峰 韓濩)가 친서하였다. 경내에는 선생의 신도비(神道碑)가 있으니 '崇禎紀元後七十二年己卯八月(1700년)'에 좌의정

충렬당(우암 송시열이 현판 씀)

내격묘(여헌 장현광이 현판 씀)

권상하(權尙夏)가 짓고, 우의정 김구(金構)가 썼으며, 영의정 민진원(閔鎭遠)이 그 전서를 썼다. 옛 비는 파괴되어 넘어져 있고, 1961년에 새로이 신도비를 건립하였다.

농암 김주 선생 신도비(파손)

1961년 건립한 신도비

문재공김응기신도비

문재공 김응기 신도비(文載公 金應箕 神道碑)

농암 김주의 현손(손자의 손자)인 문재공 병암 김응기(文載公 屛庵 金應箕; 1455~1519)의 사적비로서 내격묘 직전에 위치하고 있다. 조선 중종 때 좌의정을 역임하고, '동방부자(東邦夫子)'라는 칭호를 가지고 있다.

◼◼ 농암 김주(籠岩 金澍, 생몰연대 미상)

◼◼

본관은 일선(一善), 순춘공의 후손이며 백암 선생의 동생으로 이름은 주(澍), 호는 농암(籠岩)이다. 고려 공양왕 때 벼슬이 예의판서(禮儀判書)로서 홍무 임신(洪武壬申, 1392년)에 하절사(賀節使)로 중국에 가서 임무를 마치고 돌아오다가 압록강에 이르러 조선 건국 소식을 듣고 통곡하면서 부인 유씨에서 서신을 보내어 결별하기를, "충신은 두 임금을 섬기지 않으니 내가 강을 건너면 몸 둘 곳이 없노라. 내 부인이 잉태 중임을 아노니 만약 아들을 낳으면 이름을 양수(揚燧)라 하고, 딸을 낳으면 명덕(命德)이라 하라. 그리고 입었던 관복과 신을 보내니 후일 부인이 돌아가거든 합장하여 우리 부부의 묘로 하고, 묘 앞에 비문과 묘갈(墓碣: 묘 앞에 세우는 비석)을 쓰지 말 것이며, 나의 일을 후세에 알리지 말고 내가 서신 보낸 날을 기일로 하라."고 하였다. 드디어 중국으로 다시 돌아가 명나라 황제에게 조선을 정벌하고 고려를 다시 건국할 것을 주청하니 명제가 말하기를 "국가의 혁명은 하늘에 있으니 한 사람의 충절로써 회복할 수 없다." 하고 허락하지 아니하였다.

선생은 신하의 의로 다시 고국으로 돌아갈 수 없어 중국에 있을 것을 청하니 그 충절을 가상히 여겨 중국에서 예부상서(禮部尙書)의 벼슬을 내렸다. 선생은 벼슬을 사양하고 형초(荆楚, 중국지명)에서 고려를 사모하며 충절을 지키니 상서록(尙書綠)을 주어 여생을 마치도록 하였다. 후손이 마지막 서신 보낸 12월 22일을 제삿날로 정하여 제사를 지내고 있다.

고려 두문동 72현(杜門洞 72賢) 중 한 분이며 조선 정조 20년(1796)에 시호를 '충정(忠情)'이라 내리고, 친히 제문을 지어 신하를 보내 치제를 하였다. 사당인 내격묘(來格廟)와 제청인 충렬당(忠烈堂), 신도비(神道碑)가 구미시 도개면 궁기리에 있으며, 안동 고죽서원(孤竹書院), 선산 월암서원(月巖書院; 도개면 월림리 참조), 곡성 동진사(東津祠)에서 충절을 추모하고 있다.

주륵사지(朱勒寺址) 석탑

문화재자료 제295호
구미시 도개면 다곡리 산 123 청화산

☞ 찾아가는 길

일선교를 지나 '주륵사 폐탑' 안내판을 지나 약 2.9㎞ 진행하면 도로 왼편 아래로 다곡1리 '다항마을'이 나온다. 약 200m 정도 가다 보면 마을로 진입하기 직전 작은 다리를 건너 왼쪽으로 청화산을 오르는 소로가 있다. 현재 사방공사를 마쳐 소형차도 통행이 가능하다. 차량이 갈 수 있는 곳까지 가서 도보로 산길을 오르다 보면 작은 개울을 건너 있는 왼편 경작지 너머로 절터가 위치한다. 대형차는 '모례정' 앞으로 난 아스팔트 포장도로를 이용하여야 한다.

주륵사에 관하여는 『신증동국여지승람』 권29 선산도호부 불우조, 『일선지』 등의 기록에 보인다.[28] 주륵사의 폐사관련 기록으로는 『신증동국여지승람』 선산부 궁실조 「남관(南館)」의 기록이 주목된다.[29] 이에 따르면, 주륵사는 본래 고찰이었으나 조선 초기에 이미 폐사 직전으로서 조선 세종 11년(1429)에 부사 이길배가 남관을 수리함에 있어 이곳의 목재와 기와 사용을 건의하였다. 결국 그 후에 곧 폐사되었을 것이다. 한편 이들 기록에 의하면 고려시대 혜각(慧覺) 스님의 비가 있다 하나, 수차례의 답사 결과 비편 하나 찾을 수 없고 석탑재와 초석만이 남아 있을 뿐이다.

---

28) 『新增東國輿地勝覽』 卷29 善山都護府 佛宇條; "朱勒寺 在冷山西 有高麗安震所撰 僧慧覺碑銘"
『一善志』; "朱勒寺在百馬山下 有高麗安震所撰僖慧覺碑銘 府使李吉培構南館時撒毀村瓦回廢今有遺址"

29) 『新增東國輿地勝覽』 善山府 宮室條 「南館」: "……府使李公吉培 始莅政 勤於字牧 果於聽斷 曾未周歲 百廢俱新 於是鄉之耆宿前府使金公峙前懸監申君希忠 率州人申狀于府于監司 願撒廢寺朱勒之材之瓦以新之 監司洪公汝方上秦蒙 允於是募遊手糜湊財 無徵命無奪時 己酉十月肇役 至庚戌二月訖工 凡作楹廳堂房室……"

주륵사지 석탑

이곳의 석탑에 대해서는 『조선보물고적조사자료』293쪽에 "桃開面 多谷洞 塔ハ 倒壞シテ 附近ニ 散亂ス 基石二間角初層ノ 傘石 七尺五寸角 三重石塔ト 推セラル 附近ニ 砂近及瓦ノ 破片點材ス"라 되어 있다. 기록에 의하면 3층석탑으로 추정되며 현재 옥개석도 3석이 전한다.

기단의 탱주 2주 모각

통일신라시대 전형적인 석탑양식인 상·하 2중기단 위에 탑신을 세웠는데, 기단부의 구성방법은 확인할 수가 없다. 그러나 현재 도괴되어 있는 탑 부재를 실측한 결과, 하층기단의 폭은 358㎝, 상층기단 면석의 높이는 117㎝이며, 상·하층기단 각 면석에는 우주와 탱주를 각각 2주씩 나타내었음을 확인할 수 있다. 각 탑신석 역시 양 우주를 표현하였다.

현재 남아 있는 옥개석의 옥개받침은 5단이며, 초층의 추녀 폭이 2.36m, 2층은 2.04m, 3층은 1.75m이며, 5단 받침의 최하 폭이 초층 옥개석의 경우 1.44m, 2층은 1.24m, 3층은 1.07m이다. 이렇듯 대단히 큰 규모임에도 불구하고, 추녀선의 경쾌감과 낙수면 네 귀퉁이의 전각 및 반전은 시원한 맛을 보여주며, 옥개석 전각 양 끝에는 풍령(風鈴)을 부착한 흔적이 남아 있다.

기단부의 우주·탱주 양식수법, 5단의 옥개받침 등 양식적인 측면으로 미루어 탑의 축조 연대는 8세기 중엽으로 추정할 수 있다. 특히 1층 옥개석으로 추정되는 석재의 추녀 1변 길이는 경주 불국사 석가탑 못지않은 거작인 동시에 당 시대의 수작임을 알 수 있다.

현재 선산 김씨 문중 묘소 5기가 인근에 전하는데, 각 묘 앞의 묘상석(墓

床石)을 만들기 위하여 탑신석, 옥개석 할 것 없이 모조리 파괴하여 탑의 부재가 완전한 것이 단 1석도 없다.

주륵사지 기단석 · 주초석

건물지 층계석

현재 석탑지로부터 동쪽으로 민묘 2기가 있다. 그 주위는 넓은 고대(高臺)로서, 주변이 모두 건물의 기단 면석들이다. 그리고 그 고대로 올라가는 층계석은 사찰 법당 계단의 완전한 난간석임을 알 수 있다. 이곳에서 다시 동쪽 50m쯤 되는 경작지에도 남향의 석축지(한 변이 50~60㎝의 석재로 높이 2~4m의 축대를 쌓았는데 현존하는 것은 약 50m 정도)가 남아 있고, 신라시대 연화문 막새기와편이 많이 발견된다. 1968년 조사 시 이곳 경작지에 맷돌 하대석이 매몰되어 있었으나, 현재는 행방을 알 수 없다. 마을에서 1930년대에 지은 김씨 문중의 제실[승유재(承裕齋)]에서 8판 연화문이 돌려 있는 주초석 3개와 원형주초석, 8각 석등 부재, 장대석 등을 확인할 수 있다.

한편 이 사지로 올라오는 계곡 입구 암벽에는 '청화동문(靑華洞門)'이란 음기(陰記)가 있다.

다곡리, 도개리 곳집

구미시 도개면 다곡 1리, 도개 2리

'다곡마을' 좌측 산기슭의 논자락과 도개 2리 마을의 논 가운데 빈 창고 같은 집이 한 채 있다. '곳집'으로서, 창고나 곳간의 용도이나, 일반적으로 상여나 장제(葬祭) 도구를 보관한다고 하여 '상여집'이라 한다. '곳집'은 거의 자취를 감추어 버려 좋은 민속자료 중의 하나이다.

장방형의 평면을 취한 단칸 규모의 건물로서 바닥은 별도로 설치하지 않고 논바닥이 그대로 노출되어 있으며 벽체는 토석쌓기하여 마감하였다. 좌측면은 2짝의 판장문(板牆門)을 설치하여 출입구로 삼았으며, 지붕은 맞배지붕을 얹었다.

2006년 아쉽게도 철거하였다.

(위) 다곡리곳집
(아래) 도개리곳집

모례지가(毛禮之家; 毛禮井)

경상북도 문화재자료 제296호
구미시 도개면 도개1리 360 - 4, 현 모례원

☞ 찾아가는 길

선산읍 내에서 일선교를 지나 상주 방면 25번 지방 도로로 진행 중에 도개1리 이정표와 함께 '모례정' 안내판이 있다. 마을로 들어가면, 현재 폐교된 '송도초등학교'를 지나 모례원을 찾아 뒤쪽 담장 밖으로 돌아 위치한다.

이 우물의 외형은 일반적인 원형 우물과는 달리 입구가 우물을 뜻하는 한자말인 '井'자로서 그 어원을 짐작하게 한다. 마을에서는 모례장자샘, 모례가정, 모례정 등으로 불리고 있다.

거칠게 다듬은 긴 네모꼴의 돌을 짜 맞추어 만든 우물로서, 우물의 깊이는 3m이고 둘레는 단면이 원형이며 종단면은 가운데의 배가 부르고 상하가 좁은 형태이다. 밑바닥을 두꺼운 나무판자로 깔아 만든 것이 특징이며 나무

판자는 아직도 썩지 않고 그대로 있다. 바닥 직경은 1.5m, 중간부 직경은 2m, 우물입구 직경은 1.1m이다.

 구조는 측벽에 굵은 냇돌을 쌓아 올렸으며 바닥에는 각목을 5개 깔아서 두레박이 바닥에 부딪히지 않도록 하였다. 판석의 석질은 사암이다. 판석 규격은 거의 동일하며, 길이 135㎝ 내외, 폭 60㎝, 두께 10㎝ 내외이다.

 이 우물과 도리사는 신라 불교의 전파를 알려 주는 유적으로 신라 불교의 성지이다. 아도 화상은 일곱 살 때 이곳 모례장자의 집에 와 머슴을 살면서 양 천 마리와 소 천 마리를 길러 모례를 크게 놀라게 했다. 이렇게 5년간 일해 주고 열두 살에 아도는 떠났는데, 모례가 아쉽고 섭섭하여 가는 곳을 물어보니, "얼마 뒤 당신 집으로 칡순이 뻗어올 테니 그 칡넝쿨을 따라오면 나를 만날 수 있을 것이오" 하고 그대로 떠나버렸다. 과연 그 뒤 한겨울 어느 날 칡순이 모례의 집 문턱을 넘어오기에 그것을 따라 냉산 자락에 이르

모례원사적

니, 아도가 두 말들이 자그만 망태기를 만들어 모례에게 내놓으며, "절을 지을 것이니 시주 좀 해 주시오" 하였다. 모례가 시주한 천 섬으로 아도는 복숭아꽃·자두꽃이 만발한 냉산 기슭에 절을 이룩하니 이것이 신라 최초의 사찰 '도리사'라는 것이다.

 또 다른 일화 한 가지를 소개하자면,

도리사가 번창하던 어느 날 시주를 청하는 도리사 승려에게 모례의 집에서 "더욱더 부자가 되는 길은 없느냐"고 물으니, "집터가 배 모양이니 돛을 세우면 좋겠지요." 이 말을 좇아 곧 비석 셋을 세웠으나, 오히려 이때부터 차츰 가세가 기울더니 오래지 않아 모례의 집은 망해 버렸다.

현재 모례정 일원은 신라불교초전지로서의 가치를 인정받아 뜻있는 이들을 중심으로 송도초등학교 자리에 사적지로 지정하는 불사가 진행 중이다.

그밖에 모례장자의 집터가 마을에 남아 있고, 모례정에서 오른쪽 골짜기로 아도가 소 천 마리와 양 천 마리를 먹였다는 '소천골'(혹은 牛千골, 牛室), '양천골'이 위치하여 현재 소규모의 목장이 시설되어 있다.

도개리 입석(立石)

구미시 도개면 도개리 340-5

모례원이 있는 '송천마을'입구에 80m 간격을 두고 나란히 입석 2기가 서 있다. 위에서 말한 모례 관련 비석 셋과 연관된 입석으로 생각된다. 동네 어귀에 있는 높이 180㎝ 입석과 그 맞은편 과수원(포도밭) 뒤의 높이 118㎝ 석주가 그 세 개의 비석 가운데 두 개라고 한다. 동네 어귀의 석주 서면 상부에는 동자안면상(童子顔面像)이 양각되어 있다.

이들은 모례지가와 직접적으로 관련된 유물은 아닐 것이고, 주변에 등촉을 밝혔던 흔적이 있는 석편들이 있어 인근 동민들에 의한 민간 신앙 관련 유물로 추정된다.

동네어귀입석   동자안면상   과수원뒤입석

◾◾ 아도와 신라 불교

◾◾ 선산 지방을 중심으로 전개된 신라 초기 불교의 중심인물로는 묵호자·아도·모례 등이 있다. 이들의 행적을 적은 문헌으로는 『삼국사기』, 『해동고승전』, 『삼국유사』 등이 대표적이며, 이후의 자료들은 대개 이들 세 문헌에 근거하여 비슷한 얘기를 되풀이하고 있다.

이들 세 사람에 관한 기록을 위의 문헌들에서 종합하면 다음과 같다.

① 아도(阿道)는 고구려 사람으로 어머니는 고도령(高道寧)이고, 아버지는 조위(曹魏)의 아굴마(我崛摩)이다. 5세에 출가하여 16세에 위나라로 갔다가 19세에 돌아왔다. 어머니의 명에 따라 전불칠처가람(前佛七處伽藍)터인 신라에 불교를 전파하기 위해 신라 미추왕 2년(263) 서라벌에 들어갔으나, 사람들의 배척을 받고 심지어는 살해하려는 사람도 있어 실패하고 일선현 모례의 집에 3년간 은신했다. 그 뒤 공주의 병을 고쳐준 보답으로 왕의 허락을 얻어 천경림에 절을 짓고 머물며 불교의 전파에 노력했다. 그러나 미추왕이 죽자 사람들이 해칠 것을 염려하여 다시 모례의 집으로 돌아와 스스로 무덤을 만들고 죽었다. ② 묵호자(墨湖子 또는 黑湖子)는 눌지왕(417-457 재위) 때 고구려를 거쳐 일선현 모례의 집에 당도하여 움집을 만들고 지냈다. 양나라에서 신라 왕실에 보내온 향의 용도를 알려주어 왕실과 가까워진 뒤, 왕녀의 병을 고쳐주어 많은 선물을 가지고 돌아와 모례에게 주고 자취를 감추었다. ③ 비처왕(소지왕, 479-499 재위) 때 아도 화상이 시자 3인과 모례의 집에 와서 수년간 머물다 죽었는데 그 모습이 묵호자와 같았다. ④ 양나라 대통 원년(527) 아도 스님이 일선군에 도착하자 모례는 그보다 앞서 신라에 왔던 고구려의 정방, 멸구자 같은 스님이 모두 왕과 신하들의 배척을 받고 죽임 당한 일을 상기시키며 자기의 집에서 은거하도록 했다. 이때 마침 오나라의 사신이 와 법흥왕에게 향을 바쳤으며 아도가 그 쓰임새를 알려주어 왕실에 초청되었다. 이 자리에서 오나라 사신과 상면했는데, 왕은 오나라 사신이 불교와 승려에 존경을 표하는 것을 보고 백성들에게도 불교를 널리 선양하게 하였다.

우리는 이 내용에서 다음과 같은 결론을 이끌어낼 수 있다.

아도 또는 묵호자라는 이름으로 대표되는 많은 승려들이 불교 공인 260여 년 전부터 일선(선산) 지방을 중심으로 신라사회에 불교를 전파하기 위하여 꾸준히 노력하였다. 그러나 씨족 중심의 귀족들과 토착신앙을 숭배하는 사람들의 끊임없는 반대로 그들의 노력은 실패로 돌아갔다. 그러나 귀족들의 씨족적 기반을 해체하고 중앙집권적 국가를 확립하고자 했던 왕실은 입장을 달리했다. 그들은 불교를 새 지배체제 구축과 국가 통합의 이념적 지주로 삼아서 왕법과 불법을 동일시하고 부처의 위력을 왕의 위력으로 대치하여 강력한 왕권을 확립하고자 했던 것이다. 결국 불교를 신라사회에 정착시키고자 했던 승려들의 계속된 노력과 불교를 이용하여 새로운 지배체제를 구축하고자 했던 왕실의 이해가 상응하여 불교는 법흥왕대에 공인되었던 것이다.

☞ 모례와 아도 화상에 관계된 자료 목록은 다음과 같다.

『三國史記』 卷 第4 新羅本紀 第4 法興王條, 『三國遺事』 卷 第3 興法 第3 阿道基羅條, 『海東高僧傳』 阿道條, 『海東高僧傳』 高得相 時史, 『阿度和尙事蹟碑文朝鮮國慶尙道善山府冷山桃李寺阿度和尙事蹟碑』, 『龜龍寺事蹟幷浮屠移安碑銘序』, 『新增東國輿地勝覽』 卷29 善山都護府 佛宇條, 『一善志』 卷1 善山地圖誌 地理圖十絶, 『嶠南誌』 卷3 善山郡 寺刹 桃李寺條.

동산리 절터

구미시 도개면 동산리 72 일원

도개면 소재지에서 상주 방향 910번 국도를 따라가다가 동산리 '동산교' 직전 우회전을 하면 '동정마을'에 이르고 마을 북쪽 '등기못' 아래 동북편으로 절터가 전하고 있다. 마을 주민들에 의하면 밭으로 경작과정에서 다수의 토기편과 자기편이 발견되었다고 한다.

납석사지(納石寺址; 일명 신곡리절터)

구미시 도개면 신곡리 산 68 굴암골 청량산, 현재 문수사

☞ 찾아가는 길

도개면 소재지를 지나자마자 '신곡교' 직전 우회전하여 포장도로 끝의 사일마을 '사곡지' 넘어 청량산 중복의 문수사를 찾는다.

현재의 문수사는 50여 년 전 해방 직후에 창건된 사찰로서 본래 이곳에는 '납석사(納石寺)'라는 사찰이 있었다고 전해진다. 현재 경내에는 요사 1동과 20여 년 전에 건립된 법당이 있으나, 내부에는 일본풍의 목조불감(木造佛龕) 뿐이므로 여기서 소개할 만한 것은 못 된다. 그러나 뒤편 산봉우리 아래에 자연동굴을 이용하여 조영된 법당이 있는데, 이로 말미암아 이 골짜기의 이름을 '굴암(窟岩)골'이라 부르고 있다.

천연동굴 입구에는 2층의 현대식 건물을 지어 기도처로 삼고 있다. 30년 전만 해도 이곳에는 '사자암(獅子庵)'이라는 2칸 기와집이 있어 내부에는 문경 대승사(聞慶 大乘寺)에서 옮겨온 높이 50㎝의 흙으로 만든 약사여래좌상이 봉안되어 있었다.

약사여래좌상은 전면에 금칠을 한 불상으로서 나발(螺髮)에 낮은 육계(肉髻)를 갖추고, 원만한 상호로 위엄과 자비가 넘친다. 특히 통견의 법의와 배꼽 앞에 모은 손에 들린 약함(藥盒)은 중생 구제의 서원(誓願)을 세운 약사여래불의 자비심을 잘 표현하고 있다. 상호와 법의 등 각부의 양식수법으로 보아 조선 후기의 조성으로 추정된다. 현재 이 불상은 신축한 산신각 내에 산신탱30)과 함께 봉안되어 있다.

납석사지(納石寺址)

이미 앞에서 말했듯이 이곳은 납석사라는 사찰이 있었다. 납석사에 관해서는 『일선지』 불우조에 '納石寺 在新谷門巖北 寺後有石窟谷屋數間'이라는 기록이 주목된다. 현재 암굴법당의 형태와 이곳의 위치가 일치하기에 곧 납석사터임을 더욱 확실히 알 수 있다. 또한 『조선보물고적조사자료』에 "桃開面 新谷洞 附近ニ 瓦片及 砂器片點在スル外 遺物ナニ"이라는 약간의 기록이 참고가 된다.

현재 문수사 법당 일대가 옛 납석사의 건물지로서, 이곳에는 2단의 장대한 석축이 남아 있다. 하단은 높이 4~5m, 길이 40m의 석축이 정연하고, 상단은 높이 2m, 길이 20m의 석축이 있으며 주위 경작지에는 옛 기와편이 발견되고 있다.

이러한 납석사가 언제 폐사되었는지는 구전되는 것이 없어 알 수 없으나, 조선시대에 편찬된 『신증동국여지승람』에도 소개가 없는 것으로 보아 이미 고려 말기에 폐사된 듯하다.

석탑재

마을신도들에 의하면, 본래 이곳 경작지에는 오래전부터 석탑 1기가 있었는데 일제 말기에 괴한이 나타나 이 석탑을 파괴하여 그 내부에서 동불(銅

---

30) 뒷벽에 걸린 산신탱화에는 '大淸同治十二年癸酉六月 東鶴寺彌陀庵神幀新造成'이란 기록이 있다. 이는 계룡산 동학사 미타암의 산신탱화로서 1873년에 조성된 것임을 알 수 있다.

佛) 1구를 탈취해 갔으며, 이때부터 석탑은 넘어진 채 방치되어 있었다고 한다. 그러나 문수사를 창건하는 과정에 굴암으로 올라가는 계단석으로 이들 탑재를 사용했으므로 현재는 부재가 한 점도 없다. 다만 절 입구에 옥개석을 사용한 '청량산 문수사(淸凉山 文殊寺)'라고 묵서한 표석이 있었으나, 현재는 이것마저도 남아 있지 않다. 그저 화단에 안상 2구가 새겨진 기단 부재와 사리공이 조성된 탑신 부재 하나씩이 있을 뿐이다.

안상 2구 부조된 기단(교원대)

탑신부재(교원대)

열녀 초계 변씨 정려편액(烈女草溪卞氏旌閭扁額)

구미시 도개면 신곡리 563

☞ 찾아가는 길

도개면사무소 지나서 신곡리로 접어들어 납석사지 가기 전의 '사일마을' 진입 약 200m 전 도로 우측 편에 비각이 위치한다.

편액(扁額)은 초계변씨정려비각(草溪卞氏旌閭碑閣) 안에 있다. 초계 변씨는 강령 현감인 정방준(鄭邦俊)의 처로 남편이 의병을 모아 출전한 사이에 왜군이 쳐들어오자 치마폭에 혈서를 써서 던지고 6세 된 자식과 함께 절벽에서 뛰어내려 절개를 지켰다. 이에 철종 10년(1859)에 변 씨에게 숙부인(淑

夫人)을 증직하고 치마폭이 떨어진 자리에 정려각을 세웠다. 편액에는 '通政大夫康翎縣監鄭邦俊妻烈婦淑夫人草溪卜氏之閭 上之二年庚戌三月日重修庚子三月日重修'라 각자되어 있다.

열녀초계변씨정려각

자비사 묘법연화경(慈悲寺 妙法蓮華經)

문화재자료 제480호
구미시 도개면 신림리 464 - 1

• 신림리 용산마을 이매연(鯉埋淵) 냉산이 용산을 이루어 낙동강을 건너지 못하고 있는 곳에 기암괴석이 많이 있으니, '이매연'이다. 강물 속에 바위 아래 큰 굴이 있어 용이 살고 있어, 이로 인해 이곳에 기우단을 설치하고 가뭄이 심하면 선산부사가 모든 관속을 거느리고 기우제를 지내었다고 한다.

묘법연화경은 법화경(法華經)이라고도 하며, 천태종의 근본 경전이다. 삼국시대부터 널리 유통되었으며, 고려시대에는 필사 및 간행이 활발하였고, 조선시대에도 꾸준히 간행되었다. 독송용 경전이라기보다는 주로 경전 신앙을 따르는 시주자의 공덕을 위해 간행되었다.

총 7권 가운데 권1~2의 영본(零本) 1책이고, 간기(刊記)가 없어 분명한 간행 연대를 알 수 없다. 그러나 동일판본의 완질이 보물로 지정되어 있고, 서체(書體), 판식(版式), 도각(刀刻) 등으로 보아 임진왜란 이전의 간본(刊本)으로 판단된다.

신림리 고분군

구미시 도개면 신림리 507 일원

신림리 유적은 도개면 신림리 국도 25호선이 지나는 '일선리 문화마을'에서 도개 방향으로 넘어가는 속칭 '돌고개'의 좌우측 산 사면에 위치하여 대형 고분을 포함한 대규모 고분군이다. 2003년 10월부터 2004년 12월까지 경상북도문화재연구원에서 발굴조사한 결과 일선군과 관련된 것으로 추정되는 생활유적인 주거지 5동이 확인되었으며, 신라의 영향하에 있던 지방 세력의 무덤양식으로 알려져 있는 '유사 적석목곽분' 역시 이 지역에서는 처음으로 확인되어 일선군의 실체에 접근할 수 있는 실마리를 제공하게 되었다.

신림리 고분군 발굴현장

이와 더불어 목곽묘, 석곽묘, 적석목곽묘, 옹관표, 석실묘 등과 같은 각종 유형의 삼국시대 무덤과 고려시대 석곽묘를 비롯하여 조선시대 민묘에 이르기까지 여러 시기를 망라하는 다종다양한 유구가 확인, 조사되었다.

신림리 유사 적석목곽분

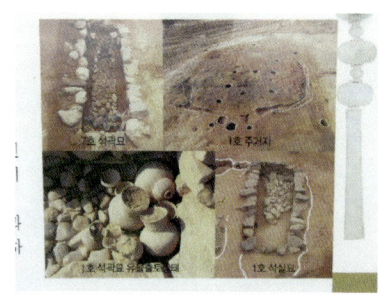
신림리 고분군 발굴현장

월암서원·월암정(月巖書院, 月巖亭)

구미시 도개면 월림리 낙동강변

월암정

조선 인조 8년(1630) 농암 김주 (籠巖 金澍), 단계 하위지(丹溪 河緯 地), 경은 이맹전(耕隱 李孟專) 세 분을 모시기 위해 삼인사(三人祠)를 건립하여 숙종 20년(1694) 월암서원 (月巖書院)으로 사액되었으나, 고종 5년(1868) 훼철된 후 그 자리에 '월 암정(月巖亭)'만 남아 명맥을 이어오 다가 2003년에 정자 뒤에 사당과 서재 등을 다시 짓고 월암서원 현판을 걸 었다. 원액(院額)은 석봉 한호(石峰 韓護)가 친서하였다. 정자는 정면 3칸, 측면 2칸 규모의 팔작집으로 최근에 대규모 보수를 하여 원형은 알아보기 어렵다. 평면은 겹으로 이루어져, 앞에는 모두 마루를 깔았고, 뒤에는 대청 을 중심으로 좌우측에 온돌방을 둔 중당협실형(中堂挾室形)이다.

고분(古墳) 및 기타 유적

다곡리 고분군

구미시 도개면 다곡리 산 125-1 일원

일선교에서 군위로 넘어가는 냉산, 청화산 사이의 협곡에 있는 '우실마을' 과 주륵사지 입구에 고분들이 산재하여 있다. 현재 봉분이 일부 남아 있으 나, 대부분 도굴된 상태이다. 삼국시대의 석실분과 석곽분으로 추정되며, 삼 국시대의 경질토기편들이 다수 출토되고 있다.

신곡리 고분군 및 자기 요지(窯址)

구미시 도개면 신곡리 산 46-1 일원

납석사지 가기 전의 사일마을에서 서쪽 편 능선을 따라 삼국시대 고분 10여 기가 분포하고 있다. 너비 5~12m의 봉토를 갖춘 중소형 고분으로서, 대부분 도굴과 민묘조성 과정에서 파괴되었다.

한편 마을에서 조금 더 들어가 '사곡지' 우측 편 200m 지점에서 서북쪽으로 뻗은 능선의 서남쪽 사면에는 분청사기 요지가 있다.

해평면 마을 지명 유래(가나다순)

◎ 해평면(海平面)

신라시대는 병정현(幷井縣), 통일신라 경덕왕 16년(757)에 파징현(波澄縣)으로 개칭, 고려 태조 23년(941) 해평군(海平郡)으로 개칭, 고려 인종 21년(1143) 선산군으로 편입되었다.

○ 괴곡리(槐谷)

신천인 강인석(信川人 康仁碩)이 입향하여 '괴곡'이라 칭함. '괴(槐)'라 함은 중국 주나라 때 화나무를 심어 삼공(三公)의 자리를 표시하였음을 의미한다.

- 고리실(古里室): 입향 당시의 '오래된 마을'이라는 의미로 불린 지명.

○ 금산리(金山)

- 소상골(瀟相谷): 소상강(瀟相江)에서 유래한 지명.
- 어은곡(魚隱谷): 옛날 마을 안에 작은 저수지가 있어 못 안에 물고기가 숨어 산다고 하여 불린 지명.
- 베틀산, 포기굴, 선반굴: 옛날 어느 선비가 과거를 보러 한양으로 가다가 조계산(曹溪山) 중턱 안에서 여인의 베 짜는 소리가 들려온다 해서 마을 뒷산을 '베틀산'이라 칭한다. 조계산 월출봉 아래 석굴이 있어 '포기굴(布機窟)'이라 하고 이곳이 선녀가 베를 짰던 곳이라고 한다. 또한 굴의 모양이 선반과 같다 하여 '선반굴', 굴리면 쿵쿵 울린다 하여 '쿵쿵바위', 마치 짚을 묶어 놓은 듯하여 '짚동바위' 등이 전한다.

○ 금호리(金湖)

- 위동(衛洞): '위동'마을은 해평현 시절 관아가 있었기에 불린 지명
- 연동(蓮洞): '연동'마을은 마을 앞 '연지(蓮池)'에 매년 연꽃이 만개하여 불린 지명이다. 신라불교의 초전자인 아도 화상이 연꽃을 심었다고 하며 국운이 성하면 연꽃도 성하고, 국운이 쇠하면 연꽃 역시 쇠한다고 한다. 최근에 팔각정을 지어 경관이 수려하다.
- 재엥골(齋宮): 후삼국 통일에 큰 공을 세운 삼중대광문하시중 선주백 순충공 김선궁(三重大匡門下侍中 善州伯 順忠公 金宣弓)의 묘소와 재사(齋舍), 신도비각(神道碑閣)이 있으며, 생육신인 경은 이맹전(耕隱 李孟專) 선생의 묘소와 재사가 있어 '재궁'이라 불린다. 한편 마을의 지세가 소쿠리형 혹은 키 모양이라 하여 집집마다 대문을 달지 않는다 한다.

○ 낙산리(洛山)

- 사기점(砂器店), 대문동(大門洞): 숭신산성(崇信山城) 아래 마을로 천주교도 박해 때 신도들이 이곳에 피신하여 사기를 만들었다 하여 '사기점', 조선 선조 때 홍문관 교리이던 경암 노경임(敬庵 盧景任)이 이곳에 대궐과 같은 큰 집을 짓고 살았다 하여 '대문동'이라 한다.
- 하도(河圖): 조선 후기 고산자 김정호(古山子 金正浩)가 대동여지도를 만들기 위해 이곳에 산세를 보니 용마하도(龍馬河圖)의 그림과 같은 형상이라 뒷산을 '하도봉(河圖峰)'이라 부른다.
- 원촌(院村), 칠창(七倉): 현재 행정구역명으로는 '낙산 3리'로서 조선시대 때 미라원(彌羅院, 국립여관 격)이 있어 오고 가는 길손을 위한 마을이라 하여 '원촌'이라 불리고, 고려 태조가 냉산 태조봉에 숭신산성을 쌓고 후백제군과 싸울 때 이곳에 일곱 개의 창고를 짓고 군량미와 병기를 비축하였다 하여 '칠창'이라 부른다.
- 여진(余津, 麗津): 고려 태조가 936년 숭신산성과 태조방천에서 후백제군과 싸워 승리한 다음 낙동강 나루를 건널 때 승리의 기쁨을 감추지 못하여 '나의 나루'라는 뜻의 '여진(余津)' 혹은 '고려의 나루'

라는 '여진(麗津)'이라 한다.

○ 낙성리(洛成)

- 앞고을(압골), 서원마을, 창마(倉村): 해평현 동헌이 있는 앞마을이라 '앞고을' 혹은 '압골'이라 하고, 현재 낙봉서원(洛峰書院)이 있는 마을을 '서원마을', 해평현 병기창(兵器倉)이 있던 곳을 '창마', 즉 '창촌'이라 전한다.
- 금스골: '금소골'은 고려 태조 왕건의 왕비인 해량원(海良院) 부인의 출생지로서 신라시대에 금맥(金脈)이 발견된 곳이라 불린 지명.
- 아곡(衙村): 통일신라 때 파징현(波澄縣)의 관아가 있던 곳이라 불린 지명. '아곡지(衙谷池)'가 있다.

○ 도문리(道文)

- 시문이(罾文): 신라시대 말 '습결'이라는 자연부락이 있었는데, 물이 마르고 돌림병이 발생하여 조선 초기에 지금의 자리로 집단 이주하고 선비는 글을 배워야 한다는 취지에서 '습문'으로 개칭하였다.
- 내미리(羅密), 도보골(盜保谷), 깃대봉: 현재 해평에서 군위로 가는 길목을 '내미리'라 하니 임진왜란 때는 뒷산에서 성을 쌓아 전투한 곳이라도 한다. '도보골'은 옛 보부상들이 지방을 왕래할 때 이곳에서 도적들에게 약탈당하니 조심하라는 의미에서 불린 지명이다. 한편 '깃대봉'은 해발 400m 도문리 곡내를 처음 측정할 때 기점을 잡았다 하여 불린 지명이다.

○ 문량리(文良)

원래 글을 읽던 곳이라는 의미로서 불린 지명이며, 이후 '기리골'로 변하고 '거리골'이라고도 한다. '거리골'이라는 유래에 대해서는 혹 기러기가 많이 날아와서 '기러기골'이라 불리기도 한다.

- 황새골: 황새가 많이 날아와서 서식하는 곳이라 '황새골' 혹은 '대조동(大鳥)'이라 불린 지명.

○ 산양리(山陽)

마을의 형성 시기를 알 수는 없으나, 신라 소지왕 9년(487) 역(驛)을 두었다 하며, 동편에 있는 마을을 '연동(延東)'마을이라 하고, 서편의 마을을 '연서(延西)'마을이라 한다.

- 넘어골, 너무골: '연동', '연서' 두 마을을 넘나드는 길을 '넘어골'이라 부른다.
- 갈마샘(渴馬井): 마을 중앙에 있는 우물로 이름난 선비가 마을을 지나다가 갈증이 나서 선비와 말의 목을 축였다 하여 불린 지명이다.
- 창산(唱山, 倉山, 장구산): 마을 앞의 안산(案山)은 마을에서는 창산(唱山) 혹은 창산(槍山)이라고도 한다. 예전 공문서에는 지번이 창산(倉山)이라 하였다. 고아읍에서 보면 장구 같다 하여 '장구산'이라고도 한다. 통일신라시대로 추정되는 고분 16여 기가 밀집하고 있다.

○ 송곡리(松谷)

- 용수골: 도리사 아래 마을로 마을 아래에는 못 2개가 있어 '쌍둥이 못'이라 한다. 옹기를 굽는 옹기점이 있었다.
- 배내(舟川): 병자호란 때 탄옹 김수(灘翁 金㻵)가 인조 대왕을 호위하다가 병환으로 수양차 이곳에 이주하였다 하며 마을 형세가 주형(舟形)이라 '배내'라고 한다.
- 가잠(枷蠶), 주평(舟坪): '가잠'마을은 뽕나무가 많아 양잠이 성하였다. '주평'마을은 옛날 낙동강 배가 이곳에 닿았다 하여 불린 지명이다.

○ 오상리(五相)

옛날에 다섯 재상(宰相)이 태어났다 하여 '본오상(本五相)' 혹은 '오상'이라 하지만 연대와 성명은 알려져 있지 않다.

- 두대(斗大): 부자가 많아 양식이 되는 말(斗)이 많은 데서 유래된 지명.
- 다사말(多士洞): 서당이 있고 많은 선비가 배출되었다 하여 불린 지명.
- 흰티(白峴): 매년 섣달 그믐날이 되면 밤중에 흰 닭이 울었다는 전설과 흰티 고개에 백토가 많이 나기 때문이라는 설이 있다.

○ 월곡리(月谷)

무들(水月)의 '월(月)'자와 박곡(朴谷, 박실)의 '곡(谷)'자를 따서 '월곡'이라 한다. 마을의 지형이 '월(月)'자와 유사하고 마을 앞을 흐르는 낙동강 물에 달이 떠 있는 것같이 보여 불린 지명이다.

- 박곡(朴谷, 박실): 마을 뒷산 줄기가 박을 심어서 덩굴이 뻗어가는 모양 같다고 불린 지명.
- 말리골(萬曆谷): 한일합병 당시 소강 김토후(小岡 金土厚)가 일제에 항거하는 마음으로 이곳에 와서 뜻있는 선비와 나라 망함을 슬퍼하시며 뜻을 기렸다. '만력(萬曆)'은 중국 연호로서 일본 정부가 미치지 않는다는 의미로 사용하였다고 한다.

○ 월호리(月湖)

- 대창걸(大倉): 해평현 시절 관가의 큰 창고가 60채가 있었다 하여 불린 지명.
- 어리게(月浦), 번게(反浦): 고려 공민왕 때 목화 씨앗을 숨겨와 목화 재배에 성공한 충선공 문익점(忠宣公 文益漸) 선생의 동생 문영(文英) 선생의 묘소가 있다.

○ 일선리(一善)

이 마을은 안동의 임하댐 수몰지역 이주지로서 조성되어 1987년에 정착하여 형성되었다.

○ 창림리(昌林)

- 서원마을: 송산서원(松山書院)이 있어 불린 지명.
- 점마(店村): 옹기 흙과 연료가 풍부하여 옹기를 구워 팔던 곳이었다.
- 대밭마(죽촌): 마을 주변에 대나무가 무성하여 불린 지명이며, 뒷산에는 무연탄이 생산되어 1962년 채광을 시작하여 10여 광산에서 채굴하였으나 품질이 그리 좋지 않아 현재는 폐광되었다.
- 갱분(江邊): 개울가에 집을 짓고 살았다 하여 불린 지명.

○ 해평리(海平)

해평리의 지형은 행주형(行舟形)으로 예부터 우물을 파지 않았다 한다.

- 상송(上松), 산성마을(山城-): 해평산성(土城)이 있던 곳.
- 골안, 산성마, 군불: 해평현 때의 군창(軍倉)과 병영기지가 있던 곳.

용암 박운 효자정려비(龍巖 朴雲 孝子旌閭碑)

유형문화재 제363호
구미시 해평면 괴곡리 213

🖙 **찾아가는 길**

해평면소재지에서 25번 국도를 이용하여 대구 방향으로 내려가다 괴곡 2리 삼
거리를 지나서 신롱종합포장(문량어린이선교원)을 이정표 삼아 왼편으로 들어
가면 오른쪽으로 비각이 위치한다.

용암 박운은 성종 24년(1493) 선산부 해평현 괴곡리에서 태어나, 명종 17년(1562) 몰하였고, 낙봉서원(洛峰書院)에 배향되었다.[31] 용암 선생은 어머니께서 임종 시에 참외를 찾았으나 겨울이라 구해드리지 못했기에 여생 동안 참외를 입에 대지 않았다는 일화를 남긴 효자이다. 선조 11년(1578)에 정려를 받고 그 비를 선조 13년(1580)에 세웠다. 비석의 앞면은 석봉 한호(石峰 韓濩)의 글씨로서 '孝子 成均進士 朴雲之閭'라

---

31) 해평 낙성리 「낙봉서원(洛峰書院)」 편을 참조하기 바란다.

하고, 뒷면의 음기(陰記)는 '皇明萬曆八年庚辰七月日立'으로 해평 출신 한
성우윤(漢城右尹)이던 최응룡(崔應龍)이 찬하였다. 선생의 묘(墓)는 장천면
상림리 산80-2번지에 있다. 묘갈명(墓碣銘)은 퇴계 이황(退溪 李滉) 선생이
지었다.

영의공 윤석 묘(英毅公 尹碩 墓)

구미시 해평면 금산리 산69

☞ 찾아가는 길

'동화사'를 올라가기 전 금산리 '소상골마을' 뒤쪽의 서쪽 능선 아래 위치한다.

영의공 윤석(尹碩; ?~1348)은 고려 문신이다. 이곳에는 현재 해평 윤씨
시조인 윤군정, 2세 윤만비, 3세인 영의공 윤석의 묘소가 같이 조성되어 있
다. 조성비에 의하면 충북 괴산에 있던 시조와 2세 양위를 모셔 와서 1998
년에 새로 조성하였다고 한다.

동화사(東華寺)

구미시 해평면 금산 1리 산50 베틀산

☞ 찾아가는 길

해평면사무소에서 '낙성교'를 지나자마자 '동화사' 표지판이 보이며, 경북생활과
학고등학교가 있는 소로(도문리행)로 5.4㎞ 들어간다.

베틀산 중턱에 자리 잡고 있는 동화사에는 최근에 신축한 대웅전과 기도원, 주지실 등의 건물이 있다. 대웅전 오른쪽으로 높이 6.5m의 마애약사여래입상이 위치하지만 벽면에 새겨진 조상기(造像記)에 따르면 1972년에 조각한 것임을 알 수 있다.

동화사에서 주목되는 것은 대웅전에서 북쪽으로 30m쯤 떨어진 작은 동굴

1972년 작
마애약사여래입상

안에 모셔진 석불좌상이다. 석불의 머리는 비록 없어졌으나, 항마촉지인(降魔觸地印)의 수인과 우견편단(右肩偏袒)의 법의 등 양식적인 측면에서 전체적으로 매우 고식(古式)임을 알 수 있다. 이 석불좌상은 비록 소형이나 당당한 가슴과 양어깨의 조각수법으로 보아 통일신라시대의 조성으로 추정된다. 높이는 58㎝이다. 이곳에는 석불이 3기 있었는데 2기는 마을로 굴러 떨어졌다고 한다. 또한 원래의 대웅전터는 숲속에 따로 있다고 하지만 확인 결과 별다른 흔적은 찾을 수 없었다.

동화사 석굴 현재

동화사 석굴 내 석불좌상

석조연화대좌(교원대)

한편 대웅전 불단 밑에 작은 석조연화대좌(石造蓮花臺座)가 보관 중이다. 원형 8판연화대좌로서 연화문 내에 작은 화문(花紋)이 조각되어 있으며 3중의 원형몰딩이 표현되었다. 대좌의 지름은 46㎝, 높이는 11㎝로서 역시 통일신라시대로 추정된다.

이상의 석불좌상과 석조연화대좌는 2000년 이후 언제부터인가 행방이 묘연하여 현재 상태를 알 길이 없다.

금호동 석불입상(金湖洞 石佛立像)

구미시 해평면 금호1리 399-2 옥인마을

☞ 찾아가는 길

선산읍에서 일선교를 지나 '도리사'로 들어가는 삼거리를 지나면서부터 도로 왼쪽 마을이 금호리이다. 금호1리 마을길로 들어가 마을회관 앞에서 오른쪽 골목으로 접어들어 신축한 양옥집 다음 두 번째 김희상 씨 댁 마당에 위치한다.

• 녹전암(祿傳岩) 해평 금호1리 제엥골(재궁마을) 앞뜰의 낙동강 중심부에 녹전암, 일명 충신암(忠臣岩)이 있다. 옛날 모든 낙동강 물길을 이용해 수송이 빈번할 때 이 바위에서 수신제(水神祭)를 지냈다고 한다. 고려 말 야은 길재 선생이 불사이군의 충절로 조선에서 받은 녹(祿,양곡)을 이곳에 두었다고도 전한다.

현재 이 석불은 민가 마당에 북향하여 하부가 매몰된 채 서 있다. 현지 주민들의 말에 의하면 본래 이 주변에는 민가가 한 채도 없었고, 다만 이 석불을 봉안했던 초가만이 있어 각처에서 신도들이 찾아왔다고 한다. 협곡인 '옥인마을'의 지형이나 주민의 말에 의해 석불의 현 위치와 방향은 원형인 듯하며, 무엇보다도 마을 곳곳에 옛 기와편과 청자편이 산재하는 것으로 보아 이 일대가 절터로 추정된다. 한편 석불에 관하여는 『조선보물고적조사자료』에 "海平面 金湖洞 全高 五尺ノ 石佛立像ニ シテ 鼻及眼部ニ 小缺損 アル外 完全ナリ"라는 기록이 있다.

석불은 광배와 더불어 하나의 돌로 제작되었고, 광배는 두·신광을 겸비한 거신광(擧身光)이다. 석불의 상호는 상당 부분 훼손되었으나, 정수리의 육계나 삼도의 표현 등은 당당한 어깨와 더불어 위엄 있는 모습을 추측게 해 준다. 수인에 대해서 살펴보자면, 아래로 내린 왼손은 중지와 약지를 구부려 표현하였고 오른손은 가슴 가까이 들어 인지와 엄지를 구부려 잡은 듯한데 마멸로 분명치 않다.

이상의 조각수법으로 보아 조성 연대는 통일신라시대인 9세기경으로 추정되며 현재 높이는 157㎝이다.

경은 이맹전 묘소와 묘비(耕隱 李孟專 墓所, 墓碑)

문화재자료 제346호
구미시 해평면 금호1리 산1

> 🖙 **찾아가는 길**
>
> 해평에서 금호1리를 지나 '금호교'를 건너기 전에 도로 왼쪽으로 안내판을 볼 수 있다. 마을로 접어들자마자 나타나는 갈림길에서 왼쪽 골목은 이맹전 선생의 묘소로 가는 길이고, 오른쪽 골목 끝에는 김선궁묘와 미석재가 위치한다.

묘비

경은 이맹전(1392~1481)은 조선 세조의 등극을 반대한 생육신 중의 한 분이다. 묘소 앞의 묘비는 조선 후기 안동 출신인 대산 이상정(大山 李象靖)이 글을 지었다. 비석 전면에는 '奉正大夫行司諫院正言知製教耕隱先生碧珍李公之墓 配淑人善山金氏祔'라 각자되어 있고, 우측면에는 '崇禎後三戊戌十月日'이라 하여 정조 2년(1778)에 세웠음을 알 수 있다.

선생의 유허비(遺墟碑)는 구미시 형곡동 구미시립도서관 내에 모셔져 있다.

이맹전묘소   김선궁묘소

해평 순충공 김선궁 묘소 및 신도비
(順忠公 金宣弓 墓所, 神道碑)

구미시 해평면 금호 1리 산28 미석산

마을 골목길을 따라 제일 꼭대기에 신도비각(神道碑閣)을 볼 수 있고, 바로 위에 미석재(彌石齋)가 있으며 산길을 따라 30m쯤 올라가면 미석산 아래 자리 잡은 묘소를 만날 수 있다.

미석재   김선궁신도비각   미석재 측면의 미석(彌石)

후삼국 통일에 큰 공을 세운 삼중대광문하시중 선주백 순충공 김선궁(三重大匡門下侍中 善州伯 順忠公 金宣弓)은 생몰년은 미상으로 시호는 순충(順忠)이다. 신도비는 '崇禎紀元後四壬戌九月', 즉 철종 13년(1862)에 건립하였음을 알 수 있다.

낙산동 삼층석탑(洛山洞三層石塔)

보물 제469호

구미시 해평면 낙산1리 837-1

☞ 찾아가는 길

선산읍에서는 일선교를 지나 25번 국도를 따라 해평 방면으로 1.9㎞ 가면 길
좌우로 낙산동 고분군이 나온다. 여기서 가면 길로 300m 더 가면 길 왼쪽으로
낙산동 삼층석탑 표지판이 보이고, 이 길을 따라 1.3㎞ 가면 길 오른쪽 낙산1
리 새마을 회관 뒤 논 가운데 삼층석탑이 있다. 승용차의 주차는 가능하다.

이 석탑에 관하여는 『조선보물고적조
사자료(朝鮮寶物古蹟調査資料)』에 "海平
面 洛山洞 全高 四間半 基石二間半角
ノ 三重石塔ニ ツテ彫刻 精巧 完全ナリ"
라는 기록이 보이고 있다. 현재는 석탑
이외에 아무런 유적·유물도 없으나, 주
변 경작지에서 연화문 막새기와를 비롯
하여 많은 기와·토기편을 수집할 수 있
어 고대 사찰지임을 알 수 있다.

현재 삼층석탑의 높이는 7.2m로서 원
위치로 추정되며, 신라시대 전형적 양식인 2층기단 위에 탑신을 건립하였다.
이 석탑은 모전석탑류(模塼石塔類)로서 선산읍 죽장동 오층석탑에서도 볼
수 있는 양식이다. 이 탑은 하층기단의 탱주(撐柱)가 셋, 상층기단의 탱주가
둘인 점이 매우 주목된다. 이러한 구조는 신라 초기 석탑을 대표하는 경주
의 감은사지 삼층석탑, 고선사지 삼층석탑과 동일한 것으로 탑의 건립 연대
가 상당히 이른 시기임을 짐작하게 한다. 한편 1층 탑신 남쪽에는 감실(龕
室)이 마련되어 있어 사리나 작은 불상을 봉안한 것으로 보인다. 또한 감실
입구 내부의 양측 상·하에 둥근 구멍이 남아 있어 문비(門扉)로 여닫은 듯

하다. 양 문비 중 1석은 낙산 1동의 김낙중 씨 댁(현재는 폐가) 마당에 보관되어 있는데, 탑신에 끼웠던 돌기의 양 끝은 파손되어 있다.

감실입구 문비흔적

각부 구조를 세부적으로 관찰해 보면, 옥개석 역시 전형적인 모전석탑류로서 옥개받침부뿐만 아니라, 상면에도 층단을 두었으며, 각 옥개받침은 약간의 몰딩[Molding] 처리로 마치 부여 정림사지오층석탑을 보는 듯하다. 1층과 2층의 옥개받침은 각 5단이며, 3층은 4단으로 구성되었으며, 1·2층 옥개석 하면에는 낙수홈이 음각되어 있다. 상륜부에는 하나의 돌로 된 노반이 놓여 있고, 그 중앙에는 찰주공(擦柱孔)이 관통되어 삼층 옥개석 중심까지 연결된다.

이상의 기단부 탱주 구조 및 탑신·옥개석의 치석 수법으로 보아, 그 건립 연대는 통일신라 중대인 8세기 이전으로 추정할 수 있다. 그런데 석탑의 현재 방향을 살펴보건데, 가람의 배치 방향을 추정하기는 곤란하지만, 인근 주민들에 의해 회자되는 바와 같이 아마도 초층탑신의 감실 방향이 잘못 복원되어 있는 듯하다.

건물지

최근 석탑 서북쪽 5m 떨어진 경작지에서 가로 5m, 세로 3m의 건물지가 조사되었고, 건물과 탑에 쓰였던 것으로 생각되는 석재편이 한곳에 모아져 있다. 이 탑과 관련지어 탑이 서 있는 경작지의 본격적인 발굴조사도 진행되어야 할 것이지만, 또한 삼층석탑이 있는 마을에서 일선초등학교 뒤편 낙산 2리의 동쪽 '재경마을'과 북쪽의 '부처밭골'에서 조사된 두 절터에 대한 조사도 시급하다고 본다.

낙산동 재경마을 절터, 부처밭골 절터

구미시 해평면 낙산 2리

☞ 찾아가는 길

낙산동 삼층석탑 찾아가는 길에 있는 일선초등학교에서 북쪽 골목길로 북행하면 낙산 2리가 되고, 동쪽에 '재경마을'이, 북쪽 '후곡지' 우측 편에는 '부처밭골'이 있다.

　　낙산동 재경마을 절터(낙산리 734-1)　마을 전체가 절터로서 현재 산 사면과 민가 틈에 석축지가 남아 있고, 곳곳에서 옛 기와편이 출토된다. 이 장원 씨는 귀면와편(鬼面瓦片)을 보관하고 있으며, 심동석(53세) 씨 댁 앞마당에는 팔각의 간주석(竿柱石) 일부와 장대석이 흩어져 있다. 그리고 '절샘'[寺泉]이라는 우물이 현재도 남아 있고, 그 옆의 논두렁에는 주초석이 매몰되어 있다. 주초석 상면의 둥근 그랭이질은 전형적인 신라시대 초석 수법으로 신라시대의 건물임을 알 수 있다. 한편 이곳에서 약 60m 거리의 마을 입구 하천 석교(石橋)에서 8판 연꽃이 조각된 석등 하대석 1구가 발견되어 1974년 경북 생활과학고등학교로 옮겨 보존하고 있다.

재경마을절터 석등하대석

재경마을절터 주초석(교원대)

　　낙산동 부처밭골 절터(낙산리 680)　이곳을 부처밭골이라 칭하는 이유는 경작지에서 수십 구의 금동불상이 출토되었기 때문이다. '부처밭'은 장대한 석축지 위에 위치하며, 현재도 많은 토기와 자기 및 옛 기와편이 출토되고 있다.

'부처밭'골 절터에서 주목되는 것은 목조 탑파(木造塔婆)의 존재 여부로서, 저수지 옆 민묘 바로 뒤쪽에는 잡석이 쌓인 높은 언덕이 있어 그 가운데 1석의 심초석(心礎石)이 반쯤 묻혀 있는 상태로 남아 있다. 이 심초석은 자연석 윗면을 평평히 다듬고 그 중심에 사각형 구멍을 2중으로 시공하였다. 크기는 길이 164㎝, 폭 134㎝, 두께 45㎝이다. 이러한 양식은 경주 황룡사지 구층목탑지(慶州 皇龍寺址 九層木塔址)를 비롯하여 사천왕사(四天王寺) 및 망덕사(望德寺)의 목탑지 심초석 등에서 볼 수 있는 사리공(舍利孔) 양식으로 신라시대에 건립된 목조탑파의 존재를 말해 주는 것이라 하겠다. 또한 주민들의 말에 의하면 예전 해평우체국 앞에 서 있던 석상(石像)이 이곳에서 이전해 간 것이라 한다.[현재 이 석상은 언제 분실되었는지 전하지 않는다.]

부처밭골절터 심초석(교원대)

낙산리 지석묘   한편 부처밭골 절터에는 소축사 뒤편으로 지석묘 1기가 위치하고 있다. 이 외에도 일선초등학교에서 500m 남쪽 평지의 논에 위치한다고 하였으나 현재 관찰되지는 않는다.

낙산동 부처밭골 석상(月湖洞 石像)

원소재지: 구미시 해평면 낙산 2동 부처밭골
마지막 소재지: 해평면 해평초등학교 교정

낙산동 부처밭골 석상
1996년 5월 도난당하여 현재는 그 행방을 알 수가 없다. 잃어버린 구미의 얼굴을 찾아야 할 것이다.

이 석상은 해평초등학교 정문 앞 동산에 모셔져 있었으나, 1996년 5월 도난당하여 현재는 그 행방을 알 수가 없다. 원위치는 해평면 낙산 2동의 절터로서 '부처밭골' 어구에 호석(護石)으로 있던 것을 옛 해평우체국 앞 대로변으로 옮겼다가 다시 해평초등학교로 이전하였던 것이다.

1968년도 조사 기록에 따르면, 석상은 화강암 1석으로 조성된 일종의 장승인데 각부 조각이 선산 지역의 다른 석상에 비하여 정제되고 사실적이다.

머리에는 관모(冠帽)를 썼고 안면은 타원형이며 양쪽 귀는 짧은데 약간의 미소마저 어린 입술이 인상적이다. 특히 턱수염이 약간 옆으로 바람에 날리듯 조각된 것이 주목된다. 목 부위는 굵게 조각되어서 목이 짧게 보이며, 의복은 저고리와 바지를 입고 있다. 양손은 가슴 앞에 모았으나 저고리 속에서 합장하여 노출되지 않았다. 몸체에 비하여 머리가 큰 편으로 전체적으로 균형이 잡히지 않았으나, 조선시대 어느 장승과 비교하여도 손색이 없는 석상이다.

상의 높이는 153cm이다.

해평 의구총(義狗塚)

경상북도 민속자료 제105호
구미시 해평면 낙산리 산 148-3

▣ 찾아가는 길

선산읍 일선교를 건너 25번 국도를 따라 해평으로 가다 보면 낙산동 고분군
조금 못 미쳐 왼쪽에 위치한다.

『의열도』의 구전에 따르면, 약 3
백여 년 전 선산부 동쪽 연향(延
香, 현재 해평면 산양리)에 역참
(驛站) 관리이던 김성원(金聲遠)
또는 노성원(盧聲遠)이란 사람이
매우 영리한 개 한 마리를 기르고
있었는데, 어느 날 이웃 마을에 놀
러 갔다가 술에 만취되어 돌아오는 길에 월파정(月波亭) 북쪽 길가에서 잠
이 들었다. 때마침 산불이 나서 김성원이 잠든 곳까지 불이 번졌는데, 이를
본 개가 멀리 떨어진 강물에 뛰어들어 꼬리를 물에 적셔 근방의 불을 끄고
지쳐 죽었다. 잠을 깬 김성원이 이 사실을 알게 되어 관(棺)을 갖추어 무덤
을 만들어 주었다. 조선 현종 6년(1665) 선산부사 안응창(安應昌)이 충견을
기려 「의구전(義狗傳)」을 기록하고, '의구도(義狗圖)' 4폭을 남겼다. 1962년
도로공사로 비 일부가 파괴된 것을 일선리 마을 뒷산으로 이건 복원하였다
가, 1993년 12월 이곳으로 옮겨 왔다.

전라북도 임실 오수에도 이와 같은 전설이 전하여 의견(義犬)을 기리는
비와 상이 있다.[32]

---

32) 전국적으로 이러한 의견(義犬), 의구(義狗), 의우(義牛) 관련 설화들이 전하는 것은 대체
   로 조선 임진왜란 직후 시기로서 전쟁 이후 피폐해진 성리학적 통치 이념의 재정비를
   목적으로 하는 것이다. 열녀각(烈女閣), 열녀문(烈女門), 효자각(孝子閣) 등의 전국적인

낙산동 고분군

사적 제336호
구미시 해평면 낙산리

🖙 **찾아가는 길**

선산읍에서는 일선교를 지나 25번 국도를 따라 해평 방면으로 1.9㎞ 가면 길 좌우로 낙산동 고분군이 나온다. 현재 고분공원으로 정비가 되어 있다. 이곳 외에도 25번 국도를 따라 일선리 방향으로 진행하다 보면 도로 좌우측으로 상당수의 고분들이 확인된다.

낙산동 고분군은 해평면의 월파정산, 불로산, 정묘산을 중심으로 분포하고 있다. 지금까지의 지표조사 및 약식 발굴조사에 의하면 도로 좌우 6만 7천여 평의 구릉지대에 모두 205기의 고분이 분포하고 있으며, 토광묘·옹관묘·돌덧널무덤·굴식돌방무덤 등 대략 3세기 말인 초기삼국시대부터 통일신라시대 7세기 중반까지 다양한 고분 양식이 분포하고 있다. 대개 선산 지역에 존재했던 소국 또는 그에 버금가는 집단의 지배자들의 무덤으로 추정된다. 우리나라 대개의 고분들이 그렇듯이 이곳의 고분들도 대부분 도굴의 피해를 입은 상태이다.

건립과 일맥상통하는 것이라 하겠다.

이곳은 1915년 일본인 학자 구로이타 가쓰미(黑板勝美) 박사가 경주 순례 후 선산의 금오산 고적과 도리사를 둘러본 다음 이곳에 들러 최초의 조사가 있었고, 이어 1917년 이마니시 류(今西龍)의 조사와 아울러 28호분에 대한 표본적인 발굴조사를 실시하여 알려지게 되었다. 1987년 일선리 택지조성지역의 발굴조사로 약 20여 기의 고분이 지표조사 차원의 발굴이 있었다. 그후 1987년 대구 효성여자대학교(현 대구가톨릭대학교)에서 전문적인 지표조사를 실시하고, 총 6기의 고분을 발굴하였다. 당시에 발굴된 금제·금동제의 각종 유물과 토기·등잔 등 400여 점의 부장품들은 대학교 박물관에 보관되어 있다.

이 고분군은 낙동강 동안에 접한 해발 70m 내외의 구릉지대에 흩어져 있는데 크게 8개 지구로 나누어져 있다. 제1지구는 오목야(吳木野)고분군으로 이 일대는 신라시대의 일선군 치소(治所)가 있었던 곳이며, 평지와 그 남쪽 산사면 일대에는 15기의 대형 분이 위치한다. 제2지구는 중리(中里)고분군이며, 제3지구는 불로산(不老山)고분군으로 동서로 뻗은 길고 좁은 구릉의 전면에 걸쳐 약 100여 기의 고분이 있다. 제4지구는 불로산과 냉산을 연결하는 길고 좁은 구릉의 능선 위에 130여 기의 고분이 밀집하고 있다. 제5지구는 월파정산(月波亭山)고분군으로 낙동강에 접한 전망 좋은 곳에 입지하고 있는 대형 분묘군이다. 제6지구는 정묘산(鄭墓山)고분군은 약 60여 기가 있다. 제7지구는 칠창리(七倉里)고분군으로 칠창마을 일대로 마을의 남쪽 구릉 위에 수십여 기가 밀집해 있다. 제8지구는 칠창리의 북서쪽에 있는 구릉으로 약 40여 기가 흩어져 있다. 봉분의 규모는 큰 것이 지름 15~18m, 높이 4~5m 정도이고, 작은 것은 지름 7m, 높이 1m 미만인 것도 있다.

낙산리 고분군 28호

28호의 예를 살펴보면 횡혈식석실(橫穴式石室)이며 바닥에는 자갈돌이 깔려 있다. 석실의 긴 방향이 남북향이며 입구는 남쪽에 위치한다. 돌방의 내부에는 4기의 석관이 들어 있었는데, 1호 석관과 석실의 북쪽 사이에는 토기가 몇 점 부장되어 있었다. 3호 돌널에는 남쪽으로 2개의 석침(石枕)이 놓여 있고, 석침들 사이에는 상계석(床界石)이 놓여 있었다. 경주 지역의 경우 석침은 7세기 이후의 분묘에 나타나므로, 이 고분의 연대도 이와 비슷하게 잡을 수 있다.

1990년 10월 26일에는 산98-4번지 외 17필지(229,245㎡)가 사적 336호로 지정되어 정비되었다.

낙봉서원(洛峰書院)

경상북도 문화재자료 제222호
구미시 해평면 낙성리 474번지

▣ 찾아가는 길

해평면소재지 입구의 낙성교에서 낙동강 쪽으로 안내판이 있다. 여기서부터 거리는 약 1.1㎞.

조선 인조 24년(1646)에 강호 김숙자(江湖 金叔滋), 진락당 김취성(眞樂堂 金就成), 용암 박운(龍巖 朴雲) 등 세 분을 모시다가 그 후 구암 김취문(久庵 金就文), 두곡 고응척(杜谷 高應陟) 두 분을 추가로 모시어 총 다섯 분을 향사하고 있다. 정조 11년(1787) 사액서원(賜額書院)이 되었으나, 고종 5년 서원철폐령에 따라 철폐되었다. 그 후 1933년에 강당(講堂)을, 1943년에 외삼문(外三門)을, 1977년에는 사당인 상덕묘(尙德廟)를, 1989년에 동재(東齋)를, 1990년에는 서재(西齋)를 복원하였다.

마을 뒤쪽 경사진 언덕 위에 야산을 등지고 남향으로 앉아 두 구역으로 이루어져 있다. 아래쪽 구역은 강학 공간으로 외삼문을 들어서면 마당 좌우측에 동·서재가 마주보고 있으며, 그 뒤편 축대 위에 강당이 자리한다. 위

쪽 구역은 제향공간으로 앞쪽에는 내삼문이 있고 그 뒤쪽에 사당이 있다. 사당 뒤편에는 묘단을, 앞쪽 오른편에는 비각이 있다. 상덕묘는 정면 3칸, 측면 2칸 규모로 내부 바닥에는 전(塼)을 깔았다.

강당은 중앙 2칸에 대청이 자리 잡고 그 좌우에는 온돌방이 놓여 있다. 전면에는 툇마루를 드리고 우측에는 쪽마루를 시설하였다. 대청과 양측 방 사이에는 정자살 불발기를 넣은 맹장지 사분합 들문을 달아 필요시 공간을 확장하거나 구획할 수 있게 했다.

동·서재는 구조가 동일한 대칭적 구성의 건물로 각기 정면 3칸, 측면 1칸의 3량가 장혀수장 홑처마 맞배지붕집이다. 외삼문은 문만 두는 일반적인 모습과는 달리 중앙문 양측에 온돌방을 두어 그 전면 담 바깥쪽에 쪽마루를 시설하여 특이하다.

▣▣ 강호 김숙자(江湖 金叔滋; 1389~1456)

■■ 자는 자배(子培), 호는 강호(江湖)이다. 고려 공양왕 원년(1389)에 선산 영봉리(迎鳳里)에서 출생하였다. 야은 길재 선생의 제자이며, 영남 사림파의 종사인 점필재 김종직의 부친이다.

세종 1년(1419) 문과에 오른 후 사관에 수선(首選)되자 이를 시기하는 사람이 많음으로 벼슬을 버리고 고향에 돌아와 부모를 봉양하는 데 극진하였으며, 제자를 가르치는 데 전력을 다하였다. 1431년에 양친 상을 거듭 당하니 좋은 음식을 멀리하고 빈소에서 죽만 마셨다. 세종 21년(1439) 기미년(己未年)에 세종대왕께서 정사를 밝히고 도덕과 행실이 올바른 신하를 선발하여 사유록(師儒錄)을 비치하니 선생이 가장 으뜸으로 천거되었다. 그 후 벼슬에 나가 김해·고령·개령 현감·선산교수성균사예(成均司藝) 등을 역임하고, 세조 원년(1455) 선산에서 밀양으로 이거하여 이듬해 1456년 3월 2일에 일생을 마쳤다. 헌종 10년(1844) 자헌대부 겸 이조판서에 추증되었다. 선산 낙봉서원, 거창 일원정에 향사하고 있으며 경남 거창군 남상면 한산리에 부조묘(不祧廟)와 추원당(追遠堂)이 있다.

◨◨ 진락당 김취성(眞樂堂 金就成; 1492~1550)

◨◨

　자는 성지(成之), 호는 진락당(眞樂堂) 또는 서산(西山)으로, 성종 23년 (1492) 3월에 고아 문성리에서 태어났다. 재질이 뛰어나고 부모에 대한 효성이 지극하였다. 학문과 덕행이 높아 그의 스승인 송당 박영도 "그대의 재주와 학문이 결코 옛 명현들에 뒤지지 않는다."고 칭찬하였다. 마을 뒷산에 '서산재(西山齋)'를 지어 네 아우를 비롯한 많은 후학을 가르쳐 크게 성취시켰다. 언제나 닭이 울면 일어나 의관을 갖추고 서재로 물러나와 책상을 대하여 꼿꼿이 앉아 글을 강론하고 의심나는 부분은 분명하게 설명을 해 주며 밤이 늦도록 잠자리에 들지 않고 정자(程子), 주자(朱子)학에 맞도록 힘써 도학을 밝히고 학문에도 깊은 조예가 있었다. 김안국, 이언적이 여러 차례 나라에 천거하여 벼슬을 받으나, 출사하지 않고 뜻을 지켰다.

　자기의 부족함을 보완하고자 초야에 묻혀 제자를 가르치다가, 명종 5년 (1550)에 생을 마쳤다. 선산의 낙봉서원(洛峰書院)과 서산사(西山祠)에서 향사하고 있다.

◨◨ 용암 박운(龍巖 朴雲; 1493~1562)

◨◨

　자는 택지(澤之), 호는 용암(龍巖), 이름은 운(雲)이다. 성종 24년(1493) 해평 고리실(괴곡)에서 태어나서 송당 박영(松堂 朴英)에게 학문과 덕행을 닦아 중종 14년에 진사에 올랐으나 당시 사화(士禍)가 잦아 벼슬길에 나가지 말라는 아버지의 엄명에 따라 오직 학문에만 전념하여 자양심학론, 격몽편, 경행록, 삼후전, 위생방 등 많은 저서를 남겼다. 또한 효행이 특출하여 40년간 어머님을 모심에 있어 능양(能養)과 승지(承志)를 다해 극진히 봉양하였으며, 이후 어머님마저 돌아가시니 3년간 떼집을 짓고 나물죽만으로 시묘(侍墓)의 정성을 다하였다. 또한 임종 직전까지도 부모님에 대한 은혜를 잊지 못해 아침저녁으로 사당에 참배를 드리며 "부모님의 마음을 위하고 은혜를 항상 잊지 않은 것이 자식의 도리이며 곧 효도"라고 한 공자의 말씀을 몸소 실천한 것이다.

　학문을 닦고 후생을 교도하던 곳을 '명경당(明鏡堂)'이라 하며, 낙동강변 '용소' 옆에 용수암을 짓고 스스로 호를 '용암'이라 하여 항상 성현의 가르침을 앞세워 덕으로 이웃을 교화하니 덕망이 날로 높아 갔다. 만년에는 이언적, 이황, 김취성 등과 학문을 서로 강론하였으며 명조 17년(1562) 70세를 일기로 세상을 떠나니 나라에서는 효자 정려를 내려 그의 효행을 기렸다.

　해평면 괴곡리 입구에 세워져 있는 '효자정려비(孝子旌閭碑)' 전면의 글씨 '孝子成均進士朴雲之閭'는 선조 때 명필 한석봉(韓石峰)의 친필이라고 한다. 인조 24년(1646) 해평 낙봉서원(落峰書院)에 배향하였다. 선생의 묘는 장천면 상림리 산80-2번지에 위치한다.

◨◨ 구암 김취문(久庵 金就文; 1506~1567)

◨◨

진락당(眞樂堂) 김취성(金就成)의 아우로 중종 원년(1506) 고아읍 문성리에서 태어났다. 자는 문지(文之), 호는 구암(久庵)이다. 송당 선생에게 수업하였으며 중종 32년(1537) 문과에 올랐다. 그 후, 강원감사, 부제학 등 여러 관직을 지내는 동안 청렴하고 근검한 관리의 모범을 보여 귀감이 되었다. 청송부사로 있을 때, 퇴계 선생이 그 외아들 준에게 편지를 보내 말하기를 '청송부사(靑松府使)는 내가 공경하고 두려워하는 친구이니 너는 조심성 있게 가서 인사를 드리고, 길이 비록 험하나 넓은 바다와 어진 이를 볼 수 있을 것이니 어찌 좋은 일이 아니겠나?'라고 했다. 조정에 있을 때, 윤원형(尹元衡)을 물리치라는 상소를 올리며 신랄하게 비판하였다. 만년에는 고향에 내려와 '대월재(對越齋, 현재 고아 원호리)'를 짓고 여러 후학을 가르치다가 62세로 세상을 떠났다.

후생이 높은 덕을 추모하여 선산 낙봉서원(洛峰書院), 서산 세덕사(世德祠)에 배향하고 있으며 문집이 남아 있다. 금오산 백운재 옆에 신도비가 자리한다.

◨◨ 두곡 고응척(杜谷 高應陟; 1531~1605)

◨◨

자는 숙명(叔明), 호는 두곡(杜谷)이다. 중종 26년(1531)에 해평면 문량리에서 태어났다. 12세에 후계 김범(後溪 金範)의 문하에 가서 중용을 배우고자 하나 중용은 어린이가 배우는 글이 아니라 함으로 울면서 집으로 돌아와 스스로 공부하며 한글로 교훈시 70여 수를 지었다.

'오륜(五倫)을 생각하니 일가 중에 셋이로다. 이 셋(父子, 長幼, 夫婦)을 모르면 둘(君臣, 朋友)을 어찌 아랴. 어째서 이제 선비는 가까운 일을 버리고 먼 것을 취하느뇨'

어린 나이로 진사 시험에 합격한 후 명종 4년(1549) 문과에 올라 각 고을의 현감과 강원 경상도 도사를 거쳐 성균관 사성에 이르렀다. 선조 24년(1591) 임진왜란을 예고하여 나라에 상소를 올려 국방을 튼튼히 할 것을 강조하였다. 선생은 정치보다 우리나라의 시문학과 역학(易學)에 남긴 업적이 크며 「대학개정장(大學改正章)」, 「안자서(顏子書)」, 「비은발휘(費隱發揮)」 등을 편찬하였다. 선생의 나이 75세에 세상을 떠나니, 그의 높은 덕을 추모하여 낙봉서원에 향사하고 있다.

해평고을 유적·향교터(海平鄕校舊址)

구미시 해평면 낙성리 일대

『일선지』 고적조에 의하면 "선산부의 해평 고을에 관아 및 향교, 사창 등 옛터가 있다."고 기록되어 있다. 해평 고을 유적은 현재 낙성리 매봉(응봉, 鷹峯) 아래에 있다. 이곳에는 조선 태종 때 선산군에 병합될 때까지 약 천여 년 동안 해평현의 관아와 읍치 소재지였다. 현재는 민가만 있을 뿐, 오직 앞골, 아동, 창마, 대창걸 등의 지명만이 전한다. 해평현이 선산부에 편입된 후 향교를 폐하였으나 조선시대에 부사 이길배(府使 李吉培)가 감사에 보고하여 다시 향교를 세웠다. 그 후 한 고을에 두 향교는 그 예가 없다 하여 장차 폐하려다 임진왜란 때 소실되었다.

도리사(桃李寺)

복숭아가 피고(桃開) 신라 불교의 길이 열린(道開) 곳

구미시 해평면 송곡리 403 냉산

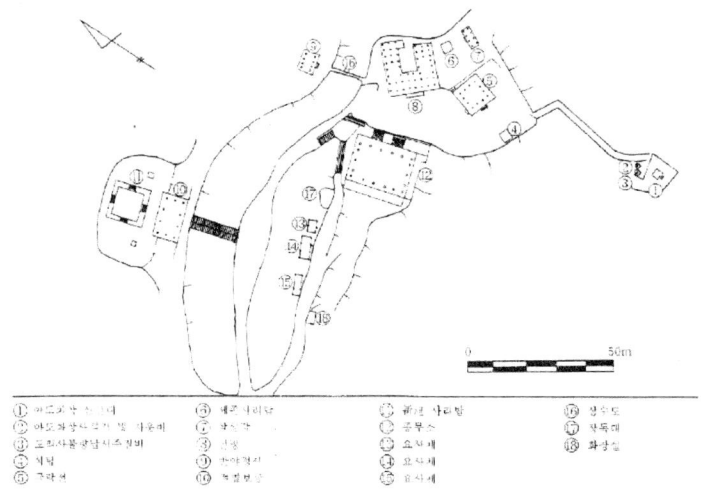

도리사 연혁(沿革) 및 도리사 원위치(原位置) 고찰

도리사는 아도 화상이 창건한 신라 최초의 사찰이다. 『신증동국여지승람(新增東國輿地勝覽)』과 『일선지(一善志)』 등에 의하면, 겨울 달밤에 복숭아와 오얏꽃(자두)이 산허리에 만개한 것을 보고 눌지왕 2년(418)에 절을 짓고 '도리사'라고 사명을 붙였다고 한다.[33] 창건 이후 조선 중기까지의 연혁은 전하지 않으며, 숙종 3년(1677) 큰 화재로 대웅전을 비롯한 모든 건물이 소실되었다. 그 뒤 영조 5년(1729) 아미타불상의 금칠을 새로 하여 산내 암자였던 '금당암'으로 위치를 옮기면서 암자 이름을 도리사로 바꾸니 옛 도리사는 터만 남게 되었다. 풍수지리설에 이 터는 괘등형(掛燈形)이라 하여 절 뒷골은 등유곡(燈油谷)이라 하고 송곡리 앞뜰을 '두배미(斗夜)'라 하며 부처님께 공덕이 영원히 비치길 기원하였다.

순조 7년(1807) 중창하고 1823년에 조사전을 중수했다. 고종 13년(1876)에 극락전을 중건하고 1922년 칠성각을 건립했다. 현재 도리사 경내에는 극락전을 중심으로 칠성각 등의 법당과 요사가 있다. 각 건물 내에는 관계 현판들이 보

• 옛 도리사터는 현재 냉산 도리사(금당암)에 올라가기 전 계류변(현재 '도리사가든' 뒤편)에 장대한 석축지가 있어서 이곳을 '옛 도리사터'로 추정한다.

도리사 원위치

도리사 앞에는
도리꽃 피었더니
桃李寺前桃李開

묵호자 가버린 뒤
아도가 왔네
墨胡已去道師來

뉘 알리요,
빛나던 신라 때 모습
誰知赫赫新羅業

모례의 움집 속에
재뿐인 것을!
終始毛郎窨裏灰
(김종직)

33) 『新增東國輿地勝覽』 佛宇條: "桃李寺 在冷山 新羅沙門阿道所居(中略) 此新羅佛法之始 諺傳阿道往新羅王都 還到山下 見山腰方冬月桃李盛開 遂建此寺因名焉"
    『一善志』 地理十節: "桃李山前桃李開 墨胡已去道師來 誰知赫赫新羅業終始毛郎窨裡灰 桃李寺在府東十五里 (中略) 度尙往東都而還 冬月見山前桃李盛開 構寺以居遂爲名此新羅佛法之始"

존되어 있으며, 불상·탱화 등이 봉안되어 있다. 또한 조선 순조 8년(1808)에 제작된 『도리사사적기』가 전하고 있으며, 석조물로는 석탑과 세존사리탑, 아도화상사적비 및 자운비, 도리사불량답시주질비, 아도화상신선대가 보존되어 있다.

도리사가 다시 세인의 관심을 끌어 모으게 된 것은 최근의 일이었다. 1977년 절 담 밖에 있던 조선시대 석종형 사리탑(石鐘型 舍利塔)에서 뜻밖에도 8세기경에 만들어진 사리함과 사리가 발견되어 많은 사람들의 이목을 집중시켰다.

한편 절을 나오면서 서쪽 산줄기의 모퉁이를 돌아가면 아무런 자취도 없는 좁은 터가 있다. 이곳은 아도 스님이 손가락을 곧게 가리켜 김천의 '직지사터'를 잡았다는 '서대(西臺)'이다. 여기에 서면 직지사가 있는 황악산이 멀리 건너다보이고 그 사이는 툭 터져 시원스럽다.

서대

서대에서 본 김천 방향

도리사 태조선원

아도화상신선대(神仙臺)

신선대

극락전 마당을 두른 담장 한쪽에 난 작은 문을 통해 밖으로 나가면 비탈진 송림 속에 평평한 대지가 보인다. 이곳에는 아도화상사적비 및 자운비, 도리사불량답시주질비가 나란히 세워져 있으며 그 남쪽으로 아도화상신선대가 보존되어 있다.

위를 평평하게 하고 단을 이루어 만든 대석(臺石)은 아도 화상이 좌선을 했다는 곳으로 신선대 혹은 좌선대로 불린다. 이곳에 앉아 정남쪽을 바라보면 굽이쳐 흐르는 낙동강과 그 너머로 멀리 금오산이 보이며 눈앞에 산봉우리들이 솟아 있어 그 전망은 글자 그대로 선경이 아닐 수 없다. 이 대석의 조성 시기가 언제인지는 알 수 없으나, 주변 석비가 세워지기 전, 즉 1639년 이전부터 존재하였던 것으로 추정되고 있다.

아도화상사적비 · 자운비(事蹟碑 · 慈雲碑)

경북 유형문화재 제291호

아도화상사적비, 자운비

아도화상'사적비(事蹟碑)'는 높이 276㎝, 대석의 크기는 131×78×31㎝이며, 비신의 높이는 197㎝, 폭은 83.5㎝, 이수의 높이는 69㎝이다. 자연암석을 지대석(地臺石)으로 삼고 그 위에 직사각형의 구멍을 파서 세웠으며 이수(螭首)는 전면에 두 마리의 용을, 후면에는 네 마리의 용을 조각하고 그 사이 공간에도 구름과 용을 조각하였다. 남면 상부에 횡으로 '아도화상사적비(阿度和尙事蹟碑)'라는 전자체(篆字體)의 글자가 있으며, 비문은 해서체(楷書體)로서 첫줄에 "조선국경상도선산부냉산도리사아도화상사적비(朝鮮國慶尙道善山府冷山桃李寺阿度和尙事蹟碑)"라 전제(前題)하고 음각(陰刻)하였다.

비문에 의하면, 아도(阿道)는 고구려 사람으로 어머니는 고도령(高道寧)이고, 아버지는 조위(曹魏)의 아굴마(我崛摩)이다. 5세에 출가하여 16세에 위나라로 갔다가 19세에 돌아왔다. 어머니의 명에 따라 전불칠처가람(前佛七處伽藍)터인 신라에 불교를 전파하기 위해 신라 미추왕 2년(263) 서라벌에 들어갔으나, 사람들의 배척을 받고 심지어는 살해하려는 사람도 있어 실패하고 일선현 모례의 집에 3년간 은신했다. 그 뒤 성국공주(成國公主)의 병을 고쳐준 보답으로 왕의 허락을 얻어 천경림에 절을 짓고 머물며 불교의 전파에 노력했다. 그러나 미추왕이 죽자 사람들이 해칠 것을 염려하여 다시 모례의 집으로 돌아오는 길에 한겨울인데도 복숭아·자두꽃이 만발하였음을 보고 그곳에 도리사를 지었다고 한다.

한편 '자운비(慈雲碑)'는 아도화상사적비 후면에 음각(陰刻)되어 있다.

이 비의 건립 연대는 '자운비' 끝 부분에 '숭정즉왕후이십팔년오월 일립(崇禎卽往後二十八年五月 日立)'이라 하였으니, 곧 조선 효종 6년(1655)에 세웠음을 알 수 있다.[34]

도리사 불량답시주질비(佛糧畓施主秩碑)

경북 유형문화재 제291호

불량답시주질비

불량답시주질비의 높이는 161cm이고, 지대석의 높이는 10cm이며, 길이는 187cm이다. 비신의 높이는 111cm, 폭은 45cm, 개석의 높이는 29cm이다. 자연암석을 지대석으로 삼고, 윗면에 사각의 구멍을 파서 비신을 꽂아 세웠다. 비 머리에는 1매석의 지붕돌이 덮여 있으며, 앞·뒷면에는 굵은 선으로 양각한 연꽃 봉오리와 줄기가 조각되었다. 한편 정상에는 중앙에 높이 11cm의 보주(寶珠)가 나타나 있다.

이 비는 도리사에 불량답(佛糧畓; 절의 논)을 시주한 내용, 즉 시주자와 논의 면적을 밝혀 놓았다. 명문으로 보아 '강희오십일년임진이월(康熙五十一年壬辰二月)', 즉 조선 숙종 38년(1712)에 석수 김성원(金成元)이 석비를 조성, 각자(刻字)하고 승통 능철(能哲)에 의하여 세워졌음을 알 수 있다.

---

34) 비석의 건립 연대에 대해서 기존에는 전면의 '아도화상사적비'는 조선 인조 17년(1639)이고, '자운비'는 효종 6년(1655)에 세워졌다고 한다. 그러나 '아도화상사적비' 끝 부분의 '아도소종도유남북지, 찬년영고자력천여재, 급숭정병자쇠췌, 월사년사묘양지구고언(阿度所種桃有南北枝, 贊年榮枯者歷千餘載, 及崇禎丙子衰悴, 越四年巳卯兩枝俱枯焉)'으로 비의 건립 연대를 인조 17년으로 추정한 것은 명백한 오류일 것이다.

도리사 조사전(祖師殿)·반야정사(般若精舍)

반야정사
(조사전; 극락전 서쪽 위치시)

　　현재는 적멸보궁 동쪽 산중턱에 옮겨 '반야정사(般若精舍)'라 칭하고 있으나, 원 위치는 극락전 서쪽이었다. 다른 사찰에서 도 흔히 볼 수 있는 조사당을 말하는 것 이다. 정면 3칸, 측면 1칸의 맞배지붕 단 층 구조이며, 1823년에 중수한 것으로 추 정된다. 이 건물 내에는 도리사의 조사(祖 師)인 아도 화상의 초상과 1876년에 그린 후불탱화를 비롯하여 1881년에 그린 신중탱·독성탱·칠성탱화,『신라본기(新羅 本紀)』,『계림고기(鷄林古記)』 등의 판목 24매가 보관되어 있었으나, 현재는 도리사의 본사인 직지사 성보박물관에 옮겨 봉안하고 있다.

반야정사 내부

반야정사 세존사리탑

도리사 아도 화상 초상화(肖像畵)

　　현재 직지사 성보박물관에 봉안되어 있는데 조사전 내의 유물을 조사할 때 불단 밑에서 족자 1폭으로 발견되었다. 조성 연대는 1823년 이전으로 추 정되고 있다. 이는 조사전에서 '계미년(癸未年)'으로 기록된 『동방불법시통

아도대화상영당중수기(東方佛法始通阿度大和尙影堂重修記)』가 발견되었기 때문이다. 계미년은 1823년으로 추정되므로, 이 초상화도 그 이전에 조성된 것이거나 그렇지 않으면 동시에 조성한 것으로 짐작할 수 있다.

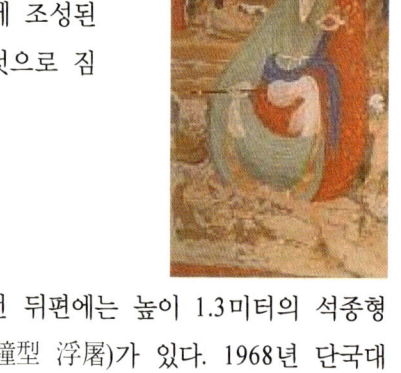

도리사 세존사리탑(世尊舍利塔)

세존사리탑지

세존사리탑

극락전 뒤편에는 높이 1.3미터의 석종형 부도(石鐘型 浮屠)가 있다. 1968년 단국대 고적조사단에 의해 조사될 때까지만 해도 삼성각 뒤 담장 밖에 있었으나, 1977년 도굴꾼들에 의해 언덕 아래로 굴러 떨어져 방치되었다가 다시 경내로 옮겨 세운 것이다. 이 과정에서 사리함과 사리가 발견되었다.

이 탑의 유래는 전혀 모르고 있으나 『도리사사적기』에 보이는 '석옹탑(石甕塔)'[돌항아리탑]이 아닌가 한다. 『사적기』에 의하면 이곳 냉산 기슭에 있는 석적사(石積寺) 옛 터의 '불사리탑'에서 이 마을에 사는 김계장(金界丈)이란 분이 불사리 1과를 얻었는데 그 크기가 '올미'만 하고 색깔이 백옥과 같았다. 그리하여 체안 선사가 석옹탑을 만들어 불사리를 도리사에 봉안하였다는 것

이다.35) 여기서 '석옹' 모양의 탑이란 곧 세존사리탑을 지칭하는 것이 분명하다.

---

35) 『도리사사적기』의 내용은 『해봉집(海峰集)』에서 인용한 것이라고 전하지만, 홍명원(洪命元)의 문집 『해봉집』에서는 인용한 내용을 찾을 수 없고, 석유기(釋有璣, 1707~1785)의 『호은집(好隱集)』에서 다음과 같은 내용을 찾을 수 있다.

"계해년 여름에 내가 포주의 유가사에 있을 때 어느 날 밤 홀연히 도리사 석종의 화주승 득득(得得)이 찾아왔다. 한참 있다가 하는 말이 선산 냉산 기슭에 석적사(石積寺)의 옛 터가 있고 그곳에 또 석탑(石塔)이 있는데 진토에 묻혀서 정수리만 약간 나타나 있었고

　본래의 하층 지대석은 담 밖에 남겨둔 채, 새로 만든 대좌 위에 상층 지대석을 놓고, 그 위에 뚜껑을 덮은 단지처럼 보이는 탑신이 있다. 다시 그 위에 연꽃봉우리형 보주를 얹었다. 상층 지대석의 네 귀퉁이에는 사자의 머리를 조각하였고, 그 사이로 향로를 새겼다. 탑신에는 위와 아래에 띠처럼 돌아가며 연잎을 새겼는데, 그 꽃잎들이 서로 겹쳐지고 있어 특이하다. 보주에도 아래에 仰蓮(앙련; 하늘로 치솟은 연꽃)을 새기고 그 위로 다섯 개의 원을 마련하여 '世 尊 舍 利 塔'이라고 한 글자씩 새겨 넣었다.

　이 부도는 체안 선사 관련 기록과 상층 지대석의 사자 두상, 보주에 조각된 연꽃잎 등 각부의 조성 수법으로 보아 조선 광해군(1606~1623) 시대인 17세기 전반기로 추정되는 아주 뛰어난 작품이다.

극락전(極樂殿)

경북 문화재자료 제318호

극락전

　극락전은 현재 도리사의 본당으로 쓰이고 있다. 단청의 색이 세월의 흔적으로 알맞게 바래 분위기가 대단히 밝고 경쾌하면서도 아담하다. 최근 해체·복원을 했다는데 손 댄 흔적을 전혀 알 수 없을 정도로 솜씨가 감쪽같아 모범이 될 만하다. 그러나 애석하게도 조선시대 건물의 용마루 양 끝에 백제나 신라에서 쓰이던 치미를 올려놓아 균형이 맞지

간혹 서광을 발하였다. 나무꾼 김계장이 이상한 꿈을 꾸었고 그로해서 탑 밑에서 금함(金函)과 사리 1매를 얻었다. 사리의 색은 백옥색이고 크기는 율무만 하였다. 금함의 모난 면에는 8금강과 4보살이 조각되어 있어서 석존의 사리임이 분명하여 도리사에 바쳤는데 이 일이 있은 지 30여 년이 지났는데도 상서로움이 여전하였다. 금년 봄 득득이 권유하여 물력을 모아 윤4월에 장인을 불러서 탑을 만들고 향과 함께 수장하였다고 하였다. 그래서 그 내력을 글로 적어 놓지 않으면 뒤의 사람들이 어찌 오늘의 일을 알겠는가."
『도리사사적기』에서 인용한 『해봉집』은 곧 '석유기' 혹은 '해봉상인'의 저술인 『호은집』을 지칭하는 것이며, 『호은집』에는 『사적기』보다 더 자세하게 금동사리함과 세존사리탑과의 관계까지 기술되어 있어 주목된다.(진홍섭, 「도리사 금동사리함」, 『묵재한화』, 대원사, 1999.)

않다.

극락전은 화강암 기단을 만들고 그 위에 막돌 주춧돌을 놓고, 정면 3칸, 측면 3칸으로 구성했다. 벽체를 모두 판벽으로 구성하고 벽면에는 벽화를 그렸다. 칸살이 넓은 어칸에는 사분합 굽널띠살문을 달고 칸살이 좁은 양 툇간에는 이분합 굽널띠살문을 달았다. 공포는 다포계형식으로 어칸에는 간포(間包)를 둘, 툇간에는 하나를 놓고 외부는 삼출목으로, 내부는 사출목으로 결구하였다. 내부 바닥에는 우물마루를 깔고 중앙 뒷부분에는 내진주를 세우고 후불벽을 설치했다. 후불벽 앞에 불단을 앉히고 불벽에는 탱화를 걸고 닫집을 시설하였다. 상부 대들보 위에는 용두로 조각된 양측 측면보의 머리가 걸쳐 있고, 그 상부 천장은 우물반자로 꾸며져 있다.

현재 극락전은 『도리사금당암중창기』(1807)와 고종 13년(1876)의 중건 사실로 보아 19세기 초에 건축된 것으로 생각된다.

극락전 내 목조아미타여래좌상(木造阿彌陀如來坐像)
경북 문화재자료 제314호

이 불상은 극락전 내부에 모셔진 목조 아미타여래좌상으로 재질은 향나무로서, 불상의 표면에는 건칠(乾漆; 옻칠)을 하고 금박을 입히고 상호(相好; 얼굴) 각부에는 색칠을 하였다.

머리에는 나발과 육계를 갖추고, 얼굴은 조선시대의 원만한 불상 양식을 그대로 반영하여 위엄과 자비를 잃지 않았다. 수인은 아미타여래의 하품하생인(下品下生印)을 하고 있다. 법의는 두 어깨를 모두 가린 통견이며, 가슴 아래에는 군의

극락전목조아미타여래좌상

의 띠매듭 대신 앙련 형태의 옷자락을 새겼는데 내액의(內腋衣)로 보인다.

불상은 몸에 비해 머리가 크고, 앞으로 구부린 듯한 자세와 단조로운 옷주름의 표현 등 조선시대 불상의 요건을 두루 갖추고 있어 17세기에서 18세기경에 제작된 것으로 추정된다. 한편 『복장기(腹藏記)』에 따르면, 최초의

금박은 조선 영조 7년(1731)에 실시되었으며, 1764년, 1876년, 1968년, 1976년 네 차례에 걸쳐 개금(改金)하였다.

도리사 석탑(石塔)

보물 제470호

석탑의 문비

극락전 앞마당의 석탑은 다른 곳에서 볼 수 없는 특이한 모습을 하고 있다. 기본 형태가 방형(方形)으로서 계단(戒壇; 경배의 장소)과도 유사하고 혹은 모전석탑(模塼石塔)과 유사하다. 하지만 일반적인 석탑과 비교하여 본다면 역시 기단부, 탑신부, 상륜부로 나누어 관찰할 수 있다.

기단부는 얕은 지대석 네 모퉁이에 석주를 하나씩 세우고, 그 사이에 폭이 조금씩 다르고 세로로 긴 판석 6-7매를 놓았다. 그 위에 크기가 고르지 않은 두툼한 판석을 덮어 마무리했다. 기단부의 남쪽 면 가운데에는 세로로 긴 장방형의 문비(門扉)가 있어 사리 봉안의 상징성을 보이고 있다.

탑신부는 3층으로 이루어져 있다. 각층은 크기가 서로 다른 네모지고 두툼한 석재들을 쌓았다. 탑신부의 남쪽 역시 문비를 새긴 판석이 세로로 끼워져 있다. 한편 3층은 너무나 작아서 마치 다른 석탑의 노반(露盤)과 같다.

상륜부에는 노반(露盤), 네모진 석주(石柱), 연꽃이 새겨진 둥근 모양의 앙화(仰花) 그리고 연봉을 닮은 보주(寶珠)가 차례로 놓여 있다.

전체 높이 3.3m인 이 석탑은 고려시대에 만들어진 것으로 추정하고 있으며, 탑신부에서 발견되는 문비 흔적의 혼란으로 미루어 원형은 아닌 듯하다. 절에서는 오래전부터 '화엄석탑(華嚴石塔)'이라고 불러왔는데, 아마도 과거 어느 시기에 화엄종(華嚴宗) 계열의 사찰이 아니었을까 추측해 본다.

도리사 발견 금동육각사리함(金銅六角舍利函)

국보 제208호

1977년 석종형 사리탑에서 발견된 높이 16.5㎝의 6각 사리함이다. 기단부, 몸체, 옥개부로 구분되었고, 내부에서 지름 1.2㎝의 석가진신사리(釋迦眞身舍利)가 발견되었다. 사리함 표면에는 사천왕상과 보살상이 조각되어 있어, 그 기법상 통일신라시대 8세기 조성으로 추정된다. 현재 김천 직지사 성보박물관에 소장 중이다.

도리사 발견 아도 화상 석상(石像)

높이 97㎝

석상에 관해서는 『일선지』 불우조(佛宇條)에 "金堂庵在桃李寺東數十步許有阿道石像通望東南野長江"이라는 기록이 있다. 이에 따르면, 도리사에는 아도 화상의 석상이 있었음을 알 수 있고, 1976년 6월 경내 '화엄석탑' 옆 담장을 정비하다가 석상 1구가 발견되었다. 한편 사찰 측에 의하면, 도리사 뒷산 냉산에 아도가 숨어 지냈다는 '금수굴' 앞에 이 석상이 서 있었다고도 한다.

> 世尊當入雪山中
> 세존께서 설산에 들어가셨을 때
> 一座不知經六年
> 한번 앉아 6년 동안 지나감을 알지 못했네.
> 因見明星云悟道
> 샛별을 봄으로 인하여 깨달음을 얻었으니
> 言詮消息遍三千
> 말씀하신 소식 삼천대천세계에 두루 퍼지도다.
> -도리사 태조선원 주련(太祖禪院 柱聯)에서-

금수굴

구미시 해평면 낙산 1리 냉산.

해평면 낙산 1리 뒷산인 냉산의 9부 능선에 위치한 일명 '금수굴'은 높이 2m, 너비 7m, 깊이 2m 정도의 크기로 10여 명이 들어갈 수 있는 자연동굴이다. 김 일흠 씨(56세. 낙산1리 이장)에 의하면, "어릴 때 어른들로부터 이 동굴이 모례의 집에서 나온 아도 화상이 도리사를 세우기 전에 숨어 지내던 곳이라는 이야기를 많이 들었다."며 "모례의 집과 도리사 중간 지점에 있는 자연동굴은 이것밖에 없어 신빙성이 있을 것이다."라고 말했다. 물론 이상의 이야기가 구미 일대의 전설 채록과정에서 알려진 것이지만, 관계 전문가의 고증을 거치는 것이 바람직할 것이다.

금수굴 조사 당시

냉산성(冷山城 - 일명 숭신산성(崇信山城))

구미시 해평면 송곡리 산 33-1

냉산 도리사 북편의 산 중턱과 정상에 위치하고 있다. 돌로 쌓은 성으로서 주위가 720칸에 달하였으며 산 정상에는 성루자리가 있으며, 우물도 남아 있다. 현재 2, 3개소에 길이 20m, 높이 3m 정도 남아 있는 석축으로 보아 둘레는 약 1㎞ 정도로 생각된다.

충남 개태사(開泰寺)의 『기원문』에 "고려 태조가 병신년 가을에 숭신성(崇信城) 주변에서 백제와 더불어 교전했다."는 기록이 있는 것으로 보아 고려 초에는 존재했던 것으로 추정된다.

유곡 찰방고영석선정비, 장한효자비
(幽谷 察訪高永錫善政碑, 張翰孝子碑)

원소재지: 구미시 해평면 월호리 488
현 소재지: 구미시 해평면 해평리 경북생활과학고등학교

　학교 운동장 담장 아래 두 비석이 나란히 있다. 찰방 고영석선정비 전면
에는 '兼幽谷察訪高侯永錫善政碑'의 비명이 있고, 우측면에는 '同治八年己
巳二月日立'이라 하여 1869년에 건립하였음을 알 수 있다.
　찰방 장한효자비 전면에는 '孝子幽谷察訪張翰之碑'의 비명이 있다.

(왼쪽)장한효자비
(오른쪽)고영석선정비

해은 문영 묘

해은 문영 묘(海隱 文英 墓)

구미시 해평면 월호리 594-2

☞ 찾아가는 길
　해평면소재지의 경북생활과학고등학교 뒤편 동북방 능선 상에 위치한다.

양민공 문영(襄敏公 文英, 1368~1393)은 문익점의 손자로 단성에서 태어났다. 호는 해은(海隱). 목은 이색의 문하에서 공부하였고, 조선 태종 때 일선부사(一善府使)로 부임하였다. 처갓집인 해평 월호리 '반포마을'에 자리를 잡고 화려한 벼슬보다 민생을 위한 산업 발전에 힘을 기울였다. 그 노력으로 '조계산(베틀산)'의 모양과 '공상다리(오상동에 있던 다리)'의 모양을 따서 만든 베틀로 '문영베(지금의 무명베)'를 짜는 데 성공하였으니, 지금도 그 산을 '베틀산'이라 하고 그곳에 있는 굴을 '포기굴'이라 하며 그곳 다리 이름을 '공상다리'라 부르고 있다.

의성군 우보의 봉강서원(鳳岡書院)에 제향되었고, 시호는 양민(襄敏)이다.

□□ '베틀산'과 문익점(文益漸), 문래(文萊), 문영(文英) 선생

□□
　고려 공민왕 때 충선공 문익점(忠宣公 文益漸) 선생이 목화 씨앗을 붓 뚜껑에 숨겨와 장인 정천익(鄭天益)과 함께 목화를 재배하고, 그 손자 정혜공 문래(靖惠公 文萊)는 목화로 실을 뽑는 기계를 만드니 '문래(지금의 물래)'라 하였고, 동생 양민공 문영(襄敏公 文英)은 베 짜는 기계인 베틀을 만들어 '문영베(지금의 무명베)' 생산에 성공하였다. 세 분은 현재 의성 우보 봉강서원(鳳岡書院)에 제향되고 있다.

베틀산

봉강서원(의성군 우보면 달산리)

일선리 문화재 단지

구미시 해평면 일선리 1-54

☞ 찾아가는 길

선산읍 내에서 상주 방면 33번 국도를 이용하여 일선교를 건너 해평 방면으로 약 500m 직진하면 국도 좌측 편으로 마을들이 위치한다.

일선리 문화재 단지 원경

1987년 안동 임하댐 건설로 인해 안동군에서 문화재 용와종택과 침간정, 만령초당, 대야정 등 10여 점을 해평면 일선리로 이건, 단장되어 있다.

용와종택 침간정(慵窩宗宅 枕澗亭)

경상북도 지방민속자료 제18호

조선 숙종～영조 때의 학자인 '용와 류승현(慵窩 柳升鉉; 1680～1746)' 선생의 종택(宗宅)과 강학(講學)의 장소인 침간정으로, 숙종 36년 안동군 임동면 박곡동에 세웠다. 선생은 숙종 45년(1719)에 문과 급제하여 예조정랑 등에 올라 풍기 군수를 역임하고, 이인좌의 난에 창의(倡義)하여 의병장으로 공을 세우기도 하였다. 1987년 임하댐 건설로 이건되었다. 이건되기 전에 정자와 정침(안채) 및 사랑채, 부속사로 이루어져 침간정이 앞쪽에 자리하고 뒤쪽에 정침, 사랑채와 광채가 'ㅠ'형을 이루고 있었다.

용와종택 및 침간정

용화종택은 안채와 사랑채, 광채 및 사각문으로 구성된 약식이긴 하나 일종의 '□'자형 집이다. 안채는 정면 6칸, 측면 1칸 반의 '─'자형 홑집으로 폐쇄형의 2칸 대청을 중심으로 좌측에 2칸 온돌방을 두고 1칸 반의 부엌을 연결시켰다. 안동 지방의 양반 가옥 대부분이 '□'자형인 데 반해 여기서는 '튼 □자형' 배치여서 광채가 별도로 마련되었다. 부엌에서 일단 끊고 직각으로 꺾인 광채를 따로 배치한 점은 영남지역 양반 가옥 중에서는 흔한 예가 아니다. 사랑채는 2칸 온돌방과 폐쇄형 마루방을 두어 판각방으로 일종의 서고나 서재의 역할을 겸한다고 볼 수 있다.

침간정은 별당 또는 사당, 제청(祭廳)의 기능을 수행하는 용도의 3칸 겹집이다.

수남위종택(水南位宗宅)

경상북도 문화재자료 제51호

수남위종택

이 건물은 안동군 임동면 수곡리 입향조(入鄕祖) '류성(柳城)'의 아우인 '수남위 유원(水南位 柳垣; 1540~1568)'이 박곡동으로 분가하여 지은 전주 류시 수남위파 종가집이다. 1700년경 화재로 불타 버린 것을 1850년경 '□'자형으로 복구하였다가 1923년 현재와 같이 '─'자형 겹집으로 축소하여 고쳐 지었다고 한다.

서향으로 자리한 '─'자형의 본채와 전면 좌측에 남향으로 자리한 아래채가 'ㄱ'자형을 이루고 있다. 본채는 정면 6칸, 측면 2칸의 겹집형으로 가운데 폐쇄형 1칸 마루를 중심으로 좌측 온돌방과 마루는 1칸 반 규모이며 부엌은 2칸이다. 마루 우측 편으로는 방 2칸을 앞뒤로 배치하여 '田'자형으로 겹을 이루고 우측에 개방형 마루 1칸을 두었다. 또한 방 전면에 퇴를 두어 안방과 동선을 연결하였다. 이러한 평면 구성으로 볼 때, 우측 2칸 온돌방과 마루는 사랑의 구실을 하였음을 짐작할 수 있다. 아래채는 2칸 온돌방과 2칸 광으로 3량 초가집이다.

만령초당(萬嶺草堂)

경상북도 문화재자료 제58호

만령초당

'만령 류익희(萬嶺 柳益輝; 1629～1698)' 선생이 학문을 강론하고 후학을 양성하기 위하여 세웠으며, 원래 안동군 임동면 마령 1동 가로편 마을에 있었다. 선생의 본관은 전주이며, 저서로는 『만령시고(萬嶺詩稿)』가 전한다.

정면 3칸, 측면 2칸의 팔작집으로 다소 경사진 대지 위에 자리 잡은 관계로 전면의 마루는 다락처럼 높게 만든 누마루를 이루게 되었으며 정자로의 출입은 좌측으로만 가능하다. 우물마루를 깐 중앙 대청을 중심으로 양쪽에 온돌방을 두고, 전면에는 반 칸 규모의 툇간을 두었으며 그 둘레에는 다시 칸살을 달아내어 작은 마루인 헌함을 둘렀다.

삼가정(三價亭)

경상북도 문화재자료 제50호

'류봉시(柳奉詩; 1654～1709)' 선생이 두 아들 '용와 류승현(慵窩 柳升鉉;

삼가정

1680~1746)'과 '양파 류관현(陽坡 柳觀鉉; 1692~1762)' 선생의 교양수학을 위하여 서재를 짓고 세 그루의 개오동 나무를 심어 '삼가정'이라 하였다.

툇간을 둔 정면 4칸, 측면 1칸 반 규모이나 툇간 앞으로 마루를 더 확대하여 거의 1칸의 폭을 갖고 있다. 중앙의 마루는 문짝이 넷으로 되어 여닫거나 들어 걸 수 있는 문과 쌍여닫이문으로 구획된 폐쇄형이다. 마당에는 불을 밝히기 위한 등(燈)돌이 있다.

동암정(桐巖亭)

경상북도 문화재자료 제62호

동암정

'도암 류장원(桐巖 柳長源; 1724~1796)' 선생이 학문을 연구하고 후학을 양성하던 곳이다. 선생은 영·정조 연간의 학자로 학문에 정진하여 경학 및 성리학 등 여러 학문에 통달하였으며 영조 39년(1763) 사마시에 합격하여 만년에 대산 이상정(大山 李象靖) 선생에게 특히 예학을 전수받아 『상변통고(常變通攷)』 등의 저서를 남겼다.

사주문을 들어서면 마당 좌측에 정자가 있고 맞은편에 부속채가 있다. 정자는 정면 3칸, 측면 1칸 반 규모로 좌측 2칸에 온돌방을 두고 그 우측에 1칸 마루방을 놓았다. 3칸 전면에 툇마루를 시설하고 그 양측 끝에 중방 높이 정도의 판벽을 설치했다. 2칸 온돌방 전면에는 각기 머름을 들인 쌍여닫이 띠살창을 달고 두 방 사이에는 두 짝 여닫이문을 설치하여 내통하게 했다. 마루방 전면에는 쌍여닫이 굽널띠살문을 달고 측면과 배변에는 각각 띠

장널과 울거미창을 내었다. 마루방 뒷벽 창 위쪽에는 벽감이 벽 안쪽으로 돌출되게 꾸며져 있다.

한편 정면 2칸, 측면 1칸 규모인 부속채는 3량가 홑처마 맞배지붕으로 이루어진 납도리 장혀수장집이다.

대야정(大埜亭)

경상북도 문화재자료 제54호

대야정

정조·순조 연간의 학자인 '대야 류건휴(大埜 柳健休; 1768~1834)' 선생이 지은 정자이다. 과거에 급제했으나 관직에 나가지 않고 학문에 전념하여 『이학집해(理學集解)』, 『대야집(大埜集)』, 『동유사서해집평(東儒四書解集評)』, 『국사고사(國事故事)』 등 많은 저서를 남겼고, 현재 대야정에 보존되어 전하고 있다.

어칸의 대청을 중심으로 좌우 협칸에 온돌방을 놓은 정면 3칸, 측면 2칸의 평면을 구성하고, 막돌 기단 위에 덤벙주초를 놓고 그 위에 각진 기둥을 세워 간결한 3량가로 결구되어 있는 박공기와집이다. 공간구성으로 보아 좌측 온돌방과 대청 사이에 들장지를 설치하여 이들 공간이 필요에 따라 일체가 되도록 짜여 있음이 주목할 만하다. 또한 대청 후면과 툇마루 전면에는 판벽과 판문을 설치하여 완전한 하나의 내부 공간을 형성하고 있다.

호고와종택(好古窩宗宅)

경상북도 문화재자료 제57호

조선 정조·순조 연간의 실학자 '호고와 류희문(好古窩 柳徽文; 1773~1832)' 선생이 지은 고택으로, 원래 안동군 임동면 마령 1동 가르편 마을에

호고와종택

있었다. 그는 성리학, 역학, 천문, 지리는 물론 의복제도와 음악, 율여까지 통달하였다. 주요 저서로는 『소학장구동자문답(小學章句童者問答)』등이 있다.

정면 5칸, 측면 4칸 규모의 '□'자형 정침이 동향으로 자리 잡고, 좌측에는 외양간채를 두었다. 다시 그 좌측에는 방앗간채를 두고, 정침의 양측 뒤로는 담을 쌓아 뒷마당을 이루었다. 사랑채는 중문간의 우측에 자리 잡고 있는데 2통간의 사랑방과 벽에 감실방 1칸이 있으며 사랑방 우측간의 뒤로는 중방을 두어 우익사와 연결되게 하였다. 중문을 들어서면 안마당 폭과 같은 2칸의 대청이 자리한다. 대청의 좌측에는 안방을 두었는데 안방은 부엌 쪽으로 빠져나와 2통간을 이루고 있다.

근암고택(近庵古宅)

경상북도 문화재자료 제55호

조선 철종 때의 실학자 '근암 류치덕(近庵柳致德; 1823~1881)' 선생이 고종 7년(1870)에 건축한 고택이다.

정면 5칸, 측면 4칸의 '□'자형 집으로 사랑채 부분에 마루방 한 칸을 달아내고 처마 끝 서까래가 1단으로 된 홑처마에 박공지붕이다. 사랑방과 마루방 앞쪽에 좁은 마루인 헌함을 돌려 방과 방 사이, 내외부 공간관계 등 주생활 연결 동선의 간편성을 도모하였고, 뒤쪽에는 위패를 두는 작은 감실방을 두는

근암고택

등 짜임새를 갖추고 있다. 안방은 정침의 안쪽에 위치시키는 것이 일반적인데 반하여 이 집은 대청 쪽으로 안방을 한 칸 내어 앉힘으로써 '□'자형 주

택에서 안방에 부족하기 쉬운 자연 채광과 일조, 하절기의 자연 통풍에 유의하여 지은 노력이 보인다. '근암정(近庵亭)'이 남아 있다. 그의 저서로는 『전례고증(典禮攷證)』이 있다.

임하택(臨河宅)

경상북도 문화재자료 제53호

임하택

　'용와 류승현' 선생의 현손인 '류치검(柳致儉; 1807~1853)' 선생의 수곡리 분가 후 성리학을 계승한 '수재류정호(修齋柳廷鎬; 1837~1907)'와 그의 아들 '연구(淵龜; 1861~1938)'가 지은 집으로 '수재고택(修齋古宅)'이라고도 부른다. 그 후 한말 독립지사인 '입헌 류동환(柳東煥; 1885~1973)' 선생이 1939년에 중건하였다.

　평면구성은 '巾'자형으로서, 경북 북부형 민가의 폐쇄적 공간 형식을 유지하면서 건물 사이의 일조(日照) 문제를 고려한 보기 드문 평면형태이다. 안채는 막돌을 쌓은 기단 위에 주춧돌을 놓고 사각 기둥을 세운 정면 5칸, 측면 2칸의 팔작지붕집이다. 안방은 좌협칸과 어칸을 통간 온돌방으로 설치하였고, 우협칸에 위치한 안마루는 마루의 전면 툇마루 측과 안방 측으로 사분합 들장지를 설치하여 하절기 통풍을 고려한 평면으로 구성되어 있다. 이는 사랑채에도 적용되어 역시 사랑방 측과 툇마루 측으로 사분합 들장지를 설치하였다. 한편 안채와 사랑채는 쪽마루로 연결되어 있다.

망천리 임당택(林塘宅)

경상북도 민속자료 제59호

　이 집은 '종서 김규진(金圭鎭)' 선생이 조선 영조 51년(1775) 안동군 임동면

임당택

망천리에 건립하였으며, 1986년 현재 소유주가 매수하여 '단포고택(丹浦古宅)'이라 부르고, 1987년 현 위치로 이건하였다.

본채는 동향으로 자리하고 앞쪽에 서향으로 아래채가 있으며 본채 우측에 방앗간이 있다. 부엌 좌측에 흙담을 쌓고 좁은 문을 내고, 우측 부분도 작은 사랑에 기대어 흙담과 좁은 문을 내어 전체가 3개 영역으로 분리되었다. 사랑채는 대문을 중심으로 좌측에는 툇간이 첨가된 2칸 온돌방과 폐쇄형 마루방을 두었고 우측 작은 사랑은 1칸 온돌방과 폐쇄형 마루방 1칸으로 구성되었으며 앞쪽에 퇴만 내었다. 안채는 안동 지방의 일반적인 '□'자형 평면과 그 구성이 좀 색다른 좌측 2칸 온돌방과 2칸 대청으로 이루어져 있다. 그리고 안방과 연접된 2칸과 익사 쪽으로 꺾여 1칸이 더 첨가되었으나 상방 뒤쪽의 마루는 안대청보다 높아 일종의 누마루 형식이 되었다. 아래채는 외양간, 함실, 온돌방 및 대문칸 순으로 이루어져 있으나 대문의 위치가 상례에 벗어난 듯하다.

사랑채의 전면이 좌우로 한 칸씩 돌출된 구성이 독특하며, 안채의 마루 구성도 보기 드문 예이다.

송산서원(松山書院; 書堂)

구미시 해평면 창림리 서원마을

인조 25년(1647) 해평리에 송산사(松山祠)를 건립하였으나, 효종 7년(1656) 창림리로 이건하면서 서원(書院)으로 승격되었다. 현재 서당은 출입문인 사주문과 강당만이 남아 있다. 강당은 정면 4칸, 측면 1칸 반의 팔작집

송산서당

이다. 평면은 어칸의 2칸 대청을 중심으로 좌우에 온돌방을 둔 중당협실형이며 전면에는 반 칸 규모의 툇간을 두었다.

병암 김응기(屛庵 金應箕), 경암 노경임(敬庵 盧景任), 신재 김진종(新齋 金振宗), 송정 최응룡(松亭 崔應龍), 주천 강유선(舟川 康惟善), 인재 최현(訒齋 崔晛) 여섯 분을 모시고 있다. 고종 5년 훼철되고 송산서당(松山書堂)만 남아 있다.

▣▣ 인재 최현(訒齋 崔晛; 1563~1640)

최현 유허비

자는 계승(季昇), 호는 인재(訒齋). 해평면 해평리에서 명종 18년(1563)에 태어났다. 임진왜란으로 우리의 고장이 폐허가 되어 많은 역사적 유물이 전란으로 없어지므로 이를 걱정하여 심혈을 기울여 지리 및 역사, 인물, 정치, 경제, 문화 등 각 영역에 걸쳐 소상하게 나타낸 『일선지(一善志)』를 지었다. 한강 정구, 학봉 김성일의 문하에서 공부하였고 임진왜란이 일어나자 선생은 나라를 구하는 방책을 글로 써서 선조께 올렸으며 스스로 의병에 가담하여 적과 싸우기도 하였다. 생원 시험에 합격한 후 문과에 급제하여 한림에 들어가 광해군(光海君)의 서울을 옮기자는 주장을 적극 반대하여 그 계획을 중지시켰으며, 인조 2년에 '이괄의 난'을 평정하는 데 많은 공을 세웠다. 후에 이 전란의 과정을 상세히 기록한 전투 보고서와, 지방 관원과 군관들의 거취와 전투행위 등을 기록한 『정장사근만행적』을 발표하였다. 선생은 진무일등공신이 되고, 이후 대사간이 되었다.

병자호란 당시 남한산성의 강화 소식을 듣고 치욕을 개탄하는 상주문을 올리고 고향에 돌아와 학구에 전념하였다. 인조(仁祖) 18년(1640) 78세를 일기로 세상을 하직하니 조정에서는 '순국보조공신 예조판서 완성군'에 봉하고 시호를 정간이라 하였다.

국한문으로 되어 있는 선생의 작품 『용사음』과 『명월음』은 학계에 비상한 관심을 모으고 있다. 『용사음』은 임진왜란을 소재로 한 3·4조의 가사로 당시의 전황과 사회상을 묘사했으며 『명월음』은 당시 흉흉한 인심을 풍자한 가사이다.

■■ 경암 노경임(敬庵 盧景任; 1569~1620)

■■

　본관은 안강. 자는 홍중(弘仲). 호는 경암(敬庵)으로 선조 2년(1569) 선산 독동리에서 송암 노수함(松菴 盧守咸)의 여섯째 아들로 태어났다. 여헌 장현광, 서애 유성룡 선생의 문하에서 학문과 덕행을 닦아 22세(1591) 때 문과에 급제하였으나, 이듬해 1592년 임진왜란이 일어나자 의병을 모아 충청도와 상주에서 적병을 막아 많은 공을 세웠다. 그 후, 홍문관 수찬과 영의정 이원익의 종사관을 역임하였다. 성주목사로 있을 때 광해군이 왕위에 오르고, 정인홍이 세도를 잡으니 "양심 있는 선비는 설 곳이 없다." 하고 고향으로 돌아와 낙동강변에 '영귀정(永歸亭)'이란 정자를 지어 그곳에서 더욱 학문에 열중하다가 52세(1620)로 세상을 떠나니 조정에서는 '통정대부 승정원 도승지'를 추증하였다.

해평동 보천사지 및 석조여래좌상(寶泉寺址)

구미시 해평면 해평리 526 매봉산 보천골

☞ 찾아가는 길

　현일고등학교에서 해평 방향으로 난 도로를 통해 '숭선대교'를 건너자마자 골짜기로 '보천사' 안내판이 있다.

　임진왜란 때 소실된 후 폐사되었던 보천사는 노천에 방치되어, 훼손되어 가던 석불을 모시기 위해 안무출 씨가 1955년 초가 1동을 건립하면서부터 현재의 모습을 띠게 되었다. 또한 1959년 해평동 거주 최재기 씨를 비롯한 신도들이 합심하여 금당 건립 중 매몰된 석불 하부를 발굴하는 동시에 광배석(光背石)까지 원위치에 세워서 현 상태로 완전히 복원하였다. 특히 당시에 석불 바로 앞에서 금동불입상(金銅佛立像) 1구가 출토되었다고 하나, 당시 관리자 이설우 씨가 감정차 서울로 보낸 후 소식이 없다고 한다. 건물 기둥 밑의 초석은 이곳에서 출토된 신라시대 원좌초석(圓座礎石; 기둥을 받치는 부분이 둥근 초석)을 사용하여 시대 추정이 가능하다고 하겠다.

석축이 동에서 서로 축조되고, 남향의 석불도 원위치로 추정되기에 절은 곧 남향사찰이었음을 알 수 있다. 대웅전 뜰에서 앞을 바라보면 보천골 밖으로는 낙동강과 고아읍 너른 들판이 전개되며 그 너머 멀리로는 우뚝한 모습의 금오산이 전망되어 번성할 당시의 정경이 아쉽기만 하다.

해평동 석조여래좌상(石造如來坐像)

보물 제492호

이 석불은 『조선보물고적조사자료』에 "海平面 海平洞 全高 四尺 兩膝頸間 三尺ノ 石佛坐佛ニ シテ顔面ニ 小破損アル外 完全ナリ 又 高サ四尺ノ 略馬蹄形ノ 光背ニハ 火焰及 小佛四體 彫刻シ アリ"라는 기록이 있어 이미 일제시대에 조사가 되었다.[36]

현재 석불은 '시멘트'로 보수된 안면부와 총탄자국으로 인해 훼손이 심하며, 또한 화강암의 석질이 약한 탓으로 풍화·마멸되었다. 그러나 8각대좌 위에 결가부좌한 석가여래좌상을 안치하고 그 배후에 별도로 거신광(擧身光)까지 갖춘 전형적인 신라불상이다. 불신의 높이는 132㎝, 광배의 높이 167㎝, 대좌의 높이는 109㎝이다.

석불의 양식을 간단히 살피자면, 4매석의 지대석 위에 8각형의 기단부를 갖추고 있다. 하대석의 각 면에는 안상(眼象)이 1구씩 음각되었고, 중대석 각 면에도 여러 가지의 조각이 있다. 중대석 정면에는 단엽5판(單葉5瓣)의 복련좌(伏蓮坐)에 결가부좌한 합장여래상을 음각하였고, 좌우 양 측면과 뒷

---

36) 보고된 석불의 양식과 조각은 현존하는 석불과 같으나 다만 높이가 4척으로 되어 있어 현재 높이와 다르다. 이는 1955년부터의 발굴에서 석불의 대좌 아래가 매몰되었던 것을 현재 상태로 노출시켰기 때문에 생긴 차이이다.

석불좌상의 대좌부

면에는 화기(花枝)를 배치하였고, 서쪽 1면에는 연화좌상에 어깨 위로 향로를 받들고 있는 비천상(飛天像)을, 다른 3면에는 연화좌상에 합장공양(合掌供養)의 비천상을 배치하였다. 상대석에는 화문(花紋)이 조각된 앙련(仰蓮)이 표현되어 있다.

여래상은 상호(相好)의 파손이 심각하나, 목은 비교적 길고 삼도(三道)가 뚜렷하다. 수인(手印)은 항마촉지인(降魔觸地印)으로서 석가여래상임을 알 수 있다. 상의 뒷면에 광배를 고정시키는 둥근 구멍이 마련되어 있어 지금도 광배를 부착시키고 있다. 한편 광배는 두광과 신광으로 구분되는데 전체적으로 마멸현상이 나타나고 있을 뿐 거의 완전하다. 광배 주변에는 보상화문(寶相花紋)이 양각되었으며, 양측하부에는 향로 1구와 좌상의 화불 2구씩을 배치하였으며, 광배 정상에도 연화좌를 갖춘 삼존좌상을 양각하였다.

이상의 석조여래좌상은 움츠린 듯 왜소한 체구에 어깨가 좁고, 가슴의 양감이 부족하여 다소 평면적인 느낌이 들고, 화문(衣紋)과 대좌의 연판(蓮瓣) 및 광배의 향로·화불 등 각부 양식 수법으로 보아 통일신라시대 전성기를 지난 9세기 중엽에 조성된 것으로 추정된다.

보천(寶泉)의 유래

『신증동국여지승람』 권29 선산도호부 산천조,[37] 『일선지』 지리십절, 동서 지리 제1 형승조, 동서 진교 등에 의하면, 옛날 이곳에 '보천(寶泉)'이라는

---

37) 『新增東國輿地勝覽』 卷29 善山都護府 山川條에 의하면, "寶泉灘在府東南二十一里 卽 餘次尼津之下流 南流入仁同縣界爲漆津"이라 하고, 同書 十絶에는 "寶泉灘 寶泉灘上集商帆 千室人人食有鹽 誰要脂膏營什一 古來長吏罕能廉"이라 한다. 『一善志』 地理十絶에는 "寶泉灘在海平縣西五里 海商每春秋泊船于此販鬻以歸"라 하고, 同書 地理 第1 形勝條에는 "寶泉灘 在府東南二十一里 海平縣西五里 陶夫淵之下流 佔畢齋有詩見下 功修淵 在縣南四里 寶泉灘下流"라고 보이며, 同書 津橋에는 "寶泉 在縣西四里 寶泉灘邊 古有寶泉寺 因泉水而名爲" 등이 보인다.

샘이 있어서 사찰명을 '보천사(寶泉寺)'로, 바로 앞쪽 낙동강의 탄류를 '보천
탄(寶泉灘)'으로, 이 골짜기의 명칭 역시 '보천(寶泉)'으로 하였음을 알 수
있다. 고려 충렬왕의 왕자 왕소군(王少君)이 병이 깊어 고생하다가 이곳 '보
천'의 물을 마시고 병이 나았다고 한다. 또한 보천사가 폐허될 때 사찰의
유물들은 '보천'에 묻었다. 현재 '보천'이 어디인지는 확인이 되지 않지만,
이 마을에는 '약수'라는 샘을 비롯한 세 곳의 우물샘이 있으니 그중 어느
하나일 듯하다. 혹은 이렇게 좁은 골짜기에 '샘'이 많으니 이들을 통칭한 것
인지도 모르겠다.

해평 북애고택(北厓宗宅)

지방민속자료 제41호
구미시 해평면 해평리 318

☞ 찾아가는 길

25번 국도의 한화에너지 해평주유소에서 해평리로 가는 마을길을 따라 약 1km
가면 있다. 청소년 수련관과 석조여래좌상이 있는 4번 도로를 따라 1.6km 가면
길 오른쪽에 해평리로 들어가는 마을 골목길이 있다. 안내판을 따라 약 500m
정도 직진하면 된다.

북애고택

'북애종택(北厓宗宅)' 혹은 '북
애고가(北厓古家)'는 최종석 씨 가
옥으로, 약 400여 년 전 이 고을
에 정착한 입향조 검재 최수지(儉
齋 崔水智)의 후손 최광익(崔光
翊)이 둘째 아들 승우(昇羽)의 살
림집으로 건립하였다. 건립 연대는

사랑채의 상량문에 '崇禎紀元後 三戊申四月 初二日 午時 立佳'라고 기록되어 있어 조선 정조 3년(1779)임을 알 수 있다.

이 고가의 몇 가지 특이한 점을 보면, 평탄한 지형 조건을 바탕으로 안채 중심의 대청을 동북으로 시원스럽게 배치하였고, 안방·부엌·안사랑 등은 모두 동남으로 향하게 하였다. 이는 '□'자형 가옥의 단점인 일조 불량을 극복할 수 있는 시설로서, 한편으로는 사랑채와 사랑마당, 안사랑채와 안사랑 마당, 안채와 안마당 등의 내외 공간을 엄격하게 구분하였다. 대문간채와 사당도 있었다고 하나 지금은 남아 있지 않다.

안채는 안마당 정면에 3칸 안대청을 중심으로 좌측에는 건넌방, 마루방, 안사랑방, 안사랑 대청이 위치하며, 우측에는 찻방, 안방, 부엌, 통로문간이 각기 좌우 익사를 이루고 있다. 3칸 안대청 뒷문 바깥쪽에는 반 칸 크기의 툇마루가 들여져 있다. 대청 뒤쪽에 쪽마루를 시설하는 경우는 있으나 이처럼 툇마루를 깐

승마석
사랑채동남쪽 모퉁이에 위치

예는 흔치 않은 구조이다. 안사랑 대청과 안사랑방 사이에는 2분합 들문을 달아 필요시 두 공간을 트일 수 있게 했다.

중문간채는 좌로부터 중문간, 고방, 장고방, 마루, 고방, 헛간을 체례로 놓은 3량가 민도리 홑처마집이다.

사랑채는 정면 4칸, 측면 2칸의 겹집으로서 좌측반인 '田'자형에는 앞쪽 2칸에 사랑방을 두고 그 뒤쪽 조우에 각기 1칸씩의 마루방과 온돌방을 놓았으며, 우측반인 '田'자형에는 뒤로 1/3칸 정도 물린 앞쪽 2칸에 사랑대청을 두고 그 뒤쪽에 마루방을 놓았다.

이 가옥을 '북애종택'이라 하는 것은 바로 길 건너 살던 형 성우(成羽)의 '쌍암고가'에서 북쪽 언덕에 있다 하여 붙인 이름이다.

해평 쌍암고가(雙岩古家; 崔相鶴氏 古家)

중요민속자료 제105호
구미시 해평면 해평리 239

쌍암고가

'쌍암고가(雙岩古家)' 역시 1779년, 검재 최수지의 후손인 최광익이 큰 아들 성우(成羽)의 살림집으로 지었다고 전해진다. 큰 바위 두 개가 집 앞에 있어 '쌍암고가'로 불린다. 조선 후기 지방 상류가옥으로서 대문채, 사랑채, 중문간채(안대문채), 안채, 사당채로 구성되어 있다.

사랑채는 정남향으로써 정면 4칸으로 구분되어 '田'자를 이룬 온돌방을 두고 3칸 대청과 1칸 제청(祭廳)을 배열한 일자형의 겹집이다. 제사와 상례를 위한 제청이 사랑대청 한쪽 모서리에 위치한 경우는 흔치 않다. 건물 앞쪽에는 툇마루를, 뒤쪽과 우측에는 쪽마루를 설치하였다. 건물 좌측에는 툇마루, 사랑방, 골방에서 이용할 수 있는 벽장 4개가 마련되어 있다. 또한 사랑채 뒷부분에 장지문을 달아 필요하면 마루방으로 사용할 수 있게 한 점도 보기 드문 수법이다. 특히 사랑채의 뜰을 쌓은 전돌은 주거공간의 운치를 더욱 더하고 있다.

중문간채 혹은 안대문채는 트인 안마당 앞쪽에 조금 떨어져 안채를 가로막고 있다. 중문간채가 사랑마당에서 안채를 볼 수 없게 시야를 차단함으로써 안채는 은폐적인 여성공간이 된다. 중문간을 좌측 편으로 둔 것도 중문을 들어설 때 안채 내부가 바로 보이지 않도록 배려한 것이다.

안채는 비교적 큰 6칸 통 대청을 중심으로 하여 그 좌우에 건넌방과 안방을 'ㄷ'자형을 이루고 있다. 왼쪽에는 2칸통 건넌방, 1칸 마루방, 1칸 온돌방, 1칸 부엌을 배치하였고, 오른편에는 1칸 찬방(혹은 고방), 2칸통 안방, 1칸 부엌을 배치하여 각각 좌우익사를 이루었다. 안방 뒤편에는 찬방을 두고 있는데, 이 지역에서 흔히 나타나는 평면구성이다.

사당채는 전면에 툇간을 두고 그 뒤편 3칸 모두에 아주 높은 굽널을 들인 정자살문을 달았다.

시중사(侍中祠)

구미시 해평면 해평리

시중사 전경

일명 '해평 성황당(城隍堂)' 또는 '시중사(侍中祠)' 라고 한다. 해평 김씨 시조 인 장렬공 김훤술(莊烈公 金萱術)의 석상(石像)을 봉 안하여 공덕을 추모하고 있 다. 장렬공 김훤술은 후삼국 통일 과정에서 고려 태조를 도와 선산 숭신산성과 어검평야, 발검평야, 점검평 양 등지에서 견훤의 아들 신검 군대와 결전을 벌일 때 뛰어난 용맹과 지략으 로 큰 공을 세우니, 이후 문하시중 삼중대광 정란보국공신(門下侍中 三重大匡 靖亂輔國功臣)에 이른다. 사후에 해평현의 수호신으로 지역민들에 의해 석상 이 제작되고, 처음에는 해평면 오상리 '가망지(可望 池)' 맞은편 도로변에 있던 것을 지금의 위치로 이 전하였다. 그 까닭에 대해 다음과 같은 전설이 있다.

김훤술 석상

석상이 국도변에 세워져 있을 때는 마치 하마비 (下馬碑)처럼 아무리 높은 벼슬아치라도 그 앞에서 는 내려 걸어가게 되어 있었는데, 하루는 어느 벼 슬 높은 이가 하인의 권고에도 불구하고 그냥 지나 치려 하자 말의 발이 땅에 붙어 떨어지지 않았다. 이에 화가 난 벼슬아치는 '어찌하여 석상이 길거리 에서 길 가는 사람을 방해하는가?'라며 칼로 석상의 목을 내리쳤다. 이에 석상에서 붉은 피가 솟구치니 낙동강에 버릴 것을 명하고 길을 떠났으나 얼마 못 가서 피를 토하고 죽고 말았다. 한편 낙동강 변으로 석상을 옮기던 사람들도 겨우 해평리 뒷산에 이르러 더 이상 나아가지 못하고 쓰러지고 말았다. 어느 날 길을 지나던 스님이 "석상을 다시 세워 모시고 그의 공덕을 기리며 정성을 다하여 제사 지내면 마을이 편안하리라." 하니 뒷산 언덕에 사당을 지어 석상을 모시고 정성껏 제사를 지냈다.

석상의 영험이 뛰어나다 하여 기복하는 사람이 많으니 이에 '영응사(靈應祠)'라고도 한다. 십여 년 전 후손이 힘을 모아 사당을 수축하면서 영응사 간판을 내리고 옛날 명칭인 시중사 현판을 달았으며, 그의 업적을 기리는 신도비(神道碑)를 세우고 숭덕재(崇德齋)를 건립하였다.

해평 습지 두루미

낙동강 숭선대교 상류 1㎞ 지점부터 고아읍 괴평리 구간에 걸쳐 총 760ha에 이르는 면적의 '해평 습지'에는 두루미를 비롯한 철새 도래지가 형성되어 있다. 텃새로는 독수리, 원앙, 왜가리, 백로, 까치, 비둘기, 황조롱이 등이 관찰되고, 철새로는 재두루미, 흑두루미, 고니, 기러기, 오리류 등이 관찰되고 있다. 이 중 독수리, 원앙, 재두루미, 흑두루미, 고니는 천연기념물로 지정되어 있다. 이곳은 맑은 강물과 깨끗한 모래톱,

(위)　　　원앙 천연기념물 제327호
(좌측) 흑두루미 천연기념물 제228호
(우측) 재두루미 천연기념물 제203호

안락한 습지가 넓게 형성되어 있으며, 강 양쪽에 약 1,500ha에 달하는 농경지가 있어 풍부한 먹이 공급원의 기능을 하고 있다.

석양을 날다

흑두루미

고분(古墳) 및 기타 유적

송곡리·월곡리 고분군

해평면 송곡리 창림저수지 좌측 편의 남쪽으로 뻗은 능선에 중·대형 고분 수 기를 포함하여 십여 기의 고분이 분포하고 있다. 노출된 석재로 보아 석곽분으로 추정되며, 삼국시대 토기편들이 발견되고 있다.

일선교를 건너 25번 국도를 따라 약 3㎞ 남쪽 국도변 동편의 능선과 그 능선의 좌우 비탈에는 월곡리 고분군이 분포하고 있다. 현재 능선에는 반파된 고분 1기가 전하고 있으며, 주변 경작지에는 삼국시대 고배편, 호편, 자기편이 산재하고 있다. 이 외에도 월곡리 '박곡마을' 뒤쪽으로부터 마을 진입로까지 이어지는 능선에 수혈식석곽분으로 추정되는 중·소형 분 수십 기가 분포하고 있다.

기타 절터

숭암사지(崇巖寺址; 해평면 송곡리 냉산 남쪽 숭암마을), 중애사지(衆愛寺址; 해평면 금산리 조계산 상봉), 정지사지(井池寺址; 해평면 창림리 조계산)

산동면 마을 지명 유래(가나다순)

◎ 산동면(山東面)

조선시대 때는 산외방(山外坊), 몽대방(夢大坊)으로 칭하다가 1914년 산동면으로 통합되었다.

○ **도중리(道中)**

1914년 행정구역개편에 따라 '도림(道林)'과 '중평(中坪)'을 따서 '도중(道中)'으로 개칭되었다.

- 도리미, 도림(桃林), 도리동(道理洞), 아랫도리미(中坪洞); 옛날 이곳에 복숭아나무가 숲을 이루어 아름답게 보였기에 '도리미'라 부르고, 그 이후는 도를 닦고 예를 바로 잡은 곳이라 해서 '도리동(道理)' 불린다. 한편 도림마을 아래 위치한 마을을 '아랫도리미'라 하고, 사찰로 가던 사람이 중간에 쉬어 가던 곳이라 '중평동'이라고도 한다.
- 탑마을, 탑마(塔洞): 탑이 있어 불린 지명.

○ **동곡리(東谷)**

몽대면의 소재지였으나, 1919년 국도 신설로 인해 면사무소가 적림리로 이전되어 '마지막 읍'이라 '말읍(末邑)'이라고도 하며, 예전에는 질곡부곡(秩谷部曲)이었다.

- 마상골(馬上谷): 마을 뒤 후조당 서원(後凋堂 書院) 앞을 지날 때 말에서 내리고, 마상곡에 이르러 다시 말에 올랐다 하여 불린 지명.
- 오리골(五里谷, 梧里), 지리실(웃마, 諸里): '오리골'은 오동나무가 많아서 불린 지명이며, 고려 말 효행이 뛰어난 후조당 박영미(後凋堂

朴英美) 선생이 살던 곳이다. '지리실'마을은 예전에 질그릇점이 있었다 하고, 지금은 마을 입구에 '제리지'라는 큰 못이 있고 못 아래에는 연자방아 한 틀이 원형대로 보존되어 있다.

• 비재(星嶺): 명나라 장군이 이곳에 혈(穴)을 찔러 지하에서 장수의 목을 베었다 하여 '비재'라 하고, 일설에는 밤 별을 보고 이 고개를 넘어도 좋은 성황당이 있어 고개를 넘는 길손을 무사히 지켜 주는 고개라 하여 '성령(星嶺)'이라 한다.

○ 백현리(栢峴)

• 백리실(栢梨實, 栢谷洞, 栢李谷): 영천군수 계은 이민(溪隱 李民)이 1675년 이곳에 정착할 때 잣나무와 배나무를 가지고 와서 심었기 때문에 '백이실'이라 하고, 또한 이씨가 개척한 마을이라 하여 '백이실'이라고도 부른다.

• 넉바우, 맥바위(廣岩): 현재 하천의 물길이 변경되기 전에 부락 앞에 넓은 바위가 있었고 바위 앞에 깊은 물이 있어서 낚시질하기에 좋아 불린 지명.

• 곰재, 웅현동(熊現洞): 옛날 포수가 고갯마루에서 죽은 곰을 보고 놀라 피했는데, 길 가던 행인이 주워 많은 이득을 보았다고 한다. 이에 고갯마루를 '곰재'라 부르고, 그 아래 '곰재못' 곧 '웅현지(熊現池)'가 있다.

• 봇들, 토골, 복평, 토곡사: 보(洑)를 쌓아서 가뭄에 대비하던 곳으로, '봇들'이란 물을 막아 생긴 들의 명칭. 옛날 이곳에 '토곡사'란 절이 있었으나 없어지고 그 자리에 마을이 생겨 '토골'이라 한다.

○ 봉산리(鳳山)

• 사창(社倉): 조선시대 말기에 사직창고가 있어 불린 지명이다. 현재 칠곡 동명면에 있는 송림사(松林寺)의 원래 위치라고 하며, 마을 북쪽 산을 송림산(松林山)으로 부르고 있고, 송림사지 추정 석불(산동 봉산동 석불좌상)이 있었다.

- 봉림(鳳林), 오산(梧山): 마을은 뒷산에 수풀이 우거지고 봉(鳳)이 깃들인다고 해서 '상봉산(翔鳳山)', '봉림(鳳林)'이라 하고, 서쪽 구릉지에는 오동나무가 많아서 오산(梧山)이라고 하며, 봉이 내려와서 앉은 바위를 '봉루암'이라 한다.
- 조사실(鳥沙谷): 예전에 마을에는 백사장이 많아서 농사가 제대로 되지 않아 메밀 정도만을 경작하는 곤궁한 마을이었는데, 메밀꽃이 필 무렵 기근이 너무 심하여 새가 굶었다고 해서 '조사실'이라 하였다.

○ 성수리(星水)

- 자라고개(갈곡), 용수진(龍水津): 마을의 형상이 자라가 고개를 웅크린 형상이라 하여 불린 지명. 1914년 행정구역 개편 이전에는 '용수(龍水)'부락으로 불리었다. '용수진'은 고아읍과 구미를 드나드는 가장 큰 나루터로 구미대교 개통 후 폐쇄되었다.
- 수별창(수부창, 水星): 마을 앞이 늪지대이기에 마을의 불빛이 물 가운데 있다 하여 '수성'이라 불리고, 음이 변하여 '수부창'으로 부르고 있다.
- 회향고개(回鄕): 홍수가 지나고 나면 주민이 딴 곳으로 떠난다고 하여 불린 지명.
- 용수암(龍水庵): 성수리 시루봉 위에 있었다. 낙동강의 흐름이 용의 머리와 같다 하여 용암 박운(龍巖 朴雲) 선생이 암자를 짓고 학문을 탐구하던 곳으로 지금은 다만 용소(龍沼)가 남아 있을 뿐이다.

○ 송산리(松山)

'송산'은 '정송(正松)'과 '명산(明山)' 마을을 합하여 칭하는 지명.

- 정실(正實), 정송(正松): 탑골마을과 아랫마을이 있었는데, 당시 두 마을에 도둑이 너무 심하여 현재 위치로 옮기고부터 도둑이 없어져 '정실'이라 불렀다.
- 중구당(中九堂), 명산(明山): 옛날 장구 소리를 상징하는 '동구당'이라 하였으나, 그 후 말이 변하여 '중구당'으로 되었다. 혹은 '명산'이라 부르니 이는 이곳 산세가 깨끗하다고 하여 불린 지명이다.

○ 신당리(新堂)

- 원당(院堂): 고려시대 국립여관 격이던 유원(柳院)이 있어 불린 지명.
- 반월리(半月): 마을을 둘러싼 산세가 반월 같아 불린 지명.
- 우항(牛項): 마을 뒷산이 소가 누운 형상이며, 그 목덜미 되는 곳에 마을이 있다 하여 불린 지명이며, 음이 변하여 '왕동(王洞)'이라고도 한다.
- 서울나들: 영남 지방에서 과거를 보러 가는 선비들이 이곳을 반드시 거쳐 간다고 하여 불린 지명.
- 감말(甘末): 마을 이름이 '감말동'이었으나, 주민들이 복래동으로 이주한 이후 마을이 폐허로 변하였다.
- 쇠똥재: 큰 비로 마을 전체가 물에 잠기고 산봉우리가 쇠똥만큼 남아 있었다고 하여 불린 지명.

○ 인덕리(仁德)

- 기복동(起卜): 마을 터를 잡을 때 복술가의 도움을 얻었다 하여 불린 지명.
- 생골(生谷), 행교골(鄕校谷), 구교동(舊校洞): 향교가 있어 생원(生員)들이 많이 산다고 불린 지명.
- 용지골(龍智谷), 헌디기(獻德洞): '용지골'에는 용이 사는 굴이 있고 마을 사람들이 모두 어질다고 하여 불린 지명이며, '헌디기'는 마을 뒷산이 도인이 부채를 거꾸로 드리운 형상으로 덕(德)을 드리는 곳이라 하여 불린 지명이다.
- 빙혈(얼음골): 문수산 아래 있어 지금도 '얼음왕굴'이라 한다.

○ 임천리(林泉)

'임천(林泉)'은 많은 군자가 벼슬을 버리고 '한거임천(閑居林泉)'이라는 뜻을 따서 불린 지명이다.

- 몽대(蒙大, 夢垈), 둔봉재(遯峰齋): 조선 인조 때 둔봉 김녕(遯峰 金寧) 선생이 벼슬을 버리고 집으로 돌아와 스스로 충절을 지키며 후

학을 양성하였다 하여 '몽대(蒙大)' 혹은 몽대(夢坮)라 부른다. 또한 둔지산(遯志山) 아래에는 '둔봉재'가 있다.

- 부치뱅이(佛洞): 예전에는 사원동(寺院洞)이라 하였으며, 임진왜란 이후 사찰이 사라지고, 석불(石佛)만 따로 모시었으나, 일제 시대에 사라졌다고 한다. 현재는 1981년에 복원된 석불을 안치하였다.
- 신지골, 승지(勝池): 둔봉 김녕(遯峰 金寧) 선생을 추모하는 승암서원(勝岩書院)이 있다 하여 불린 지명.
- 학사(鶴舍): 산림이 좋아 학과 두루미가 집을 짓고 살았다고 해서 불린 지명이며, 아래쪽에는 학의 털이 모인 곳이라 하는 '모산(毛山)'이 있다.

○ 적림리(績林)

- 원터(院터): 1102년경 허충원(許忠院)을 지어 행인을 숙박시켰던 곳으로, 현재 관공서가 위치한 곳이다.
- 죽리(竹里), 구미(九尾): '죽리'마을은 대나무를 심어 청정부락으로 만들려 하였으나 대나무가 살지 않았다 한다. '구미'마을은 면내 아홉 골의 물이 합쳐져서 마을 앞을 흐르고 뒷산의 형상이 거북이 꼬리 같아 불린 지명이다.

도중리 절터·석탑

구미시 산동면 도중리 8 속칭 '절골'

☞ 찾아가는 길

산동면소재지 '제2죽림교'에서 도중리 '도리미마을'(포장길 마치는 곳)까지 약 3㎞ 진행하다가 마을 오른쪽으로 난 계곡의 소로를 따라 약 1㎞ 올라가면 왼편으로 대나무 밭이 있어, '절골'이라 칭하는 골짜기이다. 이곳 낮은 구릉 중턱에 석탑 1기가 있는 절터가 있다.

이 일대는 현재 경작지로서 동·서 방향으로 2단의 석축지가 남아 있어 남향 사찰이 존재했음을 알 수 있다. 현재 절터에는 붕괴된 석탑재(石塔材)와 원좌주초석(圓座柱礎石) 외에는 다른 유물이 남아 있지 않다.

절터에 관한 기록은 『조선보물고적조사자료』가 유일한데, "山東面 道中洞 塔ハ 現時 一層オ 殘ス ノミニシテ 他ハ 附近ニ 墜落ス 現高 四尺五寸 五重 ト 推セラル 附近ニ頭部缺損スル 高サ 一尺五寸 石佛坐像一軀 現存ス"라는 기록이 보인다. 기록에 의하면, '오층석탑으로 추정'된다고 하나 파손된 석탑 부재로 보아 삼층석탑으로 추정되며, 석불좌상 1구는 현재 보이지 않는다.

석탑으로부터 50m 동쪽 언덕 위에 정교하게 조성된 원좌주초석(圓座柱礎 石)이 매몰되어 있었는데, 이 원좌주초석은 현재 산동면 적림리 산동초등학 교로 옮겨 보관 중이다. 원좌주초석은 장방형의 자연석 윗부분을 평평히 다 듬고 그 중앙에 둥근 자리를 나타내었다. 4분원의 몰딩 수법이나 치석수법 으로 보아 통일신라시대에 조성되었음을 알 수 있고, 이에 따라 이 사찰을 통일신라시대의 사찰로 추정할 수 있다.

도중동 절터 석탑

석탑은 석축지가 있는 절터에서 남쪽 으로 100m 지점의 높은 언덕에 붕괴된 채, 기단부와 옥개 석 일부만이 남아 있다. 탑의 원형은

도중리 절터 석탑부재(교원대)

지대석 위에 이중기단을 구성한 삼층석탑으로 추정된다.

이 탑에서 주목되는 것은 하층기단 4면으로서 각 면 2구의 안상(眼像) 내 에 각종 문양을 조각하였는데 그 형태와 종류가 특이하다. 즉 서쪽 면에는 하나의 안상 안에 엎드린 사자(獅子)와 비천상(飛天像)을 같이 조각하였으 며, 남·북면에는 구름무늬(雲文)와 당초문(唐草文)을, 동쪽 면에는 안상 하

부 중앙에 귀꽃문을 각각 조각하였다. 특히나 서쪽 면과 같이 석탑 기단면석의 안상 내부에 사자와 비천 2구를 함께 조각한 예는 아직 조사된 것이 없어 이곳의 석탑이 최초의 조사라 하겠다.

한편 상층기단은 양식적으로 보아 각 면에 우주 2주와 탱주 1주를 새겨 놓았다. 옥개석은 받침이 3단이고, 처마에는 낙수홈이 음각되었는데 현재 이 옥개석은 산동초등학교에 옮겨 보관하고 있다. 전체적인 기단부의 구성양식이나 조각수법으로 보아 건립 연대는 고려시대로 추정된다.

한편 석탑 주변에는 많은 옛 기와편이 발견되어 법당 등의 건물이 존재했음을 알 수 있으나, 좀더 상세한 발굴조사가 있어야 할 듯하다.

도중리 석상(石像) 2구

구미시 산동면 도중리 도리미마을

☞ 찾아가는 길

도중리절터와 같다. 도중리 입구 계곡 남쪽에 석상 1구가 있고, 건너편 마을의 낮은 구릉에 위치한 단간와옥(洞神祠) 내에도 석상 1구가 봉안되어 있다.

• 도중동 석상 전설 조선 초기 전국을 유랑하고 다니며 걸식으로 해결하던 '조(曺)도래'라는 노총각이 도림동에 정착하고는 인심도 좋고 산세까지 좋다 하여 병으로 죽을 때 유언으로 말하길, 이 동리에 은혜 갚을 길이 없어 수호신이 될 것을 약속하니, 조도래신을 모시는 사당을 지어주고 매년 동제를 지내었다. 이후 그를 장가보내는 뜻으로 건너편 마을 구릉에 처녀상을 만들어 혼인하게 하여 지금까지 전하고 있다.

계곡남쪽
석상(총각상)

계곡북쪽 건물 내
석상(처녀상)

　　동민들의 말에 의하면, 수백 년 전부터 이 마을의 수호신으로 숭상되어 왔
으며, 지금도 봄·가을 연 2회 제사를 지낸다고 한다. 이러한 봉사의례(奉祀
儀禮)는 전국적으로 행해지는 것으로서 그 봉사 대상은 대개 조선시대 석상
들이다. 이곳의 석상들도 조선시대의 것으로서 와옥(瓦屋) 내에 모셔져 있는
석상의 관모(冠帽)가 없으며, 머리를 땋아 늘어뜨
렸다는 점을 제외하면 동일한 양식수법을 보인다.

　　석상들은 사각형의 자연석을 지대석으로 삼고,
사각형 석주로서 몸통을 표현한 입상들이다.

　　마을 입구 계곡의 석상은 머리 위에 관대(冠帶)
가 넓은 문인의 관모를 썼다. 양쪽 귀는 짧으나
치켜 뜬 눈과 주먹코, 흡족한 마음을 알 수 있는
입 등에서 보는 사람으로 하여금 웃음을 자아내도
록 한다. 이러한 얼굴 각부의 생김새는 마을 수호

처녀상의 땋은 머리

신인 장승의 얼굴과 상통하는 것이라 하겠다. 또한 옷의 주름무늬는 표현되
지 않았고, 양손은 가슴에 모아 패(牌)를 잡고 있다. 이러한 조각 양식은 조
선시대 능묘호석(陵墓護石) 중 문인상에서 볼 수 있는 것으로 시대적 배경
을 추정할 수 있다.

　　참고적으로 석상의 크기는 그 높이가 각각 200㎝, 155㎝이다.

동현사지(東峴寺址)

구미시 산동면 백현리 77 일원

☞ 찾아가는 길

　　25번 국도를 이용하여 산동면 소재지로부터 장천 방향으로 진행하다가 상림삼
거리에서 군위 방향 지방군도를 이용하여 '곰재'를 넘어 백현리에 닿는다.

백현리에는 동현사(東峴寺)라 전하는 절터가 남아 있고, 현재는 작은 암자가 신축되었다. 한편 백현리 마을 가운데는 수령 약 600년 정도의 느티나무가 있어 마을 수호신의 역할을 하고 있다.

산동 봉산리 석불좌상(石佛坐像 – 일명 '송림사지' 출토 석불좌상)

·이 불상은 산동면 봉산리 일명 '사창마을(社倉)'의 송림사지(松林寺址)에서 반출되었다고 전한다. 송림사는 후삼국 통일기에 고려 태조 왕건과 견훤 간의 치열한 전투과정에서 파괴되고 빈대로 폐사되었고, 그 후 현재 칠곡군 동명면에 위치한 '송림사(松林寺)'로 이건하였다고 한다. 그러나 현재 칠곡 송림사에는 통일신라시대 건립된 것으로 추정되는 전탑이 있어 이 일화의 신빙성에 의문이 든다.

옥계동에서 임봉초등학교 앞으로 난 도로를 거쳐 25번 국도를 만나기 직전 고갯길에서 왼쪽으로 난 소로를 따라가면 봉산리 '학사'·'숭지'마을이 나온다. 이곳에서 동북방 1㎞ 지점 산 중턱에 높은 광배를 가진 여래좌상이 1구 남아 있다. 본래 삼존불상으로 추정되지만 현재 좌협시불만 파손된 채 남아 있는 것이다.

송산리 고분군, 당산나무, 정송사지(正松寺址)

구미시 산동면 송산리 산75

☞ 찾아가는 길

25번 국도를 이용하여 산동면 소재지로부터 장천 방향으로 진행하다가 상림삼거리에서 군위 방향 지방군도를 이용하여 백현리를 지나 산동초등학교 '송백분교'가 있는 송산리에 닿게 된다.

송산리에서 '송백교'를 지나 오른편 '정실마을' 방향으로 접어들면, 산 능선으로 삼국시대 고분 10여 기가 보인다. 이른바 송산리 고분군으로서 현재 농지 경작과 민묘 조성에 의해 거의 파괴되어 내부석이 노출된 상태이다.

고분군에서 조금 더 마을 쪽으로 진행하면 도로 왼편으로 느티나무가 있다. 삼각형 혹은 사람얼굴 형상의 석상(石像)이 박혀 있으니 석상의 크기는 약 100㎝ 정도이다. '정실마을'은 매년 1월 14일(음력) 동제(洞祭)를 지냈으나 약 10여 년 전부터 지내지 않고 있다.

'정실마을'의 절터는 마을 제일 끝에서 150m 정도 더 진행하여 좌측 편 능선 아래 경작지로 추정된다. 마을에서는 정송사지(正松寺址)라 부르며, 석축을 비롯한 상당수의 기단석과 도괴된 탑신(塔身) 1기가 전하고 있으며, 일부는 묘비와 상석으로 사용되고 있다. 추후 조사가 아쉬운 실정이다.

산동 의우총(義牛塚)

경상북도 민속자료 제106호
구미시 산동면 인덕리 104-1

☞ 찾아가는 길

산동면 경운대학교 옆 상가변에 위치한다.

『일선지』 의우총조(義牛塚條)에 따르면, 이곳 문수점(文殊店, 지금의 산동면 인덕리)에 사는 김기년(金起年)이 암소 한 마리를 길렀는데, 1575년 여름, 주인이 농기구를 갖추어 소와 함께 산 밑에 있는 밭을 갈고 있을 즈음 미처 다 갈기도

전에 홀연히 숲 속에서 호랑이가 뛰어나와 소에게 달려들었다. 너무나 놀란 주인이 괭이를 들고 고함을 지르며 호랑이를 치려 하자 호랑이는 소를 버리고 주인에게 대들었다. 이를 보고 있던 소가 사납게 울부짖으며 호랑이에게 뛰어들어 여기저기에 상처를 입히니 그 사납던 호랑이도 기진맥진하여 사람을 버리고 달아나 수십 보 밖에서 쓰러졌다. 주인 김기년은 다리를 물리어 정신을 잃었으나, 얼마 뒤 정신을 차리고 절름거리며 소와 함께 집으로 돌아오게 되었다. 이로부터 20일 뒤에 주인이 호랑이에게 당한 상처가 심하여 죽음에 이르게 되었을 때, 가족을 모아 놓은 자리에서 "내가 호랑이의 밥이 되지 않고 지금까지 살아온 것이 누구의 힘인 줄 너희들도 알겠지. 내가 죽은 뒤에 이 소를 절대로 팔지 말 것이며, 비록 소가 늙어 저절로 죽더라도 그 고기를 먹지 말며, 반드시 내 무덤 옆에 묻어다오" 이 말을 마치고 숨을 거두었다. 그 후 주민들이 주인에 대한 소의 충성을 기려 그 사실을 돌에 새겨 무덤가에 세웠다.

1630년 선산부사(善山府使) 조찬한(趙纘韓)이 『의우전(義牛傳)』을 기록하고 화공이 '의우도(義牛圖)' 8폭을 그려 남아 있다.

효사정(孝思亭)

구미시 산동면 인덕리

효사정

조선 세종 때 수학자인 이순지(李純之)의 손자 이훈(李薰)이 아버지의 병환을 돌보기 위해 중종 12년에 벼슬에서 물러나 은거하던 곳으로, 그 효를 기리기 위해 중종 19년 사방 10리를 하사하고, 후손이 중종 27년(1532)에 효사정을 세웠다. 정자는 문수마을 뒤쪽 산허리에 자리하고 있는데, 가파른 대지의 경사를 따라 조성한

계단을 오르면 정자로 출입하는 사주문을 세웠고, 정자는 정면 4칸 측면 1
칸 반 규모의 팔작집이다.

임천리 불동석불(佛洞石佛)

구미시 산동면 임천리 속칭 '부처뱅이' 뒷산

임천리불동감실

옥계동에서 임봉초등학교 앞으로
난 도로로 약 3.5㎞ 정도 가면 오른쪽
으로 '부처방'마을로 들어가는 소로가
나온다. 앞서 서술한 봉산리 '학사'마
을 직전 마을이다.

주민들에 의하면, 이곳 오봉산(五峰
山)에는 사찰이 있어 임진왜란 때 폐
허가 되고 그 후 스님 한 분이 이곳
을 지나다가 석불을 발견하여 모시게
되었는데, 그 언젠가 석불은 사라지고 그 자리만 남아 있으므로 '부처방'이
라 하였다. 조선 광해군·인조 연간의 선비이던 둔봉 김녕(遯峰 金寧) 선생
의 문집 가운데 석불의 존재를 찾을 수 있다.

일제시대 초기 일본 사람이 가져갔다고 전하며, 현재 석불은 재일교포 이
태영(李泰永) 씨가 예전의 기억을 더듬어 석불을 조각하고 본래의 위치에
1981년 5월 30일 봉안한 것이다.

승암서원(勝岩書院), 둔봉재(遯峰齋), 신계정사(新溪靜舍)

구미시 산동면 임천리 몽대

둔봉재

산동면 임천리 '몽대마을' 뒤쪽의 둔지산 기슭에는 조선 정조 20년 (1796) 둔봉 김녕(遯峰 金寧) 선생을 모시기 위해 건립한 '승암서원(勝岩 書院)'이 있었다. 고종 5년 훼철되고 후에 '승암서당(勝岩書堂)'을 세웠으나 무너지고 '둔봉재(遯峰齋)'를 건립하였다. 현재 남아 있는 둔봉재는 정면 3칸 측면 1칸 반 규모의 팔작집으로 주위에 방형의 토석담장을 둘렀으며 전면에는 사주문을 세워 출입게 하였다.

한편 '신계정사(新溪精舍)'는 정조 때 지평 김상원(持平 金尙元)이 건조한 건물로 학문을 탐구하여 스스로 지은 '팔경시(八景詩)'가 걸려 있다.

인덕동 석조여래좌상(石造如來坐像)

원소재지 : 구미시 산동면 인덕동 '샘골' 미륵당
현 소재지 : 구미시 산동면 적림리 산동초등학교 교정

📂 찾아가는 길

해평면에서 장천행 25번 지방 도로를 따라가다 '경운대학교' 못 미쳐 있는 산동초등학교를 찾는다. 초등학교 본관 오른쪽[向右] 분수대 옆에 주초석 1기와 더불어 위치한다. 2007년 5월 답사결과 이전하였다 하니 그 위치를 확인할 길이 없다.

학교 측에 의하면 이 석불은 산동면 인덕동 속칭 '샘골'의 미륵당 도로변에 방치되었던 것을 1965년 9월 25일 도로 공사 때 현 위치로 옮긴 것이라 한다. 이전 시에 이미 그곳에는 석불 외의 광배, 대좌 등의 유물이 전혀 없었다고 하니 원위치라고 단정하기는 곤란할 듯하다.

석불에 대한 자료로는 일제시대에 간행된 『조선보물고적조사자료』에 "山東面 仁德洞佛像ハ 高サ 一尺三寸 兩膝頭間 一尺ノ 石佛坐像 彫刻粗雜ナリ 附近二 崩落 セル 石垣及瓦片 砂器片 現存ス"라는 기록이 있다.

석불의 머리는 50여 년 전에 없어졌으나, 결가부좌 자세와 항마촉지의 수인으로 보아 석가여래상으로 추정된다. 절단된 불상의 목 중앙에 작은 구멍이 있는 것은 머리를 부착시키기 위한 후대의 가공 흔적으로 생각된다. 목에는 삼도를 뚜렷이 표현하였고, 통견(通肩) 법의는 양팔에 걸쳐 양쪽 무릎을 덮었으며 배꼽에서 흘러내린 앞자락은 우측 무릎 밑으로 접혀지고 있다.

이 석불에서 눈길을 끄는 것은 옷주름의 부드러움과 앞가슴의 사실적인 치마바지 묶음선이다. 이러한 점은 균형 잡힌 신체 비례와 더불어 석불의 조성 연대를 통일신라시대 9세기경으로 추정하는 데 도움이 된다. 현재 높이는 94㎝이다.

한편 불상 옆에는 도중동 사지에서 근년에 옮겨 놓은 옥개석과 원좌주초석(圓座柱礎石)이 보존되어 있다. 자세한 설명은 '도중동 사지' 편을 참고하기 바란다.

적림동 석불입상(石佛立像)

구미시 산동면 적림리 산7, 현 정원사

☞ 찾아가는 길

산동면사무소 소재지에서 '제2적림교' 골목길 오른편으로 '정원사'가 보인다. 예전에는 '적원사(績元寺)'였으나 현재 '정원사'로 개명하였다.

이 불상은 원래 산동지서(山東支署) 우측 논 가운데에 하반부가 매몰된 채 서 있었다. 그러나 1972년 미신타파운동의 영향으로 마을 사람들이 불상을 깨부수려 하자, 맹인이던 박영호 씨가 자신의 집으로 불상을 모시고 '적원사(績元寺)'라 하였다. 불상 원위치의 지형이나 주변 상황으로 보아 절터였음을 짐작할 수는 있으나, 기록이 전혀 보이지 않고 다른 유물도 발견되지 않아 앞으로의 조사가 필요할 것으로 생각된다. 사찰 측에 따르면, 마을 주민 중에 대좌석으로 추정되는 부재를 맷돌로 사용하고 있다고 한다.

불상은 원통형 몸통에 상체를 얕게 조각하였고, 모시는 과정에서 시멘트 단을 마련하여 무릎 아래를 확인할 수 없다. 현재 머리 위에는 8각 지붕돌을 올려놓았다. 전체 높이는 188.5㎝이다. 얼굴의 전체 윤곽은 원만하나 각 부분의 파손이 심하여 부처의 자비심은 찾기 힘들다. 단지 입 정도만이 남아 있는데, 이는 우리나라에서 전국적으로 행해진 부녀자들의 아들 잉태설로 인한 파괴로 생각된다. 신체의 법의는 마멸이 심하여 가슴과 왼쪽 팔에 약간의 흔적만이 있고, 하체에는 찾아볼 수 없다. 목이 짧아서 양어깨가 올라간 것 같아 전체의 균형을 잃은 듯하다. 고려 중엽에 건조된 것으로 추정된다.

한편, 머리 위의 8각 개석은 비록 파손되었으나, 합각(合角)머리의 삼산형 (三山型) 귀꽃으로 주목된다. 이 개석은 파손된 부분에 원형 구멍의 흔적이 보이고, 검게 그을린 흔적이 남아 있어 석등부재로 생각된다. 마을에서는 인덕동 석조여래좌상과 더불어 ‘앉은 미륵’, ‘선 미륵’이라 하여 한 쌍의 미륵으로 신봉하고 있다.

장천면 마을 지명 유래(가나다순)

◎ 장천면(長川面)

본래 남웅곡방(南熊谷坊)으로 1914년 장천면으로 개편되었다. 어원은 확실히 알지 못하나, 마을 앞을 흐르는 내(川)의 길이가 길다 하여 '장천(長川)'이라 한다.

○ 금산리(錦山)

마을 동남쪽에 금정산(錦井山)이 있고 농경지는 계단식이며 토지는 대체로 비옥하다.

- 남실: 부락에 살고 있는 사람들의 생활에 여유가 있어 '남실' 혹은 '여곡(餘谷)'이라 하며, 일설에는 절이 있었다 하여 '절골'이라고도 한다. 절이 있었던 곳에 '미출암(米出岩)'이란 쌀바위가 있어 매일 스님이 먹을 만큼밖에 쌀이 나오지 않자 욕심 많은 스님 한 분이 구멍을 크게 뚫으면 더 많은 쌀이 나오리라는 생각에 큰 구멍을 뚫었더니 빈대만 무수히 나와서 결국 절이 망했다고 전설이 전한다.
- 숯골: 마을 뒷산에 숯을 구웠던 굴이 있어 불린 지명이며, 뒷산인 '금정산'의 이름을 따서 '김화(金華)'라고도 한다.
- 텃골: 임처사(林處士)라는 분이 터가 좋은 부락이라 하여 불린 지명.

○ 명곡리(明谷)

- 가마실, 가매실, 서당뜸, 부곡동(釜谷洞): 마을의 형세가 흡사 가마솥 같다 하여 '가마실' 등으로 불리고, 해당하는 한자 음으로 표기하면 '부곡(釜谷)'이 된다. 한편 서당(書堂)이 있었다고 하여 '서당뜸'이라

는 지명이 생기고, 북쪽의 마을은 '윗가매실', 즉 '웃마'라고 한다.

- 솔방재, 수명동(水明洞): '가매실'에서 보면 남쪽 마을은 '솔방재'로 솔개가 날아가는 모양이라서 불린 지명. 또한 맑고 깨끗한 물이 많이 솟아난다 하여 '수명동'이라 한다.
- 기정(氣井): 옛날 마을에 큰 우물이 있어 그 물을 먹는 사람은 모두 힘이 세져서 '기정(氣井)'이라 불렀다. 이 물을 먹은 장사들이 오고 가는 사람들을 괴롭히자 우물을 메워 버렸다 한다.

○ **묵어리(默語)**

- 머들, 먹들, 묵돌, 묵야(默野), 묵어(默語), 묵평(默坪): 마을 앞의 논밭의 흙 빛깔이 검고 기름 성분이 많은 들판이라서 불린 지명.
- 강산골, 강산곡, 강성동(綱城洞): 약 200년 전 한 노인이 아들 삼 형제와 마을에 정착하여 글을 가르쳐 후진을 교육하였다. 이에 '삼강(三綱)'의 '강(綱)'자와 마을 뒷산의 '성(城)'과 같은 형세는 더하여 '강성동(綱城洞)'이라 하였다.
- 삼산(三山): '웃머들'의 동쪽인 금정산 기슭에 있는 마을로, 1923년 이전에는 '허천'이라 하였으나 그곳이 금정산, 유학산, 금오산 3개 기슭에 있는 마을이라 '삼산'이라 부른다.
- 노고지골: 옛날 김록(金錄)이라는 사람이 거주하였다 하여 불린 지명.
- 백고개, 배고개: 마을 뒷산이 험하고 산적과 짐승이 득실거려 고개를 넘고자 하는 사람들은 산 아래에 기다렸다가 백 명이 모여야만 넘어갈 수 있다 하여 '백(百)고개'라고 하며, 인접한 군위군 효령면 '배태'로 넘어가는 고갯마루라서 '배고개(梨峴)'라고도 한다.

○ **상림리(上林)**

고려시대 국립여관 격인 '상림원(上林院)'이 있었고, 조선시대는 '상림역(上林驛)'이 있어 말 6필과 역리(驛吏) 227명이 종사하였다. 지금의 산동면 백현리로 넘어가는 곰재와 금산리 가는 길의 왼쪽에 위치한 굴바위 부근에 송림(松林)이 울창하다고 불린 지명이다.

- 감골, 관골: 마을 전체가 감나무로 덮여 '감골'이라 하고, 음이 변하여 '관골'이라고도 한다.
- 못골: 까마귀 모양의 못이 하나 있어 '오지동(烏池洞)'이라 부르다가 못을 수리하고 나서 불린 지명.

○ 상장리(上場)

내(川)를 기준으로 위를 '상장(上場)', 아래를 '하장(下場)'이라고 한다. 한편으로 1923년 면소재지를 지금의 '하장 2리'에서 이곳으로 옮기고 나서 옛 장터를 '아랫장터', 즉 '하장'이라 하고, 새 장터를 '웃장터', 즉 '상장'이라 부르기도 한다.

- 심은골(深隱): 임진왜란 때 칠곡 장제원(漆谷 張悌元) 선생이 이곳에 은거하였다 하여 불린 지명. '시민골'이라고도 한다.
- 바지미, 바자미(巴岺), 선교동(仙橋洞): 1970년경 '파령'이란 호를 가진 사람의 아호를 따서 '파잠'이라 부르다가 음이 변하여 불린 지명. 마을 앞에 흐르는 한천(漢川)으로 '선교동'이라 한다. 한편 마을 앞 냇가에 배다리 나루가 있어 물물교환장소로 이용되었다.
- 웃장터, 장내, 장터, 장천: 면소재지 이전 후 새로이 형성된 장터를 '웃장터', 즉 '상장(上場)'이라 하고 우시장이 예부터 유명하다.
- 새곰실, 덕수정(德水亭, 德堤亭): '장천면' 개칭 전의 '웅곡방'에서 '웅'자로 연유한 지명이다. 지금의 '하장1리'의 '곰실'보다 늦게 새로 생긴 마을이라서 '새곰실'이라 부른다. 마을의 동북쪽에는 덕수정(德水亭) 혹은 덕제정(德堤亭)이라는 정자가 있고 그 아래 우물이 있었다고 한다.

○ 신장리(新長)

- 신기동(新基): 넓은 들 가운데 새로 터를 잡아 마을이 형성되었다 하여 불린 지명.
- 작골, 작곡(作谷), 산성동(山城洞): 임진왜란 때 의병장 곽재우(郭再祐) 장군이 활약했던 천생산성 입구에 형성된 마을이라 하여 불린

지명.

○ 여남리(汝南)

옛날에는 '망국동'이라 부르다가 '여토실'로 마을 이름이 바뀌었으나, 화적 떼와 산짐승의 피해로 남쪽으로 옮겨 정착한 후부터는 '여남'이라 한다.

- 여토실(汝吐谷): 물이 풍부하고 농사도 잘되는 풍요로운 마을이라 불린 지명.
- 북골, 붓골, 복곡(洑谷), 여수(麗水): 마을 앞에 보(洑)가 있어서 불린 지명이며, 그 보의 물이 너무나 맑아서 '여수'라고도 한다.
- 딱박골, 지신동, 저전동(楮田洞): 닥나무 밭이 많아서 불린 지명.

○ 오로리(五老)

임진왜란 때 다섯 명의 노인이 피난을 와서 정착하면서 기념으로 다섯 그루의 버드나무를 심었다 해서 원래는 '오류(五柳)'라 하였으나, 음이 변하여 '오로'라 하고, 현재도 오로 2리 오로실(五老室)에는 그때 심은 버드나무를 마을 기념수로 보존하고 있다

- 설골(雪谷): 설씨(薛氏)가 살았다 하여 불린 지명으로 음이 변하였다.
- 뚱절(屯절): 옛날 '둔절'이라는 사찰명에서 연유하였다.
- 중평(中坪): '설골'과 '뚱절'의 중간지점이라 하여 '중평'이라 한다.
- 오로실(五老室): 다섯 노인이 버드나무 다섯 그루를 심었다 해서 '五柳室'로 음이 변하였다.

○ 하장리(下場)

- 큰곰실(上道): '장천면' 개칭 전의 '웅곡방' 당시 면소재지로서, '곰실'이라 불렀고, 국도의 위쪽에 위치하였다 하여 '상도'라 부른다.
- 중뜸, 중리(中里): 상도동(上道洞)과 하도동(下道洞) 중간 마을이라 불린 지명.
- 아랫장터, 하장(下場), 구장(舊場): 본래 장천시장이 있던 곳이었다.

• 용바위: 마을 가운데 '용(龍)바위'가 있어 용이 살던 곳이라 하며, 바위 가운데 장수의 발자국이 있어 약 4㎞ 떨어진 곳까지 발자국이 남아 있다고 전한다.

명호정(明湖亭)

구미시 장천면 명곡리 가마실마을

☞ 찾아가는 길

장천면 소재지의 장천버스정류장네거리에서 군위 방면 길로 접어들어 '명곡지 (부곡지)' 못 미쳐 '가마실마을' 가는 왼편 길로 들어서서 마을 직전 동편 능선 아래 위치한 명호정을 찾는다.

명호정

명호정(明湖亭), 명천재(明川齋), 영모사(永慕祠)가 동일축선상에 배치되어 있다. 명호정은 1832년에 건립되었으며, 정면 4칸, 측면 1칸 규모의 팔작집이다. 평면은 어칸의 우물마루를 중심으로 조우에 각각 1칸과 2칸의 온돌방을 둔 중당협실형(中堂挾室形)이며, 좌측 온돌방의 전면에는 퇴를 설치하였다.

용암 박운 묘(龍岩 朴雲 墓)

구미시 장천면 상림리 산80-2

☞ 찾아가는 길

25번 국도를 이용하여 산동면 소재지로부터 장천 방향으로 진행하다가 상림삼 거리에서 군위 방향으로 접어들어 마을 북쪽으로 난 백현 방면으로 길을 잡아 약 1.5㎞ 가면 도로 우측 편으로 사슴농장이 나타난다. 농장 좌측 편 산 능선 에 위치한다.

용암 박운은 해평 괴곡리 출신으로 명종 17년(1562) 70세를 일기로 세상 을 떠나니 나라에서는 효자 정려를 내려 현재 해평면 괴곡리 입구에 '효자 정려비(孝子旌閭碑)'가 세워져 있다. 인조 24년(1646) 해평 낙봉서원(落峰書 院)에 배향하였다.

천생산성(天生山城)

경상북도 지방기념물 제12호
구미시 장천면 신장리 산 42-2

☞ 찾아가는 길

천생산성을 찾아가는 길은 여러 가지이다. 그중에서 황상동 코스와 장천 코스 가 오르기 쉽고 거리도 가깝다. 황상동 코스는 구미대교를 지나 황상동 버스 종점까지 가서 '검성지'로 오르면 된다. 이 코스의 경우 승용차로 '검성지'까지 오를 수 있기에 교통편이 편리하다. 반면에 장천 코스는 장천면 소재지에서 대 구 방향으로 좀더 직진하면 장천교 오른쪽으로 안내표지판이 있다. 여기서부터 비포장길로 다소 교통이 불편하지만 천생산의 위용을 즐기며 오를 수 있는 길 이다.

황상동 검성지에서 바라본 천생산

천생산성 북문

천생산 자연석벽

천생산성이 위치한 천생산은 인동과 장천면 경계에 위치한다. 해발 407m의 일자봉(一字峰)으로서 그 생김새가 특이하여 하늘이 낸 '천생산(天生山)'이라 하고, 함지박을 엎어 놓은 듯하다 해서 '방티산'이라고도 한다. 천생산은 사면이 천애의 석벽으로 이루어진 천연의 요새로서, 두 개의 산봉우리를 이용하여 내성(內城)과 외성(外城)으로 나누고, 서쪽은 자연절벽을 이용하고, 남, 북, 동쪽은 정상 주위를 따라 테뫼식으로 축조하였다. 내성의 길이는 약 1,300m, 외성은 약 1,320m 정도이며, 이 중 인위적인 성벽은 812m이다.

외성은 계곡 등 경사가 급한 일부 구간에는 1~2m 높이로 작은 자연 할석을 8~12단으로 쌓아 침입을 방지하였고, 동쪽 일부 구간에는 협축식 석성(夾築式 石城)도 남아 있으나 북서의 자연절벽을 제외한 나머지 구간은 삭토법(削土法)에 의한 토성으로 만들어져 있다. 마을에서는 외성을 '외밭'이라 하는데, 전투 시 내성과 공조하는 역할뿐만 아니라, 장기전이 행해질 때 내성에 공급하는 농작물의 경작, 군마의 방목, 군사 훈련장 등으로 이용된 보조성의 역할을 담당하였을 것이다.

군기구멍

내성은 지형에 따라 협축법과 편축법(片築法)이 사용되었으며, 계곡이 열려 다소 방비가 취약한 곳에는 구간별로 석성을 축조하였다. 인근 주민의 피난 및 전투 등의 목적을 가지고 축조된 것으로 군사 및 군마를 위한 우물, 못, 건물, 장대 등이 설치되어 있다.

통로였던 북문과 동문의 상태는 양호한 편이며, 개구부의 형태는 평거식(平据式)으로 문비(門扉)를 달았던 흔적이 남아 있다. 성벽의 돌출부와 능선의 교차지점, 평탄한 대지에는 치(雉), 포루(砲樓), 망루(望樓), 장대(將臺), 쌀창고 등이 있었으나 현재는 그 자취조차 찾을 수 없고, 단지 북쪽 성문터, 군기 꽂은 구멍, 방탄석(防彈石), 당간지주와 유사한 석주(石柱) 두 개 등이 남아 있다. 성 밖에는 군기고(軍器庫)와 승병이 주둔했던 만지암(萬持庵)터가 있으며, 성내에는 연지암, 천인사 등의 작은 암자터도 남아 있다.

천생산성의 중요성과 폐성(廢城)시기

천생산성은 신라 시조 박혁거세가 쌓았다는 기록이 『인동읍지(仁同邑誌)』·『여지도서(輿地圖書)』·『만기요람(萬機要覽)』·『증보문헌비고(增補文獻備考)』 등에 실려 있지만, 확실한 기록은 되지 못한다. 그러나 조선 시대에 이르러 『경상도지리지(慶尙道地理誌)』 산성조(山城條)에 "천생산성은 인동에 있다."라 하여 도내 31개 산성 중에 포함되어 있다. 이후 『세종실록지리지(世宗實錄地理誌)』에 간단한 연혁이 보이나,[38] 예종 원년(1469)에 편찬된 『경상

---

38) 『世宗實錄地理誌』 "天生山石城在縣東八里 周廻三百二十四步 石壁過半 天作之險 內

도속찬지리지(慶尙道續撰地理誌)』에 "산성고기(山城古基)"라는 기록이 있으니 이 시기에 이미 폐성된 듯하다.

그러한 천생산성이 다시 역사의 전면으로 등장한 시기는 임진왜란 때이다. 당시 재상이던 서애 유성룡은 한탄하기를 "왕년에 해안과 내륙에 산성을 쌓아 국방의 요새로 활용한 것이 백여 개나 되나, 태평세월이 오래되어 못 쓰는 성을 수리하지 않아 급할 때 쓸모가 없나니, 대구의 공산산성(公山山城)과 인동의 천생산성이 그 일례이다." 하였다. 이후 도원수 권율에 의하여 "금오산성, 천생산성은 동·서로 낙동강을 끼고 있는 영남중로(嶺南中路)의 요충이다."라고 강조되고, 곽재우 역시 천생산성의 수리를 주청하니 선조 37년(1604)에 산성의 외성(外城)이 축조되었음이 확실하다. 이렇게 영남의 중요 요지로 부각된 천생산성으로 인해 '인동'은 일약 도호부(都護府)로 승격되기도 하였다.

그 후 조선 인조 16년(1638), 현종 5년(1664)의 어전회의에서 천생산성의 폐기론이 제기되었다. 그 이유는 지세가 높고 험하며 물이 없어 행군 시 잠시 머무를 수는 있으나, 오래 머물 수는 없다는 것이다. 결국 독진(獨鎭)으로 승격된 '금오산성'과 달리 '천생산성'은 정규군이 없는 예비산성으로 군창과 군기고 및 소수의 군병만이 잔류하고 감사(監司)의 순찰대상으로 전락하게 되었다.

곽재우 장군의 활약과 현재 유물

• 모선재(慕先齋) 곽재우 장군의 추모소인 모선재가 장천면 상림리에 있다.

모선재

곽재우 장군은 임진왜란 당시 의령 지방에서 창의(倡義)하여 붉은 옷을 입고 스스로 '천강홍의장군(天降紅衣將軍)'이라 하였다. 곽재우 장군의 천생산 활약 기록은 『인동읍지』, 『여지도서』, 『만기요람』 등에 보이고 있다. 찰리사(察里使)로 재직 중이던 선조 37년(1604)에 천생산성을 수축하고, 왜군과 치열한 전투를 벌여 미덕암(米德岩) 설화도 남아 있다. 그러나 『조선왕

有井一小池二"

조실록』이나 장군의 전기 및 문집 등에서는 이러한 기록이 보이지 않아 사실상 그 활약상을 확인할 길은 없다.

미덕암(米德岩) 설화

천생산성 미덕암에서 임진왜란 때 곽재우 장군이 진을 치고 있을 때 설화이다. 천생산성에 물이 없는 것을 왜군이 알면 전략으로 이용할까 싶어 물이 있다는 것을 거짓으로 알리기 위해, 미덕암에 말을 세워 놓고 백미를 말 등에 부으니 성 아래 왜군들에게는 물로 말 목욕을 시키는 것처럼 보였다 한다. 또한 산성을 포위한 왜군이 진격할 때 미덕암 주위에 칡으로 돌을 달았던 것을 끊고 활을 쏘니 왜군들이 일제히 섬멸되었다. 왜군들이 죽어서 검붉은 피가 골을 이루어 내려가니 이 골이 '금성골'이라 하고 쌀 덕으로 승전했다 전한다. 혹은 쌀로 인해 승리를 얻었다 하여 '미득암(米得岩)'이라고도 한다.

미륵당 석조미륵입상(彌勒堂 石佛立像)

문화재자료 제332호
구미시 장천면 오로리 86

☞ 찾아가는 길

25번 대구행 지방 도로를 따라 산동면을 지나 장천면 소재지 못 미쳐 상림삼거리('타조연구소'를 이정표 삼는다.)에서 왼쪽 계곡으로 난 도로로 접어든다. 약 6.2㎞ 가면 '오로저수지'가 나오며, 저수지를 끝나는 지점에 미륵당 안내판이 나오면 오른쪽 소로를 이용하여 약 1.5㎞ 정도 가면(비포장도로임.) 중앙고속도로와 만나게 된다. 현재 미륵당 석불입상은 고속도로 우측의 야산에 위치한다.

이곳 일대는 현재 중앙고속도로 건설로 인해 옛 절터의 유적·유물은 찾아볼 수 없다. 단지 공사장 주변에 몇 점의 옛 기와편만이 발견되고 있을 뿐이다. 그러나 1968년 조사[39] 시만 해도 높이 1m 정도의 석축지가 남아 있었다. 주민의 말에 의하면 약 60년 전에 소형 석불 1구가 출토된 적이 있다고 하나, 그 행방은 전혀 알 수가 없다.

석불입상은 68년 조사 당시만 해도 '미륵당'이라는 건물 내에 모셔져 있었으나, 앞서 말한 중앙고속도로 건설공사로 인해 이곳으로 이전한 듯하다. 1968년 조사를 근거로 해서 미륵당 석불입상과 지금은 찾을 수 없는 주변 유물에 대해 살펴보겠다.

장천면과 군위군의 접경지대인 고갯마루에는 2칸의 불당이 있었다. 내부에는 석불입상 1구가 봉안되었고, 앞마당에 배례석 1좌가 매몰되어 있었다. 미륵당 건물은 그 『상량문』에 "佛紀二九七七年 庚寅三月三十一辛亥"란 묵서(墨書)가 있어서 1950년에 건립된 것임을 알 수 있었다. 석불입상은 하나의 돌로 조성되었는데 목 부위가 단절되어 머리 부분을 올려놓았다. 높이 285㎝, 머리 폭 87㎝, 몸 폭 103㎝ 정도이다.

각 부분을 살펴보자면, 머리에는 나발과 육계가 있으나 파손이 심하여 알아보기는 힘들다. 그러나 양 미간의 백호 자리라든지 볼과 귓불의 풍만함은 원형의 원만하고 위엄 있던 인상을 추측하기에 부족함이 없다. 굵은 목에는 삼도가 뚜렷하고 법의는 도편(道扁)에 가사를 왼쪽 어깨에 걸친 형태이다. 수인은 오른손의 경우 허리까지 내렸으며, 왼손은 가슴까지 치켜들고 있으나 파손으로 인해 손가락은 뚜렷치 않다. 한편 미륵당에 봉안되어 있을 때 석불의 하반부는 시멘트로 고정되어 있었는데, 현재 위치로 이전하면서 시멘트를 떼 내다가 파손된 듯 약간의 옷주름이 굵게 확인된다.

---

39) 단국대학교박물관 고적조사보고 제2책, 『선산지구고적조사보고서』, 단국대학교박물관, 1968.

　전체적으로 얼굴의 풍만함이라든지 옷주름 등에서 통일신라시대의 양식이 보이고는 있으나, 양어깨가 그리 당당하지는 못하고 신체 비례가 조화롭지 못해서 제작 시기는 고려 초기로 추정된다. 아울러 석불의 원위치는 현재 도저히 파악할 수 없다.

　한편 68년 조사 당시 미륵당 앞에는 배례석이 있었고, 마당 서쪽 구석에는 팔각연화대석·팔각대석·연화대석·팔각간주석 각 1석씩이 중첩되어 남아 있었다. 이들은 불상대좌와 석등의 일부로 추정되는 유물들이었다. 현재 대부분 경북대학교 박물관에 보존 중이다.

　배례석은 불상이나 석등의 앞에 놓아 두고서 예를 올리기 위한 시설이다. 68년 조사에 따르면 미륵당 배례석은 길이 113㎝, 폭 52㎝의 직사각형으로서 앞면에는 안상 2구가, 좌·우 측면에는 1구씩의 안상이 나타나고 있다. 윗면에는 연화좌(蓮花座) 2구가 조각되어 매우 화려하였던 것으로 보인다.

　팔각연화대석과 팔각대석은 각각 불상대좌의 상대석·중대석으로 추정되며 특별한 조각은 없다. 석등 하대석으로 추정되는 연화대석은 일부 파괴되었지만 방형의 지대석과 동일석으로 조성되어 있다. 중앙부에 둥근 구멍은 석등 간주석의 돌기가 꽂힐 곳이며, 당시에 조사된 팔각간주석이 그 일부인 것으로 보인다.

　이상의 석조유물들은 다듬은 수법이나 연화문조각으로 보아 나말여초시대에 조성된 것으로 보인다. 그러나 석불입상보다는 시대가 앞선 것으로 추정되기에 근처의 어느 절터에 방치되었던 것을 미륵당으로 이전했던 것으로 생각할 수 있다.

고로봉 사지·마애여래좌상

구미시 장천면 오로리 산 205

☞ 찾아가는 길

'오로저수지' 입구에서 미륵당 석조미륵입상 방향으로 오르기 직전 왼쪽 소로로 직진하여 '불암지(佛岩池)' 조금 못 미친 좌측 편이 '고로봉'이고, 이 산봉 아래 편평한 곳에 지금은 과수원으로 경작되지만 절터의 흔적이 보이고, 그 뒤쪽으로 마애불좌상이 있다.

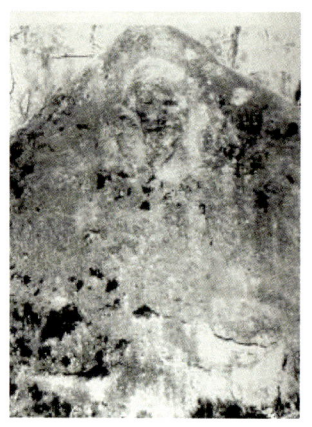

고로봉 마애여래좌상(교원대)

이곳 절터는 68년 조사 당시만 해도 높이 1.5~2m의 석축지가 군데군데 남아 있고 주위에 기와편이 산재하여 '천정지(泉井址)'가 있었던 곳이라고 하나 지금은 모두 과수원으로 이용되고 있어 옛 절터의 흔적은 찾아볼 수 없다. 절터의 유물로는 석탑재 2석과 마애여래좌상이 있으나, 현재 석탑재는 찾을 수 없다.

석탑재 2석은 남쪽 산록 계곡변에 남아 있었는데 지형조건으로 보아 절터로 보기는 무리가 있고, 위쪽 사지에서 이곳으로 굴러 떨어진 것으로 짐작된다. 조사를 따르자면, 2석은 각기 상층기단석과 하층기단 갑석으로 보여 이중기단을 갖춘 석탑으로 추정할 수 있겠다.[40]

'마애여래좌상'(높이: 155㎝)은 절터에서 100m쯤 상봉 쪽으로 올라가면 큼직한 바위의 남쪽을 평평히 다듬고 조각한 것이다. 불상은 결가부좌하였고 소발(素髮)에 육계까지 갖추고 있으나, 전체적으로 푸른 이끼가 끼고 마멸이 심하여 각부의 특징을 충분히 살필 수는 없다. 암벽 면에는 광배 조각도 없

---

40) 단국대학교박물관 고적조사보고 제2책, 『선산지구고적조사보고서』, 단국대학교박물관, 1968.

고 연화대좌도 조각되지 않은 듯하나 단정짓지는 못하겠다. 제작 연대를 추정하자면, 무릎 이하의 조각 수법에서 고려 중엽의 조성으로 추정된다.

고분(古墳) 및 기타 유적

금산리 고분군

구미시 장천면 금산리 산62 / 산95

장천면사무소에서 오로리-군위 방향으로 약 2㎞ 남짓 따라가다 '한구미 마을' 직전 도로 왼쪽 산비탈과 구릉에 원형고분수기가 분포하고 있으며, 여기서 약 1㎞ 더 진행하면 새마을 회관이 보이고, 그 북편 산 능선 상에 십여 기의 수혈식석곽분이 분포하고 있다. 도굴과 민묘조성으로 파괴가 심한 상태이나, 주위에서 큰 항아리편과 단경호편 등이 수습되고 있다.

묵어리 고분군 및 요지(窯址)

구미시 장천면 묵어리 일원

장천면 소재지에서 산동 방향으로 약 2㎞ 북상하다가 '하도교'를 지나 묵어삼거리에서 오른편 소로로 접어들어 '윗머들마을'을 지나 도로 좌측 편으로 대나무 밭이 나타난다. 이곳은 통일신라시대 인화문(印花文)토기요로서, 조선시대에는 옹기를 제작하기도 하였다. 주변 능선을 따라 요지가 분포하는 대규모 토기요지이다.

이곳을 지나 계속 동쪽으로 진행하면 묵어2리 '삼산마을'의 좌측 편에 남서로 뻗은 야트막한 능선에 봉토지름 약 5m 내외의 석곽분 50여 기가 전하고 있다. 또한 마을 좌측 편의 '금정지(錦井池)' 좌측 편의 동남쪽 능선에도 육안으로 수기의 고분이 관찰되고 있다.

상림리 고분군 및 요지(窯址)

구미시 장천면 상림리 일원

상림삼거리에서 북쪽 백현 방면으로 진행하면 용암 박운묘(龍岩 朴雲墓) 아래 산 능선에 조선시대 요지가 있다. 귀얄문·인화문 사기가 주로 제작되었다.

한편 '목골마을' 뒷산 경사면에는 현재 10여 기 정도의 수혈식석곽분이 위치하고 있다. 최근 도굴이 자행된 듯 주변에는 긴목항아리편이 목격되고 있으며, 아래 고분들은 농지개간으로 모두 소실되었다.

IV

금오산 지역 유물 · 유적

금오산(金烏山)

금오산 정상

소백산맥의 큰 줄기가 대덕산에서 세 갈래로 나뉘어 하나는 지리산으로 뻗어 가고 다른 하나는 가야산까지 이어지며, 나머지 하나가 동으로 달려서 구미시와 김천시·칠곡군의 경계에서 금오산으로 매듭을 짓는다. 금오산의 높이는 977m 밖에 안 되지만 군데군데 험준한 바위가 솟아 있고, 맑은 물이 넘치는 골짜기가 어우러져 경치가 빼어나다. 더구나 곳곳에 전설과 일화가 얽힌 유적·유물이 있어 신령스러움을 더하고 있다.

금오산은 본래 '대본산(大本山)'이었으며, 중국 오악(五嶽) 가운데 하나인 숭산(崇山)에 비교하여 '남숭산'으로 불리기도 한다. '금오(金烏)'란 이름은 이곳을 지나던 아도 스님이 저녁노을 속으로 황금빛 까마귀, 곧 태양 속에 산다는 금오가 나는 모습을 보고 태양의 정기를 받은 산이라 하여 이렇게 부르게 되었다.

선산 쪽에서 보면 붓끝같이 보이는 금오산의 '필봉(筆峰)'으로 선산에는 문장과 학문으로 이름난 사람들이 많이 난다고 생각하였다. 인동 쪽에서 보면 귀인이 관을 쓴 것 같아서 '귀봉(貴峰)'이라 하는데, 이로 인해 인동 지방에는 부자와 벼슬아치가 흔한 듯하다. 또한 김천에서는 노적가리처럼 보인다 해서 금오산을 '노적봉'이라 부르며, 김천시 개령에서 보면 도적이 짐을 지고 내려오는 모양이라 하여 '적봉(賊峰)'이라 한다. 이 때문인지 개령 지방에는 큰 도적이나 모반이 자주 일어났다고 오해를 받기도 하였다. 한편 성주 지방에서는 이 산이 여자처럼 보여 '음봉(陰峰)'이라 부르며, 성주 기생이 유명한 것도 이러한 산세 때문이라 여긴다.

금오산에는 대혈사·보봉사·동양사·약사암·금종사·보제사 등의 크고 작은 절들이 골짜기마다 있었다고 하나, 지금은 약사암·해운사의 옛 절과 마애보살입상, 대각국사비 정도만이 남아 있을 뿐이다. 산의 남서쪽에는 일

반인들의 무관심 속에도 불구하고 국보 제99호로 지정된 쌍탑의 고향, 갈항
사터가 있다.(갈항사터는 행정구역상 김천시이지만 문화권 개념상 금오산편
에 수록한다.) 금오산 정상에는 금오산성의 흔적이 남아 있고, 정상으로 오
르는 도중에 도선굴과 대혜폭포(일명 명금폭포)를 만날 수 있다. 해운사에서
정상까지는 걸어서 약 1시간 정도 걸린다. 현재 금오산에는 케이블카가 설
치되어 산의 경관을 조망하기에 더욱 좋을 것이다.

금오산거인상   1970년대 금오지(金烏池)

금오산성(金烏山城)

경상북도 기념물 제67호

외성 3.5km(높이 2.4m), 내성 2.7km(높이 2m)

금오산성의 축조시기는 언제인지 확실하지 않지만, 고려·조선시대로 이
어지면서 우리 지방에서 '천생산성'과 더불어 국방상 중요하게 이용되었던
대규모 산성이다. 그 구조는 산의 정상부를 따라가며 석축을 돌린 '테뫼'형
의 내성(內城)과 정상부에서 북쪽을 향해 흐르는 큰 계곡을 끼고 포곡식(包
谷式)으로 석축을 쌓은 외성(外城)으로 이루어진 이중구조의 석축산성이다.

외성 대혜문   내성

내성만이 있던 조선 초기의 모습은『신증동국여지승람』권29 선산고적(善
山古跡) 금오산성조(金烏山城條)에 의하면, "돌로 쌓아 둘레가 7.644척·높이
가 7척이며, 절벽을 따라 성이 된 것이 거의 절반이나 되는데 매우 높고 험하
다. 안에는 못이 셋, 시내가 하나 있다."고 한다. 조선 태종 10년(1410) 3월에
경상도와 전라도의 산성을 수축할 당시 선주
의 금오산성이 포함되어 있는 것으로 보아 조
선시대 이전의 산성이었음은 틀림없겠다.[41] 또
한 세종 7년(1425)에 편찬된 『경상도지리지』
산성조에 경상도 31개 산성의 하나로서 개령
과 약목의 군창(軍倉)이 함께 설치되어 있었
다고 하니 상당한 규모였음을 미루어 짐작할
수 있겠다. 그 후 임진왜란을 계기로 금오산
성의 전략적 중요성이 새롭게 인식되어 선조
28년(1595) 하사도[下四道; 강원, 충청, 전라,
경상좌우도] 도체찰사(都體察使)의 본영을 이곳에 설치하기도 하였다. 인조
17년(1639)에는 경상감사 김응이 왕의 윤허를 받아 선산부사 이각으로 하여금
대대적인 확장공사를 실시하여 북쪽 계곡을 둘러싸는 외성을 쌓아 이중의 산
성이 되었다. 현재 남아 있는 산성의 형태는 이때 이룩된 것이다.

이와 같이 국방의 요지로서 끊임없이 증축·수축되던 금오산성은 순조 임

---

41)『太宗實錄』卷 19.

금 이후 국가의 진관체제(鎭管體制)42)의 해이와 더불어 그 가치가 쇠퇴한 것으로 보인다. 그러나 『증보문헌비고(增補文獻備考)』의 군액(軍額)기록으로 보아 조선 말까지는 그 기능이 계속되었던 것으로 보인다. 특히 고종 5년 (1868)에 건립된 『금오산성중수송공비(金烏山城重修頌功碑)』로 미루어 금오 산성의 내성은 지속적인 수축이 있었던 것으로 보인다.

- 대혜문(大惠門): 금오산성 외성의 문루(門樓)로서 현재 복원되어 있다.
- 대혜창(大惠倉): 금오산의 외성 문루인 대혜문 안쪽에 위치한 서향 건물 이며, 약 30칸 규모였다.
- 내성창(內城倉): 내성에 있었으며, 규모는 확실치 않으나, 『금오산성중수 송공비』에 의하면 곡식과 소금이 가득하다 했다.
- 좌기청(座起廳): 내성 안에 있던 별장(別將)이 근무하면서 군대를 지휘 감독한 곳이다. 정유재란 시 하사도도체부(下四道都體府)가 위치하였을 것이고, 규모는 약 100칸 정도였을 것이다.
- 군기고(軍器庫): 내성 안에 있었다.

1991년 외성의 일부를 복원하여 등산로를 따라 오르면 외성의 출입문이자 북문에 해당하는 문루의 홍예 밑을 통과할 수 있고, 케이블카를 타고 가면 길게 이어진 성벽을 조망할 수 있다.

금오산성중수송공비(金烏山城重修頌功碑)

높이 147㎝

이 비는 금오산성에서 정상으로 향하여 오른쪽에 위치하며, 장방형의 지 대석과 조선시대 석비 양식인 개석을 갖추고 있다. 개석의 아랫면에는 각형 1단의 넓은 받침이 나타나 있고, 중앙의 장방형 구멍이 비신의 정상부에 꽂

---

42) 진관(鎭管) 체제는 각 요충지마다 진관을 설치하여 진관을 중심으로 독자적으로 적을 방어하는 조선시대 군사 운용체였다. 그러나 적군의 수효가 많을 때에는 효과가 없었 다. 이에 16세기 후반에는 각 지역의 군사를 한곳에 집결시켜 한 사람의 지휘하에 두게 했다. 이것이 제승방략(制勝方略) 체제이다.

금오산성중수송공비

히게 되어 있다. 개석의 상면 낙수부는 용마루가 굵게 나타난 팔작지붕형으로서 전각(轉角)의 반전이 심한 편이다. 비문은 전후 면에 반초서(半草書)로 음각되었으나, 이끼로 인해 전문판독이 곤란한 실정이다. 그러나 비명 중에 '大院位閤下院位閤……'이나 '今上五年春季李承宣……' 등으로

보아 흥선대원군이 집정한 고종 연간 1868년 중수 시에 세운 '송공비(頌功碑)'로 추정된다. 대강의 비문은 다음과 같다.

"이승지 용직이 소임을 띠고 진(鎭)에 올라 두루 살펴보니 성이 무너지고 헐려져 루(樓)와 곽(廓)이 모두 쓰러져서 국방에 믿을 것이 못 되어 대원군에게 이를 아뢰었다. 그리하여 창름(倉廩)을 밝게 하고, 여러 공인들과 사졸들을 백도(白徒)로 갖추어 중수(重修)를 계획하게 되었고, 백성들도 이에 감명하여 동참하게 되었다. 공사가 끝나니 성곽이 새로워졌다. 성은 그 길이가 무릇 3,370보요, 누각은 모두 백 칸이 되었다."

선봉사지·대각국사 의천비(僊鳳寺址·大覺國師義天碑)

보물 제251호
칠곡군 북삼면 숭오2동

☞ 찾아가는 길

대각국사비는 약목삼거리에서 김천으로 난 4번 국도를 따라 약 2.8㎞ 가면 한라휘타운 직전 삼거리에서 오른쪽에 숭오리로 들어가는 마을길이 나 있다. 마을길을 따라 약 3㎞ 가면 숭오리 '숭산마을' 끝에 있는 '대자연가든 식당' 앞에 닿고, 식당 앞에서 계속 이어진 비포장길을 따라 1.2㎞ 가면 '대각사'가 나온다. 승용차는 대각사까지 갈 수 있으나, 대형버스는 '숭산마을'에 주차해야 한다.

선봉사지는 현 대각사(大覺寺) 계곡어구 왼편 산기슭에 위치한다. 현재 석축지가 상·하단 부분적으로 남아 있고 약간의 건물지와 초석들이 있을 뿐 다른 유적·유물은 찾을 수 없다. 그러나 현존하는 석축으로 보아 본래 남향 사찰이었음을 알 수 있다.

전(傳) 선봉사지 칠층석탑

이 탑은 현재 국립중앙박물관 소장의 유리원판(#380167번)[43]에 보이는 칠층석탑으로서 제1공화국 당시 수도청장을 지낸 창랑 장택상(滄浪 張澤相) 씨가 1932년 자신의 안양 별장으로 이건하였다가 1962~3년경 자택(서울 신길동 75-4)으로 옮겼다. 이때 약 80㎝의 석불(石佛) 1구도 같이 옮겼다고

(좌측)「오가와조사자료」에 보이는 와다 츠네이치(和田常市) 저택(남창동 202번지)에 있던 칠층석탑(문화재관리국 문화재연구소, 小川敬吉調査文化財資料 정리번호#04471 7층석탑, 1994).
(우측)김희경, 「전선봉사지칠층석탑」, 『고고미술』통권 제84호(1967년 7월). 이들 두 사진은 분명 동일한 석탑 사진으로 추정된다.

전한다. 1962년 이후 그의 딸 장병혜(張炳惠)의 손을 거쳐 미국 하와이로 반출되었다.

사진상으로 석탑은 단층 기단이며 널따란 갑석 위에 옥개석과 탑신이 한 돌로 구성되어 총 6층까지 남아 있는 듯하며 별석(別石)으로 생각되는 초층탑신석과 7층 옥개석은 결실된 듯하다. 상륜부 역시 3구 정도의 부재만 보일 뿐이다.

이 탑에서 주목할 점은 초층옥개석으로서 옥개추녀에 횡으로 선이 그어졌고 그 위로 장막(帳幕)을 드리우고 그 아래엔 연꽃 11~12개를 섬세한 솜씨로 각출하였고 옥개석 위에 매우 낮은 탑신을 나타

내고 있다. 이렇듯 옥개에 장막을 마련함은 법천사 지광국사현묘탑(法泉寺智光國師玄妙塔)에서 보이는 것으로 페르시아 계통의 영향으로 생각된다. 결국 옥개석과 탑신이 한 돌로 된 점, 낙수면이 곡선을 이룬 점, 단층기단 양식, 옥개추녀의 장막 등의 양식으로 미루어 고려 초기를 벗어나지 않는 11세기 후반 혹은 12세기 작으로 생각된다.

대각국사 의천비(大覺國師義天碑)

보물 제251호

대각국사비는 현재 대각사 내에 위치한다. 보호각 안에 있는 비는 주인공인 대각국사 의천의 명성이나 불교사에서 차지하는 비중을 생각한다면 오히려 소박한 편이다.

비신은 폭 1.2m, 두께 0.15m, 높이 2.34m이고 개석과 지대석의 높이는 각각 0.6m, 0.56m로 전체 높이 3.5m의 큰 규모로 만들어진 비석이다. 그 형태도 고려시대 석비의 일반적인 모습과는 상당히 다르다. 귀부(龜趺) 대신에 연꽃무늬로 사방을 두른 장방형의 대석을 두었고, 여의주를 다투는 쌍룡이 호화롭게 조각되어 있을 법한 이수(螭首)는 구름무늬만 가득한 지붕돌로 나타나 있다. 그러나 비신 상단의 제액(비문에 새긴 글씨) 양 옆에는 봉황새 한 마리씩 날고 있으며, 비신둘레 폭 8cm가량으로 얕게 새긴 당초문은 매우 정교하고 아름답게 표현되어 있다.

통일신라 말·고려 초기 선사들의 부도나 탑비가 대체로 호화롭고 장식적이었는데도 불구하고, 왕자 출신인 대각국사의 비석이 이처럼 간결하고 간소한 이유가 무엇인지 의문스럽다. 그러나 이보다 앞서 개성 영통사에 세워진 또 다른 대각국사비가 귀부는 갖추고 있지만 이수는 이미 지붕형으로 바뀌고 있음에서 고려시대 석비의 양식적인 변화로 추정할 수 있겠다.

대각국사비는 고려 인종 10년(1132) 건립되었다. 비문은 당대의 문장가인

한림시독학사(翰林侍讀學士) 임존
(林存)이 짓고, '남숭산선봉사해동
천태시조대각국사비명(南崇山僊鳳
寺海東天台始祖大覺國師碑銘)'이
라는 제액(題額)과 해서체의 본문
글씨는 승려 린(麟)이 썼다. 비문
에는 의천의 인적사항과 송나라

유학에서의 구법활동, 귀국 후 천태교를 확립하는 과정·교화, 그 밖에 국사
가 남긴 유교(遺敎) 등이 실려 있다.

　1000년에 가까운 세월이 흘렀어도 비문과 문양이 뚜렷하고 선명하게 남아
있어 누구나 그 보존상태가 양호함에 놀란다. 그것은 비석의 재료가 백령도
부근에서 나는 바다돌 때문이라고 한다. 바다돌은 육지돌과는 달리 철분이
적어 갈라짐과 부서짐이 없다고 한다. 그래서 대각국사비에는 6·25전쟁 시
총에 맞아 훼손된 부분을 제외하고는 말끔하다. 현재 비석이 서 있는 곳에
서 남서쪽 약 200m 떨어진 곳에 선봉사가 창건되고 비는 지금 서 있는 곳
에 세워졌는데 임진왜란을 겪으면서 선봉사는 소실되고 이 비는 땅에 묻혀
있다가 1922년경 발견되었다.

◙◙ 대각국사 의천(大覺國師 義天; 1055~1101)

◙◙
　　대각국사는 고려 천태종(天台宗)을 창시한 고승으로, 법명은 의천(義天)이
다. 문종의 넷째 아들로 태어나 11세에 경덕국사를 스승으로 하여 출가했다.
1085년 중국 송나라로 유학하여 이듬해 불교서적 3천여 권을 가지고 귀국하
였다. 이를 바탕으로 요·송·일본 등에서 서적을 수집하고 국내의 고서를
모아 『고려속장경(高麗續藏經)』을 간행하는 한편, 고려 초부터 큰 세력을 형
성한 선종(禪宗)과 이에 맞서 현종 이후 점차 힘을 회복하던 교종(敎宗)의
두 종파를 아우르기 위해 천태종을 열어 교단의 정리와 국민사상의 확립에
힘을 기울였다. 이 밖에도 속장경의 간행목록이라 할 『신편제종교장총록(新
編諸宗敎藏總錄)』, 화엄관계 전적에서 핵심만을 뽑아 모은 『신집원종문류』,
그의 행적과 시문이 담긴 『대각국사문집』 등 여러 저서를 남겨 고려 불교
발전에 많은 공헌을 하였다.

금오산 마애보살입상(磨崖菩薩立像)

보물 제490호. 높이 5.55m
구미시 남통동 산24-1

☞ 찾아가는 길
금오산 대혜폭포를 지나 등산로를 따라 산 정상으로 진행하면 약 8부능선쯤에서 좌측으로 안내표지판이 나오고, 이를 따라 약 20분 거리에 위치한다.

금오산 삼도봉 아래 북쪽 암벽이 병풍처럼 둘러 있는데, 동남쪽으로 약사암(藥師庵)이 바라보이는 평평한 대지의 서북쪽 암벽에 마애보살입상이 조각되어 있다. 입상의 앞쪽 대지에는 자연석 주초석도 보이고 주변에 많은 기와편이 흩어져 있는 것으로 보아 건물이 있었던 것으로 짐작된다. 혹시 『일선지』에 보이는 '보봉사지(普峰寺址)'가 이곳이 아닌가 생각된다.44) 이곳의 대지로 보아 작은 사찰이 경영될 만한 충분한 공간이고, 남동으로 수백 리를 조망할 수 있으며 또한 금오산 최상봉 아래에 위치하고 있으니 곧 '보봉사'와 일치된다고 할 수 있기 때문이다.

보살상은 각을 이룬 암벽에 남향하여 조각되었다. 동체의 중심이 모서리에 오게 하고 양변이 좌·우 암벽에 부조되게 하였으므로 두상과 어깨 부분은 사실상 원각(圓刻)에 가깝다. 이렇듯 모서리 합각면에 조각된 유례는 아직 발견·조사된 적이 없어 주목된다. 또한 두·신광을 갖추고 대좌까지 구비하여 이곳 금오산의 불교 유적 가운데 가장 귀하다 하겠다.

---

44) 『일선지』에 보이는 보봉사(普峰寺)에 관한 자료로는, "金烏最上峰 曰普峰 峰下有小刹 卽是也"라 하고, 이곳에서는 "通望南東數百里"라 하였다.

　　머리에는 3면 보관(寶冠)을 쓰고 있으나 마멸이 심하여 확인하기 어렵다. 원만한 상호(相好)는 목에 돌려진 삼도(三道)와 잘 어울려 보살상의 위엄을 더해 주고 있다. 법의(法衣)는 왼쪽 어깨에 걸쳐 가슴 앞으로 내려지고, 배 앞에서부터 둥근 원을 그리면서 양 무릎에까지 내려진 옷무늬는 매우 부드럽다. 오른손은 아래로 내렸고, 왼손은 팔꿈치를 약간 구부려 손을 펼쳐 들면서 천의자락을 잡은 듯하다. 이러한 수인으로 인해 신체가 흡사 좌측으로 약간 비튼 듯한 느낌을 주고 있다. 이는 경주 감산사석조미륵보살입상이나 팔공산 군위삼존석굴의 협시보살상과 유사한 형태로서 건립 연대 추정에 도움이 되고 있다.

　　한편 광배(光背)는 이중의 주형거신광(舟形擧身光)으로서 두·신광의 내부에는 아무런 조식이 없다. 대좌(臺座)는 반원으로 조성되었으며, 측면에는 11개의 복련단판연화문(伏蓮單瓣蓮花紋)이 조각되어 있다. 연잎 안에는 다시 뚜렷한 화판 장식을 하였다.

　　보살의 원만하고 풍만한 상호나 세련된 몸매로 보아서는 통일신라시대 불상 양식을 계승하고 있으나, 부드러운 의문, 형식화된 의문의 표현과 경직된 신체 등에서 고려 전기에 조성되었음을 추정할 수 있겠다.

약사암 석조여래좌상(藥師庵 石造如來坐像)

유형문화재 제362호

금오산 약사암 전경

　　약사암은 금오산 약사봉 아래에 위치한 작은 암자이다. 전하는 바에 의하면 신라시대의 창건이라고 하나, 당시의 유적·유물은 전혀 볼 수 없고 근래에 신축된 대웅전·산신각·범종루·요사 1동만이 남아 있다. 약사암에 관한 기

약사암석조여래좌상

록은 『일선지』 불우조(佛宇條) 및 『범우고(梵宇攷)』 선산도호부조(善山都護府條)에 "금오산 정상의 암석 사이에 약사암, 약사전(藥師殿)이 있다."는 기록이 있고, 고종 때 간행된 『영남진지(嶺南鎭誌)』 금오산성조(金烏山城條)에도 당시 법당이 8칸으로 동향이며 성내(城內) 삼리(三里)에 있다고 하였다.

법당 내의 주존으로 봉안된 석조여래좌상은 화강암으로 조성되었으나, 현재는 전면에 도금을 하였다. 항마촉지인(降魔觸地印)을 짓고 있는 수인(手印)이나 개금하기 전인 1960년대의 사진에 의하면 원만한 상호의 석가여래상(釋迦如來像)임을 알 수 있다. 그러나 사찰 측에서는 도금할 때 왼손에 약함(藥盒)을 올려놓고 약사여래 부처님이라 부르고 있어 원래 모습을 그르치고 있다.

머리는 나발(螺髮)로서 큼직한 육계(肉髻)가 있으며, 전면에 계주(髻珠)가 표현되어 있다. 상호는 비록 귀가 짧은 편이나 풍만하여 목에 돌려진 삼도가 어울려 위엄이 있어 보인다. 통견(通肩)의 법의(法衣)는 양쪽 팔에 걸쳐 결가부좌한 무릎 위를 덮었다. 앞가슴에는 사선으로 내려진 의대(衣帶)가 조각되었으며, 뒷면에도 양쪽 어깨 위에서 내려진 옷무늬가 부분마다 보인다. 머리가 신체에 비해 큰 편이고 특히 삼도(三道)는 지나치게 굴곡이 심하여 어색한 느낌을 가지게 되고, 양 무릎은 다소 얇은 편이어서 안정감을 잃고 있다.

**청암사 수도암
약광전석불좌상**

**직지사
약사전석불(삼성암)**

조성 시기에 대해서는 원만한 상호와 부드러운 의문의 조각수법으로 인해 통일신라 말·고려 초로 추정되지만, 계주의 존재라든지 안정감의 상실 등에서 조선시대 이후 수리를 한 듯하다.

한편 이 석불의 원위치에

대해서는 단양인(丹陽人) 우상학(禹象學)이 1935년 정월에 지은『금오산약사암중수기(金烏山藥師庵重修記)』를 참고할 수 있다. 본래 지리산에 석불 3구가 있었던 것을 1구는 김천 직지사 삼성암(三省庵)으로, 또 1구는 청암사 수도암(修道庵)으로, 나머지 1구는 이곳 금오산 약사암에 봉안하였다고 한다.[45]

현재 보물 제296호인 청암사 수도암 약광전 석불좌상의 설명문에도 "금오산 약사암에 있는 석불, 직지사 약사전의 석불과 함께 3형제라 하고 그중 한 석불이 하품을 하면 다른 두 석불은 따라서 재채기를 한다는 전설이 있다."고 소개하고 있다. 앞으로 다른 2구의 불상도 조사하여 양식적 친연성과 조성 시기 추정에 도움이 되고자 한다.

채미정(採薇亭) 일원

경상북도 기념물 제55호

채미정

이 정자는 조선 영조 44년(1768) 참의 송명흠(參議 宋明欽)의 건의로 선산부사 민백종(閔百宗)이 세운 것으로 길재 선생의 학덕과 충절을 기리기 위한 것이다.

'채미(採薇)'라는 현액(顯額)은 주 무왕이 은나라를 멸망시키자 은나라 충신이던 백이(伯夷)와 숙제(叔齊)가 불충한 주나라 곡식을 먹지 않겠노라고 수양산에 들어가 고사리만을 캐어 먹다가 아사한 일화에서 유래한 것이다.

고려가 망하고 조선왕조가 개국하자, 야은 길재 선생은 '불사이군(不事二君)'의 뜻으로 귀향하여 금오산 아래 은거하여 학문에만 전념하였다. 이에 후인들이 야은을 추모하여 '오산서원(烏山書院)'을 세우고, 낙동강변 지금의 오

---

45) 『약사암중수기(藥師庵重修記)』에 따르면, "聞古來傳說智異山中有三座石佛 曰三兄弟佛 一奉于金山直指山三省庵 一奉于星州修道庵 一奉于此庵始也……"라 하였다.

중류지주   백세청풍

태동에 '지주중류비(砥柱中流碑)'를 세움으로 해서 모든 선비들의 사표로 삼았다.

채미정 건물은 기둥만 16개로 된 벽체가 없는 특이한 양식의 정방형 정자로서 정면 3칸, 측면 3칸의 팔작지붕집이다. 들창만 들어올리면 모두가 대청으로만 된 건물로서 선조들의 특이한 풍류를 즐길 수 있는 구조이다. 중앙의 1칸만 온돌방이고, 나머지는 모두 우물마루를 깔았다.

하마비   경모각   경모각내 영정

구인재   유허비각   흥기문

경내에 들어서면 먼저 입구에 하마비(下馬碑)가 서 있고, 흥기문(興起門)46)·구인재(求仁齋)47)·경모각(敬慕閣)이 자리하고 있다. 구인재는 경내에 있는 정면 4칸, 측면 3칸의 건물로 초익공의 팔작지붕집이다. 채미정 건립 2년 후에 건립하였으나 화재로 소실되고 순조 9년(1809)에 다시 중건하

---

46) '흥기문'의 유래는 『孟子』 盡心章 "百世之下聞者莫不興起也"에서 유래하였다.
47) '구인재'의 유래는 『論語』 "伯夷叔齊求仁而得 仁又何怨"에서 유래하였다.

였다. 경모각은 경내 가장 뒤편에 있으며, 정면 1칸, 측면 2칸의 건물로 한 때는 '어필각(御筆閣)'으로 불리기도 하였다. 내부에는 야은 선생의 영정(影幀)과 숙종 임금이 야은 선생의 절의를 찬양하는 '언절구(五言節句)', 영의정 최석정·이조판서 조상우가 지은 '신규상절첩(宸奎尙節帖)'이 봉안되어 있다.(현재는 복사본) 한편 숙종 30년(1694) 새로 건립한 '고려문하주서 길선생유허비(高麗門下注書吉先生遺墟碑)'가 있다.

> **歸臥烏山下 淸風比子陵 聖主成其美 勸人節義興**
> 벼슬을 버리고 금오산 아래 은거함이여
> 맑은 품격은 엄자릉에 비하리라
> 어진 임금은 그 아름다움을 찬양하시고
> 뒷사람에겐 절의를 일깨워 주리라

애국지사 박희광 선생 동상

구미시 남통동 산 24

선생의 본관은 밀양(密陽), 별명은 상만(相萬)이다. 1901년 출생하여 8세 때 부친을 따라 만주로 들어가 16세에 봉천성 남성자학교를 졸업하고 '통의부(統義府)'에 자진 입대하여 6개월간 군사훈련을 받고 임시정부의 지령으로 만철연선(滿鐵沿線)과 한만국경지대(韓滿國境地帶)에 잠복하게 되었다. 이후 친일단체 악질 대표들을 암살하기 위해 김광추(金光秋)를 대장으로 하고 김병현(金炳賢)과 박희광(朴喜光) 두 대원으로 조직된 3인조 특공대를 조직하였다. 친일파이던 정갑주 살해, 최창규 살해 시도, 이등박문의 수양녀로 매국의 요화였던 배정자(裵貞子) 암살 시도, 일진회 회장 이용구 암살 시도, 1924년 7월에는 일본영사관 폭탄 투척 시도 등을 행하였다. 1924년 일제에 체포당하여 여순형무소에서 복역 후 1943년에 43세로 출옥하였다. 이후 선생은 구미 연곡동에 돌아와 44세의 늦은 결혼으로 가정을 꾸렸다. 옥중에서 익힌 재봉기술로 원평동에서 양복수선을 생업으로 하였으며, 처가가 있는 왜관으로 이주하여 생활하였다.

1968년 3월 1일 건국훈장 국민장이 수여되었으며, 1970년 1월 20일 71세를 일기로 타계하여 국립묘지 애국자묘원에 안장되었다. 1983년 9월 5일 구미문화원에서 선생의 추모사업에 착수, 1984년 12월 28일 금오산 도립공원에서 동상 제막식을 하였다. '애국지사박희광선생지상'이라는 글씨는 1972년 당시 박정희 대통령의 친필이라 한다.

율정박서생기적비

구암김취문신도비

김성원추모비

김종무충렬사이안사적비

의병대장 왕산 허위 유허비(旺山 許蔿 遺墟碑)

구미시 남통동 산 24

이 유허비는 선생의 순국 68주년을 기념하여 1975
년 10월 31일 금오산에 세워졌다. 비문은 정휘창이 지
었고, 글씨는 박병규가 썼다.

▣▣ 왕산 허위(旺山 許蔿; 1854~1908)

허위 유묵

구국 의병 대장 허위 호는 왕산(旺山). 1854년
청추헌(聽秋軒) 조(祚)의 넷째 아들로 임은동에서
태어났다. 어려서 총명하여 열 살 전에 문구(文句)
를 만들었으니 '월위대장군 성위만병슈(月爲大將
軍 星爲萬兵隨)', 즉 '달은 대장군이 되고 별은 군
사처럼 따르네'라 했으니 어려서부터 대장군의 기
질을 타고났다.

1895년 을미사변(乙未事變, 국모시해사건)이 일
어남에 동지 이은찬, 조동호, 이기하 등과 같이 금
산(金山, 김천) 장날을 기해 봉기하였으나, 의병을
모아 충청도 진천까지 진격하던 중 고종의 명으로
해산하고 이후 청송 진보에 가서 3년간 형(방산)의
지도로 학문에 증진하였다. 그 후 대신 신기선의
천거로 45세에 영희전(永禧殿) 참봉(參奉)으로 시
작하여 성균관 박사 등을 역임하고 종 2품 가선대
부에 올랐다.

1905년 11월 을사조약이 체결되고, 1907년 고종
이 왕위에서 물러나니, 공이 경기도에서 창의(倡義)
하였다. 이인영 등과 원주에서 전국 의병대연합부대(13도창의군)를 조직하여
양주로 이동하고, 서울에 있는 외국 영사관에 서한을 보내 한국 정식군대로
서의 발족을 선언했다. 1908년 선생은 군사장이 되어 서울을 함락하고 일본 통

감부를 격파하기 위하여 동대문 밖 30리 지점인 수택리에 집결토록 약속하였으나 후속 의병 부대의 도착 지연과 일본군의 선제공격에 부득이하게 양주로 후퇴하였다. 그때 총리대신 이완용이 사람을 보내 관찰사로 혹은 내부대신으로 공을 유혹하였으나 완강히 거절하고 심히 꾸짖었다. 이후 왕산은 의병훈련장을 만들고 청국 혁명당에 지원을 요청하기도 하고 고종 황제의 복위, 외교권의 반환, 통감부의 폐지 등 30개 항목을 인편으로 서울에 보내기도 하며 재차 서울 공격을 서두르던 중 1908년 6월 11일 일본군의 기습으로 체포되어 서대문 감옥에 수감되었다. 왕산은 일본군 헌병사령관 명석원이랑(明石元二郞)에게 "나의 행동이 비단 조선을 위해서뿐만 아니라 일본을 위해서도 좋은 일이며 조선이 독립되어야 동양평화가 유지된다."고 하였다. 교수형으로 죽음에 임하여 형장에서 일본 승려가 와서 명복을 빈다고 불경을 낭송하자 "충의 넋은 천당에 가게 되어 있다. 설사 지옥에 떨어진다 하더라도 원수 놈의 손을 빌어 천당 가기를 바라겠느냐" 하며 큰 소리로 내치고 조용히 형장의 이슬로 사라졌다. 이때가 1908년 10월 23일이며 52세의 나이였다.

　1962년 3월 1일 대한민국 건국공로훈장 중장이 서훈되고, 대구달성공원에 순국기념비가 있고 금오산에 유허비(遺墟碑)가 있다. 또한 서울 청량리에서 동대문까지의 길을 기념하고자 '왕산로(旺山路)'라 명명된 것도 매우 뜻 깊은 사실이다.

국치와 민욕이 이에 이르렀으니 죽지 않고 어이하랴
아버지 장례도 치루지 못하고 나라의 주권도 회복하지 못했으니
충성도 못하고 효도도 못한 몸이니 죽은 들 어이 눈을 감으랴
- 유언 중에서

　우리 이천만 동포에게 허위와 같은 진충갈력(盡忠竭力) 용맹의 기상이 있었던들 오늘과 같은 국욕(國辱)을 받지 않았을 것이다. 본시 고관이란 제 몸만 알고 나라는 모르는 법이지만, 허위는 그렇지 않았다. 따라서 허위는 관계(官界) 제일의 충신이라 할 것이다.
- 안중근 의사의 허위 선생 평(評)

동북항일연군 총대장 허형식, 저항시인 이육사!　허위 선생의 아우 허겸은 부민단(재만 망명 조선인의 자치단체)의 초대단장이었으며, 왕산의 아들 허학은 학교를 세웠고, 조카 허형식은 동북항일연군 총대장이었다. 허형식의 부하로는 김일성과 김책이 있었다. 북만주에서 일본군과 싸우다가 결국 일본군의 총을 맞고 사망한다. 또한 허위 선생의 사촌이자 허영식의 큰아버지인 허형도 을사오적 가운데 한 사람인 이근택 습격사건에 연루돼 체포된 경력이 있다. 그리고 허위 선생의 질녀인 허길의 아들은 유명한 저항시인 이육사(이원록·이활)이다.

　한편 허위 선생의 4남 허국의 두 아들 허게오르기(62), 허블라디슬라브(55) 두 형제는 중앙아시아 카자흐스탄과 우즈베키스탄에서 어려운 생활을 영위하다가 지난해 7월 18일 '특별귀화증'을 받고 60년 만에 마침내 할아버지 나라의 국민이 되었다.

법성사 약사여래좌상(藥師如來坐像)

구미시 남통동 산 358 법성사

법성사는 1970년대에 창건된 태고종 사찰로서, 경내에 봉안된 약사여래좌상이 주목된다. 이 불상은 1840년경 구미시 송정동 정민기 씨의 5대조 할아버지 꿈에 나타나 아침 일찍 원남동 781번지 일명 '부처골' 논 가운데에서 발견되어 현재는 대웅전 뒤편에 모셔져 있다. 발견 당시는 화강암의 불상으로서 머리 부분이 파손되어 있었다. 현재는 흰색 시멘트로 전체를 정비하여 제작 방법이나 원 양식은 알 수 없으나 연화대좌의 양식수법에서 통일신라시대 말 혹은 고려 초기로 조성으로 추정된다.

갈항사지(葛項寺址)

김천시 남면 오봉리 65

☞ 찾아가는 길

구미에서 김천 방향 904번 도로를 따라가다가 아포를 지나 왼쪽으로 나오는 8번 시도로를 이용하여 오봉저수지를 찾는다. 계속 가면 '삼가마을' 앞 사거리에 이르고, 여기서 직진하여 1.7㎞ 가면 '갈항마을'이 나온다. 마을 왼편 농로를 따라 갈항사터 안내판이 군데군데 위치하고 있다. 대형버스는 '갈항마을'까지만 갈 수 있다. 참고로 갈항사지 석조여래좌상은 전각 안에 모셔져 있는데 전각의 열쇠는 갈항마을 김정기 씨가 관리한다. 남면 면사무소는 김천 방향 904번 도로를 따라가다가 신촌 못 미쳐 왼쪽 2번 시도로를 따라가면 된다.

석조석가여래좌상 일원   **갈항사지 동서삼층석탑 일원**

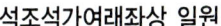

　이곳 갈항사는 행정구역상으로는 김천시이나, 금오산 서쪽 골짜기에 위치
한 우리나라 대표적인 사찰이다. 지금은 제대로 된 안내판 하나 없지만, 우
리 석탑의 역사에서 빼놓을 수 없는 쌍탑의 고향이다.

　신라시대에는 신라 왕실사람들로 분주했을 갈항사의 내력에 관해서는 그
리 알려진 것이 없다. 『삼국유사』에 의하면, 효소왕 1년(692)에 당나라에서
귀국한 화엄종 고승 승전법사(勝銓法師)가 갈항사를 짓고 80여 매의 돌해골
을 청중으로 하여 『화엄경』을 강의했다고 한다. 『신증동국여지승람』에도 갈
항사가 소개되어 있는 점으로 보아 적어도 조선 중기까지도 존재했던 것으
로 보인다. 그러나 언제 무슨 까닭으로 폐사되었는지는 알 길이 없다. 그저
불타 버린 기와의 존재로 큰 불이 있었던 것은 아닌가 추측될 뿐이다.

　세인의 눈길에서 멀어져 그저 조용하던 갈항사가 분주해지기 시작한 것은
1914년 동쪽 탑의 기단부에 새겨진 금석문이 세상에 알려지면서부터이다.
그 후 1916년 2월 12일 밤 유물을 탐낸 도굴꾼들에 의해 탑은 무너지고 그
안의 유물은 도난당하였다. 이로 인해 동·서 쌍탑은 경복궁으로 옮겨졌고,
그 자리에는 표지석만이 남아 있다.

　갈항사지에는 현재 석조비로자나불상과 석조석가여래좌상이 남아 있으며,
신라시대에 사용되었던 것으로 보이는 우물이 있다. 그다지 물이 넉넉해 보이
지 않는 이곳에서 지금도 해마다 밭에 물을 대는 우물로서 마치 커다란 독을
묻은 모양으로 생겼다. 위치는 절터로 들어서는 길 왼쪽 밭둑 아래에 있다.

　현재 옛 절터 북쪽에 새로운 갈항사를 신축하여 불사를 보고 있다.

갈항사지 동·서삼층석탑

국보 제99호

현 소재지: 서울 경복궁 민속박물관 앞
통일신라(758년), 동탑 높이 4.3m·서탑 높이 4m

우리가 갈항사를 주목하는 가장 큰 이유는 아마도 이곳의 쌍탑 때문일 것이다. 지금은 경복궁 민속박물관 입구에 위치하여 지나가는 관광객의 눈길 속에 무심히 서 있지만, 우리나라 석탑들 중 매우 중요한 석탑이다.

갈항사지 동삼층석탑
갈항사지 서삼층석탑

갈항사지 동삼층석탑
상층기단 명문

이 석탑들은 건립 연대가 확실한 신라시대 석탑 중 하나로서 석탑 기단부에 금석문이 남아 있다. 또한 불국사 삼층석탑(일명 석가탑)에서 완성을 본 신라석탑의 전형양식이 경주를 벗어나 어떠한 경로를 통해 확산되었는지를 보여준다.

두 탑은 원래 갈항사에서 동·서로 서 있었으며, 비록 동탑은 상륜부가, 서탑은 3층 옥개석 이상이 결실되었지만 그 규모나 양식은 동일했던 것으로 보인다. 상·하층기단에 각각 두 개씩의 탱주와 우주, 옥개석의 5단 받침, 옥개석의 직선 추녀 등은 전형적인 신라석탑의 양식이다. 다만 하층기단의 지대석·면석·갑석이 한 돌로 이루어진 점이 아쉽다.

한편 탑에는 풍경이 달리는 옥개석 네 귀퉁이 외에도 탑신 곳곳에 '정혈(丁穴)'이 있어 주목된다. 이는 사천왕상이나 보살상 등의 석탑부조상을 직접 석탑 표면에 부조하지 않고, 금속판에 새겨서 탑신에 고정시켰던 흔적으로 보인다. '보령 성주사지 삼층석탑'이나 '경주 고선사지 삼층석탑'에서도 이러한 양식이 보이는데, 이들 사찰은 모두 왕실이나 귀족들과 밀접한 관련이 있었던 곳이다.

이들 탑의 건립 연대는 동탑 상층기단에 새겨진 명문에 의해 경덕왕 17년, 곧 758년으로 밝혀졌다. 이때는 신라에 의한 삼국통일 후 가장 발전된 문화의 꽃을 피우던 시기로서, 불국사와 석굴암이 조영되기도 하여 명문에서도 알 수 있다시피 갈항사의 재정적 기반을 엿볼 수 있겠다. 명문에는 신라의 이두문이 문장 말미에 차례로 들어 있어 더욱 소중하다고 하겠다. 일반적인 풀이는 다음과 같다.

"이 두 탑은 천보(天寶) 17년 무술년에 세웠으며, 오빠와 두 자매, 셋의 힘으로 이루었다. 오빠는 영묘사의 언적법사이며, 손위 누이는 소문황태후이며, 손아래 누이는 경신대왕의 이모이시다."

1916년 2월 12일 도굴 이전의 기록을 보면, 동탑에서 도기(陶器) 파편과 함께 부패된 종이가 발견되었고, 서탑에서는 파손된 청동병과 종이조각으로 보이는 유물이 발견되었다고 한다.

한편 갈항사에는 또 다른 탑이 있었음을 짐작해 볼 수 있는 유물이 있다. 현재 직지사 성보박물관 뜰에 보관 중인 석탑 기단부 부재 4점이 그것으로서 팔부중상(八部衆像)이 새겨진 석조물이다. 추후 자세한 연구가 필요한 실정이다.

직지사성보박물관1

직지사성보박물관2

직지사성보박물관3(아수라상)

직지사성보박물관4(야차상)

석조석가여래좌상 · 석조비로자나불

보물 제245호

석조석가여래좌상

경작지 한편의 한 칸짜리 보호각 안에 대좌를 갖춘 석조석가여래좌상이 있다.

결가부좌한 두 무릎과 양손이 상당 부분 파손되었지만 비교적 온전한 모습을 하고 있다. 나발(螺髮)의 정수리에는 육계(肉髻)가 있고 미간에는 백호(白毫) 자리가 남아 있다. 얇게 뜬 눈과 은행알처럼 도톰한 눈두덩은 통일신라시대 부처님의 자비심을 잘 드러내고 있다. 다만 너무 둥근 얼굴 윤곽과 양쪽 콧방울을 벗어나지 않을 만큼 작은 입, 짧은 귀는 약간의 부조화를 가져오고 있다.

목에는 삼도가 부드럽게 흐르고, 오른쪽 어깨를 드러낸 우견편단(右肩偏袒)의 옷주름은 가슴 가운데에서 모아졌다가 퍼지면서 부드럽게 흐르지만 오른쪽 겨드랑이에 지나치게 붙어 부자연스럽다. 두 손은 파손되었지만 오른손은 무릎 아래로 내리고 왼손은 오른발 위에 둔 항마촉지인상(降魔觸地印像)을 하고 있다. 이로 인해 이 불상을 석가여래상으로 부르고 있다.

하체는 상체에 비해 두툼하지만 전체적인 신체비례로는 적절한 편이다. 특히 가부좌를 튼 오른발의 발가락 표현은 대단히 섬세하며, 사실적이라 할 수 있다.

한편, 광배의 흔적을 알 수 있는 광배촉 자리가 불상의 등에 남아 있으며, 후면까지 옷무늬가 사실적으로 표현되어 있다. 제작 연대는 절터에 있던 두 탑과 동시기이거나 약간 후대로 생각된다.

한편 절터에는 철창에 갇힌 석조불상이 하나 있다. 이 불상은 지권인(智拳印)의 수인으로 보아 비로자나불이 분명하지만, 본래의 머리를 잃어버려 보기가 흉하다. 비로자나불은 화엄종의 주존불로서 양손을 가슴 앞에 올리고 집게손가락만 똑바로 세운 왼손을 오른손으로 감싸서 오른쪽 엄지가 왼손 집게손가락 끝에 맞닿도록 한 모양이다. '지권인'은 '리(理)'와 '지(智)', 중생과 부처, 미혹함과 깨달음이 원래 하나라는 뜻이다.

석조비로자나불좌상   갈항사출토수막새   갈항사출토암막새

기타 유적·유물

대혈사지(大穴寺址)

금오산 북록 현 해운사 아래 있으며 창건 연대는 미상이나 석축한 축대가 양식으로 보아 고려 때인 것으로 추정된다.

해운사(海雲寺)

해운사는 대웅전 신축 연유기(緣由記)에 의하면 불기 2893년(서기 1956년) 병신 3월의 연대기가 보이며, 『경북대관(慶北大觀)』의 선산군 사찰조(寺刹條)에는 1925년 4월 20일 창건으로 기록되어 있음을 보아 근세에 세워진 사찰임을 알 수 있다. 현재 대웅전, 제하당, 종응각의 건물이 있으며, 관음보살좌상과 칠성탱화, 석조나한상 등이 전한다.

해운사 전경

도선굴(道詵窟)

'도선굴'은 천연동굴로서 신라 말 도선국사가 이곳에 들어와 도를 깨우쳐 우리나라 최초의 풍수지리설의 창시자가 되었다는 일화가 서려 있는 곳이다. 그 후 언제부터 '도선굴'이라 불렀는지는 확실치 않다. 그러나 『일선지』에 의하면 "넓이가 16척, 높이가 15척, 깊이가 24척으로 내부에는 2칸짜리 얽어 만든 집이 있어, 임진왜란 때는 인동·개령의 수령과 백성 600여 명이 피난하였다." 한다. 현재의 통로는 1937년경 구미면에서 개통한 것으로, 굴 위에 '통로기'가 각자되어 있다.

아마도 고려 시대에 '대혈(大穴)', 즉 '큰 구멍'이란 의미로 불리고, 이에 따라 굴 아래 '대혈사'라는 사찰이 생겨난 것이 아닌가 추정된다.

도선굴

금오산도선굴 통로기(1937년경)

별장국후윤신애휼비(別將鞠侯允臣愛恤碑), 부사박중규애휼비(府使朴重圭愛恤碑)

금오산성 내성 아래 동록 700m 기슭의 암벽에 있는 선각 마애비(線刻 磨崖碑)들로서 등산로 바로 옆에 위치한다. 국윤신 별장은 종 9품으로 산성의 수비 책임자였으며, 부사 박중규는 숙종 27년(1701)에 부임하여 숙종 28년(1702)까지 선정을 베풀었다 한다.

백운재(白雲齋)

금오산백운재

금오산 백운대 아래에 있는 4칸 건물이다. 조선 명종 때 문신인 선산사람 김취문(金就文) 선생을 기리는 곳이다. 현종 때 후손들이 강학장소와 재사(齋舍)로 백운재와 대혜재라는 재호(齋號)로 창건되었던 것이 1976년 다시 중건된 것이다.

금오성수축구정칠택(金烏城修築九井七澤)

금오산 대혜폭포 아래 큰 바위에 새겨진 각자(刻字)로서, 금오산성 내에 9

개의 샘과 7개의 못을 파고 그 준공을 기념하여 당시 선산부사 배설(裵楔)
이 선조 29년(1596)에 새긴 것이다.

금오동학(金烏洞壑)

금오산 북쪽 기슭에서 등산로를 따라 올
라가다 보면 오른편 바위벽에 '금오동학'이
라고 새겨져 있다. 가로·세로 2척이나 되
는 큰 글자로서, 고산 황기로 선생의 글씨
이다. 금오산의 깊고 크고 아름다운 골짜기
를 뜻함이다.

금오동학

동양사지(東陽寺址)

동양사지는 금오산 최상봉 보봉사 옆에 위치하였으나, 폐사 시기는 알 수
없다. 『범우고(梵宇攷)』 선산도호부조에 의하면, "동양암은 보봉사의 동쪽에
있었으며, 아침 해가 먼저 비치므로 이 절의 이름을 동양(東陽)이라 하였고,
지금은 그 유지(遺址)만 남아 있다."고 하였다.

기 타

옥림사지(玉林寺址), 보봉사지(普峰寺址), 전종사지(全宗寺址), 갈령사지
(葛嶺寺址)

진남사지(鎭南寺址), 굴암사지(窟庵寺址), 화암사지(華嚴寺址), 만승사지
(萬勝寺址)

V

구미 인근 지역
유물 · 유적

칠곡군
김천시
상주시
군위군

칠곡 노석동 마애불상군(磨崖佛像群)

보물 제655호
칠곡군 기산면 노석리 도고산

🖙 찾아가는 길

칠곡군 왜관읍에서 제2왜관교를 이용하여 성주행 국도로 진행하다가 노석리 정미소 앞 삼거리에서 도고산 방향으로 우회전하여 노석리 새마을회관을 지나 안내판을 따라 도고산으로 진입한다. 포장도로가 끝나는 곳(차량주차)에서 오른쪽 산등성이를 타고 계속 올라가면 된다.

이 불상에 관한 문헌기록이나 주민들의 기억은 전무한 상태이나, 현지 주민들의 제보로 인해 1977년 12월 조사가 이루어졌다. 불상들은 거대한 화강암의 동북쪽 1면을 폭 3.5m, 높이 3m 정도로 다듬고 조각되어 있다. 이곳에는 삼존불과 그 왼쪽의 여래좌상이 있는데, 아마도 삼존불이 중심이고 여래좌상은 별도의 배치로 보는 것이 좋을 것 같다.

삼존상은 중앙에 아미타여래좌상(阿彌陀如來坐像; 높이 140㎝)을 본존으로 모시고, 좌우에 각각 관세음보살좌상(觀世音菩薩坐像; 높이 90㎝)과 대세지보살좌상(大勢至菩薩坐像; 높이 80㎝)을 협시불(挾侍佛)로 배치하였다. 삼존상은 신성(神聖)을 강조하기 위해 모두 신광(身光)과 두광(頭光)을 갖추고 있으며, 특히 이중의 선으로 처리된 두광이 주목된다. 한편 단엽복판(單葉伏瓣)의 연화대좌(蓮華臺座)는 큼직한 연꽃잎의 풍만함과 잎 끝단의 날카로움의 조화에서 통일신라 직후 보이는 양식으로 주목된다.[48)]

아미타여래좌상(본존)

본존인 아미타여래좌상은 신광과 두광을 갖추고 있으며, 특히 신광은 양쪽 무릎 부분에서부터 두광까지 올린 화염거신광(火焰擧身光)이다. 머리는 큼직한 육계를 갖춘 소발(素髮)이며, 상호(相好)는 대체로 마멸이 심하여 알아보기 어려우나, 한 가지 특징적인 것은 이타(耳朶; 귀의 늘어진 아랫부분, 흔히 '귓밥') 부분이 타원형으로 뚫어져 있다. 이러한 귀의 형태는 삼존상과 옆의 여래좌상도 마찬가지이다. 본존의 의문(衣紋)에서 한 가지 주목되는 것은 오른쪽 어깨 위에 겹쳐진 형식의 의문으로서 한국의 불상에서는 잘 볼 수 없는 것이다. 오른쪽 수인은 손을 가슴에 들어 엄지손가락과 가운뎃손가락을 맞대고 있다. 대좌는 연화좌를 갖추고 있다.

관세음보살좌상(왼쪽)

왼쪽 관세음보살좌상은 본존상을 향한 측면상으로서 왼쪽 귀만이 보인다. 머리에는 세 개의 연꽃봉오리 장식이 보이는 보관을 쓰고 있으며, 보관 아래로부터 어깨까지 머리카락이 내려져 있다. 상호는 눈매만이 확실하다. 오른손은 눈높이까지 들어 본존에게 연꽃 공양을 하고 있으며, 왼손은 어깨 쪽에 들어 연봉이 있는 가느다란 연꽃 줄기 하나를 잡고 있다. 한편 가슴

---

48) 이러한 양식의 연판(蓮瓣)을 가진 예로는 비암사(碑岩寺) 발견의 계유명전씨아미타불삼존석상(癸酉銘全氏阿彌陀佛三尊石像; 국보 제106호), 기축명아미타여래제불보살석상(己丑銘阿彌陀如來諸佛菩薩石像; 보물 제367호), 미륵반가사유석상(彌勒半跏思惟石像; 보물 제368호), 연화사(蓮花寺) 발견의 계유명삼존천불비상(癸酉銘三尊千佛碑像; 국보 제108호) 등이다.

에는 통견의 굵은 천의 띠 외에는 동체의 오른쪽 중간 부분이 크게 파손되어서 어떠한 양식의 의문이 펼쳐져 있는지 확인할 수 없다.

대세지보살좌상(오른쪽)

오른쪽 대세지보살좌상 역시 본존상을 향한 측면상으로서 오른쪽 귀만이 보인다. 관세음보살좌상과 같은 보관을 쓰고 있으며, 통견 법의를 입고 있다. 왼손은 어깨높이에서 주존을 향하여 연꽃을 공양하고 있으며, 오른손은 가슴 위로 들어 손끝을 본존 쪽으로 향하고 있다. 그리고 이 보살상은 연화좌 위에 앉아 있으나, 발목을 X자형으로 교차시킨 이른바 교각상(交脚像)으로서 우리나라에서는 아직까지 조사된 예가 없어 주목된다.

여래좌상

또 하나의 여래좌상(높이 115㎝)은 대세지보살상 바로 옆에 조각되어 있다. 여기에도 삼존상의 두광과 같은 널찍한 이중두광이 갖추어져 있다. 정면상을 취하고 있으므로 독존(獨尊)임을 알 수 있다. 목에는 삼도가 보이고, 통견 법의를 입고 오른쪽 어깨에 겹쳐진 의문이 보이는 통견 법의를 입고 있다. 수인은 오른쪽 손을 가슴에 들고 왼쪽 손은 왼쪽 무릎에 내린 듯하나 암면의 파손으로 인해 확실하게 알 수는 없다. 이 여래상에서 가장 흥미를 끄는 것은 어딘가에 걸터앉은 듯한 자세로서 안좌(安坐) 혹은 유희좌(遊戱坐)로 불린다. 이는 대세지보살의 교각자세와 함께 우리나라에서는 거의 볼 수 없는 특이한 자세이다. 오른쪽 다리는 왼쪽보다 더 내리고 발끝을 연화좌 위에 놓고 있다. 왼쪽 다리는 결가부좌에서 약간 흐트러진 채 오른쪽과 같이 발끝을 밑으로 향하고 있다.

이상과 같이 삼존상과 독존의 여래좌상을 살펴보았는데 양식이나 수법으로 보아 이들은 모두 동시에 조성되었음이 분명하다. 그런데 이 마애불들은 암벽 전면에 붉은 색채가 보이고 있고 간혹 녹색과 청색의 흔적도 보여 채색이 되어 있었던 것으로 생각된다.

한편 마애불 앞에는 홈이 파인 초석과 기왓장이 발견되고 있어 목조전실(木造前室)이 존재했음을 알 수 있다. 마애불로부터 산 밑으로 250m쯤 내려가면 다소 널찍한 대지에 절터가 하나 있다. 동민들도 이곳을 '옛절터'로 지칭하며, 현재 높이 약 3~4m의 석축이 남아 있으며, 주변에는 자기와 기와편들이 뒹굴고 있다. 그리고 고려시대로 추정되는 석탑재 1석이 남아 있다. 이 절터가 마애불과 직접적인 연관은 없겠으나, 아마도 고려시대에 이르러 사찰이 있어 마애불을 공양한 것으로 생각해 볼 수는 있겠다.

이들의 조성 연대에 대해서는 연화대좌의 양식 등 각부 수법에 있어서 삼국기 신라의 흔적이 보이기에 인근 팔공산 군위삼존석굴이나 군위 소보 마애불, 구미 진평동 마애삼존불 등과 유사한 7세기 후반기 작품으로 추정된다.

송림사(松林寺) 일원

칠곡군 동명면 구덕리 90-1

☞ 찾아가는 길

구미에서 가자면, 인동을 지나 가산에서 5번 국도를 이용해서 동명, 대구 방향으로 길을 잡고, 동명삼거리에서 우회전하여 송림사를 찾는다.

송림사 전경

송림사는 조선 세종 때에는 교종, 선종 36사의 하나였으나 조선 후기에 들어서는 조계종 제9교구 본사인 팔공산 동화사에 자리를 넘겨주고 그 말사로 되었다. 신라 진흥왕 5년(544) 진나라에서 귀국한 명관(明灌)이 중국에서 가져온 불사리를 봉안하기 위해 창건한 사찰로서, 대각국사 의천이 선종 9년(1092)에 중창했다. 고종 30년(1243) 몽골군에 의해 폐허가 되었다가 다시 중창되었다. 선조 30년(1597) 왜병들의 방화로 가람이 소실되었고 숙종 12년(1686)에 기성 대사에 의해 대웅전과 명부전이 중창되어 현재에 이르고 있다.

송림사 대웅전과 향목불상 3좌

대웅전은 조선 숙종 12년(1687)에 중창된 건물로 정면 5칸, 측면 3칸의 중후한 건물로 다포계 겹처마 맞배지붕 양식이다. 대웅전 현판(懸板)은 숙종의 어필(御筆)로 억불숭유시대에 사찰이 유지될 수 있는 방책이 되었을 것이고, 대웅전 내부에 있는 3백 년 전쯤에 만들어진 것으로 추정되는 높이 3m의 향나무 불상 3좌는 국내에서 가장 거대한 불상이다.

대웅전의 아름다움은 칸마다 다른 문짝무늬에도 있다. 가운데 문은 빗살문, 나머지 두 짝은 소슬 꽃살문, 옆의 문살은 소슬 빗살문, 툇간의 문살은 정자 문으로 3:2:1의 비율로 점잖은 품위를 갖추고 있다. 어칸 문 아래 태극문양과 협칸 문 아래 연화문양의 신방 목을 설치한 것 역시 대웅전의 특징이다. 이렇듯 태극문양의 신방 목 위에 부처님이 앉아 있음을 혹자는 태극설로 공론만 하는 성리학을 제압한다는 의미로 풀이하기도 한다니 억불숭유정책의 반발심이 아닐까 한다.

송림사 명부전

국내에서 가장 큰 명부전으로서 대웅전 동편에 서향으로 있고, 정면 5칸, 측면 3칸으로 된 홑처마, 맞배지붕이며, 삼장보살(천장, 지장, 지지)과 시왕, 금강역사, 신중 등 27채의 불상이 배치되어 있고, 안쪽 벽면에는 오역(五逆)의 대죄를 범해 교화를 바랄 수 없는 무리를 심판하는 모습이 그려져 있다.

기성대사비, 당간지주 2기

대웅전 동쪽 약 50m 지점의 도로변에는 기성 대사를 기리는 높이 2m의 비석과 부도 4기가 있다. 또한 서쪽으로 약 100m 떨어진 밭 가운데에는 윗부분이 부러져 60×50㎝가량의 둘레로 90㎝ 정도만 남아 있는 송림사 당간지주 2기가 서 있다. 송 림사 창건 당시에 만들어진 것이 아닌가 추측된다. 과거 송림사의 입구가 그곳이었을 것이고 이것으로 보아 송림사의 규모가 얼마나 컸는지를 짐작할 수 있다.

송림사 전탑

보물 제189호

송림사 전탑은 9세기 통일신라시대의 전탑(塼塔), 즉 벽돌탑으로 전탑에 쓰인 벽돌은 점토를 방형 또는 장방형으로 빚어서 말린 다음 가마에서 섭씨 800 ~1000도로 구워낸 것이다. 지상 1m 정도의 화강암기단 위에 벽돌로 5층의 탑신을 쌓았으며 그 위에 4.5m 높이의 청동으로 만든 상륜부가 있어, 전체 높이는 석가탑보다 4m 정도 높은 16.13m이다. 탑신은 한 변이 27cm이고 높이가 6.2cm이다.

탑신부는 직사각형 벽돌 2종류를 이용하여 이중으로 쌓아 올렸다. 1층탑신은 비교적 높으나 2층 이상의 탑신은 체감률이 크지 않고 옥개석이 다른 전탑에 비하여 넓어 안정감이 있다. 옥개받침은 9.7.7.6.4단이며, 낙수면은 11.9.8.7.5단으로 각각 줄어든다.

상륜부에는 청동제 복발, 앙화, 보륜, 용차, 보주가 동판(銅板)으로 싼 목심찰주(木心擦柱)에 꽂혀 있으며 상륜부를 받치고 있는 탑의 덮개 네 모서리는 풍경이 달려 있다. 1959년 해체 복원하여 원형대로 모조한 것이긴 하나 통일신라시대의 금동상륜부의 모습을 보여주고 있어 귀중한 자료가 되고 있다.

한편 5층 상륜부 복발 안에서 고려시대 상감청자 전성기 때 제작된 것으로 보이는 상감청자원형합(象嵌靑磁圓形盒)과 금동제원륜(金銅製圓輪) 2점이 발견되었다.

전탑 발견 사리장치 일괄

보물 제325호

1959년 해체 복원 시 2층 옥개석에서 채색된 거북 모양의 석함이 발견되어 그 속에서 발견된 목불상(木佛像)과 사리장치(舍利裝置) 등이 보물 제 325호로 일괄 지정되어 현재 국립대구박물관에 보관되어 있다.

금동제사리탑 높이 14.2㎝로 기단위에 4개의 기둥을 세우고 그 위에 2층으로 된 지붕을 덮고 있는 탑 형태를 하고 있다. 기단 아래는 연꽃잎을 두르고 그 위에는 난간을 세웠다. 기단의 중앙에는 6개의 꽃잎을 깔아서 유리잔을 받칠 수 있게 만들었으며 지붕 아래 처마에는 삼각형의 장식을 14개씩 옆으로 줄지어 붙이고 네 귀퉁이에는 기단까지 닿게 아래로 길게 원형장식을 매달은 금줄을 늘

거북 모양의 석함

어뜨렸다. 2층으로 된 지붕에는 마름모 모양을 뚫어서 모양을 냈으며 금으로 나뭇잎을 만들어 장식하였다. 모든 장식들은 금판을 얇게 오려 점을 찍거나 가공하여 하나하나 못으로 섬세하게 고정시켰다.

금동제사리탑

녹색유리잔 금동제사리기 중앙에 놓인 유리잔으로, 높이 7㎝, 입구 지름 8.7㎝로 녹색의 투명한 유리로 만들어졌으며 밑에 받침이 있고 위가 넓은 컵 모양을 하고 있다. 표면에는 지름 1.3㎝ 내외의 고리 모양의 장식이 12개 붙어 있고 안쪽 중앙에는 옥을, 그 주위에는 진주를 붙여 장식하였다.

녹색유리제사리병 녹색유리잔 속에 들어 있던 사리병으로서, 높이 6.3㎝, 배 지름 3.1㎝로 황갈색이 도는 녹색의 투명한 유리로 만들어졌으며, 배가 부르고 목이 긴 형태를 하고 있다. 짙은 녹색의 보석형태를 한 마개가 달려 있다.

금은제수형(樹形)장신구 석함 안에서 발견된 높이 18㎝로 보리수 모양을 한 용도를 알 수 없는 공예품이다. 보리수 형태로 된 가지에는 200여 개의 원형장식들이 달려 있다.

그 외 단단한 경옥과 굽은 옥을 비롯하여 크고 작은 250여 개의 옥과 수정능옥 8개, 마노단옥 1개, 길이 2㎝의 벽옥관옥 4개 등이 발견되었으며, 은으로 만든 지름 1~2㎝의 반지로 생각되는 고리, 불교에서 마음의 때를 씻어 준다는 의미를 지닌 향목(香木) 7점, 1,500여 년 전의 실제 보리수 열매로 추정되는 나무 열매가 있다.

◼◼ 송림사(松林寺)와 법성사(法聖寺) 창건 설화

◼◼

몹시 추운 겨울 어느 마을 부잣집에 초상이 났다. 장사 전날 밤에 상주(喪主)의 꿈에 도사가 나타나서 "내가 시키는 대로 하면 너희 집안은 복을 누릴 것이요, 그렇지 않으면 큰 화가 미칠 것이다. 문상객은 물론 걸인까지도 장례를 마치기 전에는 어떤 음식이나 물건도 주지 말라."고 하였다. 상주는 여러 문상객으로부터 원망을 들으면서도 꿈에 나타난 도사가 시키는 대로 하였다. 인부들에게도 신신당부하여 허기 속에서 장사 일을 마치고 지푸라기 하나 남기지 않고 태우기 시작했다. 바로 이때 아무것도 걸치지 않은 거지 아이가 모닥불 옆으로 다가와 떨며 애원하기를 "지금 얼어 죽겠으니 태우는 가마니 한 장만이라도 주십시오. 얼어 죽겠습니다." 이에 측은한 마음이 든 인부들이 가마니 한 장을 주고 연장을 챙기려는 순간, 펑 하는 소리와 함께 우거졌던 소나무 숲은 없어지고 웅장한 절이 생기니, 거지에게 주었던 가마니는 대웅전 처마에 걸려 있어 '송림사(松林寺)'라고 절 이름이 되었다고 한다. 그 후 부잣집 상주 집안은 몰락하고 가마니를 준 인부들은 살림이 일고 자손이 번창하였다고 전한다.

한편 송림사에서 골짜기를 따라 가산산성 방향으로 가다 보면 세 갈래 길의 오른쪽 밭 가운데 보물 제510호인 기성동 삼층석탑이 서 있다. 이 탑은 2층 기단 위에 건립된 통일신라시대 석탑으로 옛날 법성사(法聖寺)터라고 전해지고 있으며, 다음과 같은 폐사 일화가 전한다.

"절의 법당에서는 끼니때만 되면 법당 천장에서 쌀이 쏟아져 내렸다. 항상 일정하게 내리는 쌀을 하루는 욕심 많은 공양주가 더 많이 내리도록 하기 위하여 꼬챙이로 쌀이 나오는 구멍을 쑤셨더니 쌀이 나오지 않고 붉은 피가 흘러 흘러 이 핏물이 모두 빈대가 되어 절이 망했다."

송림사의 창건 설화와 폐허가 된 법성사의 설화를 비교하여 보면 참으로 역사의 아이러니를 느끼게 한다. 신라시대는 불교가 국교로 크게 융성하여 송림사의 경우처럼 토속신앙의 중심이던 당산(소나무)터에 절을 짓기 위하여 불교를 정당화시키는 설화가 만들어진 것이고, 조선시대는 성리학자들이 법성사의 폐사 일화처럼 스님의 욕심을 강조함으로써 불교가 망하는 것을 합리화시키고 있다.

칠곡 약목 정도사지(淨兜寺址)·오층석탑

보물 제357호

원소재지: 경북 칠곡군 약목면 복성동 현 약목역

높이는 4.63m, 현 소재지: 국립대구박물관 야외전시장

이 석탑은 본래 경상북도 칠곡군 약목면 정도사 옛터에 서 있었던 것을 일제 침략기인 1924년에 경복궁으로 옮겨 세운 것으로서 기단부에는 탑명(塔銘)이 있고 또 탑 내에서 『형지기(形止記)』가 발견되어 중요한 석탑으로 평가되고 있다.

오층석탑이 제자리를 떠나게 된 이유는 경부선 철도부설 때문으로, 현재 약목역 자리가 '정도사터'였다. 철도가 개통된 것이 1905년 1월이었으므로 석탑은 적어도 1904년 이전에 벌써 제자리를 떠났던 것으로 추정된다. 실제로 1909년에 이뤄진 고적조사기록에 따르면, 석탑의 소재지가 서울의 철도국 관사로 되어 있어 이미 석탑의 반출이 이뤄진 듯하다. 이후 1924년 6월 철도국 관사를 떠나 경복궁 안으로 옮겨지게 되었고, 1994년 국립대구박물관 개관으로 현재 자리로 다시 옮겨 세운 것이다.

석탑은 이중기단 위에 5층 탑신을 건조한 전형적인 일반형 석탑에 속한다. 하층기단에는 탱주를 두지 않고 각 면에 3구씩의 안상(眼象)을 조각하였는데 지선(地線)에서 안쪽을 향하여 꽃 모양의 조각이 솟아오르고 있다. 상층기단에는 각 면에 탱주를 1주씩 모각하였고 상·하 기단의 갑석 상면은 약간의 경사를 이루었으며 상면의 모각은 1단뿐으로 특이한 예에 속한다.

탑신부는 탑신과 옥개석이 각각 한 돌로 되었고, 초층 탑신 정면에는 호형(弧形) 안에 자물쇠 모양이 새겨져 있으며 2층 이상은 급격히 감축되었다.

옥개석은 넓이가 좁고 두꺼우며 추녀 끝은 위로 들려 있어 고려시대 석탑의 특징을 나타내고 있다. 옥개받침은 4단으로 줄었으며 추녀 밑으로는 낙수홈이 새겨져 있다. 5층 옥개석은 없어지고 5층 탑신 위에는 노반만이 남아 있어 상륜부는 알 수가 없다.

탑의 상층기단 면석에 새겨진 탑명(塔銘)에는 '태평십일년(太平十一年)'의 연호와 연대가 새겨져 있다. 그 전문은 다음과 같다.

特爲 / 家國恒安兵戈永 / 息百穀豊登敬造 / 此塔永充 / 供養 / 太平十一年?正月 日

글자의 직경이 4㎝인 해서체(楷書体)의 탑명 내용은 "국가가 항상 평안함이 지속되고 백곡이 풍성하기를 바라는 마음"을 담은 것이다. 이 밖에 탑을 세운 사람의 이름이 있는 듯하나 지금은 마멸되어 판독이 불가능하다. 탑의 명문 면석은 수장고로 옮겨 보관하고 새로운 면석을 만들어 교체하였다.

한편 1924년 경복궁으로 탑을 옮길 때에 탑 안에서 백지묵서의 '太平十一年歲次辛未正月四日高麗國尙州界知京山府事任若木郡內巽方在淨兜寺五層石塔造成形止記'라고 쓰인 『형지기(形止記)』와 아울

형지기

러 녹유사리병(綠釉舍利甁), 두 개의 동합(銅盒) 등의 사리장치가 발견되었다. 특히 형지기는 건탑(建塔)의 인연(因緣), 시납(施納), 공사의 사실 등을 적고 있으며, 이두식 문장의 사용으로 탑 자체에 관해서는 물론이고 이두 연구에도 좋은 자료가 되고 있어 그 복제품을 현재 박물관 미술실에 전시하고 있다.49)

---

49) 이렇듯 귀중한 『형지기(形止記)』는 일제강점기를 거치는 동안 일본인 아유카이 후사노신의 개인 소장이었고, 이것과 함께 석탑 안에서 나왔다는 '녹유사리병'과 '동합' 역시 경북 영천에 살던 메자키 야소하치의 개인 소장이었다. 1925년 총독부박물관에 수습되었고, 해방 이후 국립박물관에 귀속되었다.

여기에 보이는 '태평십일년(太平十一年)'은 고려 현종 22년(1031)에 해당하며 곧 이때에 석탑이 건립되었음을 알 수 있다.

칠곡 신동 입석(立石)

경상북도기념물 제29호

칠곡군 지천면 창평리 산103

☞ 찾아가는 길

지천면 신동초등학교 앞 지방 도로 기준으로 지천 못 미쳐 진입 부분에 경부고속철도와 만나는 곳에 북쪽으로 창평, 백운리 방면 소로가 나오고 여기서 고속철도 방향 직진다리(심천교)를 건너자마자 좌측 재실 뒷동산에 위치한다.

• 칠곡 요술의 고개는 석적읍 망정리와 지천면 백운리를 잇는 군도 5호선의 한골재 정상 부근에 위치하며 길이는 180m 정도이다. 이 구간은 실제로는 오르막길이나 내리막길처럼 보이는 착시현상을 일으킨다. 차를 세우고 시동을 끄거나, 캔이나 공 등을 올려놓으면 거꾸로 올라가는 것처럼 보인다.

입석은 선사시대 거석문화의 한 형태로 지역 간의 경계를 나타내거나 액운을 막아 주는 신앙의 대상물로 세워졌으며, 선돌 또는 멘힐(menhir)이라고도 부른다.

신동입석은 우리나라에 남아 있는 선돌 가운데 규모가 가장 큰 것으로 높이가 4.5m, 밑 둘레 2m, 묘의 면적은 897㎡이다. 선돌의 동쪽 주변을 개간할 때 민무늬토기와 돌도끼 등이 발견된 것으로 보아 청동기 시대 고인돌[支石墓]임을 알 수 있다. 낙동강을 끼고 구릉지에 모여 살던 선사인들이 남긴 유물로 조상신을 숭배하거나 묘지를 표시하는 기능을 한 것으로 보인다.

선돌의 아랫부분에 나무아미타불(南無阿彌陀佛)이라는 글귀가 새겨져 있는

데, 이것은 후세 사람이 새긴 것이다. 선돌의 중
앙 부분에는 부러진 흔적이 있는데 원래는 현재
의 윗부분도 부러져 셋으로 동강나 있는 것을
보수하여 세웠다.

개령 동부리 마애보살좌상(磨崖菩薩坐像)

김천시 개령면 동부리 44-1

☞ 찾아가는 길

선산에서 김천행 910번 지방 도로를 이용, 감문—아포 사거리에서 김천 방면
4.2㎞쯤 진행하면 906번 구미—아포행 지방 도로와 만나는 개령면 동부리에 이
른다. 이곳 버스정류장('개령건강원'을 이정표 삼을 것) 아래 체육공원(동부연
당)이 있는데, 북쪽 산 아래 마애보살좌상이 위치함.

마애보살좌상(높이 1.7m)은 현재 남서쪽을 향하고 있으나, 암석의 절단으
로 보아 원위치는 아닌 듯하다. 암석의 전면을 다듬어 마치 광배를 갖춘 것

으로 보이지만 원형은 감실의 역할을 한 것이 아닌가 한다.

머리에는 흡사 '남바위' 같은 관(冠)을 쓰고 있어 다른 마애상에서 볼 수 없는 특이한 양식이다. 관 밑으로 살짝 엿보이는 길고 두툼한 귀는 통일신라시대 불상의 양식을 계승한 것으로 볼 수 있다. 수인은 가슴 앞에서 살짝 마주잡고 있어 합장상 혹은 박권(拍拳)으로 볼 수 있겠다. 불상 전면의 마모가 심하여 법의의 옷주름을 확실히 알 수는 없으나, 오른쪽 어깨에서부터 부드럽게 흐르는 의문으로 미루어 유려한 모습을 가지고 있다. 조성 시기는 대체로 고려시대로 생각된다.

◼◻ 잃어버린 왕국 – 감문국(甘文國)

◼◻

김천 시내를 흐르는 하천은 '감천'이다. 개령면에는 해발 239m의 '감문산'이 있다. 또한 '감문면'이라는 행정구역도 있다. 이는 모두 1800여 년 전 김천 역사의 시작인 '감문국'의 흔적인 것이다. 김천을 대표하는 문화 중에 '빗내농악'이 있다. 이 역시 감문군 시대에 군사들이 진영을 펼치고 조련하는 장면과 전쟁에 출전하거나 개선할 때 군사들을 위로하던 연회의 성격이 담긴 굿이다.

감문국은 신라에 의해 231년 멸망했다는 기록만 있을 뿐 자세한 건국과정이나 발전상에 대해 알 길이 없다. 『삼국사기』에 "신라 조분왕 2년(231) 7월, 신라가 이찬 석우로를 대장으로 감문국을 토벌하고 그곳을 감문군으로 삼았다"는 기록이 있다. 이후 조선 말에 이르기까지 『신증동국여지승람』 등 여러 고지도와 지리지 등에 감문국과 관련된 사료들이 등장한다. 이런 역사서를 근거로 역사학자들은 감문국의 중심지를 김천시 개령면 동부리 일대로 추정하고 있다.

감문면 삼성리 390번지 일명 오성마을 밭 가운데에 '말무덤'이라 불리는 높이 5m, 지름 10m 정도의 무덤이 있다. '말'은 '크다'라는 뜻으로 학계에서는 감문국 멸망 이후인 5세기 이후에나 등장하는 고분 양식으로 '금효왕릉'이라 설명하고 있으나 지역에서는 감문국 시조왕의 무덤이라 추정한다. 아마도 감문국이 신라에 복속된 이후에도 상당 기간 토착세력에 의한 지배가 있었던 걸로 추정된다. 감문국 시대의 산성으로 전하고 있는 것은 대략 9군데 정도로서, 개령면 감문산 정상에는 길이 200m, 높이 2.5m, 폭 10m 정도의 토성이 남아 있으며, 감문면 속문산 해발 600m 지점에는 석성과 토성이 함께 축조되어 있고, 고소산 정상에도 남북으로 700m가량의 석성이 전하고 있다. 또한 현재 동부리 마애보살좌상이 위치한 '동부연당'은 감문국 시대 궁궐연못으로 전해지고 있다. 이 외에도 감문면과 개령면 일대에는 청동기와 철기시대 무덤 양식인 지석묘와 토광묘, 석곽묘 등이 산재하고 있다.

광덕리 석조관음보살입상(石造觀音菩薩立像)

보물 제679호

김천시 감문면 광덕리 산 71

🖙 **찾아가는 길**

선산에서 김천행 910번 지방 도로를 타고 감포교가 있는 이천마을에서 감문 방향 913번 지방 도로로 우회전하여 3.1km 진행하면 광덕리 '광덕교'에 이른다. 여기서 오른쪽 포장길로 2.5km 진행, '광덕저수지' 아래 도달하면 길 왼쪽 경작지 너머 민가 한 채가 있고, 그 너머 보살입상을 안치한 보호각이 보인다. 혹은 무을 방면으로 진행하다가 원리에서 좌회전하여 감문면 가척마을에서 다시 왼쪽으로 난 포장길로 광덕저수지를 찾아도 된다.

네모난 석주의 전면을 다듬어 조성한 이 보살상은 현재 보호각에 안치되어 있다. 관리인인 정영이 씨(Tel: 430-5453)에 의하면, 수백 년 전부터 이곳에 자리하여 이 골짜기를 '미륵댕이'라 부른다고 한다. 이에 따르면 원위치로 추정할 수도 있으나, 지형상 절터로 추정하기는 어렵다. 혹 저수지 오른쪽 산중턱, 일명 '문수골' 절터에서 옮겨온 것은 아닌지 모르겠다.

이 불상은 고려시대에 흔히 볼 수 있는 괴체형(塊體型) 신체를 갖추고 있는데, 그 보관의 형태가 특이하다. 유가(儒家)에서 쓰는 익각(翼角)을 갖춘 삼층정자관형(三層程子冠形 혹은 三山型)의 보관은 구슬을 단 듯 둥근 원을 양각으로 가득하게 새겨 넣었고, 관대(冠帶)가 길어서 원형 두광에까지 닿아 있다. 이러한 관대 양식은 강원도 한송사지·신복사지 보살상 등 주로 강원도 지방 불상의 양식으로 널리 알려져 있어 주목되고 있는데, 김천 덕천리 석조관음보살입상(경상북도 유형문화재 제250호) 등에서도 보이고 있어 추

덕천리 석조관음보살입상

보관은 유가(儒家)에서 쓰는 익각(翼角)을 갖춘 삼층정자관형(三層程子冠形)이고 중앙 정면에 화불(化佛)을 새겼다.

하체부(연꽃장식발등)

후 지속적인 연구가 필요한 실정이다.

한편 원형 두광과 신광을 갖추고 있으며, 손에는 연꽃봉우리를 잡고 있다. 조금은 과장된 얼굴 각부의 표현이나 신체비례에 맞지 않는 손, 연꽃으로 장식된 발등은 고려 초기 10세기경에 조성된 것임을 알 수 있다.

현지 주민들의 말에 의하면, '문수골' 절터에 사찰(문수사)을 창건하여 가까운 시일 내에 보살상을 이전·보존할 것이라 한다.

아포 쌍비사지 석불좌상(雙飛寺址石佛坐像)

김천시 아포면 아포초등학교 내

현재 아포초등학교 교정에 옮겨져 있는 이 좌불상의 안면은 많이 훼손되어 윤곽이 뚜렷하지 못하며 오른쪽 어깨 부분도 많이 훼손되었다. 법의는 통견(通肩)이며, 수인은 항마촉지인을 결하고 있고, 결가부좌하였다. 광배는 현재 갖추지 않았으며, 육계는 있으나 나발은 분명치 않다. 불상의 높이 77㎝, 어깨 폭 60㎝.

개령 서부리 석탑

경상북도 문화재자료 제122호
김천시 개령면 서부리

☞ 찾아가는 길

선산에서 김천행 910번 지방 도로를 이용하여 개령면 소재지를 지나 김천 방면으로 약 1㎞ 진행하면 국도 오른편 서부리 마을길로 접어들어 갈림길에서 왼편으로 길을 잡으면 도로 오른편에 탑이 보인다.

인근에 기와편이 많이 있고 탑의 부재에 검은 자욱이 많은 것으로 보아 절이 화재로 전소된 듯하다. 석탑의 조성 연대는 통일신라시대로 추정되며, 『동국여지승람』에는 '삼한시대의 감문국 장부인 능이 있었다'고 적혀 있어 조성 당시 사찰이 있었던 것으로 추정되며, 임진왜란 때 왜병이 이곳을 지나갔다는 설로 보아 그때 도괴된 것으로 보고 있다.

복원 전에는 '가마바위'라고 불렸으며, 탑신부의 부재들만 남아 있었다. 1층 탑신의 폭이 124㎝, 높이 131㎝이며, 한쪽 변의 길이가 215㎝인 옥개석만 보더라도 그 규모를 가히 짐작할 수 있어 복원을 기대하였다. 1997년 현재와 같이 복원하였다.

은기리 마애반가보살상(磨崖半跏菩薩像)

경북 유형문화재 제247호
김천시 어모면 은기리

☞ 찾아가는 길

> 김천—상주 간 3번 국도를 이용해서 어모초등학교를 찾아 은기리 봉황 마을을 찾는다.

이 불상은 자연 암반의 동향 절벽 면에 양각으로 조성한 마애반가보살상이다. 머리에는 삼산관(三山冠)을 쓰고 우견편단(右肩偏袒)의 두터운 법의를 걸쳤고, 수인은 항마촉지인의 변형으로 생각된다. 연화대좌에 앉아 왼발은 연화족대(蓮花足臺)에 두고 있으니 그 자세는 고대 반가사유상에서 보여주는 반가(半跏)의 형식을 충실히 계승하였다.

불상의 높이는 2.9m로 삼산관의 양식이나 법의 등으로 볼 때 고려 초기의 작품으로 추정되고 있다.

미륵암 석조미륵불입상(彌勒庵石造彌勒佛立像)

문화재자료 제420호

김천시 남면 월명리 203-1 미륵암

☞ **찾아가는 길**

구미에서 답사하자면 북삼을 지나 만나는 왜관-김천 간 4번 국도에서 김천 방향으로 진행하다가 부상삼거리에서 성주 방향 905번 지방 도로 좌회전하여 약 1㎞ 진행하면 오른쪽으로 미륵암 불상이 보인다.

미륵암 관련 자료는 찾아볼 수가 없으나, 나당연합군으로 백제 및 고구려 정벌에 참여했던 것으로 추측되는 당의 장수인 시(柴) 장군의 비(碑)가 1999년 이곳에서 출토됨에 따라 이 암자의 유래가 오래된 것임을 짐작할 수 있을 뿐이다.(현재 김천 직지사성보박물관 보관 중) 이 불상은 거의 원위치라고 하며, 연화문 좌대는 지하 약 2㎝ 지점에서 발견되어 세척 후 현상과 같이 복원하였다.

불신은 하반부에 약 60㎝가량이 보수되었는데 둥근 보관까지의 높이는 약 240㎝이고, 대좌를 포함한 총 높이는 약 280㎝이다. 머리 높이는 약 53㎝에 어깨 폭 84㎝, 허리 폭 65㎝, 허리 두께 52㎝이며 보관의 폭은 97㎝이다. 보관의 아래에는 주연부(周緣部)에 물 끊기가 있고, 상부의 중앙에는 갓처럼 높이 솟은 모습이 특이하다. 얼굴은 풍만한 편이며 소발(素髮) 머리 중앙부에 높이 솟은 육계로써 보관을 받치고 있다. 미간 백호는 불상 보수 시에 보충한 것으로 보이며, 눈과 코, 귀 부위에도 보수 흔적이 보인다. 목에는 삼도(三道)가 선명하며 양손은 오른손을 가슴에 대었고 왼손은 복부에 붙이

고 있는데, 이들은 보수되었다. 법의의 형식은 통견으로서 앞가슴에는 완만한 U자의 의문(衣紋)을 여러 겹으로 나타내었고, 두 팔을 타고 내린 의문 역시 비교적 사실적 수법을 동원하고 있다.

연화문 좌대는 중석 받침이 생략된 채 상대와 하대가 한 돌로서 앙련과 복련을

시 장군 비

새겼는데 상대에 비하여 하대의 복련은 고부조로 처리되어 더욱 뚜렷한 8엽이며, 연화문 대좌의 크기는 직경 93cm, 높이 약 37.5cm이고, 같은 돌로 조성된 하부 지대석은 약 30cm가량이 매몰되었다.

이 불상은 고려불이면서도 신라 양식을 그대로 반영하고 있는 과도기적 양식이라 할 것이며, 비록 팔 부위와 하반부의 보수가 있었으나 완전한 보관이나 연화대좌는 원상을 지니고 있어 당시의 석불양식을 알게 하는 귀중한 자료라 할 것이다.

상주 석각천인상(石刻天人像)

보물 제661호
상주시 신봉동 산 2-1 남산공원 내

☞ 찾아가는 길

구미에서 김천-상주 간 3번 국도를 이용하여 상주 진입 전에 위치한 국립상주대학교를 지나 보은 방면으로 접어들어 진행 방향 오른쪽에 위치한 명지아파트 뒷산의 남산공원에 있다.

상주시 남성동 용화전에 보관 중이었다가 현재 이곳으로 이건하였다. 안벽에 한 장의 목판이 걸려 있어 『용화전 창건기』를 기록하고 있는데 1880년(고종 17년) 박인술이 썼다. 『창건기』에 의하면 신라시대부터 고려시대에 걸쳐 왕산 서남방 수백 보 되는 곳에 만석사라 부르는 절이 있었는데 중도에 절은 헐리고 빈터만 남았다. 그 터가 서쪽 성안의 창고터였고 창고도 헐려 없어지고 겨우 한 채가 남았는데 옛날 절이 없어질 때 남아 있던 석불 2기가 창고 남쪽 마당에 남아 있어 보존되니 시내의 남녀가 이곳에 와서 기도하였더니 영험이 있어 동민들의 힘에 의하여 현재 자리(남성동 용화전)로 옮기고 집을 지어 두 부처를 당의 중앙 남쪽 벽에 안치하였다고 기록되어 있다.

주악천인상

왼쪽 주악천인상은 손에 비파를 든 채 왼쪽으로 몸을 좀 틀어 얼굴도 왼쪽을 향해 있으며 한 발은 살짝 내밀었지만 다른 한 발은 뒤쪽으로 무게 중심으로 잡고 있는 매우 자연스런 자세를 하고 있다. 단아한 얼굴에 날리는 천의 자락이 비파에서 울려나오는 음률에 휘날리는 듯하다.

마주보고 있는 듯한 오른쪽 천인상은 오른손으로 연꽃봉오리를 받쳐 든 공양상이다. 화관을 쓴 머리에 단정한 이목구비를 갖추고 왼팔은 구부려 허리께에 가 있는데 사뿐히 걸어 나가려는 모습이어서 천의 자락이 뒤쪽으로 휘날리고 있다. 두상의 돋을새김은 그다지 두드러지지는 않은 편이어서 통일신라 전성기를 막 넘긴 시점의 조각으로 생각된다. 반면 손가락이며 옷주름 등이 매우 섬세하며 사실적이어서 신라 하대 9세기로 이어진 유려한 조각솜씨를 짐작할 수 있다.

공양천인상

주악천인상은 123*129.5㎝의 판석에 127㎝ 높이로, 공양상은 112*129.5㎝ 판석에 123㎝

높이로 새겨져 있다. 이 천인상들은 석탑의 기단부나 탑신에 새겨진 상인 듯하다. 석탑의 기단부나 1층 탑신에 보살상이나 팔부신중, 사천왕이 새겨진 예는 많아도 이처럼 천인상이 정교하고 크게 새겨진 경우는 드물다. 상층기 단부의 한 부분이라고 해도 이만한 면석을 둔다면 규모가 매우 큰 탑일 것이다.

한편 전각 옆에는 같은 절터에서 수습된 것으로 보이는 석탑의 다른 면석들, 옥개석의 부분, 석등의 연화대석들이 놓여 있다. 간주석이 꽂혀 있었을 석등의 연꽃받침은 도톰한 두 겹 잎사귀여서 9세기쯤의 유물로 보인다.

자전거 박물관

상주시 남장동 229 - 1

☞ 찾아가는 길
상주 남장사 초입에 위치한다.

쌀과 곶감, 누에로 유명한 고장인 상주는 평소 자전거가 많기로 소문난 곳이며 환경을 오염시키는 자동차 대신 자전거를 이용해 등하교 및 출퇴근

을 하거나 여행을 즐기는 사람들을 많이 볼 수 있다. 상주 자전거 박물관은 말 그대로 자전거의 모든 것이 담긴 '자전거 천국'이다. 초기 자전거 5점(드라이지네, 오디너리, K.맥밀런자전거, P.미쇼형자전거, 콘벤트리형 삼륜자전거)과 이

색 자전거 29점을 비롯해 전시되어 있는 자전거가 총 60여 대로서, 자전거의 역사를 한눈에 보여주고 있다. 자전거 전시실인 '만남의 장' 외에도 체험전시실인 '체험의 장', 자전거 문화에 대해 소개하는 '공감의 장', 상주 자전거 축제를 소개하는 '축제의 장', 자전거와 관련된 상품을 판매하는 '결실의 장'이 있어 여러 가지 경험을 한꺼번에 할 수 있다.

임란 북천 전적지(北川 戰迹地)

상주시 만산동 699 임란북천전적지

임란 북천 전적지는 선조 25년(1592) 임진왜란 당시 조선 중앙군과 왜군의 선봉주력부대가 최초로 싸운 장소이다. 1592년 4월 13일 왜군이 부산에 상륙하자 이를 막기 위해 4월 23일 상주에 도착한 이일(李鎰)을 순찰사로 한 조선의 중앙군 약 60여 명과 상주판관 권길, 호장 박걸 등이 소집한 향군 장정 800여 명 등 총 900여 명이 고니시가 이끄는 왜병 1만 7천여 명과 분전하여 전원이 순국한 곳이다. 이곳에는 순국한 9위(位)를 배향하고 있는데, 종사관 윤섬, 이경류, 박호 등 중앙군과 판관 권길, 사근도찰방 김종무, 호장 박걸, 의병장 김준신, 김일 그리고 무명용사 1위의 위패를 모시고 있다.

1990년부터 정화사업을 실시하여 임란북천전적비를 건립하고 매년 양력 6월 4일 제향 행사를 거행하여 그분들의 넋을 기리고 후세들의 역사의 산 교육장으로 활용되고 있다. 충렬사, 상산관(지방유형문화재 제157호), 침천정, 태평루 등이 있다.

남장사

상주시 남장동 502

　남장사는 상주 최대의 고찰이며 영남의 명승지로 경관이 빼어난 곳이다. 남장사는 높지도 낮지도 않은 노음산(725m)의 품에 들어앉아 있다. 남장동은 남장사의 사하촌으로 그만큼 절 영역이 넓었음을 알 수 있다. 남장동에 접어들면서 유난히 눈에 띄는 것은 감나무이다. 바로 '상주 곶감'으로 유명한 마을이기 때문이다.

　이만돈(1664~1732)이 1716년에 지은 『남장사사적기』에 따르면, 이 절은 진감국사가 830년 당나라에서 돌아오는 길에 노음산 장백사에 머물러 신라 흥덕왕 7년(832)에 무량전을 지으면서 대찰의 면모를 띠게 되었다고 한다. 이러한 사실은 최치원의 사산비문 가운데 하나인 쌍계사 진감선사비문에도 나온다. 『진감선사비명(眞鑑禪師碑銘)』에 의하면, 한국에 불교 범패를 최초로 전파한 고승인 진감 선사가 대화(大和) 4년(830) 중국에서 귀국하여, "처음 석장(錫杖)을 상주 노악산(露嶽山) 장백사(長栢寺)에 놓았는데, 의원에 환자가 모이듯 찾아오는 이가 구름 같았다."는 기록이 있다. 이로써 보면 남장사의 전신은 장백사이며, 830년 이전부터 있었던 고찰이었음을 알 수 있다. 1186년에 각원국사가 주석하면서 이름을 남장사로 바꾸었는데, 그것은 북장사·갑장사·승장사 등 상주지역 4장사의 하나로 자리잡게 되었기 때문이다.

　남장사는 조선 초기 척불정책으로 교세가 수그러들었다가 선교 양종 통합을 실현한 서산 대사의 수제자인 사명 대사가 당시 금당이던 보광전에서 수련하면서 선교통합의 도량으로 자리잡았다. 임진왜란 때 불타 1635년 중창했으나 절 전체의 모습은 비교적 잘 간직해 온 편이다.

남장사 석장승

경상북도민속자료 제33호

남장동 마을길을 따라 1.9㎞ 가면 길 왼쪽에 남장사 돌장승이 보인다. 대개 위엄이 서린 사찰 장승과는 달리 입도 코도 비뚤어져 우리나라 장승 가운데서도 아주 해학적인 모습을 하고 있다. 멀리에서 보면, 민간신앙의 하나인 남근석을 연상시키기도 한다. 높이는 186㎝이며 머리 부분이 76㎝나 되어 얼굴이 비대칭으로 거대하다. 몸통에는 '下元周將軍'이라고 새겨져 있고 그 옆에 '壬辰 七月 立'이라고 새겨져 세운 연대를 알리고 있다. 조선 후기의 해학적인 장승의 모습이기에 1892년, 1832년, 1772년 중의 어느 해로 짐작된다. 그중 극락보전의 현판기록 등과 대조하여 조선 순조 32년(1832) 혹은 고종 29년(1892)으로 추정된다. 순조 32년(1832) 극락보전 현판법당을 세우는 등 불사를 한 기록이 있어 그해로 보기도 한다. 본래 남장사 입구 일주문에서 300m쯤 떨어진 길 오른편에 세워졌던 것이지만, 1968년에 저수지를 건설하면서 옛길이 물에 잠기게 되자 지금의 위치로 옮겼다.

남장사 일주문

경상북도 문화재자료 제442호

석장승을 지나 들어가면 남장사 일주문이 나타난다. 19세기 말 이전으로 추측된다. 정면 1칸, 측면 1칸으로 현재 3량가구를 걸고 겹처마에 팔작합각 지붕을 한 건물로 금단청으로 하였다. 이 건물의 특색은 양쪽 둥구리 기둥 앞뒤로 방주(方柱)를 붙여 세우고 다시 또 활주를 고여서 중앙을 받치고 있는데 그 기둥머리가 용 모양을 하는 등 매우 사실적이다. 전체적으로 조선 후기 건축수법과 조각기법이 잘 보존되어 있어 상당히 귀중한 자료라 하겠다.

일주문을 지나면 범종루를 지나 극락보전 영역이 있고 그 위에 보광전 영역이 있어 남장사의 가람배치는 크게 두 부분으로 나뉘어 있다. 부속암자로 관음선원이 있다. 특히 남장사의 일주문으로부터 시작되는 사찰진입공간은 한국 산지가람의 전형을 보여준다.

일주문   둥구리기둥   범종루

극락보전 건칠아미타불좌상

건칠아미타불좌상   반야용선의 용두

극락보전 꽃창살

극락보전은 1610년에 새로 지으면서 그때까지 금당 곧 본전이었던 무량전으로부터 본전의 지위를 물려받았다. 1635년 화재 이후 1776년과 1856년에 중수했다. 정면 3칸, 측면 3칸의 맞배지붕으로 위엄을 갖추고 조선 중기 건물의 장중함을 지니고 있다. 극락보전 안에는 건칠아미타불좌상의 좌우로 관세음보살과 대세지보살이 협시하고 있으며, 1701년에 그린 감로왕탱을 비

롯하여 18~19세기의 불화들이 전각 안을 빛내고 있다. 아미타불의 후불탱은 1741년에 조성한 불화인데, 후불탱의 본존과 보살들의 두광이 강한 초록색으로 칠해져 있어 매우 강렬한 인상을 주는 한편, 비파를 타고 있는 사천왕의 모습은 아주 섬세한 정밀묘사여서 강약이 조화된 아름다움을 보여준다. 한편 극락보전의 어칸 사분합문에 있는 꽃창살은 그 경쾌한 느낌으로 많은 사진작가들의 소재가 되기도 하며, 정면 기둥머리에 위치한 두 마리의 용은 반야용선(般若龍船)으로서의 역할을 잘 표현하고 있다.

보광전 철조비로자나불

보물 제990호

| 보광전 | 보광전 영역 징검다리 | 철조비로자나불 |

극락보전의 왼쪽으로 올라가면 다시 삼문을 만나고 비로소 원래 본전이었던 보광전을 만나게 된다. 본래 무량전이었기에 아미타불을 모셨을 것이나, 아래 극락보전을 짓자 보광전으로 이름을 바꾸면서 목조불단에 비로자나불을 모시고 있다. 비로자나불의 손 모양인 지권인은 대개 오른손이 위로 가서 왼손의 검지를 쥐고 있는데 이 불상은 그 반대 모양을 하고 있다.50) 이 철조비

---

50) 통일 신라 8세기 중엽 이후 수용되던 순밀계통의 밀교와 화엄의 융합에 의해 그 이전 시기와는 다른 다양한 불교 조형 도상이 등장하게 된다. 화엄 교주는 비로자나불로서, 금강계 대일여래상(밀교)에서 볼 수 있는 지권인의 비로자나불 조성이 유행하게 된다. 그러나 금강계 대일여래상처럼 머리를 말아서 묶어 올린 계관(髻冠; 상투관)을 쓴 것이 아니라 나발형(螺髮型; 소라형 머리카락)의 지권인비로자나불상(智拳印 毘盧遮那佛像)이 조성되게 된다. 이는 화엄비로자나불의 기반 위에 8세기 말 금강지와 불공의 금강계 밀교(通密·純密)가 수용되었음을 말하는 것이며, 금강계 대일여래상의 지권인을 반대로

로자나불은 14세기 공민왕 시절에 나옹 화상이 조성했다고 알려져 있다. 그러나 이 불상은 조선 초기의 불상으로 조선 철불상 연구에 귀한 자료적 가치가 있는 것으로 평가되고 있다. 철불 좌상의 좌고는 133㎝, 머리 높이 20㎝, 무릎 폭 102㎝이다. 『상산지』 사찰조에 의하면, "천 년이나 된 철불이 있어 병란이나 심한 가뭄이 닥칠 때는 스스로 땀을 흘리는 영험함이 있다"라고 하였으니, 불자들에게는 이 비로자나불 숭배가 어떠했던가를 추측할 만하다 하겠다. 불상 뒤에는 흔한 탱화가 아닌 목각탱이 자리 잡고 있다.

보광전 목각탱

보물 제922호

보광전목각탱

현재 보광전 비로자나불 후불탱화로 봉안되었으며 명문이 없어 확실한 연대는 알 수 없으나 그 조각의 수법이 실상사 약수암의 것과 비교되어 조선 후기(19세기경)의 목각 탱화로 추정된다. 긴 판목 7매를 연결하고 그 위 덮개부는 옆으로 1매를 놓아 모두 8매의 목판으로 부착시켰다. 목판의 크기는 높이 226㎝, 폭 236㎝, 두께 12㎝로 돋을새김이며, 『보광전 개금불사 인연록 (普光殿改金佛事因緣錄)』에 의하면 1928년에 개금한 것임을 알 수 있다. 탱화의 구도는 본존인 아미타여래 좌상을 중심으로 십대 보살과 십대 불자, 사천왕으로 총 24구를 4단으로 배치하고, 제일 위 판에는 비천, 주악상을 배치하였다. 전체적으로 위엄을 갖추기보다는 친근한 인상이며 보살들이 쓴 화관은 붉은색과 녹색을 따로 칠해 매우 화려하다. 이런 화려함이야말로 우리가 미처 알지 못하고 있는 조선 후기 불교의 융성을 반증하는 증거일 것

결한 것도 조성되는 등 한국 화엄과 밀교의 독특한 융합 현상을 보여주고 있다. 이곳 남장사 철조비로자나불좌상도 역수 지권인 예로서 이외에도 광주 증심사 지권인철조좌상과 운림사지권인철조좌상, 불국사 지권인금동좌상, 취서사 석조좌상 등의 예가 있다.

이다. 또한 사천왕의 울상인 듯한 인상은 보는 이로 하여금 미소를 자아내게 한다. 현재 국내에 전하는 목각탱은 이곳 남장사에 2점, 문경 대승사, 예천 용문사, 남원 실상사 약수암, 서울 경국사 등 총 6점뿐이다.

관음선원 목각탱

보물 제923호

관음선원목각탱

보광전에서 우측 산문을 통해 10여 분 가면 1668년 창건된 관음전 안에 관세음보살좌상과 후불탱으로서 또 한 점의 목각탱이 있다. 관음전 목각탱은 예천 용문사 목각탱과 함께 우리나라 목각탱 중에서도 단연 돋보이는 수작이며, 제작 연대도 숙종 20년(1694)으로 알려져 있다. 『개금기』에 따르면, 본래 천주산 북장사의 상련암에 있던 것을 19세기 초에 옮겨 왔다고 한다. 다섯 장의 목판을 잇고 위아래로 다시 한 장씩 이어 붙였으며 전면에 금박을 하여 찬란하고 장엄하다. 중앙에 아미타불을 중심으로 좌우에 네 보살이 둘러싸고 위단의 보살 옆으로는 석가모니의 2대 제자인 아난과 가섭을 두고, 그 바깥에 사천왕으로 외호하고 있는 형상이다. 그 위로는 과거3불을 배치하였고, 하단의 대좌는 연지(蓮枝) 형태로 굵은 줄기에서 갈라져 나와 각 줄기 끝에 연꽃이 피어난 것처럼 조각되었는데 이 연꽃이 연화대좌를 이루고 있다. 연잎, 연봉, 줄기 등이 강한 부조로 조각되어 있고 중심부의 본존은 이중으로 된 연화대좌 위에 앉아 있다. 크기는 145× 185㎝로 보광전의 목각탱보다 작으나, 자연스러운 율동감이나 파격의 미를 지닌 점에서는 관음선원 목각탱이 생동감이 있어 보인다.

기타 경내 참배

관음전 가는 길의 부도밭

보광전 양옆으로는 주지실과 강당이 있고 요사들이 위치한다. 보광전 위쪽으로 산신각과 진영각이 위치하며, 보광전 오른편 산 중턱에는 영산전이 위치한다. 그 밖에도 이 절에는 1788년에 그린 거대한 괘불탱화와 1790년에 그린 영산전의 16존상탱화 등 아름다운 탱화가 많다. 또 나옹이 조성했다고 전하는 옥석 16나한상이 있으나 연대에 관해서는 믿을 만한 근거가 없다. 보광전에서 관음선원으로 가는 오솔길 왼편에 부도전이 있어 둘러볼 만하다. 전각의 군데군데에 토끼와 거북이, 도깨비 얼굴, 이태백이 고래를 타고 하늘로 오르는 모습, 혜가가 달마 대사에게 제자로 받아주기를 간청하는 모습, 민화풍의 물고기처럼 재미난 벽화들을 찾아보는 것도 남장사의 숨은 매력 중의 하나이다.

군위 삼존석불(三尊石佛)

국보 제109호
군위군 부계면 남산동 302번지

천연 절벽의 자연동굴 속에 만들어진 이 석굴 사원은 인공적 석굴 사원인 경주 토함산 석굴암의 석굴보다 조성된 연대가 앞선 것으로, 1962년 발견 조사된 이래 '제2석굴암'이라는 칭호를 받고 있다. 석굴사원 안에는 서기 700년경에 조성된 삼존석불이 안치되어 있으며, 석굴 앞에는 절터가 있어 모전석탑과 석조비로자나불좌상(石造毘盧遮那佛坐像),51) 주초석 등이 남아 있다.52)

삼존석불 중 좌협시보살[관세음보살, 1.92m]의 머리에는 화불(化佛)이 있고, 우협시보살[대세지보살, 1.8m]의 머리에는 보병(寶瓶)이 있어서 이들이 아미타삼존임을 알 수 있다. 아미타신앙은 통일신라 직후부터 유행하였는데 이 석불들은 삼국시대 조각이 통일신라시대로 이행하는 과정에서 이룩된 것으로 높은 문화사적 가치를 가지고 있다. 석굴의 입구는 거의 원형에 가깝고 굴 안 평면은 대체로 방형을 이루었다. 천정은 궁륭형(穹窿形)을 이루었고 안쪽 벽에 붙여서 원각(圓刻)의 삼존을 안치하였다.

중앙의 아미타여래좌상은 높이 2.27m로서 별도로 만들어진 사각대좌(대좌 61cm) 위에 결가부좌하였다. 소발(素髮)의 머리에는 큼직한 육계가 있으며, 법의는 편단우견(偏袒右肩)으로 얇게 표현되어 있다. 간혹 통견(通肩)이라고

보는 견해도 있으나, 오른쪽 어깨에 걸친 것은 대의(大衣)가 아니라 어깨에만 따로 걸치는 편삼(編衫)이라는 견의(肩衣)다. 어깨를 드러내는 것은 불경스러운 일이라 하여 중국에서 가미된 복식이다. 신체의 대의 옷주름은 층단을 이루었고 양팔과 무릎에서처럼 신체에 옷이 밀착된 부분에서는 옷주름을 융기띠로 표현했다. 이렇게 비사실적인 융기띠 옷주름은 인도의 굽타불상에

---

51) 이 불상은 경상북도 유형문화재 제258호로 지정되어 있다. 9세기 후반에 유행하던 불상 양식으로서 광배는 없고 대좌는 일부 파손되어 사찰에서 보관하고 있다. 머리는 나발에 육계는 상당히 평평한 편이고, 목에는 삼도가 표현되어 있다. 수인은 전형적인 지권인(智拳印)이다.

52) 신라 소지왕 15년(493) 극달 화상에 의해 창건되었다고 하나 신빙성에 의문이 간다.

서 비롯한 것으로, 6세기 중엽 북제(北齊)에서 7세기 초 초당(初唐)에 이르는 짧은 기간의 불상에서만 나타나는 양식이다. 왕도(王都)에서 멀리 떨어진 곳에서 짧은 기간 새로이 유행한 옷주름 표현이 나타났다는 것은 상당히 주목되는 특징이다. 이에 반해서 본존을 측면에서 보면 매우 구차하게 설계되었음을 알 수 있다. 무릎의 두께가 모자라자 별도의 대좌 윗부분에 무릎 부분을 연장시키고 대좌가 좁으니까 뒤쪽 암벽을 파내고 엉덩이를 안치시키고 있다. 한편 넓은 무릎과 대좌 전면까지 덮은 상현좌(裳懸座; 마치 치마가 드리워진 것 같은 모양)와 본존불을 중심으로 한 안쪽 벽에는 두광과 신광을 조각하였다. 본존 뒤의 거친 벽면에는 광염(光焰)무늬를 선각(線刻)하고 백토(白土)를 바르고 채색한 흔적이 있다.

대세지보살

관음보살

본존의 오른쪽에 서 있는 대세지보살(大勢至菩薩)은 옆에서 보면 배도 불룩 나오고 얼굴의 코·입·턱 등을 전체적으로 돌출시켜 입체감을 살리려는 노력이 역력하나 뒷면은 전혀 조각하지 않았으며 잘 다듬지도 않았다. 보관에 정병(淨瓶)이 조각되어 있으며 얼굴에 은은한 미소가 흐른다. 허리띠에 걸쳐 내린 치마 옷주름은 융기띠이며 무릎 아랫부분에서는 층단식이다. 왼쪽 엉덩이를 본존 쪽으로 내밀어 삼곡(三曲)자세를 취하였으며, 발은 입방체로 표현했다. 대좌의 연꽃은 강하게 돌출시킨 복판(複瓣)이다.

왼쪽의 관음보살(觀音菩薩)은 대체로 대세지보살과 유사한 양식으로 제작되어, 보관에 화불(化佛)이 조각되어 있고, 왼손으로는 어색하게 정병을 쥐

었다. 한편 보살상이 연꽃·당초무늬·화염무늬를 얕게 조각하고, 채색까지
한 보주형 광배(寶珠形 光背)를 원상 그대로 구비하고 있는 것은 이 상이
유일한 예다.

본존불상은 굽타불상에서 연유한 융기띠 옷주름 형태 등에서 백제 연동리
석불과 같은 양식이며 상현좌(裳懸座) 형식 역시 공통점을 띠고 있어서 깊은
관계가 있다. 즉 경주에서 석불이 만들어지면서 군위로 전파된 것이 아니라,
백제 불상에서 영향을 받는 과정에 삼국 말기에 이곳에서 제작된 것이고, 이
것이 통일 초 700년경 경주 남산의 칠불암 삼존불과 관계를 맺게 된 것이라
생각된다. 이와 관련해서 우리는 바로 이웃하는 의성탑리(義城塔里)의 석탑이
경주 지방의 석탑 양식에 앞서서 성립되었다는 사실을 떠올려야 할 것이다.
결국 자연 굴 안에 불상을 봉안한 점은 중국 석굴 양식의 전파 과정과 그것이
경주 토함산 석굴에까지 이른 경로를 고찰하는 데 중요한 유물이라 하겠다.

법주사(法住寺)

군위군 소보면 달산리

☞ 찾아가는 길

선산 일선교를 지나 상주 방면 25번 지방 도로를 이용하여 고개를 넘은 후, 나
타나는 삼거리에서 오른쪽 소보 방면으로 약 7㎞ 정도 가면 수철마을이 나온
다. 법주사는 이곳에서 왼쪽 산 중턱에 있다.

법주사는 현재 행정구역상으로 군위군 소보면이지만, 주륵사지가 있는 청
화산의 맞은편 골짜기로 도개지역과 거리상으로 그리 멀지 않은 곳이다. 또
한 현재 전하는 『법주사사적비』에 의하면, 신라 눌지왕 때 아도 화상이 창
건했다고 한다. 이에 대한 사실성 여부는 차치하더라도 도리사와의 직선거
리가 4㎞밖에는 되지 않기에 동일 불교문화권으로 분류할 수 있겠다.

　　혜철 주지스님에 의하면, 약 75만 평의 사찰대지 곳곳에 건물초석이 산재하고 있으며, 현 법당인 '보광명전(寶光明殿)' 수리 때에 '道光二十八年　丁未七月　化主政豫瓦都藍永默'이라는 명문이 새겨진 수막새기와가 출토되었다고 한다. 이로 보아 1848년에 대대적인 중수가 있었던 듯하다.

법주사석탑　　　　　　맷돌(교원대)　　　　　　법주사석불

　　보광명전 뒤편으로 견고한 축대와 그 밑으로 거대한 초석들이 남아 있으며, 경내에 5층석탑과 석탑의 기단면석·연화대석·장대석·8각석재·대형맷돌 등이 남아 있다. 이들은 모두 고려시대의 조성으로 추정된다. 또한 법주사 입구에는 높이 168.5㎝의 고려시대 조성의 석불입상이 있다. 석탑 앞에는 배례석이 있는데 전·후에 각 2구, 좌우에 각 1구씩 모두 6구의 안상이 돌려져 있다. 석탑은 다른 탑의 일부 부재와 섞여서 복원(2003년 10월 복원)되어 있는데, 기단부부터 3층 옥개석까지는 원석탑으로 보인다. 석탑의 남면 1층탑신에는 문비가 양각되어 있고, '康熙三十年辛未三月一　重修'의 명문이 얕게 음각되어 있으니, 곧 1691년으로서 고려시대의 건조된 이 석탑이 이 시기에 중수된 것으로 볼 수 있다.

　　보광명전의 기단 및 축대에도 탑재와 장대석이 보인다. 보광명전 기단 바로 앞에 4매의 기단면석이 표면만을 노출한 채 묻혀 있는데, 그중 1석은 양 우주와 탱주가 각출되어 있고 1매석은 우주 1주와 탱주 1주, 다른 1매석에는 탱주가 각출되어 있다. 보광명전 앞 화단에는 석등 하대석으로 보이는 복엽 8판의 연화대좌 1석이 놓여 있다. 앞마당에는 옛날 법주사의 규모를 짐작게 하는 대형 맷돌이 놓여 있다.

군위 소보면 위성동 마애삼존입상(磨崖三尊立像)

군위군 소보면 위성동

📌 **찾아가는 길**

선산에서 일선교를 지나 다시 25번 상주행 지방 도로를 타고 고개를 넘자마자 나타나는 삼거리에서 오른쪽 소보 방면으로 향한다. 약 11㎞ 정도 가면 달산교가 나오는데, 여기서 소보면 소재지 쪽으로 접어들지 말고 왼쪽으로 약 100m 정도 진행하며 길 왼쪽 암벽을 살핀다.

정남향의 암벽 면 높이 8m 되는 곳에 양각해 만든 군위 마애삼존불은 붉은 색을 주로 하고, 얼굴과 옷, 광배 등을 녹색과 황색, 검정색 등 최소한 5가지 이상의 색으로 채색하여 주목된다. 중국 돈황석굴 불상의 경우 전체적으로 채색을 하였지만, 지금까지 우리나라에서 고대 채색불상이 발견된 적은 없다. 이 마애삼존불은 자연을 있는 그대로 활용하여 신라인의 지혜를 단적으로 드러내고 있다. 마애삼존불 바로 위에는 자연적으로 튀어나온 바위가 천장 역할을 하도록 하여 자연풍화를 최소화하고 있다. 본존 바로 위 바위 바닥 면에는 석굴의 천장 중앙을 장식하는 연꽃무늬의 천개(天蓋)가 붉게 채색되어 있다. 삼존불 주변에도 붉은 연꽃무늬를 8개 정도 둘러싸듯이 장식했다.

불상 높이는 본존 250㎝, 좌협시불은 193㎝, 우협시불은 220㎝이다. 모두 연꽃대좌 위에 선 입상으로 추정된다.

VI

부 록

읽을거리 1·2
문화재 용어 해설집 및 명칭도
추천 답사 코스

신라 불교의 전래와 공인 전후의 모습

머 리 말

삼국이 불교를 수용하기 시작한 것은 고대국가로서의 체제정비를 갖추던 시기이다. 부족 간의 연맹체제에서 고대국가로의 발전단계에 접어들면서 삼국은 더욱 복잡해진 사회를 원시불교나 조상숭배 신앙만으로는 이끌어 가기 힘들게 되었고, 이에 따라 지배층은 새로운 지배체제와 그것을 뒷받침할 만한 사상을 요구하게 되었다. 이에 불교가 그들에게 한 차원 높은 인간관과 세계관을 제시하고, 고대국가의 지배체제를 마련해 줄 수 있는 사상으로 떠오르게 된다. 따라서 초기 불교의 수용은 민중이 아니라 왕실에 의해 이루어졌고, 왕실의 적극적인 후원 아래에서 점차 발전해 나갔다.

이 글에서는 우선 중국과 신라, 고구려, 백제에 영향을 준 원시불교에 대해서 알아보고 신라 불교의 전래와 전래된 후 공인되기까지의 불교 모습과 그 이후의 모습에 대해서 알아보고자 한다.

원시불교(原始佛敎)의 성격

불교는 기원전 6세기경에 카필라국 정반왕(淨飯王)의 태자인 '석가모니'[53]에 의해 창시되었다. 이때의 인도는 물질적인 향락이 들끓고 여러 가지 사상이 혼재하였으며, 분열되어 존재했던 여러 성읍국가(城邑國家)들이 점차 강대국 중심으로 통합되어 가던 시기였다. 성읍 국가 당시의 인도는 제정일

치 사회로서 제사가 중요시되었으나 석가 생존 당시에는 세속권력이 더 중요시되어 브라만 계급[제사장 집단]이 쇠퇴하고 크샤트리아 계급[무사 집단]이 세력을 얻어가고 있었다.

원시불교의 성격은 성립 당시 인도의 사회상황과 연관시켜 파악할 수 있다.

첫째, 원시불교는 크샤트리아 계급 중심의 종교였다. 통일사업이 진척되면서 주체세력인 크샤트리아 계급이 브라만 계급보다 현실적으로 세력이 더 강해지자 불교는 크샤트리아 계급의 세속적 권능을 인정하고 있다. 이는 원시불교가 크샤트리아 계급의 우월성을 나타내고 있다는 것으로 볼 수 있다.

둘째, 원시불교는 정복국가의 이념에 합당한 면을 비교적 많이 갖추고 있었다. 이는 전륜성왕(轉輪聖王)과 왕즉불(王卽佛) 관념에서 잘 나타나는데, 세속적 권능을 가진 그는 무력으로 이웃 모든 나라를 정복하고 정법(正法)으로 통치하기 때문에 이 세상에 평화가 온다고 한다. 이때 전륜성왕의 치세를 돕기 위해 미륵이 출현하여 교화한다. 이러한 전륜성왕의 관념은 통일국가를 지향하는 것이며, 강대국을 중심으로 통일사업을 진척하려는 정치이념의 사상적 배경이 되었다. 또한 석가가 말년에 주장한 칠불쇠법(七不衰法)54)도 정복왕조의 윤리관을 제시한 것이다.

이상으로 미루어 보건대, 원시불교는 성읍국가에서 왕권 중심의 고대 정복 왕조를 성립시키려는 사회변화 과정 속에서 성립되었다고 할 수 있으며, 신라 또한 이러한 성격의 불교를 받아들여야 할 정도로 국가체제가 변화되고 있었던 것이다.

---

54) '칠불쇠법(七不衰法)'이란 마가다국의 아사세 왕이 인근의 밧지국을 침공하기 전에 부처님께 사신을 보내어 밧지국을 정복해도 되는지 가르침을 구할 때, 밧지국은 '칠불쇠법'을 모두 지키기에 그 누구의 침략을 받아도 망하지 않을 것이라 하니 아사세 왕은 전쟁을 포기하였다.(1. 그들은 바른 일에 대해 의논하고, 2. 군신관계가 공명정대하며 아랫사람은 윗사람을 존경하고, 3. 옛 풍습과 예의를 존중하며, 4. 부모님께는 효도를 어른께는 존경을, 5. 조상을 받들고, 6. 도덕적이며 음란하지 않고, 7. 사문과 바라문을 공경하고 바르게 생활하는데 게으르지 않는다.) 이어서 부처님은 비구들을 위해 교법이 더욱 증강하는 '칠불쇠법'을 일러주시었다.(1. 복잡한 일을 적게 하고 단순한 일을 많이 하라, 2. 침묵하기를 즐겨 하고, 많은 말을 하지 말라, 3. 잠을 적게 자고 쾌락에 빠지지 말라, 4. 패거리를 만들어 쓸데없는 짓을 하지 말라, 5. 아무 덕이 없으면서 자랑하지 말라, 6. 악한 사람과 짝하지 말라, 7. 산이나 숲 같은 한적한 곳에 있기를 좋아하라)

신라 불교의 전래

신라는 삼국 중 불교가 가장 늦게 전래되었다. 고구려는 소수림왕 2년 (372)에 진왕 부견(符堅)이 사신과 함께 승려 순도(順道)를 파견하여 불상과 경문을 보내면서 전래되었고, 백제는 침류왕 원년(384)에 마라난타(摩羅難 陀)가 동진에서 오면서 전래되었다. 신라 불교의 전래설은 여러 가지가 있 는데 여기서는 2가지의 예만 들도록 하겠다.

(1) 우선 『삼국사기』 권4 신라본기 법흥왕 15년 조행불법조(肇行佛法條)에 의하면, 신라불교의 초전(初傳)에서 공인까지의 과정이 3단계로 나뉘어 있다. "눌지왕(417∼458) 때 고구려로부터 사문[沙門; 스님의 통칭] 묵호자(墨胡 子)가 일선군 모례의 집에 와 있었는데, 중국 양나라 사신이 가져온 향의 용도를 왕실에서 모르자 이를 알려주면서 말하길 '이것을 불에 태우면 향기 가 아름답고, 정성을 들이면 신성(神聖)에 통할 수 있다. 이른바 신성은 삼 보(三寶)로서, 첫째는 불타(佛陀)이고, 둘째는 달마(達磨; Dharma; 불법)이고, 셋째는 승가(僧伽; 스님)이다. 만약 이것을 불태우면서 발원하면 반드시 신 령의 응함이 있을 것이다." 하였다. 이때 마침 왕녀가 병이 들어 향을 피워 발원하게 하였더니 왕녀의 병이 나았다. 4세기 말 이래 신라가 고구려에 종 속적인 외교관계를 긴밀히 유지해 온 것을 생각하면, 이 기사는 타당하리라 본다. 이런 점에서 위 기사는 고구려와의 접경 지역을 중심으로 불교가 민 간에 전해졌음을 말하는 경우이다. 이는 유적·유물을 통해서도 알 수 있으 며, 덧붙여 고구려와 통하는 또 다른 경로인 영주·안동 방면으로도 불교는 전파된 것으로 생각된다.

물론 이상과 같이 신라로의 불교 전파가 오직 고구려를 통해서만 이루어 진 것은 아닐 것이다. 신라와 백제는 나제동맹 이후 외교·군사·문화 면에 서 매우 밀접한 관계를 맺어 왔고, 신라는 521년(법흥왕 8)에 백제의 사신을 따라가서 양나라에 처음 조공하였다. 이러한 사실로 보아 신라는 백제를 통 해 중국 남조의 불교도 수용하였을 것이다.

(2) 『삼국유사』 권3 아도기라조(阿道基羅條)에 인용된 아도본비(阿道本碑)

의 설이다. 그 내용을 간단히 서술하면 다음과 같다.

"아도는 고구려 사람으로서 미추왕 2년(263) 계림에 와서 불법 시행을 청하였지만 허용받지 못하고 해치려 함으로 속림(續林; 一善) 모록(毛祿 또는 毛禮)의 집으로 숨었다. 여기에 3년간 은신해 있다가 성국공주가 병이 들어 무의(巫醫)가 효험이 없으므로 아도가 대궐로 들어가 병을 치료했다. 왕이 대단히 기뻐하면서 소원을 묻자, 아도는 '천경림(天鏡林)에 불사(佛寺)를 지어 방가(邦家)의 복을 비는 것이라.' 했다. 왕이 이를 허락하였으나, 얼마 있지 않아 왕이 돌아가시어 국인(國人)이 아도를 해치려 했다. 이로 말미암아 대교(大敎)가 폐하게 되었다."

'아도본비'에는 미추왕 2년에 계림에 온 아도가 조위인(曹魏人) 아굴마(我崛摩)의 아들이라 했는데 일연 스님은 아도를 묵호자와 동일인으로 보고, 374년 고구려에 온 아도가 바로 이 사람일 것이라고 논평했다. 이 주장은 고구려에 온 아도가 위나라에서 왔다는 가정 위에서 성립되는 것으로 일연은 이를 바탕으로 하여 『해동고승전』의 저자 각훈의 설을 답습하고 있다. 그러나 각훈이 근거하고 있는 것이 '아도본비'로서, 각훈은 고구려·신라의 두 아도를 동일인으로 본 것이다. '아도본비'는 시대착오가 심하며 설화의 인위적 구성이 짙을 뿐만 아니라, 고구려 본기에 고구려의 아도는 진(晉)나라에서 왔다는 기록이 있어 두 나라의 전도승 아도를 동일시하는 주장은 성립될 수 없다.

불교 공인(公認) 전후의 모습

(1) 공인 이전의 모습

신라불교는 공인 이전에 이미 수용되어 믿어지고 있었다.[55] 공인 이전의 신라 불교는 왕실이 중심이 되어 수용하였다. 원시불교가 왕실을 중심으로

---

55) 『삼국유사』 권1 사금갑조(射琴匣條).

받아들여질 수 있었던 까닭은 이미 앞에서 말했듯이 원시불교의 '전륜성왕' 관념과 '왕즉불'사상으로 인해 왕족 계급에게 유리한 성격을 가졌기 때문이다. 이러한 사상을 통해 왕실이 제 부족보다 우월하다는 관념을 정당화시킬 수 있었으며, 나아가서 각 부족을 통합하기에 유리하였던 것이다. 따라서 불교 수용과 동시에 왕권에 복속되는 상태에 이르게 된 귀족들은 불교수용에 반대하게 되었던 것이다.

귀족들은 고대국가 이전의 연맹왕국 단계에서 왕과 상하 종속관계에 있기는 하였지만 제사장으로서 동등하게 제사를 지낼 수 있는 권한을 갖고 있었으며, 자기 부족에 대한 지배력도 유지하고 있었다. 그러나 상하 지배질서를 성립시킨 왕실이 관념적으로도 귀족보다 우월하다는 불교사상의 수용을 모색하게 되자, 불교에 반대하고 종래의 신앙을 고수함으로써 그들의 지위를 유지해 나가려 했다.

이러한 측면에서 이차돈의 순교와 같은 진통을 겪은 신라의 거센 반발의 배경에는 신라민의 자립정신이나 고유정신이 고구려나 백제보다 강하였기 때문이라기보다는 불교를 수용하기 위한 필수충분요건인 왕권의 발달이 미약하였기 때문이었다.

이로 인해 왕실을 중심으로 받아들인 초기 불교는 종래의 무격신앙(巫覡信仰)을 대체하는 성격을 보인다.56)

이러한 과정 속에서 무격신앙과 불교를 비교하면서 불승의 위력을 강조하는 설화들이 나타나게 된다. 특히 이차돈의 순교는 재래 토속적인 무격신앙과 불교와의 갈등을 잘 드러내 주는 일화이다. 이차돈이 당초 흥륜사를 세우고자 했던 천경림은 신라의 무격신앙을 대표하는 신성지역으로 이곳에 절을 세워 흥법의 의지를 다지고자 했던 것이다. 그러나 흥법 자체에 반대하는 군신들과의 갈등으로 이차돈은 순교하게 되는 것이다. 강력한 세력을 확보하지 못했던 불교세력은 결국 이차돈의 순교를 계기로 왕권의 강화를 가

---

56) 그동안은 이를 '무불(巫佛)교체'로만 설명하고 있으나 근래에 들어 불교의 공인은 지배 이데올로기의 변화일 뿐이며, 이후 불교와 무격신앙이 마찰과 갈등을 겪으면서 융화되었다는 측면을 강조하고 있다. 즉 불교가 고유신앙의 여러 요소와 융화하여 독특한 한국불교로 토착화되었기 때문이다. 불교 본연의 불사를 드리는 대웅전 이외에 토착신을 모신 명부전, 시왕전, 산신각, 칠성각 등이 토착신앙과 불교가 융화된 모습을 보여주는 좋은 예이다.

져오는 결과를 낳았고 또한 토착신앙의 성소인 천경림에 흥법사를 창사함으로써 불교가 공인되게 되었다.

(2) 공인 이후의 모습

불교의 공인은 왕실과 귀족이 일정한 타협을 이루면서 가능해졌다. '전륜성왕'과 '미륵사상'이 왕실과 귀족의 타협을 이루어 낸 것이다. 불교를 공인하면서 왕실은 전륜성왕 관념을 포용하였다. 원시불교 경전 속에 나타나는 전륜성왕은 정복사업을 추진해 가는 세속적 군주의 상징적 존재로 무력으로 이웃의 모든 국가를 정복하고 그 땅에 불법통치를 이루는 장본인이다. 삼국은 모두 정복국가의 과정을 통해 왕권 중심의 귀족국가체제를 완비해 가는 시기에 불교를 공인하였다. 소수림왕이나 광개토대왕 또는 근초고왕이나 침류왕, 법흥왕, 진흥왕은 모두 정복군주로서 이들은 '전륜성왕'으로 자처하였으며, 이로 인해 공인 이후 초기 불교는 군국적 성격을 강하게 지녔다고 할 수 있다.

한편 전륜성왕 사상을 기반으로 군국불교가 형성되었기 때문에 공인된 불교에는 미륵신앙이 강하게 나타났다. 미륵신앙은 인도에서 브라만 계급의 상징으로 이해되었기에 삼국의 귀족들은 자신을 브라만 계급으로 자처하며 미륵은 곧 귀족인 자신의 자제로 태어난다는 신앙을 갖게 되었다. 그래서 미륵은 삼국사회에서 동자(童子)의 모습으로 출현하게 된다. 또한 미륵신앙은 전통적인 무격신앙의 모습을 불교 신앙으로 포섭함으로써 토착적 전통을 고수하려는 귀족의 관심을 끌 수 있었다.

마지막으로 불교가 귀족들에게 적극적인 의미를 지니게 된 것은 '윤회전생사상(輪廻前生思想)'이었다. 윤회전생사상은 현세와 내세를 연결시켜 줄 뿐 아니라 현세를 전생과도 연결시켜 준다. 즉 현세에서 벌어지는 모든 사실들은 전생에서의 결과로 보는 것이다. 이와 같은 '인과응보설(因果應報說)'에 근거를 둔 윤회전생사상은 골품제도와 같은 고대사회의 엄격한 신분제도를 긍정할 수 있는 이론적 근거를 마련해 줄 수 있었던 것이다. 초전불교가 전파과정에서 귀족들의 반대를 받아오다가 결국 공인되는 것은 귀족의 입장에서도 불교사상이 유리한 면을 지녔기 때문이며, 공인과정을 거치면서 초전불교 사상 자체가 변화되고 있었기 때문이다. 초전불교가 '왕즉불 사상'을 받아들였던 반면 공인 이후의 불교는 남조의 '구세보살(救世菩薩)사상'을 받아들였다. 왕이 여래가 아닌 보살이라는 구세보살 사상은 신라의 공인불교에 그대로 나타나 있어 법흥왕과 진흥왕은 머리를 깎고 승려가 되며, 왕비들도 출가하여 승니(僧尼)가 된다. 이러한 구세보살사상으로 인하여 귀족들의 반대는 무마되고 불교가 공인되니, 이는 왕권의 전제주의를 지양하는 것으로 엄밀하게 말해 '왕권 중심의 귀족정치'를 성립시키려는 면으로 작용하였다.

결 론

이상에서 살펴본바 삼국의 불교수용은 중앙집권적 고대국가가 형성되어 가는 과정 중 왕권 강화라는 시대적 요청에 따라 왕실과 중앙 귀족들에 의해 적극적으로 받아들여져 이전까지 사회 전반을 지배하고 있던 무격신앙의 자리를 이어받은 사상이다. 따라서 일단 채용된 불교는 이후 상상할 수 없을 정도로 더욱 발전해 나가게 된다.

잃어버린 왕국 군미국(軍彌國)

군미국의 실체

『삼국지(三國志)』 위지(魏志) 변진전(弁辰傳)에 의하면, 기원 전후 경상도 지방에는 진한 12소국이 분포되어 있었다. 그중에서 우리가 주목하는 것은 '구미'라는 현재 지명과의 유사성 및 고분군의 분포 등으로 볼 때 '군미국'의 존재이다.

군미국은 지금의 인동지역을 중심으로 독자적인 세력을 구축하다가 신라에 편입됐다.『삼국사기』권34 지리 성산군조에는 "사동화현을 수동현으로 고쳤다."고 하였는데, 같은 내용을『고려사』권56 지리(1) 상주목 인동현조와『신증동국여지승람』인동현조 외에 각 읍지를 통해서도 살필 수 있다. 인동 지방이 신라 영토에 편입된 시기에 대해서는 정확하지 않다.『삼국사기』신라본기에서 눌지왕(417-458) 때에 오늘의 구미 도개면 지방으로 고구려에서 불교가 들어온 사실과 소지왕(479-500) 때에 국왕이 오늘의 선산 지방인 일선군을 들러 이재민을 위문하고 장정을 징집하였다는 사실에서 이 시기에 낙동강 중상류 지방까지 신라의 영향을 미친 것으로 볼 수 있다. 따라서 군미국은 지금으로부터 1500여 년 전 인동지역에서 독자적인 세력을 구축해 나갔던 군장국가였음에 틀림없다.

수난당한 황상고분군과 군미국의 위용

군미국은 황상고분군만을 남겨 두고 자취도 없이 사라져 버렸다. 유일하게 군미국의 실체를 어느 정도 밝혀 줄 황상고분군은 일제치욕 때 한 차례

수난을 당했다. 그 후로 도굴꾼들에 의해 봉분이 처참하게 파헤쳐졌다. 조상들이 남겨 준 유일한 문화유산이 일인들에게 유린당하고 다시 한번 우리들의 손에 의해 수난을 당한 것이다. 황상동은 70년대 들어 급격히 변모를 거듭했다. 구미공단이 들어서고부터 논밭이 공단과 택지로 변했다. 따라서 수천 년 전에 존재했던 군미국의 실체를 파악하기란 어렵다. 단지 현재 생존해 있는 이 지역 촌로들의 입을 통해서만 군미국의 존재를 어느 정도 파악할 수 있는 것이 안타까울 따름이다.

일제에 의해 유린당했던 황상고분군은 1962년에 들어서 그 실체를 드러낸다. 경북대학교 박물관에서 황상동 뒷산의 낮은 구릉에 소재하던 3기의 고분을 23일간 발굴해 금동제 장신구, 철제무기, 토기 등 많은 유물을 출토했다. 황상고분군은 1962년 3기의 석실분 발굴 이후 35년 만에 대구대학교 박물관 측에서 종합발굴에 들어갔다. 대구대 박물관은 1998년 7월 10일부터 11월 11일까지 구미 황서초등학교 예정부지 내 문화유적 발굴조사에 들어가 113기의 고분을 확인하고, 1000여 점의 유물을 수거하는 성과를 거두었다. 유물은 대부분 산사태로 교란되고 도굴된 상태였으나, 한 무덤에서 단야구 집게와 망치가 출토되어 매장 주체의 직업이 대장장이였음을 추측하게 했다. 그러나 이번에 발굴된 집단의 출토품 중에는 철기를 제외한 금속류가 매우 희귀하고 마구류의 출토 예도 전혀 없다. 대구대 박물관 측은 발굴조사지역 북쪽에 조성된 중·대형 봉분을 지배세력으로 보고, 이 지역은 주체세력과는 구별되는 기층집단의 묘역으로 판단했다.

이번 발굴은 4세기 말경에서 6세기 초경까지의 묘제변화양상과 토기의 변화 과정을 연구하는 데 중요한 자료를 제공할 뿐 아니라, 인동 지방에 뿌리를 둔 고대 군미국의 실체를 밝히는 데 결정적인 증거를 제공했다. 미발굴된 황상고분군 능선 아래 우측에는 지표상에서 30~50㎝를 파내려 가면 깨진 도자기와 거의 완형의 모습을 지닌 도자기 뚜껑 등이 출토되곤 한다. 현재 이 지역은 마을 주민들이 옥수수 등을 심기 위해 땅을 일구고 있다.

황상고분군은 명당 중 명당에 위치해 있다. 한낮에는 볕이 잘 들고 마사토층으로 무덤 조성에 유리했다. 현재의 지명 황상(黃桑)은 일제치욕 때 민족의 정기를 말살하겠다는 일인들에 의해 개명된 지명이다. 원래는 황상(凰

桑)으로 '뽕나무에 앉은 봉황'의 뜻이었는데 일인들이 '황금색의 뽕나무'로 해석하여 그 의미를 격하한 것이다. 황상고분군은 봉황이 알을 품고 날개를 펼친 형상을 하고 있다. 윤원백(66) 씨는 "황상고분군 일원에는 높이 2m, 너비 1.5m가량의 둥근 화강암들이 지상에 노출돼 있는데 마치 알이 흩어져 있는 것 같다."며 "군미국 백성들은 다산과 부족의 번영을 기원해 묘지를 조성한 것 같다"고 말했다. 황상고분군은 황상벌을 사이에 두고 봉두산과 마주하고 있다. 봉두(鳳頭)란 '봉황의 머리'라는 뜻으로 해석된다. 봉두산은 봉황의 수컷이었고 황상은 봉황의 암컷으로 군미국 백성들은 그 사이의 평원에서 농경·수렵 생활을 영위해 나갔다.

군미국의 가상도

군미국은 어떠한 모습을 지녔을까. 특이한 것은 군미국의 중앙에 황상고분군이 마련됐다는 사실이다. 군미국 백성들은 아마도 풍수지리학에 해박한 지식을 지니고 있었던 것 같다. 군미국의 화복과 번영을 기원하며 조상의 묘를 명당 중의 명당에 조성한 그들은 한때 구미지역을 중심으로 맹위를 떨쳤던 듯하다.

현재의 황상동 '검성지(池)' 부근을 '검성골'이라 불렀다. 검성지 부근은 천혜의 요새였다. 양쪽으로 뻗어 내린 산줄기가 성의 역할을 했고, 골의 좁은 입구는 적을 차단하기에 적당했다. 물이 많고 천혜의 요새나 다름없는 이곳에 군미국의 왕이 거주했을 가능성이 크다. 현재 전해지고 있는 검성지의 '검'은 '왕'의 상징적인 형태소로 해석된다. 검성골 아래는 '진골'이라 부른다. 현재의 인의주택 부근의 '진골'은 군미국의 지배계층이 상주했을 가능성이 크다. 그것은 군미국이 신라에 합병된 후 신라의 진골 중 한 사람이 군미국에 파견되어 이곳을 통치하였을 가능성이 있기 때문이다. '진골'에 주택단지가 들어서기 전만 해도 큰 우물이 있었다. 윤 씨는 "인의주택 경로당 부근 놀이터에 있었던 우물은 아무리 가물어도 마르지 않고 물이 철철 넘쳐 흘렀으며 나무뿌리에서 내뿜는 감로수와 같이 맑았다."고 말했다.

　'진골'에서 더 내려오면 '화동골'과 '옥터'가 있었다. 지금의 구미정보고등학교와 인동시장 부근인데 이곳에서는 주로 군미국의 백성들과 병사들이 거주했던 것으로 추정된다. '화동골'에 대한 내력은 전해 내려오지 않지만, 옥터에 대한 내력은 구전되고 있다. 인동시장 부근의 옥터에는 편편하고 널따란 바위가 있었다. 논 한가운데 있었던 바위 주변이 옥터라는 게 주민들의 주장이다. 옥터 부근에서는 여러 구의 인골이 발견되기도 했다. 이곳에 옥터가 있었던 것으로 보아 인동시장 부근을 중심으로 병사들이 거주했다는 사실을 알 수 있다.

　현재의 인동 사거리 부근을 일컬어 '성황지'라 불렀다. 성황지에서 옥계 쪽으로 2㎞가량을 일컬어 '어은골'이라 칭했다. 성황지에는 커다란 연못이었는데 연못 한가운데에는 봉분처럼 불룩하게 솟은 땅이 있었다. 현재 <주> 델코 부지에 있었던 '성황지'는 공장이 들어서면서 그 실체가 드러났다. 황상동 주민들은 연못 한가운데에 솟아 있는 땅이 고분이라고 생각했으나 그곳에서 주춧돌과 기와장이 발견되면서 이곳에 누각이 있었다는 사실을 알게 됐다. 성황지는 아마도 군미국의 지배계급이 풍류를 즐겼던 곳으로 추측된다.

-『중부신문』의 기사를 인용-

문화재란?

　문화재란 우리 민족(넓은 뜻에서는 인류가 이룩한)이 이룩한 유형, 무형의 모든 문화적 소산을 포함하는 '보존할 만한 가치가 있는 문화유산'을 말한다. 우리나라에서는 보물, 고적, 명승, 천연기념물 혹은 유적, 유물이란 용어를 일제 강점기 이래로 사용하여 오다가 1961년 10월 2일 각령 제181호에 의거한 문화재관리국 직제공포로 문화재란 용어를 처음 공식적으로 사용하였고, 1962년 1월 10일 법률 제961호로 문화재보호법이 제정 공포되면서 일반화되었다. 이렇게 분류된 것들을 국보, 보물, 사적 및 명승, 천연기념물, 중요무형문화재, 중요민속자료 등으로 분류되고 있다. 이보다 한 단계 낮은 시·도지정문화재는 유형문화재, 무형문화재, 기념물, 민속자료 등으로 분류되고 있다. 그 밖에 시·도 단위로 지정하는 문화재자료와 시·군 단위로 지정하는 향토유적이 있다.

문화재의 종류

1) 유형에 따라

• 유형문화재
　건조물·전적(典籍)·고문서(古文書)·회화·조각·공예품 등 유형의 문화적 소산으로서 역사적 또는 예술상 가치가 큰 것과 이에 준하는 고고자료를 말하며, 국가에서 지정하는 국보·보물과 시·도지정유형문화재가 있다.

• 무형문화재

연극·음악·무용·공예기술·민속놀이 등 전통 생활 속에서 전래되어 온 무형의 문화적 소산으로서 역사적 또는 예술적 가치가 큰 기능과 예능을 말하며, 그런 관계로 문화재와 달리 예술이나 기술상 기능을 보유한 사람을 함께 지정하게 된다. 기능보유자는 후계자를 육성하여 그 기능을 전수시킴으로써 그 맥을 이어나가야 하며, 국가에서 지정하는 중요무형문화재와 시·도지정무형문화재로 나뉜다.

• 기념물

패총(貝塚)·고분(古墳)·성지(城址)·궁지(宮址) 등의 사적지로서 역사적 또는 학술적 가치가 큰 것과 경승지로서 예술적 또는 관상상 가치가 큰 것 및 동물(서식지, 도래지 등 포함)·식물(자생지 포함)·광물·동굴로서 학술상 가치가 큰 것을 말한다. 지정유형별로 살펴보면 국가지정인 경우에는 사적·명승·천연기념물로 세분되고, 시·도지정인 경우에는 기념물로 포괄하고 있다. 역사적 기념물과 아울러 자연물을 함께 문화재로 지정하고 있다는 점이 특색인데, 이는 인간이 처해 있는 역사적·문화적 또는 사회적인 환경과 자연적 환경이 상호 긴밀하게 영향을 주고받는 것이라는 생각에 바탕을 두고 확립된 것이다. 그 밖에 사지(寺址), 단지(壇址), 능묘(陵墓), 비(碑), 지석묘(支石墓), 제방(堤防), 연못(池), 서원(書院), 다리(橋), 석빙고(石氷庫), 특정 건물터, 진(鎭), 사묘(祠廟), 교회 및 성당 등 근세 건물 등은 사적으로 지정되었다.

• 민속자료

의식주, 생업, 연중행사 등에 관한 풍속·관습과 이에 사용되는 의복, 기구, 가옥 등으로서 국민생활의 추이를 이해함에 불가결한 것을 말한다. 국가에서 지정하는 중요민속자료와 시·도지정민속자료로 구분한다. 예를 들어 옷, 주택, 장승, 장신구, 당상, 탈, 도장(印), 공문, 기(旗), 상여, 방아, 유품일체, 민속마을 등이 지정되어 있다.

• 문화재자료

국가 또는 시·도로부터 유형문화재, 무형문화재, 기념물, 민속자료로 지정되지 않은 문화재 중 향토문화의 보존상 필요하다고 인정되는 문화유적을 지정한 것을 말한다. 문화재 자료는 종류별로 구분하여 지정하지 않고 총괄적으로 지정한다.

• 향토유적

문화재보호법에 준하여 지역 내에서 지정, 보호하고 있는 중요문화재 외에도 향토사적으로 중요한 의의를 지니는 문화재는 많이 있다. 향토유적이라 함은 첫째, 문화재보호법에 의거 문화재 및 건조물로 지정되지 아니한 향토의 역사·예술상 가치가 있는 것과 이에 준하는 고고자료, 둘째 향후 문화재로서 보존가치가 충분히 있는 유적, 셋째 향토문화, 토속, 풍속을 연구하는 데 필요하다고 인정되는 자료이다.

2) 지정 여부에 따라

• 지정문화재

문화재보호법에 의거 문화체육부 장관이 지정하는 국가지정문화와 시·도 문화재보호조례에 의거 시·도지사가 지정하는 시·도지정 문화재 및 문화재자료를 말한다.

• 비지정문화재

보존할 만한 가치가 있는 문화재이나 문화재보호법 및 시·도 문화재보호조례에 의하여 지정되지 않은 것을 말한다.
① 일반동산문화재로는 전적·서적·판목·회화·조각·공예품·고고자료 및 민속자료로서 역사상·예술상 보존 가치가 있는 것으로서 지정되지 않은 동산문화재를 말하며, 이들은 제작된 지 50년 이상이고 생존인의 작품이 아니어야 한다.
② 매장문화재는 토지·해저 또는 건조물 등에 매장되어 노출되지 않은

문화재를 말한다.

③ 기타 지정되지 않은 문화재

3) 지정권자에 따라

• 국가 지정문화재

문화재보호법에 의거 문화재위원회의 심의를 거쳐 문화체육부 장관이 지정한 중요문화재로서 다음 8개 유형으로 구분된다.

① 국보: 보물에 해당하는 문화재 중 인류문화의 견지에서 그 가치가 크고 유래가 드문 것.(국보 제1호: 남대문)

② 보물: 건조물·전적·서적·고문서·회화·조각·공예품·고고자료·문구 등의 유형문화재 중 중요한 것.(보물 제1호: 동대문)

③ 사적: 기념품 중 유사(有史) 이전의 유적·제사·신앙·정치·국방·산업·교통·교육·사회사업·분묘 등의 유적으로서 중요한 것.(사적 제1호: 경주 포석정지)

④ 명승: 기념품 중 경승지(景勝地)로 중요한 것.(명승 제1호: 명주 청학동 소금강)

⑤ 사적 및 명승: 기념물 중 사적지·경승지로서 중요한 것.(사적 및 명승 제1호: 경주 불국사 경내)

⑥ 천연기념물: 기념물 중 동물(서식지·번식지·도래지 포함), 식물(자생지 포함), 광물 동굴로서 중요한 것.(천연기념물 제1호: 달성의 측백수림)

⑦ 중요민속자료: 의식주·생업·신앙·연중행사 등에 관한 풍속·관습과 이에 사용되는 의복·기구·가옥 등으로서 국민생활의 추이를 이해함에 불가결한 것 중 중요한 것.(중요민속자료 제1호: 덕온공주당의)

⑧ 중요무형문화재(중요무형문화재 제1호: 종묘제례악)

• 시·도지정문화재

국가지정문화재로 지정되지 아니한 문화재 중 시·도지정문화재보호조례에 의거 시·도지정문화재위원회의 심의를 거쳐 시·도지사가 지정한 문화재로 유형문화재 / 무형문화재 / 기념물 / 민속자료 등 4개 유형으로 구분된다.

• 문화재자료

국가지정문화재와 시·도지정문화재로 지정되지 아니한 문화재 중 향토문화보존상 필요하다고 인정되어 시·도지정문화재보호조례에 의거 시·도지정 문화재위원회의 심의를 거쳐 시·도지사가 지정한 문화재를 말하며 건조물, 사적 등의 구별 없이 일률적으로 지정한다.

◼ 가람(伽藍) 내 전각(殿閣) 해설

- **관음전**(觀音殿; 圓通殿): 중생의 고뇌를 씻어 주는 권능과 구제의 능력을 가진 관세음보살을 모신 전각.
- **나한전**(羅漢殿; 五百羅漢殿): 석가모니불을 주존으로 봉안하고 좌우 주위에 석가의 제자인 16대 나한상을 봉안한 전각이다.
- **대웅전**(大雄殿; 大雄寶殿): 본존불상(釋迦牟尼佛)을 모신 전각으로 한국사찰에서 가장 많은 불전이다.
- **대적광전**(大寂光殿; 華嚴殿, 毘盧殿): 화엄경에 의한 비로자나불을 주존으로 모신 전각.
- **독성각**(獨聖閣): 독성이란 스승 없이 혼자 깨우친 성자, 즉 독수선정(獨修禪定)을 말한다. 한국사원에서 독성이란 단군신앙의 불교적 전개라고 볼 수 있는데, 산신이나 칠성과 같은 과정을 거쳐 불교로 융합되었다.
- **명부전**(冥府殿; 地藏殿, 十王殿): 지장보살을 주존으로 하고 그 좌우에 명부시왕상을 배열한 전각이다. 지장보살이 강조되면 지장전, 명부시왕이 강조되면 명부전 혹은 시왕전이라 한다.
- **산신각**(山神閣): 산신은 원래 불교와 관계없는 토착신이나, 불교의 재래신앙에 대한 수용력에 의해 먼저 호법신중(護法神衆)이 되었다가 원래의 성격을 불교 안에서 되찾게 되었다. 산신을 호랑이와 노인상으로 표현하고 탱화로서 이를 도상화(圖像化)한 전각이다. 산신각은 한편으로는 가람의 수호신의 기능을 갖고, 다른 한편으로는 재래의 산신신앙의 불교적 전개를 나타낸다.
- **삼성각**(三聖閣): 산신·칠성·독성을 한 전각에 봉안한 것으로, 이 경우 재래의 수(壽)·복(福)·재(財)의 3신앙의 습합현상을 살필 수 있다.
- **아미타전**(阿彌陀殿; 極樂殿, 無量壽殿): 아미타여래를 주존으로 봉안한 전각.
- **약사전**(藥師殿): 약사여래를 주존으로 모신 전각. 이 불전은 약사여래의 정토인 동방약사유리광세계(東方藥師琉璃光)의 모습을 나타낸 것이라고 한다.

- **영산전**(靈山殿; 八相殿): 석가모니불과 그의 일대기인 팔상탱화를 봉안한 전각이다. 영산(영산)이란 석가의 설법 회상인 영산회상(靈山會相)의 준말이며, 팔상(八相)이란 석가의 생애를 여덟 개로 구분한 것을 의미한다. 석가팔상이란 강도솔(降兜率)·탁태(託胎)·강탄(降誕)·출가(出家)·항마(降魔)·성도(成道)·설법(說法)·열반(涅槃)을 말한다.

- **용왕각**(龍王閣; 水閣): 한국사원에서 보기 드문 전각으로서 용왕을 모시거나 청정한 물을 위하여 세우는 전각이다.

- **용화전**(龍華殿; 彌勒殿): 현재 도솔천에서 수도 중이며 내세에 성불할 것이라고 이미 수기(授記)를 받은 미륵보살을 봉안한 전각이다.

- **적멸보궁**(寂滅寶宮; 舍利塔殿): 석가모니의 진신사리를 봉안한 사찰 전각 가운데 하나로서, 석가모니불이 『화엄경』을 설한 중인도 마가다국 가야성의 남쪽 보리수 아래의 적멸도량(寂滅道場)을 뜻한다.

- **조사당**(祖師堂; 應眞殿): 선종사찰은 조사(祖師)에 대한 신앙이 강하기 때문에 조사의 사리탑인 부도(浮屠)를 건립하고 조사당을 지어 역대 조사들의 영정을 봉안한다. 한편 영정을 봉안했다는 점에서 응진전이라고도 한다.

- **천불전**(千佛殿): 천불은 과거, 현재, 미래의 삼겁(三劫)에 각기 이 세상에 출현하는 부처님이며, 단순히 천불이라 할 때에는 현겁(現劫)의 천불을 말한다.

- **칠성각**(七星閣): 칠성도 산신과 마찬가지로 원래 불교와는 무관한 신이나, 산신과 같은 과정을 거치면서 원래 성격을 되찾게 된다. 칠성각에는 칠성의 화현(化現)인 7여래 등을 탱화로 그려 봉안하여 신앙하게 된다.

▣ 석탑(石塔)·부도(浮屠) 관련 문화재 용어 해설

◎ 탑(塔)

① 돌이나 벽돌 또는 목조의 여러 층을 쌓아 종교적·기념적 의미를 나타 내는 집 모양의 건축물
② 부처나 승려의 시신의 일부 또는 유품 등을 묻어 두는 무덤의 일종

◎ 부도(浮屠, 舍利塔)

- 고승의 열반 후 그 유골을 안치하여 세운 탑. 삼국 시대부터 있었으며, 그 형태는 단층에 8각형으로 되어 있는 것이 일반적이다. 사찰 경내의 변두리에 탑비(塔碑)와 함께 세워진다.

- 감실(龕室): 벽에 작고 우묵하게 만든 자리. 일반적으로 불상 등을 모셔 둔다.
- 갑석(甲石): 돌 위에 다시 포개어 얹는 납작하고 판판한 돌.
- 갑석부연(甲石副椽): 갑석 아랫부분에 계단형식의 돌.
- 귀꽃: 석탑 등의 귀마루 끝에 새겨진 초화형(草花型)의 장식.
- 기단(基壇): 건물, 비석, 탑 등의 밑에 한 단 높게 만든 지단(地壇).
- 기단부(基壇部): 기단이 되는 부분. 탑에서는 지반(地盤)에서부터 초층탑 신괴임까지이다.
- 낙수면(落水面): 탑이나 비석의 옥개석 지붕면.
- 노반(露盤): 탑의 상륜을 받치는 보통 사각형의 돌. 이 노반 위에 복발 (覆鉢)이 있다.
- 노주(露柱): 불당 밖의 정면에 세워 둔 두 기둥.
- 면석(面石): 석탑 등에 있어서, 기단의 대석과 갑석 사이를 막아 댄 넓은 돌.
- 모각(模刻): 돌이나 나무에 본떠 새기는 일.

- **모전탑**(模塼塔): 돌을 벽돌 모양으로 깎아서 쌓아 올린 탑.
- **몰딩**(moulding): 건축이나 공예에서 창틀, 가구 등의 테두리 장식으로서 보통 사분원(四分圓)의 형태를 띤다.
- **문비**(門扉): 문짝.
- **반전**(反轉): 반대로 구르거나 굴리는 일 또는 반대로 뒤집거나 돌아가는 일.
- **보개**(寶蓋): 상륜부의 보륜(寶輪)과 수연(水煙) 사이에 있는 닫집 모양의 부분.
- **보륜**(寶輪): 탑에서 상륜부의 중심이 되는 부분. 노반 위의 앙화(仰花)와 보개(寶蓋)와의 중간에 위치한 9개의 바퀴 모양으로 된 부분.
- **보주**(寶珠): 불교의 여의주. 탑이나 석등에서는 가장 꼭대기에 있는 공 모양의 부분으로서 위가 뾰족하고 좌우 양쪽과 위에서 불길이 타오르고 있는 형식으로 된 구슬.
- **복발**(覆鉢·伏鉢): 상륜부의 노반 위에 있는 발(鉢)을 엎어 놓은 모양으로 된 부분.
- **복련**(伏蓮): 연꽃을 엎어 놓은 모양. 꽃부리가 아래로 향한 연꽃 모양의 무늬.
- **부연**(附椽): 처마서까래 끝 위에 씌운 네모진 짧은 서까래.
- **사리**(舍利): 부처나 고승의 열반 후 화장(火葬)하면 남는 구슬.
- **사리용기**(舍利容器): 사리나 유골을 넣는 용기.
- **사리탑**(舍利塔): 부처의 사리를 봉안하여 모셔둔 탑.
- **산개**(傘蓋): 탑 꼭대기에 있는 우산 모양으로 장식된 부분.
- **상대갑석**(上臺甲石): 석탑에서 옥신석을 받는 크고 넓적한 돌. 상대중석 위에 있다.
- **상대중석**(上臺中石): 석탑에서 상대갑석과 하대갑석 사이에 세워진 돌로써 상대갑석을 바치고 있다.
- **상륜**(相輪): 불탑의 꼭대기에 있는 장식 부분. 노반, 복발, 앙화, 보륜, 보개, 수연, 용차, 보주 등으로 구성되는데 이를 상륜부 또는 탑두부라고도 한다.
- **석조**(石槽): 큰 돌을 파서 물을 부어 쓰도록 만들어진 돌그릇.

- **수연**(水煙): 탑의 상륜부에서 보개와 용차 사이에 있는 불꽃 모양으로 만들어진 장식.
- **안상**(眼象): 격간(格間)이나 석물(石物) 좌대의 8면에 새김질하여 파낸 조각의 한 가지.
- **앙련**(仰蓮): 꽃부리가 위로 향한 연꽃 모양의 무늬.
- **앙련좌**(仰蓮座): 앙련을 새긴 대좌.
- **앙화**(仰花): 탑 꼭대기의 보륜 밑에 꽃이 위로 피어난 듯이 조각된 부분.
- **옥개석**(屋蓋石): 탑의 옥신석 위에 덮은 지붕 모양의 돌.
- **옥신·탑신**(屋身; 塔身): 불탑에서 탑신부 하부에 있는 옥개를 받치고 있는 돌.
- **옥신괴임**: 석탑에서 옥개석과 옥신석을 이어 주는 괴임돌.
- **용차**(龍車): 석탑 상륜부의 수연과 보주 사이에 있는 일종의 장식물.
- **우각**(隅角): 모퉁이, 구석.
- **우동**(隅棟; 仰角): 탑 옥개석의 귀마루 부분.
- **우주**(隅柱): 건물이나 탑의 귀퉁이에 세운 기둥.
- **장대석**(長臺石): 섬돌 층계를 놓거나 축대를 쌓는 데 쓰기 위하여 길게 다듬어 만든 돌.
- **전탑**(塼塔): 흙벽돌로 쌓아 올린 탑.
- **중대석**(中臺石): 석등의 화사석을 받친 대석.
- **지대석**(地臺石): 지대를 이루는 돌.
- **찰주**(擦柱): 상륜의 심주(心柱).
- **청석탑**(靑石塔): 점판암으로 쌓은 탑.
- **탑신부**(塔身部): 탑의 기단부와 탑두부 사이에 있는 탑의 몸체를 이루는 부분.
- **탑신괴임**: 탑신 밑에 단을 이루어 탑신을 바치는 돌. 상대갑석과 탑신과의 사이에 놓는다.
- **탱주**(撐柱): 탑의 기단부 면석 가운데에 있는 버팀목 기둥.
- **풍령**(風鈴): 풍경. 처마 끝에 다는 경쇠. 작은 종 모양으로 만들고, 그 속에 쇳조각으로 붕어 모양을 만들어 달아서 바람이 부는 대로 흔들려

소리가 나게 되어 있다.

• **하대갑]석**(下臺甲石): 탑 기단부에서 중석 받침과 하대중석 사이에 있는 받침.

• **하대석**(下臺石): 석등이나 또는 탑의 간석 혹은 상대석 밑에 받친 대석.

• **하대중석**(下臺中石): 탑 기단부에서 하대갑석을 받치고 있는 대석.

☞ 석탑 각부의 세부 명칭

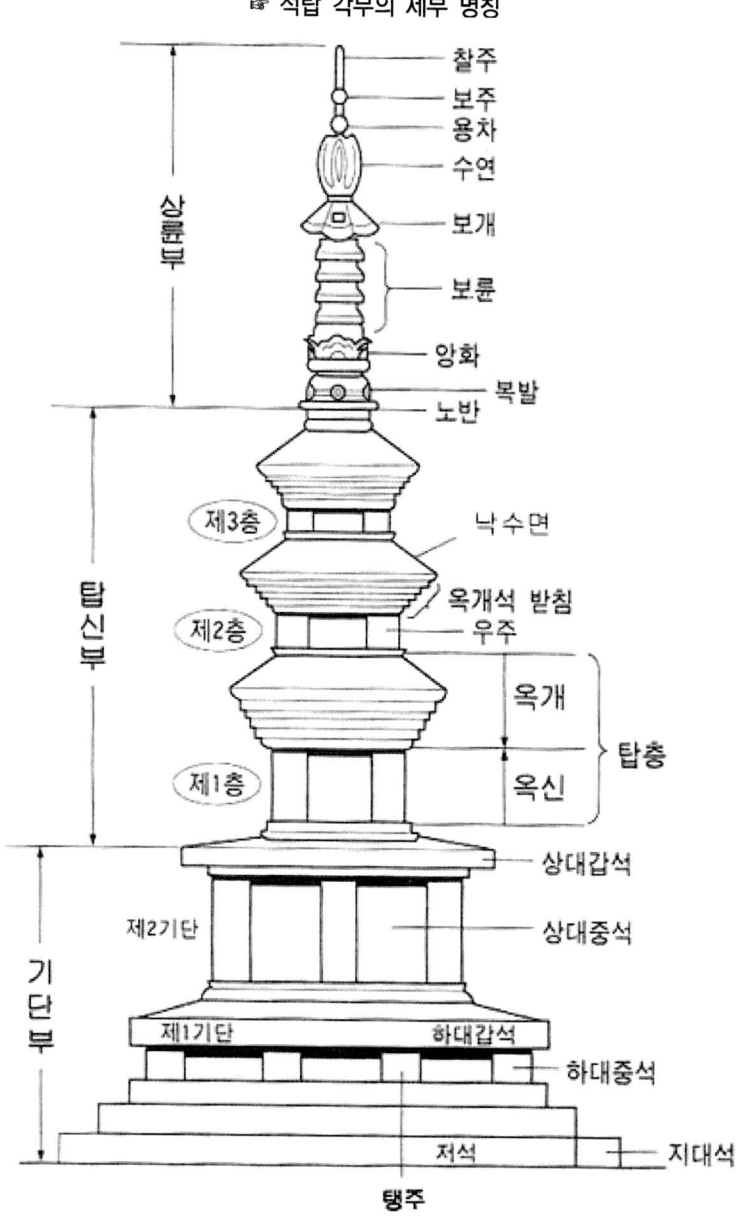

상륜부

찰주
보주
용차
수연
보개
보륜
앙화
복발
노반

탑신부

제3층 — 낙수면
제2층 — 옥개석 받침 / 우주
제1층 — 옥개 / 옥신 — 탑층

기단부

상대갑석
제2기단 — 상대중석
제1기단 / 하대갑석
하대중석
저석 — 지대석
탱주

☞ 부도의 세부 명칭

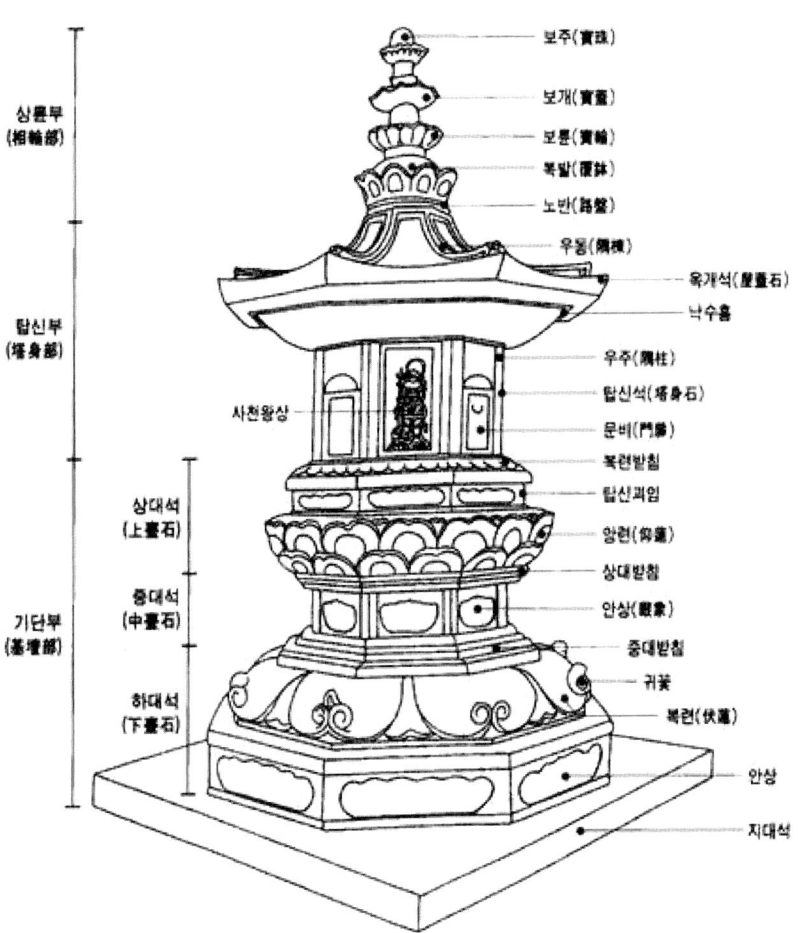

상륜부
(相輪部)

탑신부
(塔身部)

기단부
(基壇部)

상대석
(上臺石)

중대석
(中臺石)

하대석
(下臺石)

보주(寶珠)
보개(寶蓋)
보륜(寶輪)
복발(覆鉢)
노반(露盤)
우동(隅棟)
옥개석(屋蓋石)
낙수홈
우주(隅柱)
탑신석(塔身石)
문비(門扉)
복련받침
탑신괴임
앙련(仰蓮)
상대받침
안상(眼象)
중대받침
귀꽃
복련(伏蓮)
안상
지대석

사천왕상

▣ 석등(石燈) 관련 문화재 용어 해설

- **간석**(竿石): 석등의 하대석과 중대석 사이의 기둥 부분. 보통 팔각기둥임
- **간주석**(竿柱石; 竿石): 석등의 하대석과 중대석 사이에 있는 기둥 모양
  의 부분. 보통 8모 기둥으로 되어 있다.
- **간주석괴임**: 간주석을 받치고 있는 돌.
- **개석**(蓋石): 비석이나 석등 위에 지붕 모양으로 만들어 얹는 돌.
- **귀꽃**: 석탑 등의 귀마루 끝에 새겨진 초화형(草花型)의 장식.
- **기대석**(基臺石): 상대석(上臺石)·중대석(中臺石, 竿石 혹은 竿柱라고도
  함)·하대석(下臺石)으로 나뉜다.
- **낙수면**(落水面): 탑이나 비석의 옥개석 지붕면
- **노주**(露柱): 금당 밖 정면에 세운 석조물.
- **반전**(反轉): 반대로 구르거나 굴리는 일 또는 반대로 뒤집거나 돌아가는 일.
- **보개**(寶蓋): 상륜부의 보륜(寶輪)과 수연(水煙) 사이에 있는 닫집 모양의
  부분.
- **보륜**(寶輪): 탑에서 상륜부의 중심이 되는 부분. 노반 위의 앙화(仰花)와
  보개(寶蓋)와의 중간에 위치한 9개의 바퀴 모양으로 된 부분.
- **보주**(寶珠): 불교의 여의주. 탑이나 석등에서는 가장 꼭대기에 있는 공
  모양의 부분으로서 위가 뾰족하고 좌우 양쪽과 위에서 불길이 타오르고
  있는 형식으로 된 구슬.
- **복련**(伏蓮): 연꽃을 엎어 놓은 모양. 꽃부리가 아래로 향한 연꽃 모양의
  무늬.
- **석수**(石獸): 무덤 앞에 세우는 돌로 만든 짐승.
- **석인**(石人): 왕릉이나 지체 높은 사람의 무덤 앞에 세우는 돌로 만든 사
  람의 형상.
- **앙련**(仰蓮): 꽃부리가 위로 향한 연꽃 모양의 무늬.
- **안상**(眼象): 격간(格間)이나 석물(石物) 좌대의 8면에 새김질하여 파낸
  조각의 한 가지.
- **연화하대석**(蓮花下臺石): 연꽃 모양으로 상대석을 받친 대석.

- **옥개받침**: 옥개석을 받치는 돌.
- **옥개석**(屋蓋石): 탑의 옥신석 위에 덮은 지붕 모양의 돌.
- **처마**(檐下): 지붕이 기둥과 기둥 위에 돌려 얹히는 굵은 재목 밖으로 내민 부분.
- **하대석**(下臺石): 석등이나 탑의 간석 혹은 상대석 밑에 받친 대석.
- **화사석**(火舍石): 석등의 중대석 위에 있는 불을 켜는 부분.
- **화창**(火窓): 화사석에서 사면을 장방형으로 뚫어 창을 낸 부분으로 이곳에 불을 밝힌다.

☞ 석등 각부의 세부 명칭

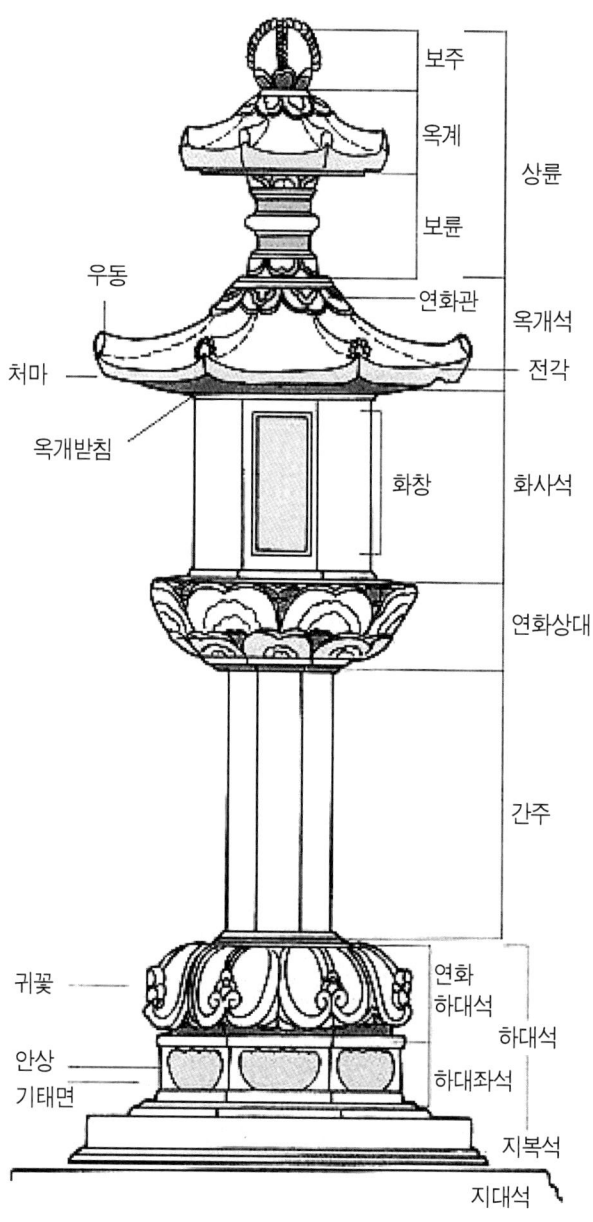

보주
옥계
보륜
상륜
우동
연화관
옥개석
처마
전각
옥개받침
화창
화사석
연화상대
간주
귀꽃
연화
하대석
하대석
안상
하대좌석
기태면
지복석
지대석

▣ 석비(石碑) 관련 문화재 용어 해설

- **귀두**(龜頭): 귀부에서 거북 모양의 머리 모양.
- **귀부**(龜趺): 거북 모양으로 만든 비석의 받침돌.
- **귀갑문**(龜甲文): 거북의 등껍데기 모양과 비슷한 육각형의 무늬나 모양.
- **반룡**(蟠龍): 지상에 서려 있어 아직 승천하지 아니한 용.
- **보주**(寶珠): 불교의 여의주. 탑이나 석등에서는 가장 꼭대기에 있는 공 모양의 부분으로서 위가 뾰족하고 좌우 양쪽과 위에서 불길이 타오르고 있는 형식으로 된 구슬.
- **비신**(碑身): 비문(碑文)을 새긴 비석의 중심 되는 돌.
- **비좌**(碑座): 비신(碑身)과 비대석(碑臺石)을 연결하는 부분. 비신을 받치는 부분.
- **여의주**(如意珠, 如意寶珠): 용의 턱 아래에 있는 구슬. 이를 얻으면 온갖 조화를 부릴 수 있다고 함.
- **운룡문**(雲龍文): 구름을 타고 하늘을 오르는 용의 모양을 그린 무늬.
- **이수**(螭首): 용 모양을 새긴 비석의 머릿돌.
- **전액**(篆額): 전자(篆字)로 쓴 비갈(碑碣)의 제액.
- **제액**(題額): 이수 중앙에 액자 모양으로 만들어 글을 써 넣는 부분.

☞ 석비 각부의 세부 명칭

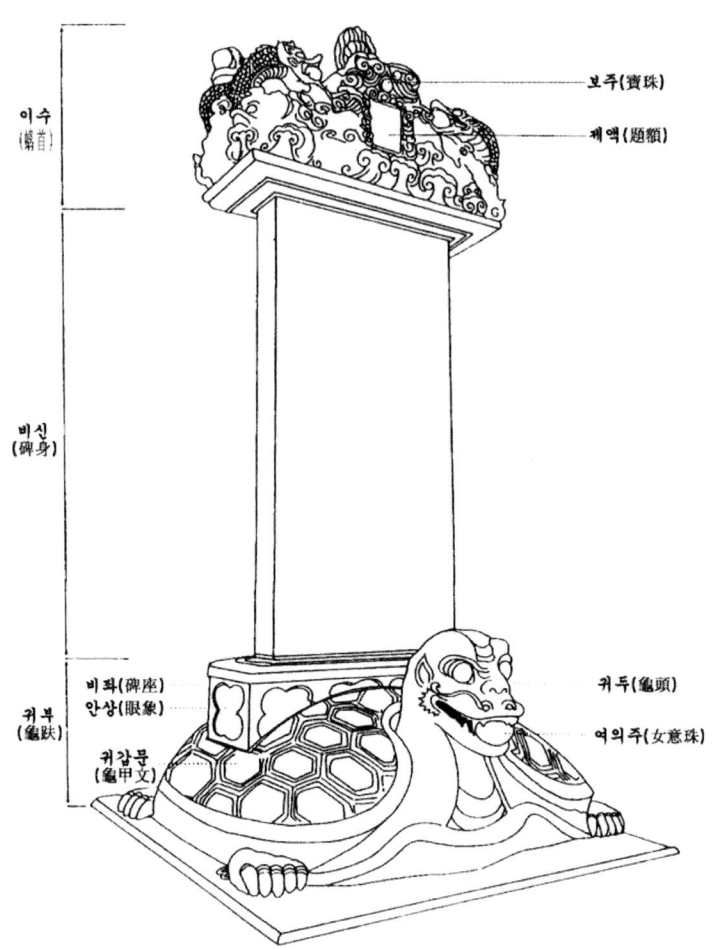

이수
(螭首)

비신
(碑身)

귀부
(龜趺)

비좌(碑座)
안상(眼象)

귀갑문
(龜甲文)

보주(寶珠)

제액(題額)

귀두(龜頭)

여의주(女意珠)

▣ 당간지주(幢竿支柱) 관련 문화재 용어 해설

◎ 당간지주(幢竿支柱)

당간지주란 사찰에서 기도나 법회 등 의식이 있을 때 당(幢)을 달아 두는 기둥이다. 사찰 경내 전면에는 법당(法幢)을 다는 당간을 세우고 당간을 지탱하기 위해 두 개의 지주를 세우게 된다.

지주의 대체적인 형태는 지주 밑에 방형의 대석(臺石)이 마련되고 지주 사이에 원형 간대(竿臺)를 놓아 지주를 고정시켰다. 지주 안쪽은 장식 없이 수직으로 되어 있고, 당간을 고정시키기 위해 중간에 2~3개 고정시켰다. 지주 안쪽은 장식 없이 수직으로 되어 있으나 간혹 세로로 능선을 표시한 예도 있다. 내면은 수직으로 올라가다가 꼭대기에 1단의 굴곡이 있는 것이 대부분이다.

지주의 기대부(基臺部)는 대부분 파괴되어 지주의 하단부가 노출되어 있는 것이 적지 않으나 완전한 형태의 것도 많다.

또한 당은 사찰의 문 앞에 세우는 기(旗)로 불·보살의 위신과 공덕을 기리거나 고승의 명예를 널리 알리기 위하여, 또 중생을 계도하고 마군(魔軍)들을 굴복시키기 위하여 불전이나 불당 앞에 세운다.

- 당(幢): 사찰에서 기도나 법회 등의 의식을 행할 때, 당간(幢竿)에 다는 불화를 그린 기(旗).
- 당간(幢竿): 사찰 앞에 당을 달아 세우는 데 쓰이는 대.
- 괘불대(掛佛臺): 당간지주와 모습은 유사하나, 일반적으로 법당 바로 앞 좌우에 세워 법회 등의 의식 때에 불화 등을 게시한다.

☞ 당간지주 각부의 세부 명칭

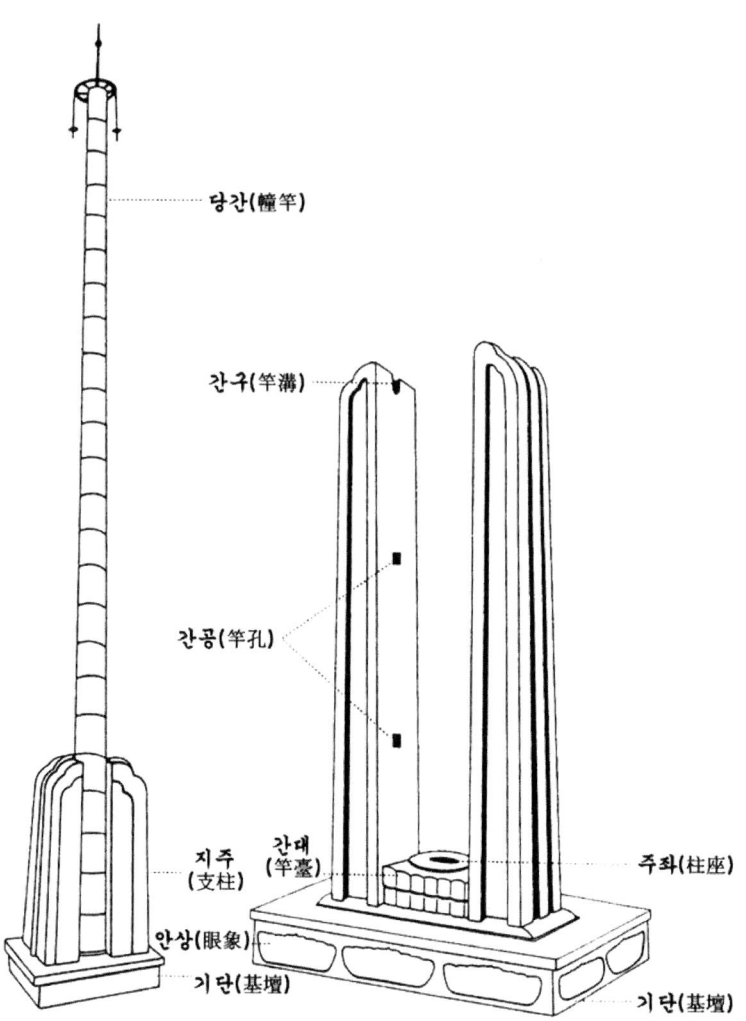

- 당간(幢竿)
- 간구(竿溝)
- 간공(竿孔)
- 지주(支柱)
- 간대(竿臺)
- 주좌(柱座)
- 안상(眼象)
- 기단(基壇)
- 기단(基壇)

▣ 범종(梵鐘) 관련 문화재 용어 해설

- 견대(肩帶): 천판 주변에 연판문양의 장식이 있고, 상대보다 높은 곳, 종의 어깨 부분에 배치되며 고려 전기 종의 특징으로 꼽히고 있다.
- 당좌(撞座): 종을 치는 부위. 일반적으로 연화문(蓮花文)을 장식한다.
- 명문: 종의 주조(鑄造)와 관련된 기록.
- 비천상(飛天像) 또는 불·보살상(佛·菩薩像): 신라시대에는 비천상, 고려시대에는 불·보살상 그리고 조선시대에는 보살입상이 배치되어 있다.
- 상대(上臺): 종신의 상부 주위에 돌린 띠를 말한다.
- 용뉴(龍鈕): 종을 종각에 거는 부위로 현가부(懸架部) 또는 종고리라고도 한다.
- 유곽(乳廓): 상대에 인접하여 4개소에 배치한 네모난 장식부를 말한다.
- 유좌(乳座)와 유두(乳頭): 일명 종뉴(鐘鈕)라고도 함. 유곽 내부의 9乳는 유두 자리인 유좌가 있다. 유의 중심부를 유두라 하고, 유두의 형상은 원호형, 반구형, 볼록한 융기형, 연봉오리형 등이 있다.
- 음관(音管) 또는 음통(音筒): 혹은 만파식적(萬波息笛)이라고도 한다. 용두의 뒤쪽에 있는 한국종의 특색으로 되어 있는 원통형 관이다. 종소리와도 관계가 있다고 하며, 표면에는 문장 양식이 있다.
- 종곽(鐘廓): 유곽(乳廓)
- 종구(鐘口): 종의 최아래층으로서 입구를 말한다.
- 천판(天板): 종신의 상부에 있는 종의 덮개부를 말하며 천개(天蓋)라고도 한다.
- 하대(下臺): 종하부에 돌린 띠를 말한다.

▶ 종의 앞과 뒤-한국 종에서 용두 방향이 앞쪽이고, 음관 방향이 뒤쪽이다.
▶ 종의 두께-종 최하부인 종구(鐘口)의 두께가 종의 두께가 된다.

☞ 범종 각부의 세부 명칭

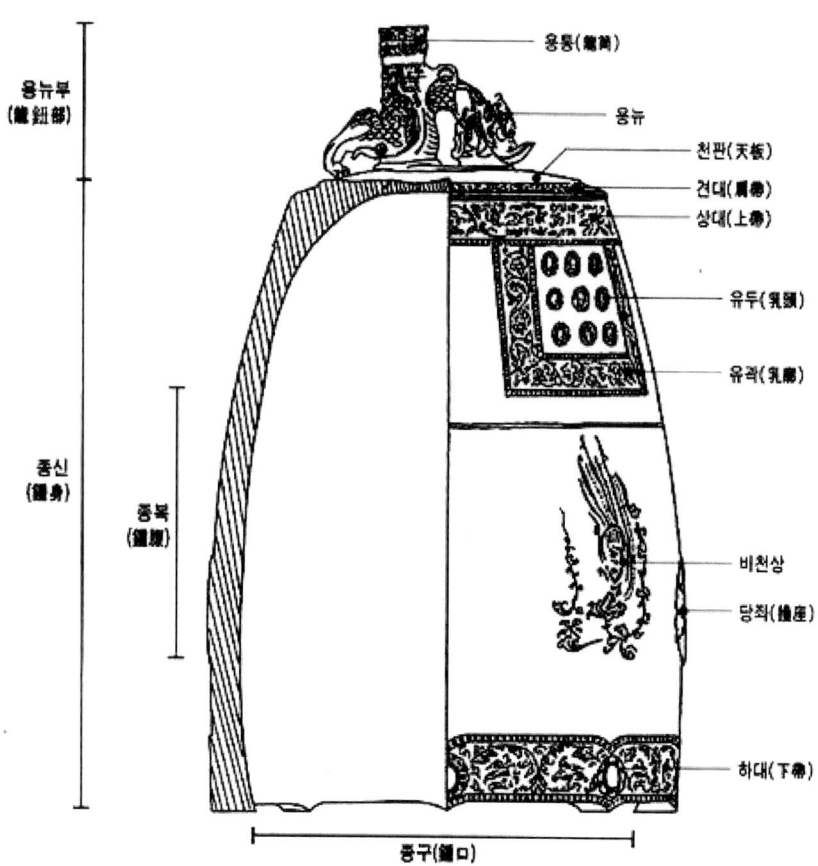

▣ 불상(佛像) 관련 문화재 용어 해설

■ 대좌(臺座)

- 금강좌(金剛座): 석가가 보리수 밑에서 성도(成道)했을 때에 앉았던 자리.
- 복련좌(伏蓮座): 연꽃을 엎어 놓은 모양의 무늬를 새겨 넣은 대좌.

■ 불신(佛身)

- 가사(袈裟): 스님이 장삼 위에 왼쪽 어깨에서 오른쪽 겨드랑이 밑으로 걸쳐 입는 법의(法衣)
- 감실(龕室): 불교에서 부처님 등을 모셔 두는 방.
- 군의(裙衣): 부처가 입는 아랫도리 내복.
- 나발(螺髮): 나사 모양으로 된 부처의 머리털.
- 보관(寶冠): 보석으로 꾸민 관(冠).
- 삼도(三道): 불상의 목에 음각(陰刻)되어 있는 두 줄기의 선으로 인해 구획된 세 부분. 각각 지옥, 축생, 아귀의 세계를 나타낸다.
- 소발(素髮): 부처의 흰 머리카락을 표현하기 위해 별다른 조각이 없는 머리 모양.
- 우견편단(右肩偏袒): 오른쪽 어깨는 벗어서 노출하고 왼쪽 어깨에만 옷을 걸친 형식.
- 육계(肉髻): 부처 32상의 한 가지로 부처 정수리에 상투처럼 돌기한 살의 혹. 인도에서는 긴 머리카락을 머리 위로 올려 묶었던 형태에서 유래한 것으로 보인다.
- 통견(通肩): 가사(袈裟)가 두 어깨를 모두 가린 형식.

■ 광배(光背)

- 광배(光背): 부처의 초인성(超人性)을 상징하여 불신의 뒷면에 광명을 표

현한 원광(圓光). 머리 뒤의 것을 두광(頭光), 등 뒤에 있는 것을 신광(身光), 몸 전체를 싸고 머리 위로 뾰족하게 솟아오른 것을 거신광(擧身光)이라고 한다.

• **보주형 광배**(寶珠形光背): 불신의 광배 중에서 신광과 거신광이 없이 두광만 있을 경우에는 그 광배 전체의 모양이 보주와 유사하여 생겨난 이름이다.

■ 수인(手印)

• **선정인**(禪定印): 왼손은 손바닥을 위로 향하게 하여 배꼽 앞에 놓고, 오른손도 손바닥을 위로 향하게 하여 겹쳐 놓되 두 엄지손가락을 마주 대는 형식.

• **시무외인**(施無畏印): '무외(無畏)' 곧 두려움이 없는 마음의 상태를 베풀어 주는 수인. 부처나 보살이 중생을 보호하여 두렵고 무거운 마음을 없애 주어 우환과 고난을 해소시켜 주는 대자대비의 덕을 보이는 수인이다.

• **아미타불 구품수인**((阿彌陀佛 九品手印): 아미타여래가 취하는 아홉 가지의 손 모양을 말한다. 사람이 내세에 나는 것은 본래 타고난 '品'과 부처가 이끄는 '生'의 종류에 따라 아홉 가지로 나뉜다. '上品'은 양손을 올린 모양, '中品'은 한 손을 올리고 한 손은 내린 모양, '下品'은 두 손을 다 내려 배꼽 부근에서 맞잡은 모양으로 표현된다. '품'마다 갈 수 있는 '생'이 셋으로 나뉘니 모두 아홉 가지가 된다. '상생'은 엄지와 검지, '중생'은 엄지와 가운데 손가락, '하생'은 엄지와 약지를 맞댄 모습으로 표현한다.

• **여원인**(與願印; 施與印; 施原印; 與印): 부처가 중생에게 사랑을 베풀고 중생이 원하는 바를 달성하게 하는 대자대비의 덕을 표시한 결인(結印)이다.

• **전법륜인**(轉法輪印): 석가모니의 설법을 상징하는 수인이다. 처음 정각(正覺)을 이룬 석가모니는 다섯 명의 비구를 위하여 녹야원(鹿野苑)에서 고

(苦)·집(集)·멸(滅)·도(道)의 사성도(四聖道) 법문을 설하였던 것이다.

• 지권인(智拳印): 비로자나불이 결하는 수인. 그 형상은 좌우 손으로 엄지를 속에 넣고 다른 네 손가락으로 주먹을 쥔 다음에 손가락으로 왼손 집게손가락의 첫째 마디를 잡는다. 그리고 오른손 주먹 속에서는 오른손 엄지 끝과 왼손 집게손가락 끝을 서로 댄다. 이러한 형식은 일체의 무명 번뇌를 없애고 부처의 지혜를 얻는다는 뜻 또는 이(理)와 지(知)는 둘 같지만 둘이 아니고 부처와 중생은 같은 것이며 미혹함과 깨달음도 본래는 하나라는 뜻을 나타낸 것이라고 한다.

• 천지인(天地印): 탄생불의 모습. 한 손은 하늘을, 한 손은 땅을 가리키는 모습을 하고 있다.

• 통인(通印): 부처의 인상 중 시무외인과 여원인을 합쳐서 일컫는 말이다.

• 항마촉지인(降魔觸地印; 降魔印; 觸地印; 指地印): 석가가 보리수 밑에서 성도하려고 할 때 석가를 협박하고 유혹하려던 모든 악마를 굴복시켜 없애 버리는 모습.

■ 각종 불상, 보살, 신장상

• 불(佛; 부처): 각자(覺者). 곧 진리를 깨달은 사람, 진리에 도달한 사람을 일컬음.

• 보살(菩薩): 보살이란 성불하기 위하여 수행에 힘쓰는 사람을 총칭하는 말이다. 이들은 위로는 부처를 통해 정각(正覺)의 지혜이자 최고의 이상인 불계(佛界)에 이르는 일을 하고, 아래로는 중생을 교화하는 일을 한다. 특징으로는 보살이란 부처가 되기 전이므로 그 모습이 부처의 출가상(出家相)과는 다를 뿐 아니라 정토(淨土)에서 부처를 모시는 존재이므로 천계(天界)의 복식을 하고 있다는 것이다.

• 신장(神將): 수많은 호법선신(善神) 가운데 무력으로 적을 항복시키며, 불법을 옹호하고 불경을 수지독송(受持讀誦)하는 사람들을 외호하는 신

• 가릉빈가(迦陵頻伽): 칼라빙카. 불경에 나오는 상상의 새. 극락정토에 산다고 하여 '극락조'라고도 한다. 상반신은 사람의 모습이고 하반신은

새의 모습으로 생겼으며 악기를 연주하고 있다.

* **건칠불상**(乾漆佛像): 진흙으로 골을 만들어 삼베로 감고, 그 위에 진흙 가루를 바른 다음 숫돌 가루를 섞은 칠을 바르고, 속에 들어 있는 골을 빼내어 버린 속이 빈 소상(塑像).

* **관세음보살**(觀世音菩薩): 괴로울 때 이 보살의 이름을 정성으로 외면 그 음성을 듣고 구제해 준다고 한다.

* **나한**(羅漢): 아라한(阿羅漢)의 준말, 소승불교의 수행자 중에 가장 높은 지위에 있는 성자를 말한다. 불상에 있어서는 대개 수행상으로 표현된다. 16나한, 5백 나한, 10대 제자 등.

* **대세지보살**(大勢至菩薩): 삼불(三佛)의 하나. 지혜의 광명으로 중생을 삼악도(三惡道: 악인이 죽어서 간다는 세 괴로운 세계)에서 건지는 보살이다.

* **마애불**(磨崖佛): 암벽에 새긴 불상.

* **문수보살**(文殊菩薩): 석가여래의 왼편에 있는 보살로 지혜를 맡고 있다.

* **범천**(梵天): 제석천과 한가지로 불상의 좌우에 모시는 신으로 범천왕의 준말.

* **법신불**(法身佛): 법과 진리를 의미하는 근본부처인 비로자나불을 말한다.

* **보현보살**(普賢菩薩): 석가여래를 오른쪽에서 모시고 이(理)·정(定)·행(行)의 덕을 맡아 보는 보살이다.

* **비로자나불**: 연화장(蓮花藏) 세계에 살며, 그 몸은 법계(法界)에 두루 차서 큰 광명을 비춘다. 비로자나불은 법(法)이나 진리(眞理) 그 자체이며 형이상학적인 존재로서 진리의 구형체인 석가의 본신(本身)이기도 하다. 수인은 지권인(智拳印)을 하고 있다.

* **비천**(飛天): 비천은 하늘 곧 상계에 살며 하늘을 날아다닌다는 상상의 선인.

* **사천왕**(四天王): 사방을 수호하며 국가를 수호하는 네 신. 수미산의 중턱에 있는 사천왕은 동방 지국천왕(持國天王), 남방 증장천왕(增長天王), 서방 광목천왕(廣目天王), 북방 다문천왕(多聞天王)을 말한다. 각각 두 명의 팔부중을 거느리며 위로는 제석천을 섬기면서 불법에 귀의한

중생을 수호한다고 한다.

• 삼불(三佛): 극락세계에 있는 아미타불·관세음보살·대세지보살을 일컫는다.

• 아미타여래(阿彌陀如來): 阿는 '無', 彌陀는 '量'의 뜻. 곧 無量光·無量壽의 뜻. 서방 정토에 있다고 하는 부처의 이름이다. 모든 중생을 제도하겠다는 대원(大願)을 품은 부처인데, 이 부처를 염하면 죽은 후에 극락세계에 간다고 한다.

• 약사여래(藥師如來): 12대원(十二大願)을 품고 중생의 질병을 구제하고 법약(法藥)을 준다는 여래로서 보통 왼손에는 약병을 가지고 있다.

• 응신불(應身佛): 삼신불(三身佛)의 하나로 중생을 제도하기 위하여 태어난 석가모니.

• 인왕(仁王): 인왕은 불법의 수호신인데, 산문 또는 수미단 전면의 좌우에 안치하는 한 쌍의 금강역사를 말한다. 금강신(金剛神), 금강역사(金剛力士)라고도 한다.

• 제석천(帝釋天): 범왕(梵王)과 더불어 불법을 지키는 신. 12천의 하나로서 동쪽의 수호신이다. 수미산 꼭대기의 도리천에 살고, 희견성(喜見城)의 주인으로서 대멸덕(大滅德)을 지니고 있다.

• 천(天): 광명(光明)·자재(自在)·최승(最勝) 등의 뜻. 호법신(護法神)으로 불교에 흡수된 인도의 여러 토착신들의 총칭이다.

• 천인상(天人像): 비천상(飛天像). 비천은 하늘 곧 상계에 살며 하늘을 날아다닌다는 상상의 선인(仙人).

• 팔부중(八部衆): 불법을 지키는 여덟 신장으로 곧 천(天)·용(龍)·야차(夜叉)·건달파(乾闥婆)·아수라(阿修羅)·가루나(迦樓羅)·긴나라(緊那羅)·마후라가(摩睺羅迦)이다.

■ 불상의 자세(姿勢)

• 결가부좌(結跏趺坐): 완전히 책상다리를 하고 앉는 가부좌. 두 가지가 있는데 오른발을 왼쪽 넓적다리 위에 얹고 왼발을 오른쪽 넓적다리 위

에 얹어 놓은 것을 항마좌(降魔坐)라 하고, 그 반대를 길상좌(吉祥坐)라
고 한다.

• **교각상**(交脚像): 두 다리를 밑으로 늘어뜨리지만 양 발목을 서로 교차시
키고 단(壇)에 걸터앉은 모습을 본뜬 불상

• **반가사유상**(半跏思惟像): 왼쪽 무릎 위에 오른다리를 걸치고 살짝 고개를
숙인 얼굴의 뺨에 오른손 손가락을 대어 명상에 잠겨 있는 상. 본래 출가
전의 싯다르타가 태자 시절에 인생의 네 가지 고통인 생노병사(生老病死)
를 어떻게 하면 벗어날 수 있을까 하고 고뇌하는 상에서 시작된 것이라
한다. 그래서 중국에서는 이 모습을 태자사유상(太子思惟像)이라고도 하
는데, 우리나라에서는 7세기 무렵에 미륵신앙이 널리 퍼지면서 하나의 독
립된 상으로서 널리 숭앙되었다.

• **삼굴**(三屈): 부처의 입상 자세 중의 하나. 몸의 무게를 한쪽 다리에만
얹고 다른 다리는 무릎을 꺾고 발을 약간 앞으로 내놓은 자세이다. 앞
에서 보아 몸이 무릎, 엉덩이, 목의 세 군데에서 꺾이는 결과가 된다.

• **열반상**(涅槃像): 석가가 입멸할 때의 모습을 본뜬 와상(臥像), 두 다리
를 가지런히 뻗고 모로 누운 상이다.

• **의상**(倚像): 두 다리를 가지런히 하여 밑으로 늘어뜨리면서 걸상에 걸터
앉은 상이다.

• **입상**(立像): 두 발을 가지런히 해서 직립한 자세이다.

• **장륙상**(丈六像): 높이가 1장 6척이 되는 불상.

• **좌상**(坐像): 삼매경(三昧境)에 빠질 수 있는 자세로, 항마좌와 길상좌가 있다.

• **탄생불**(誕生佛): 석가모니가 탄생했을 때의 모습. 부처는 탄생하자마자
7보를 걸으면서 "천상천하유아독존(天上天下唯我獨尊)"이라고 말하였다
고 한다. 한 손으로 하늘을 가리키고 한 손으로 땅을 가리키는 자세는
바로 이때의 모습을 나타낸 것이다.

☞ 불상 각부의 세부 명칭

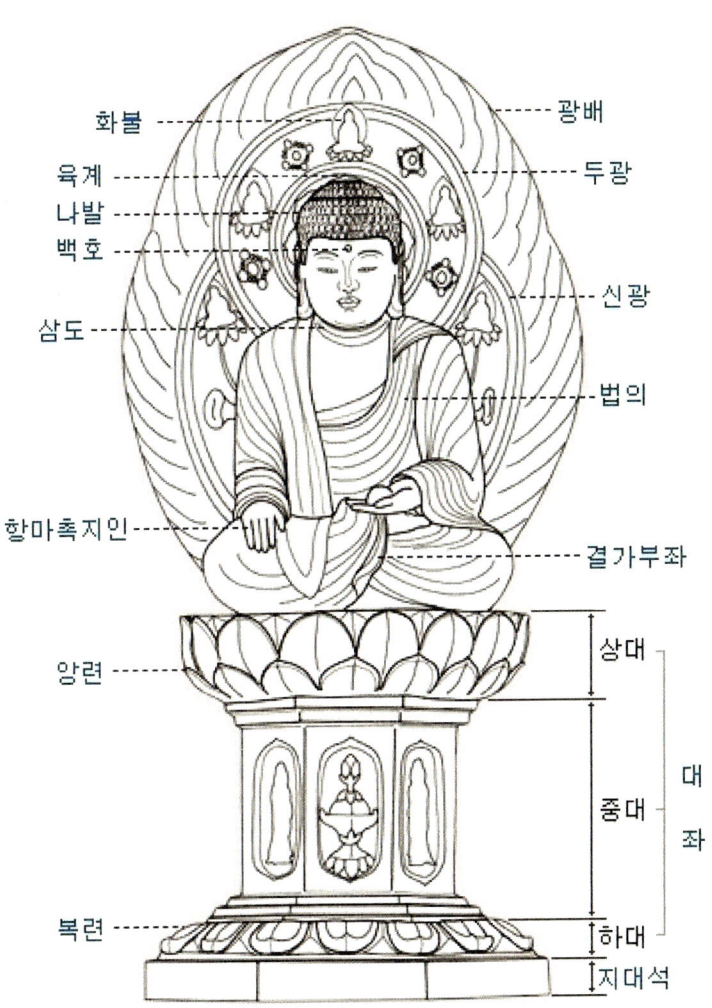

화불 ------- 광배
육계 ------- 두광
나발
백호 ------- 신광
삼도 ------- 법의
항마촉지인 ------- 결가부좌
앙련 ------- 상대
복련 ------- 중대
대좌
하대
지대석

☞ **수인**

선정인

지권인

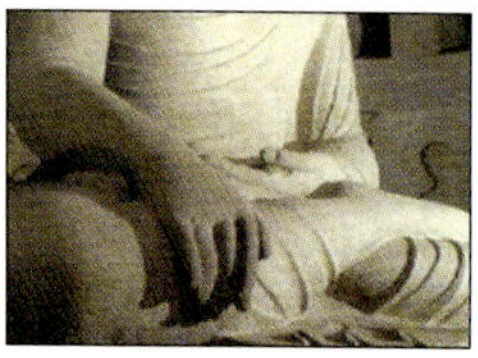

항마촉지인

시무외 · 여원인

전법륜인

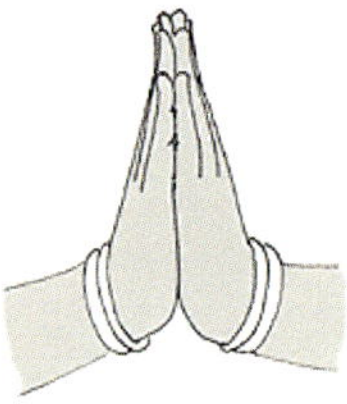

합장인

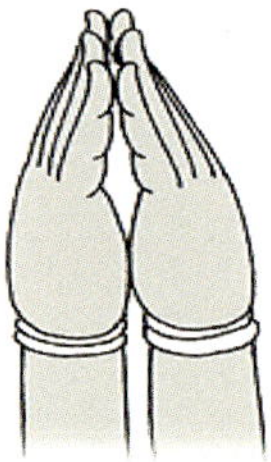

연화합장인

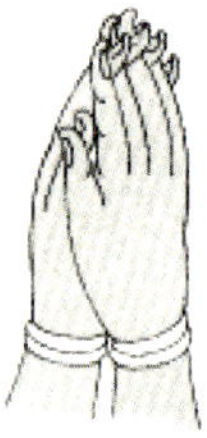

금강합장인

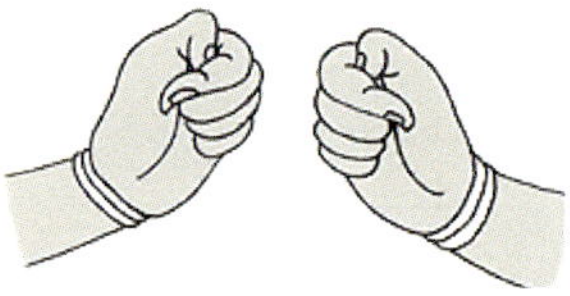

금강권인

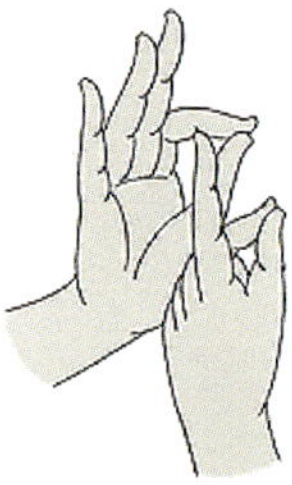

설법인

아미타구품인

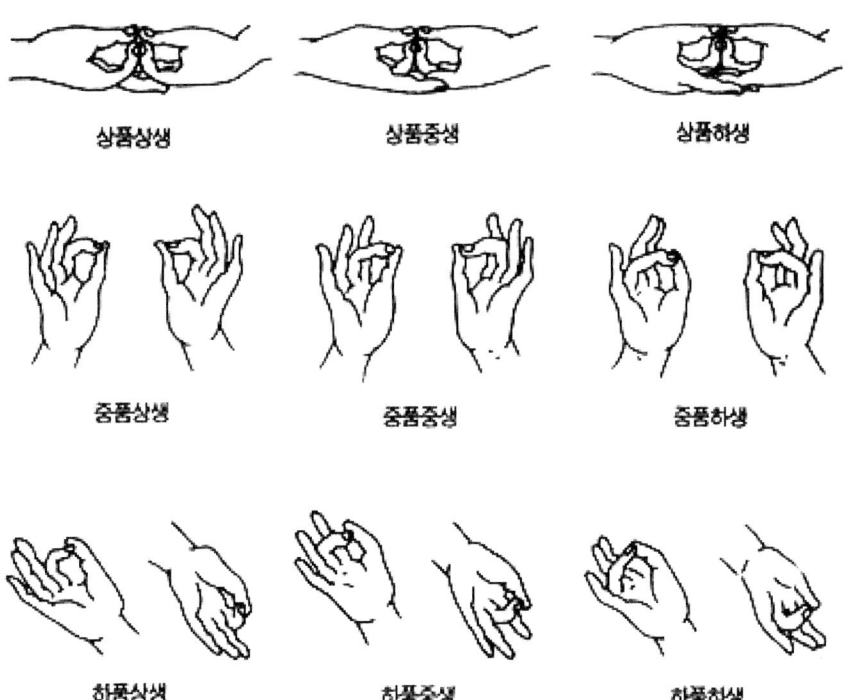

상품상생 　　　상품중생 　　　상품하생

중품상생 　　　중품중생 　　　중품하생

하품상생 　　　하품중생 　　　하품하생

▣ 건축(建築) 관련 문화재 용어 해설

- **가구**(架構): 공간을 형성하는 목조 건물의 골격 구조.
- **겹처마**: 처마 끝 서까래가 2단 이상으로 된 처마.
- **고복형**(鼓腹形): 고복(鼓腹)은 세상이 안락하고 태평하여 의식이 풍부해서 배를 두드린다는 뜻으로 고복형은 배가 불룩 나온 형을 말한다.
- **고주**(高柱): 평주(平柱)보다도 키가 큰 기둥.
- **공간포**(空間包): 다포(多包) 집에서 기둥과 기둥 사이에 짜 놓은 공포(栱包).
- **공포**(栱包): 처마 끝의 무게를 받치게 하려고 기둥머리에 짜 맞추어 댄 나무쪽들의 총칭.
- **교두**(翹頭): 살미나 첨차의 하단이 원호(圓弧)로 잘라진 모양 또는 그 부분.
- **굴도리**: 단면이 둥그렇게 된 도리(道里).
- **기단**(基壇): 집터에 집을 짓기 위해 높이 쌓은 단.
- **기둥**: 주춧돌(초석) 위에 세워서 기둥 위로부터 오는 무게를 받치는 나무.
- **기둥머리**: 기둥의 윗부분.
- **꽃살문**: 문살에 꽃무늬를 놓아 만든 문.
- **난간**(欄干·欄杆): 층계나 다리 등의 가장자리에 가로 세로 나무나 쇠를 건너 세워 놓은 살.
- **납도리**: 단면이 사각형인 도리(道里).
- **대공**(臺工): 대들보 위에 서서 종보와 중도리(中道里)를 받치거나, 종보 중앙에 서서 종도리(宗道里)를 받치는 구조물.
- **대들보**: 기둥 위에 얹힌 들보 중에서 가장 큰 지붕보.
- **도리**(道里): 기둥과 기둥 위에 돌려 얹히는 굵은 재목.
- **동자주**(童子柱): 대들보 위에 세워 종도리와 종보를 받치는 짧은 기둥.
- **맞배지붕**: 건물의 측면에서도 지붕면이 용마루까지 올라가게 되어 측면에 삼각형의 벽이 생기는 지붕.
- **민흘림**: 기둥의 상하 굵기가 똑같은 양식.

- **배흘림**: 기둥의 중간이 가장 굵게 되고, 상하로 가면서 점차 가늘어지게 하는 기법. 기둥 높이의 3분의 1 되는 부분이 가장 굵고, 위는 밑동보다도 더 가늘어지게 하는 것이 보통이다. 이 같은 기법은 기둥의 구조상의 안전성과 시각상의 착오를 시정하고자 하는 착상에서 나온 것이다. 이를 '엔터시스'라고도 한다.
- **보**: 간과 간 사이의 두 기둥의 가로지른 나무.
- **부연**(附椽): 처마 서까래 끝 위에 덧얹는 네모진 짧은 서까래.
- **사래**: 지붕 윗부분 추녀 위에 대각선으로 댄 부재.
- **사천왕문**(四天王門): 절을 지키는 의미에서 동서남북의 사천왕을 만들어 좌우에 세운 문.
- **살창**: 울거미 없이 인방 또는 문틀에 살대를 나란히 세워 댄 창.
- **서까래**(**연목**:椽木): 지붕 경사에 따라 도리에서부터 처마 끝까지 건너지른 나무·서까래.
- **소로**(小累): 두공·첨차·제공·장여·화반 등의 사이에 틈틈이 끼우는 네모난 사각 목재.
- **소로굽**: 빗깎거나 둥글게 굴려 도려 낸 소로의 아랫부분.
- **솟을대문**: 지붕이 좌우간 또는 행랑채의 지붕보다 높이 솟게 만든 대문.
- **쇠서**(牛舌): 공포에서 보 방향으로 첨차에 직교하여 거는 끝을 소의 혀 모양으로 장식하여 오려낸 부재(部材).
- **연암**: 처마 끝에서 암기와를 받치는 부재.
- **이익공**(二翼工): 기둥 위에 덧붙이는 쇠, 촛가지가 둘로 된 익공.
- **익공**(翼工): 익공집에서, 첨차(檐遮) 위에 얹히어 있는 짧게 아로새긴 나무.
- **인방**(引枋): 기둥과 기둥 또는 문설주에 가로질러 벽체의 뼈대 및 문틀이 되는 가로재.
- **일주문**(一柱門): 절의 입구에 기둥을 일렬로 세워 만든 문.
- **장여**(長舌): 도리(道里) 밑에서 도리를 받치고 있는 모진 나무.
- **제공**(諸工): 공포에 있어서 첨차와 살미가 층층으로 짜인 것.
- **종도리**: 가장 윗부분에 있는 도리.
- **종량, 종보**: 보 위에 걸은 보.

- **주두**(柱頭): 기둥머리 위에 놓여 포작(包作)을 받아 공포를 구성하는 대접처럼 넓적하게 네모난 나무.
- **지붕마루**: 지붕과 지붕이 마주친 곳에 높이 쌓은 턱. 용마루, 내림마루, 추녀마루가 있음.
- **창방**(昌枋): 기둥과 기둥머리 사이를 뚫고 건너 가로지른 부재.
- **처마**(檐下): 지붕이 벽 바깥으로 나온 부분.
- **첨차**(檐遮): 기둥머리나 소로 위에 도리와 평행 방향으로 얹힌 짤막한 공포 부재의 한 가지.
- **초석**: 礎石(주춧돌, 주초석) 기둥 밑을 괸 돌.
- **추녀**: 처마 네 귀의 기둥 위에 끝이 번쩍 들린 크고 긴 서까래.
- **출목**(出目): 공포에 있어서 첨차가 주심(柱心)으로부터 돌출되어 도리나 장여를 받치는 것.
- **툇간**(退間): 집채의 원간살 밖에 딴 기둥을 세워 붙여 지은 간살.
- **평방**(平枋): 기둥머리 위에 얹혀 기둥과 기둥 사이로 건너 가로지른 평평한 부재.
- **포**(包): 동양식 목조 건축에 있어서 처마를 길게 내밀기 위하여 기둥 위 처마 도리 밑에 짧은 부재(部材)를 써서 장식적으로 받치게 한 부재의 총칭.
- **홑처마**: 처마 서까래만으로 된 처마, 부연을 달지 아니한 처마.
- **화반**(花盤): 초방 위에 장여를 받치기 위하여 화분·연꽃·사자 등을 그려 끼우는 판 조각.
- **활주**(活柱) : 추녀 뿌리를 받치는 가는 기둥.

▶ **지붕의 꾸밈새**
- **3량**(樑)**집**: 건물을 측면에서 단면으로 봤을 때 도리가 3개인 집.
- **5량**(樑)**집**: 건물을 측면에서 단면으로 봤을 때 도리가 5개인 집.
- **7량**(樑)**집**: 건물을 측면에서 단면으로 봤을 때 도리가 7개인 집.

▣ 한국의 건축 양식

건축은 그 양상이 다양하고 발전 과정이 매우 복잡하다. 그러나 그 근본은 인간의 본능적 건축 행위라는 것에서 시작된다고 한다. 그러므로 선사시대에 본능적으로 조작된 건축의 기본형이 어떠한 경로와 발전과정을 거쳐서 고유한 한국건축으로 형성·발전되는가를 파악하는 것은 중요하다. 또한 건축이란 석재·목재·전재 등에 의한 모든 가구물을 말하며, 탑·성곽·교량·석빙고 같은 것들을 포함하는 용어이다. 그러나 이 글에서는 답사과정에 참고가 되도록 건축의 일반적인 뜻인 기와를 덮은 목조와가당우물(木造瓦家堂宇物)을 서술 대상으로 하여 우리나라의 시대별·양식별 특징 등을 서술하고자 한다.

1. 시대별 건축 양식

① 구석기시대: 함경북도 웅기군 굴포리, 공주 석장리 등의 유적이 남아 있다. 자연동굴이 있으리라는 짐작을 할 수 있을 뿐이다.

② 신석기시대: 움집＝수혈식주거지·귀틀집·고루식 등을 거치며 평면적인 생활공간으로 발전되어 갔다고 여겨진다. 이것들은 우리나라의 지배적인 주거형식이 되었다. 이후 한사군 설치에 따르는 중국건축 양식의 보급과 삼국시대 불교의 전래에 따른 중국 육조시대 건축 양식 등의 보급이 이루어지면서 궁궐이나 사원을 중심으로 한 본격적인 목조와가(木造瓦家) 건축 양식이 정착되었다.

③ 고구려: 안악 3호고분(357). 6세기경의 쌍영총·무용총·장군총 등의 고구려 고분의 축조방식이나 고분벽화에 그려진 목조건물 구조를 살펴보면 단층 또는 중층의 우진각 지붕에 두포·도리·소루·기둥 등과 보주형이나 우각형의 치미 등이 구비된 채색단청의 목조와가건축이 이루어짐을 알 수 있다.

④ 가야: 맞배지붕이나 팔작지붕 형태의 고루식가형토기(高樓式家形土器) 출토.

⑤ 신라: 『삼국사기』 권33 지(志) 제2실사조(室舍條)에 성골 이하의 계급에는 막새기와나 금·은 칠을 한 단청을 못 하게 한 기록으로 보아 기술의 발전과 계급별 가옥의 차등이 있었음을 알 수 있다.

⇒ 이와 같이 낙랑시대와 삼국시대의 군치지(郡治址)나 사지(寺址) 및 그곳에 출토된 와당과 부재 등의 유물을 통해서 본격적인 목조 건축술이 이미 정착되었음을 알 수 있다.

⑥ 고려: 고려의 건축 양식은 주심포·다포 양식의 두 가지로 나눠진다. 주심포 양식은 중국의 재래 양식으로 우리나라에서는 고구려 고분벽화에서 보이듯 삼국시대에 들어온 것으로 보이는데 중국에서는 남송에서 세부적인 변화 후 새로운 주심포 양식으로 변화하여 고려시대에 다시 들어온 것으로 보인다. 다포 양식은 금·원에서 유행한 양식이다. 현재 고려 중기 이후의 건물이 남아 있다. 고려 말기 두 양식의 절충 양식도 나타나며 이러한 양식들은 조선시대에 그대로 이어진다.

[주심포 양식의 예]

봉정사 극락전(경북 안동시 서후면; 현존 최고의 목조건물) / 부석사 무량수전 및 조사당(경북 영주시 부석면) / 수덕사 대웅전(충남 예산군 덕산면; 1208년의 墨銘 발견) / 강릉 객사문

[다포 양식의 예]

심원사 보광전(황해도) / 성불사 응진전(황해도) / 석왕사 응진전(함경남도)

⑦ 조선: 전반적으로 규모가 커지고 세부적으로 장식화된다. 그러나 당대의 중국이나 일본의 건축에 비하면 한국색이 뚜렷하고 불필요한 곡선·부가물을 떠난 소박하고 겸손한 품격을 유지하고 있다. 그것은 인공을 최소한으로 줄인 '정원'에서 더욱 개성을 나타내고 있다.

• 초기(15세기까지)에는 다포집이 증가하나 고려 건축의 전통이 남아서 견실하고 실용적이며 공포에 있어서도 쇠서가 간결하여 고졸한 맛을 보여주고 있다.[개성 남대문(1394) / 서울 남대문(1938; 다포 양식으로 조선시대 성문 중 백미, 본명은 숭례문) / 강진 무위사 극락전(주심포집, 내부벽화 밑에서 1476년 記銘의 벽화가 발견) / 강화 수사 법당(1426) / 여주 미륵사 조사당(1469) / 합천 해인사 판고 / 서산 개심사 대웅전(1484) / 순천

송광사 국사전·하사당 / 영암 도갑사 해탈문(1473) / 강릉 문묘대성전.]

- 중기(16-17세기)의 건축은 초기에 비해 쇠서가 가냘파지고 쇠서에 계속되는 첨자의 측면에 여러 가지 초화문(草花文)을 새기는 등 장식성이 증대하고 다포집이 주류를 이루게 된다.[강릉 해운정(1530) / 오죽헌 / 안동 도산서원 전교당상덕사(1574) / 경주 옥산서원(1572) / 영주 소수서원 / 강화 전등사 대웅전(1621; 정면·측면 각 3간의 팔작지붕, 다포집) / 강화 전등사 약사전 / 보은 법주사 팔상전(1624; 현존 유일의 오층목탑형식건물로서 중요) / 양산 통도사 대웅전]

- 후기(18-19세기)의 건물에서는 공포의 쇠서와 첨차 사이에 초화동물형(草花動物形)을 입체적으로 조각하고, 살미첨자는 원래의 구조적 부재로서의 성질에서 벗어나 간략화되어 마침내 익공(翼工)이라고 불리는 한 장의 장식판처럼 변화되었다. 익공식은 한국에서만 보이는 독특한 존재이다.[수원 화성 팔달문(1796) / 밀양 영남루(1844) / 경복궁 근정전(1867) / 서울 동대문(1869) / 구례 화엄사 각황전(1724; 중층 팔작지붕으로 현존하는 최대 사찰건물) / 경주 불국사 극락전·대웅전 / 합천 해인사 대웅전(1769)]

2. 양식별 특징

① 주심포 양식

기둥 윗부분에만 역학적으로 된 공포(栱包)가 꾸며지고 기둥과 기둥을 잇는 창방(昌枋)이 있으며, 주두(柱頭)나 소로(小累) 끝이 곡면화되고 굽받이도 나타나며 첨차(檐遮) 하단에는 S자형 중복 곡면이 생긴다. 기둥은 배흘림(Entasis) 양식이며, 천정은 연목과 보가 모두 드러나 보이는 연등천정이다. 지붕은 맞배지붕이 대부분이다.

② 다포 양식

공포가 주두(柱頭) 위뿐만 아니라 기둥과 기둥 사이에도 설치되어 있고, 창방(昌枋) 위에 평방(平枋)이 또 놓이고 있다. 주두와 소로의 끝은 사면(斜面)이고 굽받침은 없어지며 첨차하단의 끝은 둥글게 되거나 운공형(雲工形)

으로 변화되었다. 천정은 서까래가 보이지 않게 반자를 설치한 우물천장이며 지붕은 팔작지붕을 올릴 수 있었다. 조선시대 초기에는 궁궐건축에 성행하였다.

③ 익공식

16세기 후반에 일어난 양식으로 공포가 간략화된 주심포의 변형으로 주두 위에 날개 모양의 공포가 있어 얼마간의 장식효과와 주심도리를 조금 높여 주는 역할을 하는 양식이다. 익공이 하나인 것을 초익공, 상·하 둘로 된 것을 이익공, 셋이 달린 것을 삼익공이라 하며 이들은 주로 중요도가 적은 사당·도성·관아 등의 소규모 건물에 사용되고 있다.

④ 도리식

주두 위에 아무런 장식도 없이 기둥이 직접 도리를 받는 양식으로 도리가 원형인 굴도리식, 각이 진 납도리식 등이 있고, 주로 향교나 서원 또는 일반 주택에 사용하고 있다.

3. 건물의 지붕 모양

팔작지붕·우진각지붕·맞배지붕 등이 있다. 고려시대에는 부석사 무량수전을 제외하고 모두 맞배지붕이다. 조선시대에는 궁궐·사찰·관아나 상류주택 등의 중요 건물에만 팔작지붕을 하였고, 성문·궁궐대문·상류주택 대문 등에는 우진각 지붕을, 사찰의 부속전각·상류주택의 행랑채와 서민주택의 몸체 등에는 맞배지붕, 정자·종루 같은 집은 사모·팔모지붕, 경복궁의 향원정은 6모지붕, 왕릉의 정자각은 T자형 지붕, 통도사 대웅전처럼 정(丁)자형 지붕도 있다.

4. '창(窓)'과 '문(門)'

창과 문은 항상 사람이 직접 접촉하는 기능을 가졌고, 미관에 도움을 줄 뿐만 아니라 통풍과 온도의 조절을 할 수 있도록 되어 있다. 또 조명의 구실도 훌륭히 하여 방안 전체를 은은하게 밝혀 준다. 따라서 문창살의 모양은 다양하며 주 건물이나 부속건물에 따라 구별되어 사용되고 있다. 곧 일반적인 정자살문(井字)·띠살문·아자문(亞字)·소슬빗살문·용자문(用字) 외에 상류주택의 구조물에 사용된 귀자문(貴字)·귀갑문(龜甲) 또는 복잡하게 변형된 아자문, 숫대살문 등이 있으며, 특히 궁궐의 중심건물이나 사찰의 주 법당에는 모란문(牧丹)이나 연화문(蓮花) 또는 온갖 화려한 화문을 투각한 빗꽃살문이나 소슬꽃살문 등으로 장식하게 된다.

5. 우리나라 건축의 특징

우리나라 건축은 중국의 경우처럼 웅장한 자연환경에 어울리는 장대하고도 권위적인 규모도 아니며, 일본의 경우처럼 세부적인 면에 흐른 구성과 기능적인 측면을 강조하지도 않는다. 그저 자연환경에 잘 조화된 규모와 기능에 맞는 실질적인 건축미가 자연스럽게 표현되는 것이 한국적 특징이라고 한다. 자세히 살펴보면 다음과 같다.

① 구조학적인 면에서 기둥에 배흘림이 있어 기둥이 빈약하게 보이지 않는 시각적인 효과와 서까래가 추녀 면에 직각으로 되지 않고 부챗살처럼 벌려져 있다는 점.

② 귀솟음이라 하여 양쪽 갓 기둥을 약간 높이고 추녀를 반전시켜 멀리서 보면 지붕의 양 끝이 처져 보이지 않게 한 점.

③ 안쏠림이라 하여 역시 가의 양 기둥을 안쪽으로 약간 기울게 하여 지붕의 전체 가중이 밖으로 퍼지는 안전한 역학적 기능.

④ 지붕을 위에서 내려다보면 직각 사각형이 아니고 사변이 내변된 모양 등 역학적이면서도 시각적인 특징이 나타난다.

☞ 팔작기와 지붕 각부의 세부 명칭

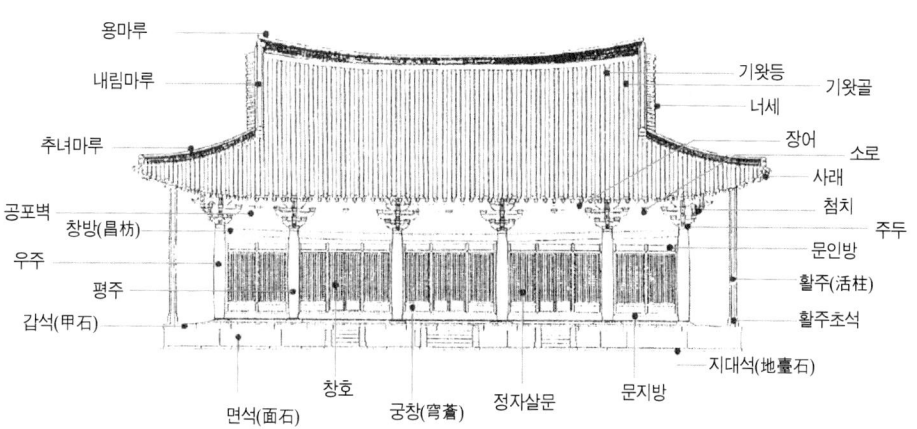

용마루
내림마루
추녀마루
공포벽
창방(昌枋)
우주
평주
갑석(甲石)

기왓등
기왓골
너세
장어
소로
사래
첨치
주두
문인방
활주(活柱)
활주초석

면석(面石)
창호
궁창(穹蒼)
정자살문
문지방
지대석(地臺石)

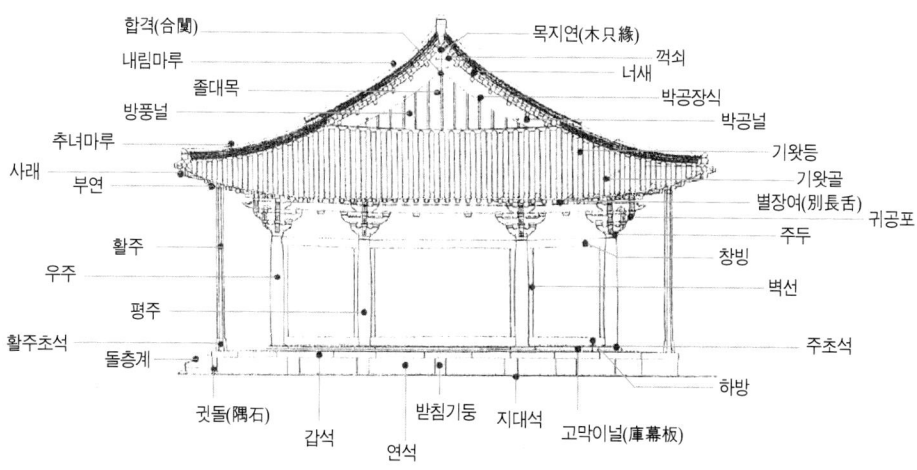

합격(合閣)
내림마루
졸대목
방풍널
추녀마루
사래
부연
활주
우주
평주
활주초석
돌층계

목지연(木只緣)
꺽쇠
너새
박공장식
박공널
기왓등
기왓골
별장여(別長舌)
귀공포
주두
창빙
벽선
주초석
하방

귓돌(隅石)
갑석
연석
받침기둥
지대석
고막이널(庫幕板)

☞ 법당 내부의 세부 명칭

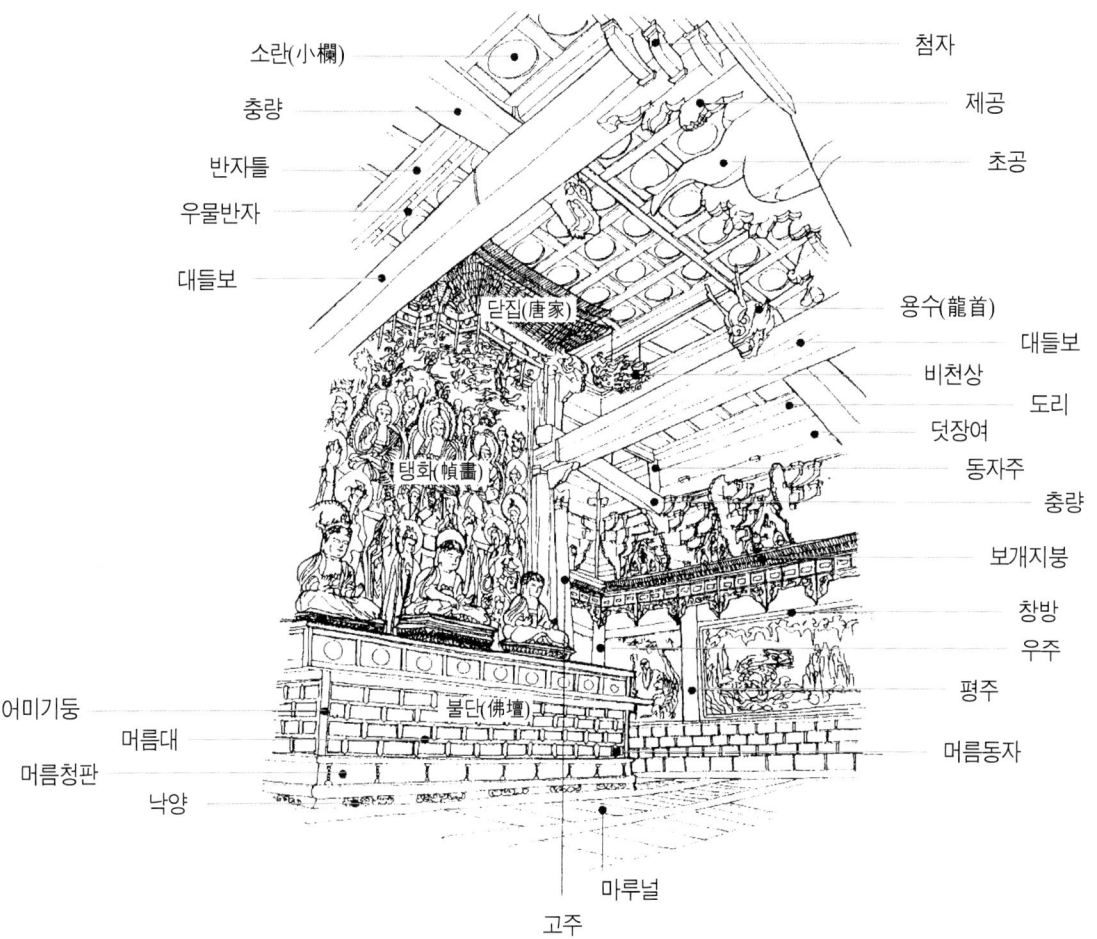

소란(小欄)
충량
반자틀
우물반자
대들보
닫집(唐家)
탱화(幀畵)
불단(佛壇)
어미기둥
머름대
머름청판
낙양
고주
마루널

첨자
제공
초공
용수(龍首)
대들보
비천상
도리
덧장여
동자주
충량
보개지붕
창방
우주
평주
머름동자

☞ 목조 가구 결구

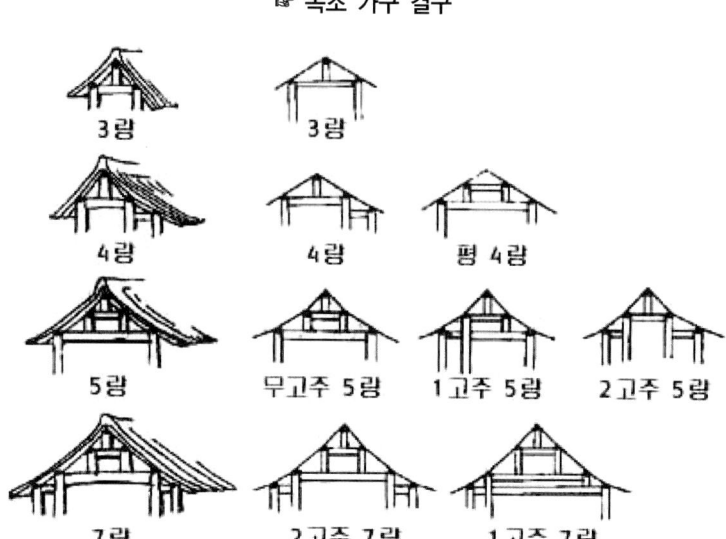

3량   3량

4량   4량   평 4량

5량   무고주 5량   1고주 5량   2고주 5량

7량   2고주 7량   1고주 7량

▣ 성곽(城廓) 관련 문화재 용어 해설

- **각루**(角樓): 전망대와 감시초소의 기능을 겸한다.
- **공심돈**(空心墩): 원거리 상황을 볼 수 있는 초소. 공심돈은 수원성에서만 볼 수 있다.
- **노대**(弩臺): 성보다 한 단 높게 쌓아 총이나 포로 공격하는 곳이다.
- **봉돈**(烽墩): 봉화를 올려 멀리 신호를 보내는 곳이다.
- **수문**(水門): 가까운 하천의 입·출구로 감시초소를 두는 곳.
- **암문**(暗門): 문루가 없이 석축 부분에 있는 사잇문. 적에 노출되지 않고 출입할 수 있도록 문을 닫으면 성벽처럼 보인다.
- **옹성**(甕城): 성문에 접근한 적을 포위·공격하기 위해 성문 밖으로 한 겹 더 성벽을 쌓아 성문을 이중으로 지키는 시설물이다. 항아리를 반으로 자른 것 같다 해서 옹성이라 부른다.
- **용도**(甬道): 성벽의 일부를 지형에 따라 좁게 성밖으로 길게 내뻗게 하여 외성 또는 치성과 연결하는 통로이다.
- **장대**(將臺): 성안의 사령본부.
- **치성**(雉城): 성곽 중 일부가 돌출한 구조로 성곽 아래의 적을 측면에서 공격할 수 있다.
- **포루**(砲樓): 중화기(中火器) 공격을 위해 성곽에 구멍을 낸 것.
- **포루**(鋪樓): 성곽 요소요소에 두어 소화기(小火器) 공격을 한다.
- **해자**(垓子): 성벽의 주변을 인공적으로 땅을 파서 고랑을 내거나 물 등의 장애물을 이용하여 성의 방어력을 증진시키는 시설이다.
- **행궁**(行宮): 유사시 또는 지방 휴양을 위한 왕의 거처.
- **현안**(懸眼): 적대의 위쪽 바닥에 안구(眼口)를 두고 외벽 면을 수직으로 뚫어 성벽에 접근해 기어오르는 적을 물리칠 수 있게 한 구조물이다.

▶ 테뫼식 산성[山頂式]: 성곽이 산의 정상을 중심으로 해서 산의 7~8부 능선을 따라 거의 수평 되게 한 바퀴 둘러쌓은 산성, 단시간의 전투에 활용하기 위한 산성이다.

▶ **포곡식**(包谷式): 성곽이 하나 또는 여러 개의 계곡을 감싸고 축성된 것을 말하는데, 장기간 전투에 사용하기 위한 것이다. 특히 생활에 필수적인 물을 확보하기 위한 것이다.

▶ **복합식 산성**: 테뫼식과 포곡식을 복합한 산성으로 규모가 큰 산성이나 도성에 해당된다.

▣ 추천 답사 코스

• **불교 유적 1일 A코스:** 황상동 마애여래입상 → 구미척화비 → 해평 보천사 석조여래좌상 → 도리사 → 낙산리 고분군, 낙산리 삼층석탑 → 모례정 → 주륵사지

• **불교 유적 1일 B코스:** 선산 죽장사지 오층석탑 → 교동삼층석탑 → 보천사 석조여래좌상 → 도리사 → 낙산리 고분군, 낙산리 삼층석탑 → 모례정 → 주륵사지 → 궁기리석조보살좌상 2구

• **불교 유적 2일 코스:** 황상동 마애여래입상 → 구미척화비 → 해평 보천사 석조여래좌상 → 도리사 → 낙산리 고분군, 삼층석탑 → 모례정 → 주륵사지 → 대둔사 → 주아동 삼층석탑 → 교동삼층석탑 → 죽장사지오층석탑 → 수다사

• **유교 유적 1일 A코스:** 금오서원 → 선산 비석거리 → 선산객사 → 단계 하위지선생유허비 → 선산향교 → 일선리 문화재 단지 → 낙봉서원 → 해평 북애고가 → 시중사 → 매학정 → 봉한 삼강정려

• **유교 유적 1일 B코스:** 금오산 채미정 → 왕산 허위 유허비 → 지주중류비 → 동락서원 → 인동향교 → 황상동 마애여래입상 → 구미척화비 → 인동입석 2구

參考文獻

『三國史記』

『三國遺事』

『海東高僧傳』

『高麗史』

『朝鮮王朝實錄』

『新增東國輿地勝覽』

『一善志』

조선총독부, 『조선보물고적조사자료』

뿌리 깊은 나무, 『한국의발견-경상북도』, 1989.

경상북도교육위원회, 『경북향토자료집』, 1972.

문화유산답사회, 『답사여행의 길잡이-팔공산자락』, 돌배게, 1997.

한국정신문화원, 『민족문화대백과사전』, 1991.

문화재보호협회, 『문화재대관』, 대학당, 1984.

문화재관리국, 『문화유적총람』, 1977.

황수영・정영호, 『한국불탑100선』, 한국정신문화연구원, 1992.

황수영, 『한국의 불상』, 문예출판사, 1989.

정영호, 『석탑』, 대원사, 1989.

진홍섭, 『한국의 석조미술』, 문예출판사, 1995.

한국보이스카우트연맹, 『한국의 성곽과 봉수』, 1991.

단국대학교박물관 고적조사보고 제2책, 『선산지구고적조사보고서』, 1968.

한국교원대학교박물관학술조사보고 제11집, 『신라불교초전지역학술조사보고서』, 1997.

대구대박물관, 『선산천생산성지표조사보고서』, 1993.

엄기표・위영・이창영, 『그림과 명칭으로 보는 한국의 문화유산』, 시공테크, 1999.

구미문화원, 『구미사료집 상・하』, 1998.

구미문화원, 『구미의 맥락』, 1992.

구미문화원, 『구미의 전통건축물』, 2004.

구미시, 『구미통계연보』, 1998. 12.

이순우, 『제자리를 떠난 문화재에 관한 조사보고서. 하나』, 하늘재, 2002.

이순우, 『제자리를 떠난 문화재에 관한 조사보고서. 둘』, 하늘재, 2003

전정중

부산 출생
대구 영신고등학교와 한국교원대학교 역사교육과 졸업
동 대학원 역사교육 전공(「신라석탑의 팔부중상에 관한 연구」, 1999.)
현재 경북 구미 현일고등학교 근무
경북지역의 문화재를 시·군별로 정리해보고자 틈틈이 답사 중

구미-선산 지역 문화의 복합성

구미문화재탐방

- 초판 인쇄   2007년 12월 30일
- 초판 발행   2007년 12월 30일

- 지 은 이   전정중
- 펴 낸 이   채종준
- 펴 낸 곳   한국학술정보㈜
  경기도 파주시 교하읍 문발리 513-5
  파주출판문화정보산업단지
  전화 031) 908-3181(대표) · 팩스 031) 908-3189
  홈페이지 http://www.kstudy.com
  e-mail(출판사업팀사업부) publish@kstudy.com
- 등   록   제일산-115호(2000. 6. 19)
- 가   격
  50,000원

ISBN   978-89-534-8023-0 93900 (Paper Book)
       978-89-534-8024-7 98900 (e-Book)